区域文化与
文学研究集刊

Studies of Regional Culture and Literature

周晓风　杨华丽　凌孟华◎主编

第 *14* 辑

中国当代文学研究会区域文学委员会
重庆师范大学区域文化与文学研究中心
重庆师范大学文学院
主办

中国社会科学出版社

图书在版编目（CIP）数据

区域文化与文学研究集刊. 第14辑／周晓风，杨华丽，凌孟华主编 . —北京：中国社会科学出版社，2023.12
ISBN 978-7-5227-2766-0

Ⅰ. ①区… Ⅱ. ①周…②杨…③凌… Ⅲ. ①区域文化—中国—文集②中国文学—文学研究—文集 Ⅳ. ①G122-53②I206-53

中国国家版本馆 CIP 数据核字（2023）第 235601 号

出 版 人	赵剑英
责任编辑	张　玥
责任校对	王　龙
责任印制	戴　宽

出　　版	中国社会科学出版社
社　　址	北京鼓楼西大街甲 158 号
邮　　编	100720
网　　址	http://www.csspw.cn
发 行 部	010-84083685
门 市 部	010-84029450
经　　销	新华书店及其他书店
印　　刷	北京明恒达印务有限公司
装　　订	廊坊市广阳区广增装订厂
版　　次	2023 年 12 月第 1 版
印　　次	2023 年 12 月第 1 次印刷
开　　本	710×1000　1/16
印　　张	24
插　　页	2
字　　数	349 千字
定　　价	126.00 元

凡购买中国社会科学出版社图书，如有质量问题请与本社营销中心联系调换
电话：010-84083683
版权所有　侵权必究

本刊学术委员会名单

学术顾问
  杨　义　中国社会科学院文学研究所
  吕　进　西南大学中国新诗研究所
  曹顺庆　四川大学文学与新闻学院
  周　勇　重庆市地方史研究会

学术委员会主任
  杨匡汉　中国社会科学院文学研究所

学术委员会成员（以姓氏拼音为序）
  程光炜　中国人民大学文学院
  靳明全　重庆师范大学文学院
  刘　勇　北京师范大学文学院
  李　怡　四川大学文学与新闻学院
  谭桂林　南京师范大学文学院
  田建民　河北大学文学院
  王本朝　西南大学文学院
  吴进安　（台湾）云林科技大学汉学资料整理研究所
  吴　俊　南京大学文学院
  杨匡汉　中国社会科学院文学研究所
  袁盛勇　陕西师范大学文学院
  张福贵　吉林大学文学院
  张全之　上海交通大学人文学院
  张新科　陕西师范大学文学院
  张中良　上海交通大学人文学院
  张显成　西南大学文献研究所
  朱栋霖　苏州大学文学院
  朱寿桐　澳门大学中文系
  朱晓进　南京师范大学文学院
  赵学勇　陕西师范大学文学院
  周裕锴　四川大学文学与新闻学院
  周晓风　重庆师范大学文学院

本刊编委会人员名单

主　编
　　周晓风　杨华丽　凌孟华

本辑执行主编
　　杨华丽

编委会成员（以姓氏拼音为序）
　　李文平　李祖德　凌孟华　王昌忠
　　熊飞宇　杨华丽　杨　姿　周晓风

编　务
　　范国富　付冬生

目 录

"区域文化与中国现代文学研究"学术研讨会特稿

区域文化与文学发展的新态势 ………………………… 刘 勇 陈蓉玥（3）
区域文化研究的推进与省思
　　——在"区域文化与中国现代文学研究"研讨会上的
　　学术总结 …………………………………………… 李浴洋（14）

云南文化与抗战文学研究

主持人语 ……………………………………………………… 李光荣（21）
论《西南联大校歌》的抗战爱国意蕴 ……………………… 李光荣（25）
抗战时期滇缅公路的汉英文学书写论 ……………… 布小继 布 晖（48）
西南联大蒙自创作的民族国家想象路径 …………… 李直飞 何晓雯（66）
论西南联大诗人群的战争抒写 ……………………………… 邓招华（86）

巴渝文化与文学档案·王余杞

主持人语 …………………………………………………… 张武军（107）
论《自流井》的工人叙事 ………………………………… 徐 璐（108）
铁路与王余杞的战时创作 ………………………………… 李琪玲（121）
王余杞著译年表 ………………………………… 李琪玲 刘海珍（135）

区域文化与中国现当代文学研究

主持人语 ……………………………………………	李祖德（173）
石民散文诗剧文体范式研究 …………… 董卉川	都雪莹（175）
新见郁达夫佚文佚简考述	
——兼为2007年版《郁达夫全集》补正 … 金传胜	孙婉琦（190）
《预言》的隐微修订与何其芳文学道路转型 …………	周思辉（206）
《幽僻的陈庄》的原生态乡村书写及其文学史意义 ………	李艳敏（226）
"纸上东北"与"超越故乡"：双雪涛小说空间叙事的	
价值阐释 ……………………………… 黄家鑫	梁笑梅（240）
学院化：论董启章的小说诗学 …………………………	张嘉茵（254）

区域文化与中国古代文学研究

主持人语 ……………………………………………	杨宗红（271）
论清代岭南词人对姜、张词的接受 ……………………	范松义（273）
区域因素对谢榛文学活动的影响 ………………………	赵　旭（287）
世界史视野中的肇庆文化交流 …………………………	黎保荣（299）

区域文化与比较文学研究

主持人语 ……………………………………………	熊飞宇（323）
比较文学几个重要问题新探 ……………………………	颜　青（325）
奥涅金的重塑：《叶甫盖尼·奥涅金》的列维纳斯式	
解读 ………………………………………………	李明芮（337）
如何生态地观看地方？	
——论阿德里安·伊瓦希夫的哲学思想到中国生态	
电影 ………………………………………………	刘　艺（350）

书　评

会通合数的史性建构	
——评李光荣《西南联大艺术历程》 ……………	朱天一（367）

Contents

Features of the Symposium on "Regional Culture and Modern Chinese Literature Studies"

New Dynamics of Regional Cultural and Literary Development
.... Liu Yong　Chen Rongyue(3)

Promotion and Reflection on Regional Cultural Studies
　　——Academic Summaryat the Symposium on "Regional Culture
　　　and Modern Chinese Literature Research" .... Li Yuyang(14)

Research on Yunnan Culture and Anti-Japanese War Literature

Moderator's View .... Li Guangrong(21)

On the Anti-Japanese War Patriotic Implication of *National
　　South-West Associated University School Song* .... Li Guangrong(25)

On the Chinese-English Literary Writing of the Yunnan-Burma
　　Highway during the Anti-Japanese War .... Bu Xiaoji　Bu Hui(48)

Paths of the Nation-State Imagination in the Monzo Creation of
　　the NSWU .... Li Zhifei　He Xiaowen(66)

On the War Lyrics of the NSWU Poets Group .... Deng Zhaohua(86)

Bayu Culture and Literature Archives · Wang Yuqi

Moderator's View ·· Zhang Wujun(107)
On the Worker Narrative of *The Artesian Well* ···················· Xu Lu(108)
Railroads and Wang Yuqi's Wartime Creations ················ Li Qiling(121)
Chronology of Wang Yuqi's Writings and Translations
 ·· Li Qiling Liu Haizhen(135)

Research on Regional Culture and Contemporary Chinese Literature

Moderator's View ··· Li Zude(173)
Research on theStylistic Paradigm of Shi Min's Prose Poetic
 Drama ································ Dong Huichuan Du Xueyin(175)
A Study of the Newly Discovered Yu Dafu's Lost Essays
 ——A Supplement to the 2007 Edition of Yu Dafu's
 Complete Works ···················· Jin Chuansheng Sun Wanqi(190)
TheRevision of the Content of the Poem "Prophecy" and the
 Transformation of He Qifang's literary thought ········· Zhou Sihui(206)
The Original Rural Writing of "The Secluded Chenzhuang" and
 Its Textual Historical Significance ···················· Li Yanmin(226)
"Northeast on Paper" and "Beyond Hometown": The Value
 Explanation of Shuang Xuetao's Spatial Narrative in Fiction
 ·· Huang Jiaxin Liang Xiaomei(240)
Academyization: On Dong Qizhang's Novel Poetics ········ Zhang Jiayin(254)

Regional Culture and Ancient Chinese Literature

Moderator's View ··· Yang Zonghong(271)

On the Acceptance of Jiang Kui and Zhang Yan Lyrics by
    Lingnan Lyricists in the Qing Dynasty ·················· Fan Songyi(273)
The Influence of Regional Factors on Xie Zhen's Literary
    Activities ·· Zhao Xu(287)
Zhaoqing Cultural Exchange in the Perspective of World
    History ·· Li Baorong(299)

Regional Culture and Comparative Literature Studies

Moderator's View ·· Xiong Feiyu(323)
A New Exploration of Several Important Issues in Comparative
    Literature ·· Yan Qing(325)
The Reinvention of Onegin: a Levinasian Reading of Yevgeny
    Onegin ·· Li Mingrui(337)
How toView Places Ecologically?
    ——On Adrian Ivakiev's Philosophy of Ecological Cinema
    ·· Liu Yi(350)

Book Reviews

The Historical Construction of Congruent Combinations
    ——Review of Li Guangrong's *The Artistic Journey of NSWU*
    ·· Zhu Tianyi(367)

"区域文化与中国现代文学研究"学术研讨会特稿

区域文化与文学发展的新态势*

刘　勇　陈蓉玥**

区域文化与文学之间的互动、互融，是文学与文化唇齿相依、交织共生的一个重要表征，是文学走出"从文本到文本"的象牙塔，走向更广阔的研究空间与研究格局的新尝试，是探讨文学如何与当下的现实生活、社会发展密切融合的新语境。从古至今，任何一位作家的生命体验、思想资源，都内在地包蕴着地理因素带来的独特影响，作家笔下的文学作品在诞生之时，天然地就带有一种区域性，以区域文化视角切入文学研究是应有之义。如今，区域文化与文学研究的遇合呈现何种新态势？文学研究该如何回应区域文化研究带来的机会与挑战？区域发展在当下展现出了前所未有的机遇，社会、国家越来越将目光放置在与区域经济、科技发展相适应的文化建设上，这给予区域文化与文学研究以新的活力，也对文学自身的发展提出了新的要求。"大文学观"则提供了一种跨学科、跨地域的文学研究理念，启发我们以更为宏阔的视野，跳出文学研究文学，寻求新的突破。

---

* 本文系国家社科基金重大项目"京津冀文脉谱系与'大京派'文学建构研究"（18ZDA281）阶段性成果。
** 刘勇，男，文学博士，北京师范大学文学院教授，博导，主要研究方向为中国现当代文化与文学。陈蓉玥，女，北京师范大学文学院2023级博士生，主要研究方向为中国现当代文化与文学。

一　区域文化与文学研究的新机遇

从社会发展和经济建设的态势来看，城市集群式发展与单个城市迅速跃起交相辉映。区域建设成为当下党和国家的重要战略，2022年和2023年的政府工作报告都特别强调了加快城市群、都市圈的搭建，促进集群式发展。京津冀协同发展、长江经济带发展、粤港澳大湾区建设、长三角一体化发展、黄河流域生态保护和高质量发展，加快雄安新区建设、支持北京城市副中心建设等一系列举措构成了区域文化研究的现实基础。最近一段时间，雄安新区建设突然加快了速度，关于推动成渝地区双城经济圈建设的消息也多了起来。我们认为，这些举措绝不仅仅关乎经济建设，它们其中的文化内涵乃至与文化相联系的文学内涵，都是我们需要高度关注的。雄安新区建设作为国家的千年大计、顶层设计，怎么"千年"？如何"顶层"？所谓"千年""顶层"的核心就是文化、是思想、是精神！雄安的建设，不光是要兴建高楼、规划交通、发展城建，更重要的是出思想、出理念、出文化。雄安新区建设、京津冀协同发展离开文化是走不远，飞不高的。只有在文化上产生强烈的牵连感和向心力，雄安的建设才能走得好、走得远、走得快，才能真正达到"顶层"，跨越"千年"。区域文化研究不仅仅是一种文化视角，更是一种文化现象，一种文化手段，是将文学与国家战略发展的互文推向一个新的发展的重要机遇。

单个城市取得的突破性发展也值得我们的关注。苏州成功跻身特大城市，2022年苏州的GDP总量达2.4万亿，位列全球第20位，比新加坡一个国家的GDP总量还多。这得益于苏州体系成熟的工业园区，得益于苏州"茭白地上起广厦，莲藕塘中垒瑶台"的科技发展，更得益于苏州深厚、浓郁的文化底蕴。《苏州好风光》这首歌里面唱道："雨中采茶忙，庭院书声朗，巧手绣出新天堂。"苏州的碧螺春是"天下第一茶"，苏州的历史文化名人总数是全国第一多，苏绣是四大绣品之首。杭州的满陇桂香令人神往，苏州、南京甚至广州的桂花都很香，但是大家之所以频频将桂花与杭州联系在一起,是因为郁达夫在杭州写成的那篇《迟桂花》,以微风中"含满着一种说不出的撩人的桂花香气"①唤起了人们的文学记忆,以开得越迟越好,开得越迟经的日子越久的哲学意蕴给了杭州的桂花更深情、更诗意的内涵。苏、杭的发展,不仅仅是靠一串串数字推动的,人文的维护、文化的延传使得这两座城市在现代的步调中,更加活跃灵动,更加深刻隽永。人们常说"上有天堂,下有苏杭",不仅仅是因为苏杭的风光独好、生活从容,更是因为苏杭的文化底蕴得天独厚。杭州的西湖并不大,武汉的东湖比西湖大6倍,徐州的云龙湖也比西湖大4倍,但人们谈到最多的为什么仍然是西湖?就是因为西湖有故事、有历史、有文化、有文学!今年诺贝尔文学奖的获得者挪威剧作家约恩·福瑟以"创新的戏剧和散文,为不可言说的事情发声",苏、杭创造了中国不可替代、难以言喻的声音,我们理解"为不可言说的事情发声"在本质上就是用文学传达出一个国家、一个民族、一个作家个人独特的声音!

  文学研究与区域文化之间的互动就是在这样的新机遇、新语境下展开的。文学天然地具有地域性、区域性,是一个不言自明的共识。但是文学研究如何真正与区域发展呼应起来,却需要不断地探索。从1992年"20世纪中国文学与区域文化学术研讨会"在湖南长沙举行至今,关于区域文化与文学研究互动的研讨不断推进、不断深入,学界不断寻找文学研究与区域文化互动的机缘,创造文学更深入发展的契机。与区域发展的新态势相适应,近年来,中国现代文学研究会与多所高校分别举办了一系列有影响、有分量的学术活动。比如,与暨南大学共同举办的"粤港澳大湾区与中国现代文学传统"高端论坛,许多学者都谈到了广东文化的两个重要特点,一个是创新开拓,一个是守正返古;在北师大举办了"世界文学视野中的北京书写"国际学术研讨会,把北京学的历史、现实与未来放置在开放、广阔的世界文明视野中,梳理了北京的文化根

---

① 郁达夫:《迟桂花》,载吴秀明主编《郁达夫全集》(第2卷),浙江大学出版社2007年版,第382页。

脉，激活了北京的文化内蕴，通过"北京书写"，将北京文化的特质辐射并呈现在世界视野中，极大地挖掘了北京文化和北京文学的现实意义；与海南师大、海南作协合作举办了"新时代海洋文学学术研讨会"，这次会议改变了我们对文学新视野、新领域的看法：海洋不仅仅是生态的问题，不仅仅是蓝色领土的问题，我们第一次感受到海洋跟文学有如此密切和深刻的关系。海洋给我们居住在陆地上的人类以无穷的想象和联想，从航海史到我们的文学作品，到科幻文学，大量的未解之谜，大量的吸引人的故事，都是来自海洋，包括来自海洋深处。我们对深广的海洋的所有事物的了解和认识，远远没有穷尽。海洋包蕴的生命容量对人类而言是一个个亟待破解甚至无法破解的谜题，没有谜题就无法激活人类的想象，没有未知就无法驱动深刻的思考，所以海洋本身的特点和文学的特点就是相通的，它们都承载着丰饶的世相，见证着莫测的命运，包容一切，呈现一切，既宽厚沉静，又悲喜无常。对文学来讲，没有什么能比海洋更能激发我们的理想和愿望，没有什么能比海洋更能激发人类的创造能力。这是这次海洋文学研讨会给我们留下的特别深刻的印象和感慨。这些会议让我们感受到了一个重要的事实，就是区域文化、地方书写与文学之间存在密不可分的联系，息息相关的互动，对区域文化与文学之间关系的考察，是我们认识文学，打开文学研究格局的有效路径。重庆师大连续七届举办"区域文化"的相关会议，实则正是在把握区域发展同文学、文化紧密联结的基础上，紧跟时代、紧跟社会的一种洞察和远见。

二 "大文学观"视野下的区域文学研究

"大文学观"是一种世界性的视野，突出体现了文学研究跨界、交叉、融合的特质。将大文学观引入区域文化与文学研究，对文学自身的发展和文学研究格局的拓展都有深刻的价值。我们不单要重视从区域上划分文学的类型，而且要在这种地域性中发掘文学同区域文化之间深层次的联结。区域文化滋养着在各异的风土人情中生长出来的文学，或显或隐地作用于作家的思想与精神，而文学又不断地反哺区域文化，为其注入新鲜血液。大文学观视野下区域文化与文学之间的互文、互动、互养，并不是简单的一一对应，而是内在地包含一种超越性，这种超越性一方面体现在文学想象对区域文化的超越，另一方面也体现在文学对自身的超越。

第一，区域是作家忠实描绘的对象，亦是承载作家想象力的空间，作家在完成文学想象的过程中，内在地完成了对区域文化的超越与重构。作家对区域的感情与记忆常作用于他们一生。鲁迅在回忆故乡时曾提道，"我有一时，曾经屡次忆起儿时在故乡所吃的蔬果……都曾是使我思乡的蛊惑。后来，我在久别之后尝到了，也不过如此；惟独在记忆上，还有旧来的意味留存。他们也许要哄骗我一生，使我时时反顾"①。莫言回顾自己的写作时也曾提到他是"一个从农村出来的，至今身上还带着很土的泥巴味的这么一个会写点小说、会讲点故事的农民作家"②。关于故乡的记忆，留存在作家灵魂深处，在他们进行文学创作时，故乡的种种都会被覆盖上一层诗意、想象的色彩，这既是对区域风物的描写，又是对记忆的复现和对过往经历的反复咀嚼，特别是以现实语境对回忆的改写。同时，将自身的创作与地方、区域等因素相连，也是作家确证自身位置、自剖个性的途径。李劼人的长篇小说三部曲气势磅礴，他小说中的巴蜀底蕴，不仅仅体现在他反映的是巴蜀大地上发生的民主革命浪潮，还体现在他以精微的笔法真实再现了巴蜀人民的文化性格、语言风格，叫人一读就感受到浓郁的川味。李劼人之所以能够成就描绘时代变迁、人生浮沉的"大河小说"，就是因为他写四川而内在地超越了四川。萧红特别擅长表现东北乡村的风土人情，可以说，是东北的苍凉成就了萧红的文学底色，也是萧红记录下了东北这片土地如何在现代文明与传统文化的交织中吐纳出独属于黑土地的文化气息。如果萧红不是生长在冻裂了的

---

① 鲁迅：《朝花夕拾·小引》，载《鲁迅全集》（第2卷），人民文学出版社2005年版，第236页。
② 莫言：《好的文学应该有怎么样的品质》，《北方人》2020年第3期。

东北土地上，不是目睹了人来人往的大泥坑，就不会有作家萧红的诞生，但同样，如果萧红没有将以更渺远的目光，跳出东北这片土地来书写东北，她的文字便不会有至今仍触动人心的力量。萧红写女性生育的难关、尊严的湮灭，以整个中国大地上女性成长的苦难为标的；萧红写农民的愚昧、战争的残酷，以整个中华民族的斗争与反抗为靶心。

我们要注意到，现代作家虽然惯于将文学现象同自身受到的区域文化熏陶联系起来，但是文学作品体现着一位作家涌动着的"性灵"和全部的生命体验，所以他们的作品又自然地越过了空间的限制。作家笔下关于区域的文学想象实则是以区域为根，枝蔓而出的一棵自由生长的大树。沈从文从湘西走入北京的文学世界，自然地向往融入北京文坛，他笔下的湘西世界，不仅跳跃着独属于乡土的蓬勃生命力，而且也呼应着都市生活的光影。沈从文写湘西充满原始与野性的文明，写湘西女性单纯、清澈的感情与欲望，实则都是在与都市对话，指涉都市。他书写湘西，营构"乡下人"身份的举措，不仅成为他构筑"湘西世界"的一砖一瓦，也是他切中时代、融入社会公共空间的尝试。而沈从文将湘西写入文本，带到大众面前的过程，亦是他尝试为湘西文化言说，为湘西文化塑形的过程。如今，我们提到湘西就会想到沈从文，也正是沈从文为湘西文化赋予了现代气息。作家与地方，文学与区域，是相辅相成，相伴而生的。文学研究中的"人—地"关系，越来越成为研究的重点和热点。以"大文学观"的视野观照区域文化同文学之间的关系，提供了一种重新审视区域文化与文学复杂互动的通道，带来区域文化与文学结合的活力与张力。

第二，文学研究在与区域文化结合的过程中，不断打破自身研究的逼仄空间，打破文学自说自话的格局。区域文化与中国现代文学研究的遇合，真实地来源于中国社会发展的历史语境，真实地反映了文学自身发展的需要。区域文化研究越来越彰显出打通文学与社会、文学与经济、文学与政治、文学与生态的研究导向，是现代文学研究发展至今的必然态势。如何在新的时代背景下拓展文学的视野，扩大文学的内涵，开掘文学新的版图，越来越成为推动文学发展、深化文学研究的重要话题。

近来，有两个值得关注的现象，一是教育部印发了《普通高等教育学科专业设置调整优化改革方案》，明确调整了高等教育学科的专业设置，明确指出要深化新工科建设、加强新医科建设、推进新农科建设、加快新文科建设，其中特别强调新文科要努力回答中国之问、世界之问、人民之问、时代之问；要推动文科间、文科和理工农医学科的交叉融合，等等。二是在2023年度国家社科指南推荐条目汇总中没有"文学"这个门类，把文学学科移入"综合类"，这是多少年来都没有的现象。虽然在刚刚正式公布的国社科目录还是有中国文学、外国文学，但是此前不久的指南里面没有文学也是事实。我们认为这些新的动态对研究文学的人来说是一个严重的警示，文学的归属问题从来没有像今天这样摆在一个艰难的十字路口，文学很可能面临前所未有的挑战。当然，国社科指南没有"文学"门类是一个或许并非多么不好的事情，相反，我们认为把文学独立归为一类，对文学自身的发展并不一定有多大的好处，把文学捆绑在一个固定的类型，龟缩在一个固定的门类，把自身非常复杂、非常丰富、极有个性的文学始终当作一个学科来建设，其实是很有问题的。

当下，如何安放文学？这看起来有点故弄玄虚，或者是一种过早的多虑，其实这不是杞人忧天。现在国家发展、经济建设乃至全球的变化都告诉我们，我们的文学研究只守住我们自以为是的文本是不够的，是迟早会被时代所边缘，甚至遗弃。但是，就文学本身来说，它最重要的是融入生活、融入时代，包括融入时代社会的经济建设与发展之中，区域文化研究就提供了文学安放的广阔的新空间，文学研究要跳出现有的范式，以更开阔的视野安放自我，而不要自我捆绑，自说自话，自娱自乐。这也是大文学观的应有之义。

三 区域文化对文学研究的启示

第一，文学本身是无处不在的。2023年4月18日，在中国现代文学馆的"中国式现代化学术论坛暨《中国现代文学研究丛刊》2022年度论文颁奖礼"上，大家都普遍地关注到一个问题，就是我们在研究现当代文学的时候，无论是现代文学、当代文学，关键都在于要把文学研究与社会现实不断地融合。这种融合不仅仅是指文学的内容与社会融合，而且指文学蕴藏的情感、文学研究的方法都应该与现实交织在一起。很多现代文学作品都可以用作区域文化发展的思想资源，可以用作区域文化研究的文学视角，可以用作协同发展的情感支撑。比如巴塞罗那独特的建筑是由高迪完成的，所以有一句话的叫"高迪的巴塞罗那"，更重要的一句话是"巴塞罗那的高迪"。高迪设计的巴塞罗那的建筑充满了西班牙的文化，洋溢西班牙的文学故事，把西班牙这个民族古老的传说和现代的信念很好地结合在一起。再比如说日本北海道所有的宾馆建设，基本理念就是不能喧宾夺主，不能因为宾馆的建筑设计，影响到当地的自然景观，所以北海道旅馆掩映在山峦自然中，这就是文化理念。这些事例都是值得我们借鉴的。

第二，所有领域走到深处都是文学。清华大学前不久建立了临床医学的学科，由一个资深的临床医学院士领衔建设，最初几届这个学科招收的都是临床专业的学生，但是几届之后，这个院士就提出了"医学+"的招生模式，比如医学加物理，医学加化学，等等。但是到了最近一届，这个院士特别提出了医学加文学的招生模式。医学加物理、加化学可以理解，加文学怎么理解？这位院士只说了一句话："医学走到深处就是文学。"医学如此，艺术、传媒、生态、建筑，乃至时尚，等等，所有的领域走到深处都是文学！关键的问题是，我们如何将文学同这些领域结合起来，发掘文学的作用？

"京津冀文脉谱系与大京派文学建构研究"这一国家重大课题，探讨的就是在京津冀一体化建设中，如何挖掘和梳理京津冀三地的历史文脉，如何激活这条文脉并使其在区域协同发展中发挥作用，特别是关注京津冀文脉上滋养出来的"大京派"文学如何在历史与现实之间发挥作用，如何在过去、现在和未来的转换中，记录下三地的变动与恒常？"京派文学"不只局限于20世纪30年代活跃于京、津等地作家形成的一个文学流派,"京派"的内涵远远超越了特定时段、特定地域的限制。特别是在京津冀一体化的战略背景和历史契机下,更应该发掘整个京津冀地域丰富复杂的文学现象。京津冀地区拥有同根同源的燕赵文化,燕赵地区是农耕文明与游牧文明的交界地带,在历史上是多民族融合交会的地域,这里既有内陆农耕的安定又有游牧民族的奔徙,各民族的文化在此处既冲突又融合,既激烈碰撞又相互汲取,文化自然展现出一种包容力、咬合力和拓展性、承传性。那什么是燕赵文化的精魂呢?韩愈在《送董邵南游河北序》中赞颂"燕赵古称多慷慨悲歌之士",燕赵大地上流传的正是一股"风萧萧兮易水寒,壮士一去兮不复还"的悲壮情怀,是激越昂扬的家国之思带来的豪气与锐气!

同样我们还要看到,燕赵文化流淌至今,既有金戈铁马的刚硬风骨,又有水泽滋养下的包蕴万藏、柔美淡雅。建构大京派文学,孙犁是绕不过去的!孙犁是白洋淀这一独特地缘哺育出来的作家,同样,没有孙犁,白洋淀也不会闻名于世。可以肯定地说,白洋淀的水不一定有杭州西湖的水好,白洋淀的地理风貌、水文环境与西湖完全不同,但西湖有西湖的传奇,白洋淀有白洋淀的故事!只有走进白洋淀,进到它的深处,才能领略到一些它的风情,孙犁的作品也是给我们这样的感受;孙犁是一面"迎风也不招展的旗帜",白洋淀也是如此的低调、内秀。孙犁的语言是诗歌的、散文的,他的情感是浓情淡出的、沧桑豁达的,他的文字往往很单纯又深沉,简单又繁复。孙犁笔下的燕赵大地,不是充满历史的烽烟与苍凉,而是充盈着爱与柔美水乡世界。孙犁的抒情,总是不动声色的。孙犁所写的《亡人逸事》用充满淡淡哀伤的笔调悼念亡妻,写与妻子的初见、写妻子辛苦至极却从不叫苦,用一句句充满细节的对话怀念逝去的情感,他的字句和白洋淀萦绕的水汽是一体的,他的作品真正地做到了"大味必淡,大道低迴"。

事实上,之所以提出将京派扩大成为大京派,主要是基于区域文化和文学之间的特殊关系。"大京派"文学立足于京津冀几千年的历史文化积淀,有着强烈的地域文化色彩,对于当下文学的本土化有着重要的价值。中国几千年的发展历程告诉我们，文化的发展往往会集中、迅速、活跃地反映到文学上。地域文化孕育催生了地域文学，地域文学又反过来带动、激活地域文化，而且时间越久远，这种带动和激活的功能便越明显。京津冀文脉是否能够畅通，绝不仅仅在于历史文化遗产的整理和保存，更在于我们怎么理解、优化、提炼传承下来的文化资源，在时间范围上上至汉魏时期的《燕歌行》《白马行》《燕丹子》，经由20世纪30年代以周作人、沈从文、废名、李健吾为代表的京派文学以及以老舍为代表的京味文学，下至当代以孙犁、王蒙、从维熙、刘绍棠、冯骥才、刘心武、邓友梅、王朔、铁凝、徐则臣等作家，形成了一条动态传承的文脉。大京派文学始终与时代、社会的发展紧密地结合在一起。大京派的核心，就在于它既不代表某一种共同的文学风格，也不代表一种特定的文学追求，而是在本质上指向了文学气质、文化品格的延续，是一种更加宏阔、宽容、动态风格的承传。它不是京味文学和其他书写北京的文学艺术作品的简单相加和重叠，也不是北京文学、天津文学、河北文学的相互混杂，而是一种全新的更加宏观的风格建构，一种建筑在中国文学整体风貌上的深刻洞察。王富仁曾指出"现代文学不仅只是产生于区域文化中，而是产生于整个中国社会空间。要把区域文化放在中华民族的文化系统中来自我把握、自我提升，要看到区域文化的局限性，不要以该区域出了多少重要作家来争夺地位"[①]。在京津冀文学，乃至整个中国文学的视野中，能够更好地安置作家作品、文学现象，在复杂的文化关系中，对文学史中沉浮的细节加以解释，同时，更可以透过这些现象进入更为本质的文化根源和精神实质，从而将京津冀文学与文化纳入更大的也更为复杂的社会历史的总体发展格局之中。

我们研究文学的人，当然不能离开文学本身，不能离开文学文本，但是研究文学文本不能作为我们最终的目的。我们都说文学是无用之用，但再无用最后也要有用。我们的研究根本上是为了使文学在当下的社会

---

① 姚丹：《"二十世纪中国文学与区域文化丛书"研讨会纪要》，《中国现代文学研究丛刊》1996年第2期。

发展、经济建设中发挥作用，为未来文学和文化研究提供一种引领和想象，与社会、与时代相接。区域文化自然地关联着地方性、地区性，但是它同样包含着历史性、当下性和未来性，区域文化视角的引入对文学研究既是启迪，又是机遇。

区域文化研究的推进与省思
——在"区域文化与中国现代文学研究"研讨会上的学术总结

李浴洋*

受主办方委托,由我来做会议学术总结。其实很惭愧,因为这次与会的许多专家都是我的师长辈的学者,不少同龄人在区域文化研究方面也比我更有发言权,所以首先感谢刘勇会长、萨支山副会长与重庆师范大学各位老师的信任。

刚才,八位老师对于八场小组发言都进行了很好的总结,会议一首一尾的两场主题报告大家也都一起聆听了,这些都不必由我再做重复。那么,在接下来的时间里,我想仅在总体层面上谈一下这两天听会的印象,然后再由此发挥,说一点由这次会议生发出来的感想。难免挂一漏万,还请各位老师和同学批评指正。

首先是我对于此次"区域文化与中国现代文学研究"学术研讨会的三点印象。

第一,本次会议体现了区域文化研究的最新成果。无论是对于重庆学界来说,还是就整个中国现代文学研究界而言,区域文化研究都不算是新视野与新方法了。经过过去二三十年的经营与积累,区域文化研究已经成为现代文学研究非常内在的组成部分。一方面,借用一句大家都

---

* 李浴洋(1987—)男,北京师范大学仲英青年学者,文学院讲师,硕士生导师,研究方向为中国现代文学史与学术史。

熟悉的话说，区域文化研究"已经不再年轻，正在走向成熟"；另一方面，也意味着在这一领域再想出新实属不易。对于同行众多的现代文学学科而言，"眼前有景道不得，崔颢题诗在上头"已是常态，区域文化研究当然也不例外。但此次会议难能可贵的是仍然能够带给我们某种新意。这种"新"既表现为"区域"范围的极大丰富——我们在重庆开会，西南（大后方）研究自然是主体，但大家的选题却不为本地所限：在两天的会议里，可以看到大江南北的几乎所有区域都出现了，从西南到东北，从东南到西北，从内地到香港，从大陆到海外……如果我们在会场悬挂一张中国地图，把每篇论文涉及的区域都用坐标标示出来的话，我想这应当是一幅相当壮丽的画面。与此同时，这次会议的"新"还体现在对于区域文化研究的一系列重要问题的深入回应。作为学术课题的"区域文化"，内含人文与自然、部分与整体、基层与核心、边缘与中央、特殊与普遍等命题，更不用说空间与时间、区域文学与文学区域。对于这些内在于"区域"议题的重要历史与理论课题，这次会议都有很好的讨论。最后，新意还指向区域文化研究方法的更为多元。围绕区域话题，从理论辨析到文本解读，从史料考证到学术史的清理，既有执着学科本位的探索，也都有跨专业、跨媒介的尝试，十八般武艺都在会上有声有色地操演起来，众声喧哗，异彩纷呈。——这是本次会议的一大亮点，也是区域文化研究日益成熟、充满魅力的说明。以上三点是我要讲的第一方面，即此次会议是区域文化研究的最新成果。

第二，本次会议表现了对于区域文化研究的学术自觉。众所周知，区域文化研究在中国学术传统中其来有自，但在文学研究中成为一个独立的学术领域却是相当晚近的事情。在很长一段时间内，区域文化研究从属流派研究。是从1990年代开始，区域文化研究自身的面目才逐渐清晰起来的。经过二三十年的摸索，在对于为何以及如何从事区域文化研究等问题上，学界已经形成了一些认识，也积淀了一些经验。在这些认识与经验的基础上，区域文化研究得以更加自觉地展开。令人欣喜的是，在此次会议上，我们看到越来越多的学者有意识地思考了这些问题。无论具体呈现方式是综论还是个案,基本都贯穿了与既往研究史的对话意识,以及与其他研究思路的区隔意识。外延的廓清有助于内涵的确立,与其他学术范式的比较鉴别有利于区域文化研究明确自己的位置、功能、必要性与可能性。也许我们暂时还没有把这些问题进行充分的回顾、整理、检讨与反思,但在此次会上,已经可以看到大家在各自的研究中都或多或少触及了这样的意识。在我看来,这是一个重要的学术指标:如果日后区域文化研究能够真正成为现代文学研究的一个不可取代的分支,甚至某种形式的亚学科/次学科的话,那么我们这次会议也将自有其位置。这是一次区域文化研究走向更高程度的学术自觉的会议。

第三,我想说的是,这次会议让学界看到了重庆区域文化研究的学术传统与学术群体的力量。尽管这次会议的成功举了全国现代文学研究界之力,中国现代文学研究会也在其间发挥了穿针引线的作用,但重庆师大以及重庆各所高校和研究机构的贡献还是第一位的。这样说不仅是为了致谢,而是希望强调,重庆师大这次不仅是在"组织"办会,更是在"学术"办会。也就是说,我们这次会议的底盘是重庆学界的研究成果。让我很感动的是,我们每位会议代表收到的会议材料中都有一本杨华丽老师主编的《区域文化与战时中国文艺:重庆师范大学研究生抗战文史研究论文选集》。这两天利用会议间隙,我翻看了这本文集,感慨良多。一方面,当然是看到了从周晓风老师以来重庆师大的区域文化研究的队伍代有传人;另一方面,更让我体会到重庆师大各位老师把年轻学子推向学术前台的良苦用心。在此次会议上,重庆学界贡献了十分坚实的成果。所以我想说,这次会议不仅让我们看到了区域文化研究的大有可为,还让我们看到了重庆几代现代文学学者的群像——这是一个踏实勤勉的学术群体,他们的辛勤耕耘正在开花结果。

以上是我这次参会的三点印象。最后,我还想再简单谈一下区域文化研究中值得省思的问题,也是三点。

第一,警惕两种倾向。在当下的区域文化研究中,常有两种趋向:一是走向对于地方特殊性的过分强调,乃至地方主义的立场;一是把题目做成某种全国性以至全球性的运动、潮流、资源在地方的传播史与接受史。在我看来，这两者都有意义，也都有不足。不重视地方性是不对的，但过分强调地方性也可能导致见木不见林。相反，如果只在全局的逻辑中思考问题，而忽略了地方可能存在的相对独特的脉络，那么地方就将只是作为整体中的部分而存在，并非真正意义上的"区域"。面对地方，也许我们可行的立场是鲁迅所说的"横站"，或者王国维提倡的既"入乎其内"也"出乎其外"。在这种意义上，区域文化研究的难度其实是不小的。它既是丰富性与复杂性的彰显，也是与全局性的视野的互相校正。区域文化研究应当对于时代的核心议题具有更强的介入能力，同时也成为一种反思性的资源。对于已经行之有年的区域文化研究，我们需要提出更高的要求。

第二，对于区域文化研究的学术史，可以"却顾所来径"。我在提交给会议的论文《文学史家视野中的"地方"》中提到，如今从事区域文化研究的学者，大都在学科内部将渊源追溯到严家炎先生在1990年代中期主编的"20世纪中国文学与区域文化"丛书。这次到会的李继凯、魏建与李怡三位老师，就都是当年这套丛书的作者。如果我们以这套丛书从1995年开始出版为标志算起的话，现代文学领域的区域文化研究已经走过了近三十年的历程。三十年来，我们究竟从哪里走来，走了多远，又有可能走向何方，这些都需要认真清理与严肃评判。也是在这篇会议论文中，我说道："在乡土意识与人情观念十分浓厚的中国，生于斯、长于斯的'地方'从来都不外在于文人学者的视野。完全与'地方'，尤其是自家乡土无涉的学者大概不多。但这是就具体经验而言的。在宏观层面上，'地方'成为全局性的知识与视野，更不用说方法与情怀，则不是'常态'。因为在很多时候，关怀故土或者研究乡邦更多仅是一种个体趣味、局部知识乃至业余爱好。"因此，"学术史上的'地方'何时'浮出历史地表'，甚至跃升成为中心话题"也就成为一个"问题"。"如果从具体研究中跳脱出来，可以发现'地方'何时以及因何、如何成为'显学'不仅是某一时期文学与学术进程的表征，也是此一时代的见证。'地方'的升降浮沉，本身就是一种症候，构成了认识与理解时代精神、情感结构与文化脉络的入口。"这三十年来学界为何热衷谈区域，论地方，我们通过区域文化研究到底想表达什么，其中的经验是什么，有没有什么教训……这些完全值得进行专题性的讨论，因为它们都是我们"再出发"的前提。

第三，如何在大时代中定位区域文化研究。在开幕式上，刘勇会长提出了一个很好的问题，即区域文化研究与我们这个时代，与我们所处的历史与学术进程究竟是一种什么关系。这让我想到上周末学科前辈钱理群先生的一部新编现代文学史《中国现代文学新讲》举行了首发活动。在这本新书的后记中，钱老师写道："自觉回应时代重大问题，是中国现代文学的一大特点与优势；其实，文学史的研究与写作也应该有时代感，跟具体研究与写作的时代环境、氛围、问题有一种自觉不自觉的呼应，即所谓文学史研究与写作的问题意识应该来自研究者所处的时代，有一种'和当代对话'的意义。"对于这本新编文学史，钱老师坦陈"明显打上了'疫情和后疫情时代'的烙印"。如果说中国现代文学研究的特质确如钱老师所言是"和当代对话"的话，那么对于每位致力区域文化研究的学者来说，或许都可以不时"三省吾身"：为何"区域"？"区域"何为？区域文化研究与作为研究者的"我"以及这个时代到底有什么关系？大概唯其如此，我们才能够把区域文化研究真正做成"真问题"与"大问题"。

这就是我的总结。祝贺会议圆满成功。谢谢大家。

2023 年 4 月 23 日，重庆大学城富力假日酒店

云南文化与抗战文学研究

主持人语

主持人：李光荣教授

主持人语：

在中国人民艰苦卓绝的抗战期间，昆明和重庆、桂林一样聚集了许多知识分子，成为著名的"文化城"。文化城里产生了许多抗战文学，这是需要挖掘、整理、研究、光大的文化遗产。《区域文化与文学研究集刊》推出"云南文化与抗战文学研究"专栏，显示了历史的意识和文化的眼光。我作为一个云南人，投入四十年的时间研究西南联大及其文学，对昆明的抗战文学乃至云南文学算是有所了解，便欣然接受了邀请，编辑这个昆明抗战文学研究栏目。于是得到了以下文章作者的支持，进而产生出以下一些话：

说《西南联大校歌》充满了爱国主义精神，会得到一片赞许；若说它是一首抗战歌曲，有人却会犯迟疑，因较少有人从抗战文学的角度思考过这首歌词。这里牵涉我们的战争文学观：战争胜负决定于战场，反映战争的文学当然要有战斗描写，但这只是主要的或者说重要的方面；决定战争成败的原因多种多样，与其说战斗力是战场胜败的唯一条件，毋宁说各方面的合力是战争胜利的决定因素，因此，凡是反映与战争相关的作品都应视为战争文学。在抗日战争中，描写与战争有关的兵役制度、部队管理、伤兵医院、退伍军人应属抗战文学，反映为抗战服务的道路修筑、交通运输、战争募捐、慰问演出等也属抗战文学，以至叙写为了支援军队的粮食种植、房屋建造、生活用品、军工生产等也应归于抗战文学。判断是否是抗战文学的条件是作品内容是否与抗战关联。《西南联大校歌》虽然写的是学校的迁移办学历史，培养人才的决心，但自始至终都表现着"驱除仇寇复神京,还燕碣"的强烈愿望,鼓舞师生"便一成三户,壮怀难折",可以说字字与抗战有关。西南联大总人数不到一万,竟有一千余人从军,与该校歌的抗战爱国思想不无关系。在表现形式上,此歌不属于通俗化的大众作品,曲调格高多变,感情起伏跌宕,不易掌握;歌词是古词形式,僻字古意、成语典故、句式变化、参差错落,辞意含蓄、思想蕴藉,绝非当时明白晓畅的"抗战作品"所能比,与"冲啊""杀啊"的战斗诗形成天壤之别,按照通行的抗战文学标准,当然会把这首歌曲排除在外。但明白了歌词的意思,认识就会改变。所以,我将《西南联大校歌》看作一首抗战歌曲,这是《论〈西南联大校歌〉的抗战爱国意蕴》一文较为突出的贡献。

同样的道理,写滇缅公路文学作品的《抗战时期滇缅公路的汉英文学书写论》也是一篇抗战文学论文。滇缅公路是为抗战而抢修出来的,1937年11月开工修筑滇缅公路下关至畹町段,1938年8月竣工,从昆明到缅甸的国内段全线贯通,数千辆汽车在公路上奔驰,若干马帮驮队在公路上做短途运输,给我们送来抗战所需的物资。正如杜运燮在《滇缅公路》里所写:"给疲倦的中国送鲜美的海风,/送血,送一切……"由于战局恶化,我国的海上交通被截断、滇越铁路被封锁,滇缅公路在一定时间里成为中国对外的唯一通道,成为"生命线"。如果没有汽油、武器、子弹,战场将变得安静,胜负不战自明。日本侵略军看到滇缅公路对我国抗战的支撑作用,曾派重兵侵入滇西,截断我国的这条"生命线"。因此,才有驼峰航线的开辟,打通"生命线"的滇西反攻战。滇缅公路对夺取抗战胜利如此重要,书写这条路的文学作品属于抗战文学也就不言而喻了。事实上,写修筑滇缅公路的一些作品已是文学名著,如《跨过横断山脉——修筑滇缅公路的人们》《血肉筑成的滇缅路》《滇缅公路》等。布小继、布晖《抗战时期滇缅公路的汉英文学书写论》探讨用汉英两种文字对滇缅公路的即时书写,显示的不仅是这条公路在抗战中的意义,以及那些文学作品的抗战意味,还包含滇缅公路及其文学作品的世界意义。

亦为同理，写西南联大蒙自分校文学创作的《西南联大蒙自创作的民族国家想象路径》也是一篇研究抗战文学的论文。蒙自分校在西南联大文学发展道路上具有重要地位。长沙临大南岳分校是西南联大文学青年的初次遇合，他们还处于彼此互相了解与认识的过程之中，创作才能还没有充分地显示出来，或者说刚刚完成认识开始展现文学创作才能，学校就西迁了。蒙自分校与南岳分校存在的时间长度虽然差不多，但作家们对两地的感受却很不一样。蒙自的亚热带风光使他们大为兴奋，在他们心里"世外桃源"的感觉油然而生，但家国万里的实际又使得他们倍加思乡念国。眼前的景象和胸中的家国激发出他们的创作灵感，使作品的格调变得明朗绚丽，同时又显得忧思缠绵。当年我参加编辑《西南联大在蒙自》一书，尽力搜罗文学作品放入其中，并发掘其思想底蕴，揭示其艺术创造，曾带着一份惊喜的心情。他们的作品不一定直接描写战争，但或隐或显地表达了战争意识，毫无疑问属于抗战文学。李直飞、何晓雯《西南联大蒙自创作的民族国家想象路径》一文具有强烈的问题意识，从那些作品中看出"民族国家想象"并加以阐述，揭示了蒙自分校文学作品的一个特色，体现出较好的文学研究功力。

作为"与抗战相终始"的西南联大，"抗战"是其文学的主要内容，但以往对西南联大抗战文学的研究还显得薄弱，这次的四篇文章有三篇写西南联大的抗战文学，体现了对西南联大抗战文学的重视，但这显然远远不够。即以诗歌而言，西南联大有许多优秀的抗战诗，如《出发》《山，滚动了!》等，有揭露国民党虐待军人的《一个伤兵之死》《死在战场以外的中国兵》等，有反战诗《退伍》《林中鬼夜哭》等，当然，也有邓招华在这篇《论西南联大诗人群的战争抒写》中所写的"军人形象"的提炼，和对战争的反思。但西南联大的战争书写远不止这些，一篇文章自然也写不完。邓招华的这篇文章仅仅是个开头，希望他及西南联大诗歌爱好者们继续把这一课题做下去，以昭示这所"抗战大学"的抗战诗歌业绩。令人感动的是，在新冠疫情肆掠期间坚如磐石的邓招华兄，疫情消退后却"阳"了，由于时间紧迫，他不顾低热难受的身体状况，赶写出这篇论文。这或许可以看作西南联大克服困难、抗战建国精神的具体体现，值得在此一说。

这四篇文章的共同特点是对于历史的熟悉与史料的运用，不是抽象出某种理论或观点大加阐发，而是紧扣历史事实和文学作品实际归纳阐述，用事实和史料说话，因此，持之有据言之成理，文风踏实，能说服人。

论《西南联大校歌》的抗战爱国意蕴*

李光荣**

内容提要：《西南联大校歌》是西南联大咏唱人数最多、传播范围最广、流传时间最久、社会影响最大的一首歌，堪称西南联大的第一首歌。这首歌思想博大、内容丰富、艺术上乘，可以从不同的方面做深层探讨并展开论述，但较少有人从抗战文学的角度去认识。本文认为歌词的爱国主义主题即是抗战思想的显现，抗击侵略者就是爱国，爱国就必须把侵略者赶出去，歌词从头至尾表达着抗战的情绪与要求，是一首典型的抗战爱国歌曲，只不过它不同于一般作品做简单浮泛的表达而已。文章从校歌的制作、咏唱和阐发几个方面对《西南联大校歌》提供较为全面的认识，同时解答校歌存在的一些疑惑，明确有的争议问题，补充一些历史细节，并在其中揭示歌曲的抗战爱国意蕴，让人从深处理解这首抗战爱国歌曲。

关键词：西南联大校歌；抗战爱国歌曲；制作；传唱；阐发

《国立西南联合大学校歌》是西南联大传唱最多、影响最大的一首歌，堪称西南联大的第一首歌。这首歌在西南联大，无人不唱，无人不

---

* ［基金项目］国家社科基金重大项目"西南联大文献资料收集整理与数据库建设"（18ZDA202）之子课题"西南联大图书文献资料收集整理"。

** ［作者简介］李光荣（1958— ）男，西南民族大学教授，硕士生导师，研究方向为中国现当代文学。

会唱，每次唱起来，都会悲壮无边，继而豪情满怀、意志弥坚、力量倍增，所以每个学生在校时会唱，爱唱，毕业后仍然唱，在不同场合集体唱，到了晚年也在唱，每有聚会则唱，甚至公开登台演唱。在大陆的西南联大学生如此唱，到了中国香港、中国台湾的学生也如此唱，身居异国的学生仍然如此唱。在今天，有的大学里许多后学者会唱，在唱。要知道，《西南联大校歌》诞生已经八十余年，作为实体的西南联大不存也已七十七年，西南联大的师生绝大多数已经谢世了，此歌还能如此流行。可以说，较少有哪一所大学的校歌能有这样恒久的生命力、深远的影响力和广泛的传播力。

为什么《西南联大校歌》能够如此？当然是校歌写得好，写出了大家的实感、愿望和追求。再问，为什么西南联大能够作出这样好的校歌，产生这样深远的影响？答曰：首先是作者罗庸和张清常有强烈的爱国心，对那个苦难的时代体会深刻，同时具有高深的艺术修养；其次是制作过程的严格，学校成立了校歌委员会，专项负责校歌的制作，历时近一年，几经反复才完成；最后是熟练的咏唱，每有新生入学专门教唱，每有大型集会集体咏唱，还有校歌合唱队专门演唱。学校对校歌如此重视，是把校歌作为育人的最佳教材来使用的，即用校歌砥砺同学的意志，提升同学的情操，激发同学的热情，增加同学的劲头，激励大家在战争的岁月里，当前为成才，将来为国家竭尽自己的全力。

制作校歌不是西南联大的创造，而是民国政府教育部的要求。但政府官员是把校歌作为"启发爱校之心"，进而"陶冶青年儿童身心"[①] 的工具来提倡的。到了西南联大，对校歌作用的认识则有一个质的变化。从校歌歌词所表达的内容可以看出，校歌充满了强烈的爱国主义精神，抒写国家民族灾难，略述本校迁徙历程，勉励同学树立刻苦自励为国成才的雄心壮志，表达报仇雪耻振兴中华的决心，不局限于"身心"和"爱校"，而是抗战爱国，一切为了国家的独立和强大——这不仅是国家

---

① 民国政府教育部训令，载《云南师范大学大事记》，《云南师范大学学报》1988 年校庆增刊，第 22 页。

遭受侵略凌辱时全体人民的心理诉求，也是和平时代一个公民的精神指向。所以，《西南联大校歌》能够从 30 年代一直唱到今天，并且还将继续唱下去。

一　校歌的制作

1938 年 6 月 24 日，教育部发出训令："音乐一科，为陶冶青年儿童身心之主要科目，自古列为六艺之一，现在各级学校教授音乐，取材虽未尽趋一致，但多自编校歌，以代表各该校之特点，而于新生入学之始，则教之歌咏，以启发爱校之心，影响至为重大。兹为考察起见，各级学校应将所编校歌，呈送本部，以备查核。"[①] 接到训令，各校均不敢怠慢，纷纷将校歌呈教育部。唯西南联大初创，没有现成的校歌呈报。且这时学校长途迁徙甫定，分两地三处办学，学校办公、师生居住等分散全城各处，校舍、设备等尚未完全解决，本学期开学时间都延迟至 5 月 4 日，学年招生工作又已启动，征地建校事宜尚未落实，白手起家，千头万绪，一时难以顾及创作新歌。于是，西南联大 7 月 20 日向教育部报告："本校创立未久，未备校歌，俟编成后再行呈核。"[②] 学校希望得到教育部的谅解，暂缓一段时间来完成校歌制作。没想到教育部毫不理会，于 10 月 3 日再次发出训令："限一个月内将办理情形及校歌、校训呈报。"[③] 语气官腔十足。西南联大只好抓紧工作，于 10 月 6 日召开常委会，决定成立校歌校训委员会，"聘冯友兰、朱自清、罗常培、罗庸、闻一多诸先生为编制本校校歌校训委员会委员，并请冯友兰先生为该委员会主席"[④]。五位委员全是文学院的教授，后四位又全是中文系教授，其中冯友兰是文

[①] 民国政府教育部训令，载《云南师范大学大事记》，《云南师范大学学报》1988 年校庆增刊，第 22 页。

[②] 西南联大呈教育部文，载《国立西南联合大学校史》，北京大学出版社 2006 年版，第 76 页。

[③] 民国政府教育部训令，载《国立西南联合大学校史》，北京大学出版社 2006 年版，第 76 页。

[④] 北京大学等编：《国立西南联合大学史料》第 2 卷，云南教育出版社 1998 年版，第 69 页。

学院院长，朱自清是中文系主任兼清华大学中文系主任，罗常培是北京大学中文系主任，罗庸和闻一多是著名的古文专家，朱自清、闻一多还是著名新诗人。可以说，委员会集中了西南联大当时最具资格的校歌校训编制专家。

因上级催迫，罗庸集中心思考虑创作，不久，便拿出了一首歌词，并请人配上曲谱，交给校歌校训委员会。10月30日，委员会召开会议讨论校歌，"接受了罗的词，但未通过曲"①。由于"未通过曲"，委员会没有向常委会报告。11月24日，委员会又开会，决定在报送校训的同时，上报已经接受的校歌（初版本）歌词：

万里长征，辞却了五朝宫阙。暂驻足，衡山湘水，又成离别。绝徼移栽桢干质，九州洒遍黎元血。尽笳吹，弦诵在山城，情弥切。千秋耻，终当雪；中兴业，须人杰。便一成三户，壮怀难折。多难殷忧新国运，动心忍性希前哲。待驱除倭虏复神京，还燕碣。②

11月26日，常委会举行的第95次会议决议："以'刚毅坚卓'为本校校训"，③ 但没有对校歌表决。为什么？若干年以后，冯友兰在《我在西南联大所犯的罪行的补充交代（续）》中说："有人觉得形式太旧，不像个校歌样子。"④ 查西南联大校史资料，1938年10月18日召开的第91次常委会决定："本校常务委员会开会时，请本校各院、处长列席"。⑤ 意即，此后西南联大的常务委员会会议都是有院长、处长列席的扩大会议。

---

① 《朱自清日记》（1938年10月30日），载《朱自清全集》第9卷，江苏教育出版社1998年版，第557页。

② 《朱自清日记》（1938年11月24日），载《朱自清全集》第9卷，江苏教育出版社1998年版，第560—561页。此为罗庸初稿，与后来的改定稿的文字略有出入。

③ 北京大学等编：《国立西南联合大学史料》第2卷，云南教育出版社1998年版，第75页。

④ 冯友兰语，载蔡仲德《冯友兰先生年谱初编》，河南人民出版社2000年版，第538页。

⑤ 北京大学等编：《国立西南联合大学史料》第2卷，云南教育出版社1998年版，第70页。

冯友兰作为文学院院长出席了此后的常委会会议。11 月 26 日讨论校歌、校训的第 95 次常委会自不例外，所以他的话系述说亲身经历。尽管此话出自"文化大革命"中冯友兰在遭受打击迫害时所写的交代材料，因不涉及太多利害关系，又符合历史事实，是可以相信的。到了白话文早已普及的三十年代末期，还用词牌作校歌，不符合时代潮流，因此有反对意见，常委会会议便未作表决。

冯友兰受常委会上提倡新体歌词的启发，写了一首新体诗的歌词：

西山苍苍，滇水茫茫。这已不是渤海太行，这已不是衡岳潇湘。同学们，莫忘记失掉的家乡，莫辜负伟大的时代，莫耽误宝贵的辰光。赶紧学习，赶紧准备，抗战建国都要我们担当。同学们，要利用宝贵的辰光，要创造伟大的时代，要恢复失掉的家乡。①

至此歌词有了两首，曲谱仍没有合适的，校歌委员会再行征集。朱自清想起了酷爱音乐、在清华研究院读书时曾与自己合作过校歌的张清常，他这时在迁到广西宜山的浙江大学任教，朱自清便把两首歌词寄给了他。张清常收到歌词，"反复吟诵，再三考虑，认为罗词上阕悲愤，下阕雄壮，是一首好词，适合于做校歌。于是把罗词谱成男女声四部合唱曲，用每页 12 行的大五线谱纸写成。此件写明：国立西南联合大学校歌，罗庸词，张清常曲"②。他又用简谱写了一份，同样注明词曲作者，简谱那份还写上了时间地点："二十七年十二月于广西宜山。"完成后，他及时寄回昆明。张清常没有给冯友兰的歌词谱曲，校歌委员会不好比较，得另外找人。最后由马约翰和沈有鼎两位教授分别为冯友兰的歌词谱了曲。马约翰谱的是圆舞曲形式，四三拍子，齐唱的简谱；沈有鼎谱

---

① 西南联合大学北京校友会编：《国立西南联合大学校史》，北京大学出版社 2006 年版，第 76 页。

② 张清常：《忆联大的音乐活动——兼忆西南联大校歌的创作》，载北京大学校友联络处编《箫吹弦诵情弥切》，中国文史出版社 1988 年版，第 354 页。

的是进行曲形式，四二拍子，也是齐唱的简谱。

有了这两首歌词的三份歌曲，校歌委员会便把它们油印出来，组织学生练唱。

这一过程花了半年多时间，直到1939年6月14日，校歌委员会才召开会议听三首待选校歌的咏唱效果，并请在本校的作曲当事人马约翰和沈有鼎，还有精通音乐的杨业治教授参加。试听结果，与会者中有人认为冯友兰的歌词和马约翰的曲谱较好，但马约翰的曲谱有单调之感，遂建议马约翰、沈有鼎和杨业治共同修改。朱自清这一天的日记写道："下午开校歌委员会，听校歌演唱。接受冯的歌词和马的谱。但谱嫌单调，因此决定由马、杨、沈负责修正。"① 这里的"马、杨、沈"即马约翰、杨业治和沈有鼎。西南联大校史专家张源潜特别提醒我们："日记中第一次提到'冯的歌词'，是与马谱联系着的。"② 而杨业治则在后来回忆自己当时的态度说："在三个校歌中，我立即主张采用罗庸词张清常谱的《满江红》校歌。《满江红》的词意境与岳飞的《满江红》有很多相似处，它受到了岳词的启发。历史环境的相似，悲愤激昂的情绪相似，甚至个别处遣词亦相似。歌词与曲调非常吻合。前半阕的悲怆沉着，后半阕的高昂兴奋，表达了我们百年来的积愤和今日雪耻图强的决心。这即是我们那时的情怀。"③ 事实上，"修正"之语只是安慰式的话，事后并未根究。由于留下修改的尾巴，这次会议没有表决。

过了半个月的1939年6月30日，校歌委员会再次举行会议决定校歌。会上通过了张清常谱曲的《满江红》为校歌。委员会当即具函向常委会报告："前承命组织委员会拟定校歌校训，除校训已经拟定并经钧会

---

① 《朱自清日记》（1938年6月14日），载《朱自清全集》第10卷，江苏教育出版社1998年版，第31页。
② 张源潜：《有关西南联大校歌歌词作者的史料两折》，《西南联大北京校友会简讯》（内刊）第41期。
③ 杨业治：《从南岳到蒙自——抗战初期的片段回忆》，载蒙自师范高等专科学校等编《西南联大在蒙自》，云南民族出版社1994年版，第30页。

核准公布外，兹送呈拟定的校歌，敬请核定。"① 委员罗庸、朱自清、罗常培、闻一多、冯友兰五人签名呈报。

时值抗日战争二周年纪念，《云南日报》辟专版纪念。冯友兰由于自己所作的校歌歌词没有被最后一次校歌委员会会议采纳，便以《拟国立西南联合大学校歌录作七七抗战二周年纪念》为题，把"西山"改为"碧鸡"，"滇水"改为"滇池"，"的"字全部改为"底"字，投给报纸发表了。

1939年7月11日，西南联大常委会第112次会议"议决事项"（一）："依照本校校歌校训委员会所拟本大学校歌通过。"② 此次通过的歌词与上引罗庸原词有两处不同，即把"洒遍"改成了"遍洒"，"倭虏"改成了"仇寇"。前一改出于词语结构上的考虑，后一改为使表达含蓄一些。

7月15日，学校发文给各部门知照校歌通过事。

7月19日，学校向教育部呈报校歌。

7月24日，常委会公布《国立西南联合大学关于校歌的布告》，全文如下：

> 兹经第112次常务委员会议议决：依照本校校歌校训委员会所拟本大学校歌通过等语，记录在卷。合行检附前项校歌布告，希各知照。此布。③

《西南联合大学校歌》曲谱作者张清常的姐姐张清徽，时在迁到昆明的北平图书馆工作，知道弟弟的作品被西南联大采用为校歌，十分高兴，

---

① 北京大学等编：《国立西南联合大学史料》第1卷，云南教育出版社1998年版，第36—37页。
② 北京大学等编：《国立西南联合大学史料》第2卷，云南教育出版社1998年版，第97页。
③ 北京大学等编：《国立西南联合大学史料》第1卷，云南教育出版社1998年版，第38页。

写信到宜山告诉弟弟，并且附寄了用作试唱的三份油印歌单。张清常收到这一喜讯，自然无比兴奋和激动。他看到马约翰和沈有鼎所谱的曲子，觉得没有谱好，年轻气盛的他，也产生了为冯友兰词谱曲的冲动，接着谱成了一首男高音独唱曲。校歌已定，这首曲没用了。他被时在西南联大的老师和西南联大的"高看"激发，把他所谱的两首歌加以改编，组合为一首《敬献西南联合大学》组曲。他不知冯友兰的歌词这时已经作了修改，仍然用的是先前朱自清给他的稿子。"7月28日，我完成了五个乐章的《敬献西南联合大学》，将其主旋律用简谱油印为7张共14页。首页，第一乐章在引子8小节后即为校歌《满江红》，写明'罗庸中先生词'。在第11页第6行，开始第四乐章，有男高音独唱，是教师对学生进行勉励，采用了冯友兰先生（新体诗）的歌词，也就是马约翰、沈有鼎两位都谱过的歌词。那时我年轻气盛，偏要也试一试如何给冯先生这篇白话诗式的'……同学们……同学们……'制谱。在第四乐章里我标明'冯芝生先生词'。我把这14页油印的主旋律简谱寄给在联大的老师们。其中寄给朱自清、闻一多先生的那份，篇首上方写着'谨呈佩弦、一多师恳乞赐正'。他们二位将它交给学校。"① 他的组曲稿子寄出，中间又赶上假期，辗转传到冯友兰之手时，校歌校训委员会已经撤销。冯友兰只好以个人名义具函向常委会呈报组曲，建议专函申谢。11月1日，梅贻琦在呈函件上批示："文书组函张先生致谢，乐谱留存。"②

撤销校歌委员会是10月17日的事。这一天，常委会召开第123次会议，"议决事项"第（二）条为撤销校歌校训委员会等七个委员会。西南联大初创时期，为了完成各种非长期任务，设立了一些临时委员会。至1939学年度开始时已完成任务的七个临时委员会经此次会议决定全部撤销。

---

① 张清常：《忆联大的音乐活动——兼忆西南联大校歌的创作》，载北京大学校友联络处编《笳吹弦诵情弥切》，中国文史出版社1988年版，第354—355页。
② 梅贻琦批语，载西南联合大学北京校友会编《国立西南联合大学校史》，北京大学出版社2006年版，第77页。

11月17日，西南联大第二届校务会举行第一次会议，常委会向会议报告"本大学校歌审定案"。至此，西南联大校歌制作工作全部结束。

本节至此也该结束了。但是，《西南联大校歌》给我们留下了许多后话。这些"后话"不能不在此说一下：

第一，校歌报到教育部后，教育部于12月2日发来一纸"训令"说："该校校歌之曲系西洋成曲，似未能表现校歌特具之精神，令即另行作曲配词。"① 此语让人啼笑皆非！对此，梅贻琦批示文书组："本校校歌并非西洋成曲，可将歌词及曲谱检呈。"② 呈报后，教育部再无下文。

第二，1940年秋，张清常应西南联大之聘，来师范学院国文系担任专任讲师。到校后，他发现印发的校歌歌谱略有差错，便重行订正，交学校铅印分发，并亲自教唱。

抗战胜利，西南联大结束使命，三校准备复员。由于条件不具备，决定在昆明续办一年。张清常决定为学校的结业盛典准备一个节目。他在原先创作的《敬献西南联合大学》组曲的基础上，进一步扩展完善，写成男女声四部合唱的《国立西南联合大学进行曲》，分"引""校歌词""勉词""凯歌词"四个乐章：

一、"引"，冯友兰作："八年辛苦备尝，喜日月重光，愿同心同德而歌唱。"

二、"校歌词"，罗庸作，即上引《满江红》。

三、"勉词"，冯友兰作，即上引新体诗初稿。

四、"凯歌词"，冯友兰作《国立西南联合大学纪念碑碑文》"铭辞"节录："千秋耻，终已雪，见仇寇，如烟灭。大一统，无倾折。中兴业，继往烈。维三校，如胶结。同艰难，共欢悦。使命彻，神京复，还燕碣。"

---

① 民国政府教育部训令，载西南联合大学北京校友会编《国立西南联合大学校史》，北京大学出版社2006年版，第77页。

② 梅贻琦语，载西南联合大学北京校友会编《国立西南联合大学校史》，北京大学出版社2006年版，第77页。

进行曲作成后，张清常带给西南联大附中合唱队，亲自指导练唱。1946年5月4日，西南联大举行结业典礼，张清常指挥西南联大附中合唱团演唱。一曲激动人心的《西南联大进行曲》后，梅贻琦宣布西南联大结束。

第三，也是一件令人啼笑皆非的事件。冯友兰晚年作《致〈北京晚报〉》《三松堂自序》《自传》等，说"这首词是我作的"。① 并在《三松堂自序》"附记"中说："按说现在我是最有资格回答这个问题的人，因为1938年联大制定校歌校训的时候，设了一个委员会主持其事。我是五个委员之一，并且是主席。现在其他四人，闻一多、朱自清、罗庸、罗常培都不在了，只有我一个人还在，并且还没有失去记忆力。有人来问，我就凭我的记忆说是我作的。"② 接着举朱自清三则日记为证，理直气壮地把校歌正式归入自己名下。但他没有录朱自清1938年11月24日的日记，这则日记录了校歌歌词。这一遗漏使朱自清的日记链条断了一节，使全部日记产生出他所需要的推论。而更重要的是这位"最有资格回答这个问题的人"，在其他四个委员都逝世后，才正式申说《西南联大校歌》著作权事。其实，他在这之前早有这一意图了，例如1968年7月他写的"交代材料"中就说到（自然那时无法正面提出此问题也是事实）。但是，其他的知情人，如曲谱作者张清常，参加校歌审定工作的杨业治等还健在。经历了西南联大1939年的许多老师和学生还在。张清常所谱曲子和当时所印歌单还在。当时手持歌单唱这首歌的许多人都还健在。这一问题是清楚的。本文的任务不在考证《满江红》歌词的作者，就不多谈了。

第四，罗庸作词、张清常作曲的《西南联大校歌》和《西南联大进行曲》随离校的师生主要是学生走向了海内外，得到长期传唱。许多书

---

① 冯友兰：《三松堂自序》，载《三松堂全集》第1卷，河南人民出版社2000年版，第295页。

② 冯友兰：《三松堂自序》，载《三松堂全集》第1卷，河南人民出版社2000年版，第302页。

刊多次重刊《西南联大校歌》，也有刊《西南联大进行曲》的。在后来的重刊书刊中，可能刊载较早的是台湾新竹清华大学校友会的《清华校友通讯》，该刊于1967年3月1日出版的新第19期刊载了《西南联大进行曲》。刊载时在编者注中转述了查良钊的话："此词歌当时极为动人，全体师生无不永铭心版。"① 查良钊是当年的西南联大训导长，那时的台湾清华校友会会长。他的话是历史的见证。

《西南联大校歌》诞生以来的数十年，一直激发着全体师生的爱国情绪和团结奋进的精神，成为维系西南联大师生心灵的纽带。常竑恩说："当唱起校歌时，仿佛危难中的祖国在呼唤我们，要奋起，要战斗，刻苦学习，枕戈报国。女同学誓作叱咤风云的巾帼英雄；男同学随时准备为国抛头颅、洒热血，做顶天立地的男子汉。"② 这不仅仅是学生们在西南联大时期唱校歌的体验，也是他们在离开西南联大之后的岁月中唱校歌时的心灵写照，即使今天，我们这些远离西南联大的人唱起来也会有这种感受。这样悲壮动人的校歌，恐怕只能在那个时代才会产生！

二 校歌的咏唱

校歌是合唱歌曲，属于群声艺术，适合集体咏唱。但合唱的形式也是多种的，如齐唱、轮唱、男女混声唱、分声部合唱等，而各校运用最多的形式是群声合唱及齐唱。《西南联大校歌》的咏唱也是以群声合唱为主要形式的。

《西南联大校歌》的最初咏唱是试唱。为选择与确定西南联大的校歌，收到张清常寄来的校歌后，校歌委员会组织学生进行试唱，以考察咏唱的效果。委员会听唱的结果，认为张清常所谱的《满江红》比其他两首的咏唱效果好，所以决定选为校歌，呈报学校常委会审批。朱自清

---

① 台湾新竹清华大学校友会：《清华校友通讯》1967年新第19期。
② 常竑恩：《〈西南联大校歌〉歌词简释》，《西南联大北京校友会简讯》（内刊）1993年第13期。

日记说"曲调比歌词更重要"①，指的就是咏唱效果——音乐用旋律感人。但试唱只是前奏，歌曲还没选定为校歌，不能算作"校歌"咏唱。

1939年7月11日，西南联大常委会批准校歌委员会的选择，决定以罗庸作词、张清常作曲的《满江红》为校歌，从此开始了《西南联大校歌》的正式咏唱。

校歌确定不久，西南联大安排人刻写蜡版，油印若干份，发放全校，让每个师生知晓学唱。新学期开学后，学生则有组织地进行练唱，几乎每个人都学会唱了。很快，西南联大校园响起了《西南联大校歌》的歌声。学生集会时通常都有校歌咏唱。

1940年8月，西南联大聘校歌的曲作者张清常任师范学院国文系专任讲师。他来校报到后，发现流传的油印校歌曲谱略有错误，又做了校订，而后交给学校。鉴于此时校歌被全体师生广泛接受，且咏唱效果良好，引导和教育作用明显，学校在经费极其困难的情况下匀出钱来，把订正稿拿去铅印。铅印量更大些。此后，每个新生入学都得到一份校歌歌单，以便自行学习。也是从这一年起，入学新生有专人教唱校歌，其中1941年和1942年由张清常亲自教唱。这是《西南联大校歌》咏唱的第一种形式——教唱。

第二种形式是集会时咏唱。西南联大的学生的集会比较多，比较固定的是一月一次的"国民月会"。国民月会是按照教育部的要求举行的。每次国民月会都要举行升旗仪式，背总理遗嘱，唱国歌，领导讲话，一般是报告国内外及学校大事，让学生知晓一些事情，许多时候也举行专题报告，有时请名家演讲，例如，1944年5月上旬的国民月会，由五四运动的参加者周炳琳教授讲《五四运动》；6月的国民月会请中央电工器材厂总经理恽震讲《中国将来的工程师》，而后梅贻琦报告校务。在国民月会上，通常都会由参会的学生齐唱《西南联大校歌》。此外还有"五四"纪念会、"七七"纪念会、校庆等。1944年周炳琳讲的"五四"运

---

① 《朱自清日记》（1939年6月30日），载《朱自清全集》第10卷，江苏教育出版社1998年版，第34页。

动，同时也是纪念"五四"的一个内容。11月1日是长沙临时大学开学的日子，西南联大以这一天为校庆日。西南联大每年这一天都会举行校庆活动。有了校歌之后，庆祝集会都会齐唱校歌以纪念。这里举西南联大1941年一次集会的会议议程为例：

本校成立四周年纪念典礼及十一月份月会秩序

一、全体肃立

二、唱国歌

三、向党国旗及国父遗像行三鞠躬

四、主席恭读国父遗嘱

五、主席致开幕词

六、讲演（《联大四年的回忆》，黄钰生讲）

七、唱校歌

八、呼口号

九、礼成①

不固定的集会就更多，例如名人演讲、文艺晚会、戏剧演出、社团活动、学生自治会改选、下乡宣传、郊游等，在这些活动中，有时候也会唱校歌，但不一定。那时同学们常唱的歌是抗日歌曲，能够形成齐唱。此外国歌大概中学时代就会唱。在西南联大由教师正式教唱的歌只有《西南联大校歌》一首，所以在西南联大，有的集会在正式内容开始前先唱校歌。

第三种形式是演出。例如：1940年冬，在西南联大工学院新年晚会上，演奏了校歌《满江红》及其变奏曲。工学院在拓东路，学生中有一支小型管弦乐队，张清常到西南联大，乐队便邀请他参加活动。鉴于乐谱奇缺，张清常就把《西南联大校歌》加上几次变奏，成为几个乐章，

---

① 《本校成立四周年纪念典礼及十一月份月会秩序》，云南省档案馆。

供乐队练习。于是有了这一次演出。1942年夏,西南联大组织校歌混声合唱队,选全校学生中的"金嗓子"组成,队长谭庆双,副队长虞佩曹,由张清常做指挥,练习张清常在宜山谱曲的《敬献西南联合大学》组曲,生物系曹景熙老师担任男高音独唱,谭庆双唱女高音,虞佩曹唱女中音,队员有陆慈、刘君若、马启伟、官知节、官知义、严达等数十人,于11月1日校庆日在校图书馆向观众演唱。演唱深深感动了观众,掌声经久不息。连喜怒不形于色的梅贻琦常委都大为高兴,特别设家宴请合唱队指挥张清常和队长谭庆双吃饭,祝贺演出成功。梅贻琦还评价说,"还没有见过有哪个学校的校歌是以这样庄严、优美的形式来演唱的"[①]。1946年,西南联大结束之前,张清常把《敬献西南联合大学》扩展为《西南联合大学进行曲》,指导西南联大附中歌咏队练习,老师倪连生、阎修文领导并参加合唱,音乐老师弹琴伴奏,每周练习。5月4日,在结业典礼上张清常指挥演唱,用优美动听的歌声和完美的艺术形式给西南联大画上了句号。

西南联大不以校歌始,却以校歌终。而自从校歌产生以来,校歌就是西南联大的一首"流行歌曲"。同学们爱唱,在宿舍、在教室、在路上随时都唱,校园里不时响起校歌的声音。因为校歌能表达出大家的心声,唱校歌就是在倾吐自己的感情,所以喜欢唱。而上述集体咏唱提升了校歌的艺术性,强化了校歌的感染力,增强了同学们的喜爱。在西南联大师生那里,这种喜爱持续了一生。

校歌为西南联大画上了句号,但师生们对《西南联大校歌》的咏唱并没有因西南联大的结束而结束。相反,它成为师生心灵的珍藏,在后来的生活中会不时咏唱谈论,而更多的时候,是用以表达对西南联大的纪念,用以激发自己的精神和力量。师生把《西南联大校歌》带到了京津三校,带到了海内外,传唱至今,所以,本节不能就此结束,还得把西南联大结束之后的咏唱情况做些记述。

---

① 梅贻琦语,参见张清常《忆联大的音乐活动——兼忆西南联大校歌的创作》,载北京大学校友联络处编《筝吹弦诵情弥切》,中国文史出版社1988年版,第352页。

西南联大结束后，用现在流行的造词法应该说是"后西南联大"。后西南联大的《西南联大校歌》咏唱，是从学生离开昆明的那一刻开始的。师生分批北返，一批批学生坐在大卡车上，依依不舍地挥手向前来欢送的朋友、向西南联大、向昆明告别，那心情，充满了离别的忧伤和对于前景的喜悦的复杂感：很快就"还燕碣"了，可何时才能重见昆明，重见母校，重见朋友们呢？大家都各自想着心事，集体静穆。忽然一个同学轻声哼起"万里长征……"，歌声荡漾开去，在同车人的心中激起了同样的感情，两个唱、三个唱，全车人一起唱，歌声随风传开，两车、三车，全车队的同学都在唱，汽车进入山路，歌声从山弯漾起，随风在林间起伏……这不是文学想象，而是写实，许多同学都有这样的记忆。

北返的同学每到一地歇脚，都会情不自禁地唱起校歌，因为校歌最能表达西南联大"动心忍性"九年，最终得以"驱除仇寇复神京，还燕碣"的心情。严宝瑜记下了一段感人至深的回忆：

> 1946年夏天，联大学生复员北上，我是属于最后一批从上海乘开滦煤船到塘沽的人，其中有相当多的人是"高声唱"的队员。学校搬迁工作驻上海负责人——著名的植物学家李继侗先生，在上海一批批接送联大学生北上。他在完成最后的一批接送任务后，同我们一起乘船到塘沽。他讲话有点结巴，他说："你们是最后一批了。大大……大家唱个校歌吧！"于是好几个同学把我推向高高的行李堆，我就站在行李堆上指挥大家唱《西南联大校歌》。我记得唱时李先生激动得边唱边和我一起打拍子，同时用手背擦着眼泪。当大家唱完最后一句"待驱除仇寇复神京，还燕碣"时，欢呼声经久不息。因为我们是最后一批联大学生回到北京的，眼前的事实不正应验了校歌里的语言吗？①

---

① 严宝瑜：《"一二·一"反内战运动中的西南联大"高声唱歌咏队"和四烈士〈送葬歌〉》，《音乐研究》2001年第2期。

三校复员后，《西南联大校歌》又不时在宿舍、教室和同学的集会中响起。大家这时唱校歌，别有一番感情，一方面是胜利者的喜悦，另一方面是对西南联大的怀念。在由高声唱歌咏队分化组合而成的沙滩合唱团、大家唱合唱团和南星合唱团，训练和演出中有时也唱《西南联大校歌》。

1949年，西南联大招收的最后一级学生毕业后，校歌的集中咏唱声逐渐稀少了。此后三十年，只有西南联大校友聚会时为怀念西南联大的生活而在小范围、小场合唱。直到1980年，才又出现了一个咏唱的浪潮。

1980年，中共中央宣传部和共青团中央举行大会纪念"一二·九"运动四十五周年和"一二·一"运动三十五周年，召集当年参加过运动的二百多位大学生组成歌咏团，唱当年他们唱过的老歌，由高声唱歌咏队的方堃担任指挥。纪念会在人民大会堂举行，演出实况通过各种宣传媒体介绍出去，引起了很大反响。纪念会后，方堃提议成立"北京老同学合唱团"，专门唱革命、健康、优秀的歌。提议得到大家的响应，合唱团很快成立。参加者大多是四十年代北大、清华、南开和燕京、中法、师大、辅仁、朝阳学院等大学歌咏团体的积极分子，音乐素养极高。成立后，合唱团多次到北京各大中学演出，也曾几次上人民大会堂演出。演出的歌曲中，就有《西南联大校歌》。三十余年来，他们演出了若干场次，演出了若干遍《西南联大校歌》。最值得一提的是在西南联大纪念会上的演唱。在纪念西南联大诞生六十周年、六十五周年、七十周年、七十五周年纪念会上，老同学合唱团或部分团员都作了精彩演唱，而在每次演唱中《西南联大校歌》都是保留节目。例如，在庆祝西南联大建校七十周年大会上，老同学合唱团和清华大学学生艺术团合唱团联合演出了主题为《峥嵘岁月的歌声》的诗歌联唱节目，其中歌的部分为九首，而以《西南联大校歌》开头，指挥方堃。最近一次，2012年11月3日，在清华大学召开的西南联大建校七十五周年纪念会上，九十岁高龄的方堃再一次指挥合唱团演唱了《西南联大校歌》。

西南联大北京校友会和云南西南联大校友会每年都举行西南联大纪

念会，每次会议，老先生们都必唱校歌，借以怀念当年不寻常的岁月。校友不太集中的广州、武汉、成都、重庆等地，少数人聚会时也唱。有校友自远方来，大家临时聚会都会唱。

身在海外的西南联大校友集会时照样唱。"西南联大校友遍布于大陆各地及台湾、香港，国外则以美国最多，加拿大、澳大利亚、新加坡、马来西亚、泰国以及英国等地校友，每逢校庆聚会仍唱校歌。"①

此外，《西南联大校歌》还在北大、清华、南开和云南师大的部分师生中传唱。云南师大专门教新生唱，有时举行歌咏比赛则为必唱歌曲。云南师大还建立了西南联大纪念馆，每年都吸收一批学生做讲解或服务员，他们也都能唱。

《西南联大校歌》还会唱下去，只要西南联大传统还作为人们的精神需要。

三 校歌的阐发

对罗庸这首《满江红》的内容，冯友兰在《国立西南联合大学纪念碑碑文》中归纳道："始叹南迁流离之苦辛，中颂师生不屈之壮志，终寄最后胜利之期望。"② 雄文一出，遂成定论，几十年来论《西南联大校歌》者，皆以此为准则。的确，这三句话恰当地概括了该《校歌》的内容，一般地理解确实如此。

但冯友兰的话没有从《满江红》词牌的要求和"校歌"作法的角度来概括，与西南联大校歌《满江红》有一些隔膜。

在词牌中，《满江红》属于长调，为双调，分上、下两阕。由于分上下阕，作词者往往按两层意思结构作品，因而形成两层内容。解词者一般也按上下两层意思来理解和分析作品。这里举影响了罗庸歌词创作的岳飞《满江红》为例殊为恰当："怒发冲冠，凭栏处、潇潇雨歇。抬望

---

① 张清常：《关于国立西南联合大学校歌》，《新文化史料》1994年第6期。
② 冯友兰：《国立西南联合大学纪念碑碑文》，载北京大学等编《国立西南联合大学史料》第1卷，云南教育出版社1998年版，第284页。

眼，仰天长啸，壮怀激烈。三十功名尘与土，八千里路云和月。莫等闲、白了少年头，空悲切。靖康耻，犹未雪。臣子恨，何时灭！驾长车，踏破贺兰山缺。壮志饥餐胡虏肉，笑谈渴饮匈奴血。待从头收拾旧山河，朝天阙。"① 这首词上阕抒发愤慨之情，下阕表达建功立业之志，两阕意思分明。而罗庸的调寄《满江红》，按照冯友兰概括的意思，应该说成，上阕叹南迁流离之苦辛，下阕颂师生不屈之壮志并寄最后胜利之期望。但是冯友兰把下阕的两层意思分开，且分别与上阕的意思并列，这就未必恰当了。

再从校歌的内容要求来看，校歌通常都要描述办学的环境和历史，表达学校或者说师长对于学生的期望与要求，勉励学生勤学成才，报答深恩。这是一种"套路"，实际是文艺学中所说的"典律性"。由于特定范围和环境的要求，校歌在长期的创作实践中，沉淀下了历史话语和劝勉话语，凝聚成了勖勉、劝诫的内容与风格。这里倒可以举冯友兰所作的"拟校歌"为例："西山苍苍，滇水茫茫。这已不是渤海太行，这已不是衡岳潇湘。同学们，莫忘记失掉的家乡，莫辜负伟大的时代，莫耽误宝贵的辰光。赶紧学习，赶紧准备，抗战建国都要我们担当。同学们，要利用宝贵的辰光，要创造伟大的时代，要恢复失掉的家乡。"② 歌词先写办学的环境地点，接着向同学提出期望和要求。罗庸的《西南联大校歌》同样适应了这种"典律"，保持了校歌的话语、内容与风格传统。

基于以上两点，《西南联大校歌》应从词牌《满江红》的特点和校歌内容的要求两个方面切入，领会其思想内容。

先来看校歌的创作情形：具有高深文化学养的罗庸，在构思《西南联大校歌》时，校歌创作的典律性在潜意识中发生了作用，支配着他的构思，要求他写出西南联大的办学历史与环境，表达出对于绝徼求学的

---

① （宋）岳飞：《满江红》，唐圭璋等撰《唐宋词鉴赏辞典》，上海辞书出版社1988年版，第1297页。
② 西南联合大学北京校友会编：《国立西南联合大学校史》，北京大学出版社2006年版，第76页。

莘莘学子的期望与劝勉，而西南联大办学历史的艰难曲折前所未有，特殊的时代投射到心中要对学生说的话头绪众多，这些复杂的内容必须以较长的篇幅才能容纳，专研古代文学的罗庸，想到了"满江红"，只有这样的长调才能表达出他那复杂多样的思想和感情，于是他毫不犹豫地选择了"满江红"。为了表达层次清楚起见，他以上阕抒写西南联大的办学历史，以下阕抒写对青年学生的嘱托。这样，一首调寄《满江红》的校歌诞生了。

我们所见的《西南联大校歌》确实是一首绝美的《满江红》。我们看到，这首《校歌》上阕表述西南联大办学的艰辛，下阕抒发对于学生的期望，文脉清楚，阕意分明。上阕下笔点睛，以"万里长征"总冒下文，下面围绕着万里长征办学展开。从"辞别""五朝宫阙"的悲伤开始，写到"衡山湘水""驻足"的短暂，最终得到"绝徼""弦诵"的安宁。万里长征办学，其间的艰难困苦，非经过者难以想象，而能够在遍地烽火，满眼血痕的战争环境中办学读书，师生的感情必然比平时更加亲密。下阕以"千秋耻"突起，告诫学生报仇雪恨，"终"字表明，现在已经到了雪耻的最后时刻了，即便"一成三户"，也能夺取最后的胜利，因为太多的苦难促使我们发愤图强，一新国运，而要实现国家中兴的目标，就必须"动心忍性"，苦学古来仁人志士，把自己塑造成人中豪杰。同学们做到这些，就有理由相信：仇寇必定失败，国土必然收复，燕碣必能回还。这样，上阕又可细分为叙述迁徙流离的辛酸和最终安定的欢愉两层；下阕可分为表达报国雪耻的壮志和迎取胜利的信心两层。上下两阕在结构上均衡统一，具有匀称协调的美。下阕在表达上还非常巧妙：分明是劝勉学生，却不以说教的口吻表达，而取心灵自述的方式。对同学的要求也就是作者的追求，使师生的愿望合而为一，这样，学生诵之必然感到十分亲切。把上下阕归纳起来，便是这首词的主题：叙写西南联大在战火中劳苦迁徙为国育才的历史，期望同学修成人杰以中兴国家。

《满江红》不是一般地讲述这些内容，而是注意了以下五点：

(一) 紧扣时代特征

这首词把西南联大办学全部置于抗战的环境中抒写，从头到尾无一字脱离战争，这就紧扣住了时代的特点。是日本军队的入侵，迫使三校辞别五朝古都，长途跋涉甫定，又辞别衡山湘水，再长途跋涉到边陲云南，师生苦难深重，艰辛备尝，虽是被迫流离，但又不是悲观逃跑，而是有为而退，为报仇雪耻，为国家中兴培养人才，"万里长征"和"移栽桢干质"表达出这一意思，而当时的最大目标是用战争驱逐仇寇，恢复"神京"。这是师生的心声，同时也是人民的心声，时代的声音。在战争环境中的人，读着这样的词，唱着这样的歌，心灵是会受到震动的。

(二) 贯穿爱国思想

爱国主义是这首词的思想根基。词中并无爱国的直白呼喊，但字字渗透着爱国情思。三校师生爱自己的校园，爱自己的故乡，爱古都，爱衡山湘水，也爱绝徼山城，但校园被毁了，故乡被占了，古都沦陷了，衡山湘水变色了，日寇妄图向绝徼山城逼近，读书人的心何尝不悲痛。不做亡国奴是国人的普遍意识，打败日本侵略者是国人的共同愿望。迁徙办学的目的就是培养动心忍性的人杰，虽然国土沦丧了，黎民百姓惨遭涂炭了，但人民群众豪情壮志不减，总有一天能够除寇雪耻，光复失地，重建强大的国家。这都是词中的内容，并且词中只有这些别无他言，因此，爱国思想在词中处处闪现。

(三) 诗意地表达

这首词的诗意首先表现在爱国的精神。三校南迁是为了办学，办学是为了培养人才，培养人才是为了"驱除仇寇""新国运""中兴业"。词中无一字写小我私情，全讲的是学校、民族、国家的大义。其次表现在不屈的品格。虽然国土被敌人大面积占领，民国治下的人口越来越少，但即使"一成三户",报仇雪耻的壮志也难以摧折,经过"动心忍性"的人才一定能够"复神京,还燕碣"的。再次表现在豪壮的情感。全词洋溢着豪情壮志,上阕情感压抑,但不悲观,下阕情感豪壮,但不狂放,给人以深沉的鼓舞力量。最后表现在壮美的风格。词的上阕以悲愤为主调,下阕以雄强为风格,读来气势恢宏,振奋人心。

(四) 学院气派

这首词悲而不伤,愤而不怒,豪壮而不狂放,雄强而不狂野,无悲痛欲绝的哀伤和剑拔弩张的凶悍,体现出情绪的抑制,是"动心忍性"的典范。词的语言典雅精练,文采飞扬,非市井村野的白话口语,亦无狂夫叫嚣的浮词,书卷气味十足。词人还依照典律性使用了少数典故和冷僻词语,典故如筱吹弦诵、一成三户,冷僻词语如绝徼、桢干、神京,典故僻字显示出学究气,是大学校歌才会使用的。全词符合规范,韵律和谐,格调优美,风格统一,表现出词人的深厚学养。

(五) 词曲完美配合

这首词上阕取叙事笔调,悲愤沉郁,下阕以抒情为主,雄壮庄严,但是,上阕不伤感痛哭,下阕不飘举奔突,感情控制有度,体现出一种中和之美。这也是上一点所说的学院派气度。张清常谱曲前读词,被这种学院派气度深深吸引,并准确地把握住情感格调,用乐曲配合并且加强了思想感情的表达。他深刻地领会道:"上阕悲愤,下阕雄壮,是一首好词,适合于做校歌。"① 根据这种理解,他把上阕处理成 P 调行板,下阕则转为 E 调且标明"庄严地",整首歌则是 A 调,4/4 拍子,再加上音调的高低长短,旋律的起伏变化,很好地传达出歌词的感情。所以,杨业治当时读了歌曲便十分肯定地说:"歌词与曲调非常吻合。前半阕的悲怆沉着,后半阕的高昂兴奋,表达了我们百年来的积愤和今日雪耻图强

---

① 张清常:《忆联大的音乐活动——兼忆西南联大校歌的创作》,北京大学校友联络处编《筱吹弦诵情弥切》,中国文史出版社 1988 年版,第 354 页。

的决心。"①

以常规论，校歌可以具有普遍的精神价值，但通常不具备普泛的适用性，因为它要切合该校的特点。上述几点使我们看到，这首《满江红》写的是西南联大，只属于西南联大，《西南联大校歌》是唯一的，所以西南联大师生喜欢，他们每次唱起来心情激动，泪水奔涌。但词中所蕴含的抗战爱国思想和民族中兴大义——刚毅坚卓的精神和艰难办学的毅力，谋求民族独立和振兴中华的决心又获得人们广泛的认同，所以，数十年后晚辈后生唱起来仍然会深受感动。

余　论

以上说明，《西南联大校歌》蕴含着强烈的抗战爱国思想和民族振兴精神，歌中的每一个音符都跳荡着深沉的感情和热烈的期许，每一个字都闪耀着刚毅的品质和坚卓的意志，如果仅从抗战的角度去认识，歌词从头到尾都表达着抗战的思想和意志：为什么会"辞却""五朝宫阙"，"暂驻足衡山湘水""又成离别"，以至于"万里长征"到达"绝徼""山城"，不就是侵略军践踏我国土，学校被迫南渡西迁吗？可是歌词没有描写战争如何惨烈，日军如何残暴，民众如何哀嚎，没有出现飞机大炮，轰炸射击，枪杆刺刀，仅"九州遍洒黎元血"一句已知敌人的残酷，"绝徼移栽桢干质"已显示战争的紧迫，形势的严峻。唯其如此，下阕"千秋耻，终当雪""便一成三户，壮怀难折""待驱除仇寇复神京，还燕碣"才不是空泛的口号，而是从心底涌出的移山倒海的力量。有抗战到底的愿望和决心，"多难殷忧新国运，动心忍性希前哲"的告诫，"中兴业，须人杰"的期望才不至于空泛，"笳吹弦诵""情弥切"的刻苦学习精神才可能得以很好地实现。把《满江红》歌词如此拆开组合地看，会发现它的内容处处均与抗战相关，句句都出于抗战的要求。但它却不同于表现战争面貌的一般抗战作品，更没有空泛的标语口号，而是把抗战

---

① 杨业治：《从南岳到蒙自——抗战初期的片段回忆》，载蒙自师范高等专科学校等编《西南联大在蒙自》，云南民族出版社1994年版，第30页。

内容蕴含在字里行间，让人从深处获取抗战的力量。因为它是艺术品，是大学的校歌，不是诉诸大众的宣传物。由于意蕴深厚，居于浅层的抗战思想内容反而被忽略，较少有人把它看作抗战作品，没从抗战的角度去解读它。

对于这样一首含义丰厚，影响深远的词作，本文也没有抽绎出"抗战"内容做集中论述，而是将其放在"爱国"思想中做共同分析，原因是这二者紧密联系在一起，截然分开并不恰当，而"爱国"又是得到人们普遍认可的思想，便借用这种思维定式以达到认识该校歌抗战思想的目的。这是本文在内容题材处理上的一种考虑。

而在内容处理与结构安排上的更大考虑是，关于这首思想意蕴丰厚的著名校歌，还存在一些疑点、争议和细节不足等问题，若一一回答这些问题，文章将显得零乱，因此便采用正面书写的策略，从制作、教唱的相对客观描述到较为主观的自我阐发，比较全面地介绍、认识这首歌，传播正确信息，以期让不对、不确、不实的信息自行消灭，使不全的信息得其全的办法，实现正确地宣传和解读这首歌词的意图。文章的这种写法倒有点像罗庸先生作《满江红》的构思：按照自己的主题与结构，将抗战思想精神包含其中，符合逻辑地表达出来。——这也是学习与运用吧。

抗战时期滇缅公路的汉英文学书写论*

布小继　布　晖**

内容提要：1940年代，书写滇缅公路的现代汉英双语作品众多。其书写的虚构与再现建立在作家亲身体验或对真实情境的还原性想象之上。基于对民众精神的集体认同和时代悲剧的高度理解而形成的修辞与借鉴关系，构成了滇缅公路现代汉英双语书写的重要策略。借助这些书写，作为区域形象的云南边疆形象至少在边疆地理物象和云南民众形象两个方面得以俗世化与合理化。对战争的创伤性记忆可以看作滇缅公路现代汉英双语书写的关键特征。

关键词：滇缅公路；现代汉英双语书写；云南边疆形象

抗日战争前中期，云南担负着全国军事、战略物资输送保障的重要任务，滇越铁路、滇缅公路、"驼峰"航线、中印公路（史迪威公路）就是这一输血工程的主动脉。1937年11月，滇缅公路云南境内的西段也是整条线路的未建部分正式开工，1938年8月全线通车。为修建这条战时公路，云南人民付出的代价大到常人难以想象：在无任何重型机械参与

---

* ［基金项目］国家社科基金项目"中国现代汉英双语作家研究"（14XZW020）；云南省哲学社会科学重大项目"云南文学史（5卷本）"（ZDZB201807）。
** ［作者简介］布小继（1972— ），男，红河学院人文学院教授，硕士研究生导师，研究方向为现当代文学与云南文化。布晖（1998— ），女，云南大学中国少数民族语言文学2023级博士研究生，研究方向为中国少数民族作家文学。

的情况下,"完成土方1989万公方、石方187万公方"①,民工"死亡人数月二、三千人,受伤近万"。② 鉴于此,滇缅公路也被称为"血路"。就其发挥的作用而言,仅在1941年,通过滇缅公路运输的物资就达132193吨,其中汽油占1/3。

20世纪40年代,先后有书写滇缅公路的多部汉语作品和十余部英语作品③陆续问世。汉语作品以白平阶、萧乾、杜运燮等人的为代表。英语作品以旅居英国的华人作家蒋彝、美国作家赛珍珠、探险家兼作家尼克斯·史密斯的为代表。可以说,在中国和欧美英语世界各自形成了一个值得关注的滇缅公路书写热潮。

有学者已从军事、经济和交通方面对滇缅公路及其在云南抗战中的作用进行过深入阐述④,本文将从文本比较角度入手,结合1940年代与滇缅公路相关的、有代表性的现代汉英双语作品,在阐述其文本特征之基础上,探讨这些滇缅公路的书写与云南边疆形象之间的关联性,揭示出尚未被充分注意到的内涵。

一 滇缅公路在现代汉英双语书写中的虚构与再现

云南本土作家白平阶,其小说集《驿运》"以它反映特定时代,作为

---

① 徐以枋:《抗日战争时期几条国际和国内公路的修建》,载《中国近代经济史研究资料》(第五辑),上海社会科学出版社1984年版,第45页。参另一说法为,整个工程挖填土方1123.6万立方米,石方1102.3万立方米,修建各种桥涵2032座。见云南省档案馆《抗战时期的云南社会》,云南人民出版社2005年版,第13页。又一说,综计滇缅公路由昆明起至畹町止,全长959千米360米,共有土方19983960立方米,石方1875497立方米余,永久式桥梁206座,半永久式桥梁271座,临时式桥梁59座,石涵洞2198个,木涵洞1114个,石挡墙15堵,铺路碎石1108739立方米余,外建有养路工房11间,路工人员居住瓦房1所,草房1所……参见云南省档案局(馆)编《抗战时期的云南——档案史料汇编》(上),重庆出版社2015年版,第255页。

② 谢自佳:《抗日时期的西南国际交通线》,中国政协昆明市委员会文史委员《昆明文史资料选辑》(第6辑)1986年,第4页。

③ 这些作品,学者向芬在为"亲历滇缅公路"丛书所作的《导读 滇缅公路:从云南辐射世界》一文中有过比较详细的勾勒。参见[英]内维尔·布拉德利《老滇缅路》,庄驰原译,天地出版社2019年版,第5—12页。

④ 孙代兴、吴宝璋主编的《云南抗日战争史》在第四章专门叙述了滇缅公路的修筑过程、作用和意义。高度肯定了滇缅公路的历史贡献。具体可见该书第215—227页相关内容。

国际反法西斯战争一个方面的滇缅公路工程的艺术再现，而具有特殊的历史文献价值"①。"集子中的小说《跨过横断山脉——修筑滇缅公路的人们》1938 年秋刊载于萧乾主编的香港《大公报》副刊特辑《我们抗战这一年》头篇。"② 1939 年底被叶君健译为 On The Burma Road（《在滇缅公路上》）发表于伦敦文学刊物 New Writing（《新作品》），1946 年又选入叶君健译文集 Three Seasons and Other Stories（《农村三部曲及其他故事》，New York Tornto Staples press Limited 和 Cavendish Place London，W1. 联合出版）。该文通过胡三爹、鸭子等筑路民工工作状态和心理状态变化之描写来表现指挥筑路的总工程师平易见人、忠心耿耿、热诚为国的品格。编辑萧乾读罢该文后，"决定远赴云南，采访这条'跨过横断山脉'的国际通道——滇缅公路"③。

《金坛子》中的"金坛子""跨过惠通桥，有一块不大不小的平坝地，被雄伟荒寂的高山三面围困成一只肚大底尖的坛子，漫山遍野是肥硕长大的茅草，除了被野火烧，长年如一，坛口搁在桥上。新筑的铁桥，就是金坛子的活塞，龙王庙在坛子上边沿，住了两百多迤西妇女，应公家征调来到这里做工。这属于滇缅公路第 X 段第 X 分段。"④ 其中的主人公乡村妇女六嫂，因为抗战修建滇缅公路，开始接触并参与到相关的劳作和战争宣传中，受到教育锻炼的同时也逐渐成长起来。

《风箱》中与修筑滇缅公路相关的险要地势和水文的描写值得注意，"猴子岩如一个铁铸的鹰嘴，直伸江心，石色被终古风雨打成黝黑，不长树木不生草，似乎连泥土都不曾在高头站过脚。山上人说只有太阳出山和太阳落山时候，是'猴子晒屁股'的好地方，白天风来，莫说山树黄

---

① 蓝华增：《中华民族救亡的勇士之歌——白平阶三四十年代反映修筑滇缅公路的边地小说评介》，《民族文学》1994 年第 6 期。
② 白平阶：《驿运》，宁夏人民出版社 2015 年版，第 23 页。关于此点，笔者在查阅香港《大公报》的过程中发现，该文实际上分两次刊发于 1939 年 2 月 2 日和 2 月 4 日的《大公报·文艺》专栏，并非 1938 年秋刊出，也未发现《我们抗战这一年》的特辑。
③ 白山：《父亲的旗》，《民族文学》2018 年第 4 期。
④ 白平阶：《驿运》，文化生活出版社 1942 年版，第 35 页。

叶落不住脚，石嘴上每一个缝隙，每一个石孔，都被风刮的学鬼叫。江水由石嘴脚流下，季节不过立夏。没有淫雨山洪缠挟细沙黄土染出'桃花水'，水色还蓝得润眼，如一片晴天。江面不见涛，只在水流相遇转不过身时，打起许多回纹，看似平静的表面下却埋的是滚挤翻腾的激流，四山头就震撼着不平鸣的呼声"，① 这里的描述自然地衬托出了修筑公路的艰难程度。参与修路的主人公王明顺是一个大烟鬼，干活没本事，经常被人取笑，但又不服输，他的所作所为、所言所行与其他青年形成了一个鲜明的对比。在逼人的形势下，受到周围人的感染终能有所觉悟和反省，毅然而然地投身于修筑公路的光荣事业中去，"王明顺慢慢扬起头，树直身子，他摔开小七五捏住他肩头的手，踏着坚实步子走拢风箱去：'被你小七五欺定了还是人，我断烟，喊婆娘断路，试试以后哪家骨头多经熬点……'"②

显然，白平阶对滇缅公路沿线恶劣的修筑环境有着独到和精细的把握，小说在熟悉的地方情形基础上的描摹，很有水彩画和速写的味道。使用方言俗语对普通百姓形象的忠实描绘，彰显了云南山区少数民族群众朴实忠诚、晓大义明事理的性格。

萧乾写于1939年3月的通讯报道《血肉筑成的滇缅路》，是他于该年春天到昆明、腊戍等地采访滇缅公路修筑情况后的作品。"那次我一口气写了五六篇通讯，登在港版及渝版《大公报》上。1947年编《人生采访》时，我只收了《血肉筑成的滇缅路》。"③ 实际上，滇缅公路于1938年10月正式交付使用，大规模的修建情况萧乾显然无法看到，只能从修建亲历者、道路维护者及其他相关人员那里了解到一些具体情形。文章用富有冲击力的镜头语言和极具感染力的肢体动作来表现民工的朴素真诚、舍生忘死的意志品质。三个横断面——罗汉们、桥的历史、历史的

---

① 白平阶：《驿运》，文化生活出版社1942年版，第43—44页。
② 白平阶：《驿运》，文化生活出版社1942年版，第63页。
③ 萧乾：《跑江湖采访人生——我的旅行记者生涯》，载《文学回忆录》，北方文艺出版社2014年版，第230页。

原料就是三组足以传世的大型雕塑①，把底层民众不惧牺牲、不畏艰难、勇敢地挑战自然、反抗强暴的精神作为贯穿作品的基本线索，刻画了一个个可歌可泣的小人物——大英雄的形象。仔细品读，我们仿佛回到了那个惊心动魄的历史现场，重新认识到先辈们为了祖国的独立所付出的巨大代价。"这趟旅行使我看到了抗战的另一面，壮烈的一面"②，在向英美人士介绍中国抗战形势的 China But Not Cathay（《中国并非华夏》，英国伦敦引导出版社，1942 年）一书中，他又用了一章（第十章 On the Road to Mandalay）的篇幅，结合早前英国计划解除对滇缅公路的封锁之背景③来叙述与其公路建设相关的事迹——滇缅公路重新启用，云南的大量农民又投入了护路保通之中。在描绘道路建设的困难程度时，尤其突出了其海拔落差、地理形势，深情讴歌了筑路者的辛苦劳作精神和志愿者的忘我投入品质。并总结说，"In the same way, the present Japanese attack along the Burma Road will prove futile, for happily the province of Yunnan is two-thirds mountainous, and the Chinese troops there are mostly hillmen, as hard to conquer as the bleak rocks of their own wild country. China is determined at all costs to strike at the invading Japs in Burma, so that she can regain her vital contact with outside world"④.（同样，当前日军沿着滇缅公路的进攻必将徒劳无功，因为令人欣慰的是云南省有三分之二的地方是山区，而中国军队中的大多数士兵是山民，他们像荒野的岩石一样难以被征服。中国决心不惜一切代价打击入侵缅甸的日本鬼子，以便能够与海外重新建立起重要的联系。）可见，目睹了滇缅公路修建维护实际状况的萧乾对修路壮举确有异乎寻常的感情，他在滇缅公路上的亲身体验并没

---

① 昆明滇缅大道与人民西路交叉口处有几组建于 2004 年的雕塑，形象地再现了修建滇缅公路的艰辛过程。很难说雕塑创作者未从该文中受到启发。
② 萧乾：《跑江湖采访人生——我的旅行记者生涯》，载《文学回忆录》，北方文艺出版社 2014 年版，第 76 页。
③ 1940 年 7 月 18 日—10 月 18 日，英国迫于日本压力，禁运军火等战略物资三个月。后因战争形势变化，英缅当局又同意重开滇缅公路。
④ Hsiao Ch'ien. *China But Not Cathay*. London: The Pilot Press, 1942, p. 93.

有随着时间的流逝而淡忘，反而因为异邦语境中的共情得到了强化。

1933年起即长期旅居伦敦的中国作家蒋彝以"哑行者画记"系列作品闻名于世，1943年前后甚至被英国媒体视为中国艺术的代表人物①。他的小说处女作 The Men of the Burma Road（《罗铁民》，又译为《滇缅公路上的人们》，伦敦梅修恩公司，1942年）以抗战为背景，借助罗铁民父子和李小梅父女两代人在参与修建滇缅公路这一浩大工程中发生的各种事情，来表现罗父思想和行为的剧烈转变——由不愿意出让土地给政府修滇缅公路②到受到"南京大屠杀"和其长子在抗战前线英勇牺牲消息的影响，激起了他对侵略者的愤怒而出让土地，率领家人加入筑路大军，夫妇俩先后在修路过程中牺牲。中学生罗铁民和李小梅成长起来，在筑路队伍里承担了力所能及的工作，作为汽车兵的罗铁民还被誉为"滇缅公路上的小英雄"。文末，作家借李小梅写给罗铁民的信件来表达了对英美盟国的信心、对侵略者的愤恨、对战士使命的认可和对和平幸福未来的向往。该小说表现了蒋彝对故国的怀念以及高扬的爱国激情，还有驳斥《大伦敦日报》的远东特派记者弗兰克·伍德和《纽约报》的远东特派记者唐纳德·卡沃德各自别有用心地编写的《老罗的生活》一书中尽力渲染的中国农民愚昧落后、不思进取和目无大局观的内容，和认为老罗是"A faithful Confucianist who was sometimes cleverer than Confucius."③（一个有时比孔夫子更聪明的孔教徒）之书写意图。

《罗铁民》的情节建立在对萧乾提供的材料加工基础之上。1939年9月，蒋彝在伦敦的地下室和萧乾一起躲避德国飞机轰炸的日子里，从萧乾处得到了相关材料（文章或口述）。他在该书扉页上注明，"致萧乾，见证了滇缅公路的完工。致那些为了滇缅公路献出生命的人们，他们的劳动和牺牲不会白费"。④ 表达了对记者萧乾以及在滇缅公路修建过程中

---

① 郑达：《西行画记——蒋彝传》，商务印书馆2012年版，第195页。

② 此处与历史事实有出入。滇缅公路东段（昆明至下关）在全面抗战爆发前已基本上修建完毕。

③ CHIANG YEE. 罗铁民，Methuen&co. Ltd. London，1942，p. 52.

④ CHIANG YEE. 罗铁民，Methuen&co. Ltd. London，1942，p. 52.

付出了鲜血和生命的人们由衷的敬意。蒋彝对修建滇缅公路的叙述伴有极多的家国情怀因素和想象加工的痕迹，比如用了近一半的篇幅来描述昆明的地理历史人文情况和国内外的形势。囿于创作语境，他对道路沿线的风物风景和道路建设者的描述无法像白平阶那样充分地展开，借助故事进展来释放的充沛激情也无法像萧乾那样获得更具有感染力的具体细节支持等。

赛珍珠的中篇小说《滇缅公路的故事》（*The Face of Gold*，又译为《泥金菩萨的面孔》，1940年8月刊于美国《星期六晚邮周刊》）以美国军火商之子、传教士史坦恩帮助决心抗日的中国人黄狼从美国购买枪支，往返于修建中的滇缅公路上的所见所闻，刻画了中国人尤其是对"虎疫"（瘴气）"免疫"的寡妇们夜晚在沼泽地修路的可歌可泣行为。该小说客观上也起到了呼吁美国政府和民间人士及时向中国提供援助的作用。

美国探险家、作家尼克尔·史密斯（Nicol Smith）的纪实性作品《滇缅公路》（*Burma Road*，The Bobbs-Merrill 出版社1940年版），平实地叙述了他自上海一路乘船南行至越南海防，经滇越铁路抵达昆明后，又沿着滇缅公路到缅甸腊戍并折返昆明的过程。对路过城市、乡村的地方风俗，风景风物，地理形势，地矿资源，人种乃至历史传说都有记录，有较高的人类学、社会学、地理学、博物学和史料价值。他对滇缅公路的书写也反映了筑路的人们舍己忘我的大无畏精神。

杜运燮诗歌《滇缅公路》（1942年），表现了筑路工人凭借双手和血汗在悬崖峭壁和深沟巨壑中开凿大道的顽强不屈精神，赞美他们铸就的丰功伟绩及坚强、崇高的意志。用直观的描述，将筑路工人付出的艰辛与代价诉诸笔端，表达出诗人对生命境遇的深刻思考，其中也隐含了诗人对现实的讽喻。面对筑路史上的奇迹，诗人以跳跃的想象和澎湃的激情，歌颂这条为中国争取到了回旋空间和战略纵深的公路。诗人接连用了几个比喻，让硬邦邦的公路有了灵动的生命。结尾部分，又以激越、奔放的诗句来反复表达关于胜利的畅想和昂扬向上的乐观精神。"杜运燮……的成名之作《滇缅公路》写得凝重而深沉，以一颗坦诚的赤子之心写出了工程的艰巨性及军民付出的巨大代价,让人感到一种历史的静穆和立体感,这是一条抗日的血肉之路,更是中华民族通向未来、复兴的道路。这种艺术的生命力远非那种激情宣言式的作品所能比拟的。"① 该诗融合了实在的感悟和虚拟的超越,把个体承担的苦难与民族的生存情境和光明未来绾接起来,构成了一支往复回环的进行曲,在一定程度上与滇缅公路实体的盘旋回环、延绵不绝异体同构。

无论是白平阶、萧乾、尼克尔·史密斯、杜运燮等人对滇缅公路偏于再现的表达,还是蒋彝、赛珍珠等人对滇缅公路偏于虚构的书写,他们介入书写对象的情感强度,对人类时代悲剧(反侵略战争)的基本态度、响应程度以及观察(修路主体)的视点决定了滇缅公路在他们书写中的再现力度和虚构程度,各类型作品的流转传播程度和生命力。

二 修辞与借鉴:滇缅公路双语书写的策略

考察中外现代作家滇缅公路的各类先/后文本和型文本②,很容易发现它们之间在书写策略上的关联性与承继性。

现代中外作家之所以围绕滇缅公路这一题材进行创作,得益于滇缅公路的重要性和影响力。修建滇缅公路是中国政府在抗战时期一个极端重要的战略举措,仅从凝聚人心、团结民众力量、发掘民族潜能等方面来看,其意义就非比寻常。它不仅关乎一个民族、一个国家的生死存亡,同样也关乎世界反法西斯战争的推进方向、战争走势和同盟国之间的合作程度,说它是一个世界性的反法西斯战争成果也不为过。

滇缅公路全线建成通车并投入使用的"消息传出后,震惊了全世界,被美国总统罗斯福、各国专家和新闻媒体视为世界公路修筑史上的一大

---

① 文学武:《杜运燮与中国40年代的现代诗》,《诗探索》1996年第2期。
② 符号学家赵毅衡认为,型文本(arthi-text)也是文本显性框架因素的一部分,它指明文本所从属的集群,即文化背景规定的文本"归类"方式,例如与其他一批文本同一个创作者,同一个演出者,同一个时代,同一个派别,同一个题材,同一风格类别,用同一种媒介,同一次获奖,前后得同一个奖等。参见赵毅衡《符号学:原理与推演(修订本)》(第2版),南京大学出版社2016年版,第142页。

奇迹。各国新闻媒体竞相报道该路的修筑情况，发表文章和图片，其中英国《泰晤士报》连续3天发表文章，指出：'只有中国人民才能在这样短短的时间内做得到。'当时，有位记者写道：'那么多的崇山峻岭，那么多的长江大河，即使是徒手游历，也需要几个月的跋涉'。有的媒体甚至认为，滇缅公路是中国大地上继万里长城、（京杭大）运河之后又一项令全世界折服的巨大工程。"①滇缅公路的修建亲历者、云南公路建设工程技术负责人之一的蒲光宗在回忆中提到，英国外交部曾于工程竣工当月就派人冒雨考察滇缅公路，赞扬工程的伟大。美国驻华大使詹森途经滇缅公路回国后发表讲话说："滇缅公路工程浩大，沿途风景极佳，此次中国政府能于短期完成此艰巨工程，此种果敢毅力与精神，实令人钦佩。且修滇缅公路，物质条件异常缺乏，第一缺乏机器，第二纯系人力开辟，全赖沿途人民的艰苦耐劳精神，这种精神是全世界任何民族所不及。"②"认为可同巴拿马运河媲美"③。极力赞扬政府的卓著功勋与可贵的民众精神。英美外交官、各国记者和"国联专家"对滇缅公路的竞相考察和多样化报道，极大地提升了滇缅公路的知名度和美誉度。这也是蒋彝、赛珍珠、美国传教士兼作家 H. 丹尼尔·佛莱伯格（创作了 *West China and The Burma Road*，中文名《中国西部与滇缅公路》，Augsbarg Publishing House，1941年）及尼克尔·史密斯等人特别注意到滇缅公路的重要原因之一。

　　修路工人大无畏的民族气概，滇缅公路在战略物资运输中的关键性作用，使得白平阶、萧乾等人不能不被其深深吸引。换个角度看，滇缅公路现代汉英双语作品的中国（籍）作家在情感上与中国紧密关联，见证或（想象）体验了滇缅公路的修筑过程，理解或至少部分理解了中国

---

① 段之栋：《抢修滇缅公路的总工程师——记白族道路工程专家段纬》，载谭伯英《修筑滇缅公路纪实》，戈叔亚译，云南人民出版社2016年版，第263页。
② 中国人民政治协商会议云南省委员会文史资料委员会编：《云南文史资料选辑第五十二辑　血肉筑成抗战路》，云南人民出版社1998年版，第29页。
③ 段之栋：《抢修滇缅公路的总工程师——记白族道路工程专家段纬》，载谭伯英《修筑滇缅公路纪实》，戈叔亚译，云南人民出版社2016年版，第264页。

人民的民族精神和同仇敌忾面对侵略者的顽强斗志。

世界反法西斯战争为全世界有正义感的作家所支持，但战争本身对人类的伤害又是有目共睹的。大规模战争导致的人性灭失、人道主义危机和文明危机在人类历史上反复上演。近代以来，资本主义国家伴随着资本扩张、贸易拓展和占领海外市场的殖民战争、霸权战争而导致的世界性灾难不计其数，欧美许多作家和知识分子基于人道主义立场和人文主义精神对战争的破坏性和非理性的深刻认识而发起的反战行动同样不计其数。以"一战"为例，不少作家作品都对本国参与"一战"的行为——当政者无端地把众多青年推向死地予以谴责，对底层民众的苦难和受侵略的国家抱以同情。譬如美国作家薇拉·凯瑟的小说《我们的一员》（1923年），日本作家芥川龙之介的《将军》（1922年）和小林多喜二的《蟹工船》（1929年），美国作家海明威《太阳照常升起》（1926年）、《永别了，武器》（1929年）和《战地钟声》（1940年），等等。同样，"二战"进行中和结束后，西方社会掀起了"战争文学"的热潮。欧美作家描写"二战"的作品普遍属于"反战"性质的，如艾略特在《四个四重奏·小吉丁》（1942年）及堪称英国"二战"中怀旧文学经典的伊夫林·沃的《旧地重游》，诺曼·梅勒的《裸者与死者》，等等。这些作品努力从具体的个人的角度去凸显战争的本质和个体的价值存在，揭示了战争本身的荒谬特征。

与前述相反，滇缅公路的现代汉英双语作品作为时代性强的战争文学，其对抗日战争中的民族精神、国家意志、个人命运、战争形势的表现，与沿路的民风民俗及地理山川的叙述都是题中应有之义。正像西南联大教授曾昭抡在《缅边日记》中解释自己的考察动因时所说的，"滇缅公路成功以后，到缅边去考察，是许多青年和中年人共有的欲望。一来因为滇缅路是目前抗战阶段中重要的国际交通线；二来因为滇缅边境，向来被认为是一种神秘区域"①。即是说，对滇缅公路沿线及中缅

---

① 曾昭抡：《缅边日记》，云南人民出版社2019年版，第1页。

边境的考察了解及其相关书写，构成了文本修辞与借鉴关系的首要前提。

这种关系在若干文本链接而成的文化场域中表现得比较清晰。1938年9月2日《云南日报》上《滇缅公路工峻通车》的新闻报道，成了吸引外交官、中外新闻记者的重要由头。最先出现的文学作品如白平阶的《跨过横断山脉》，和其他作品一起，为后续书写滇缅公路的作家如萧乾、蒋彝、叶君健等提供了创作资源，启发了创作灵感，对作品的生成提供了特定的回忆材料和启示。以上作家/记者的作品又为之后的汉语或者英语作品的产生提供了条件。这些自发的、感同身受的书写行为，即后者基于前者该方面的讯息而最终形成的互文性文本，使工程的影响力得以持续提升，滇缅公路书写者的范围得以扩大，拥有了先/后文本和型文本的特性和身份标识。可见，各先/后文本和型文本的修辞与借鉴关系是基于作家们对滇缅公路发挥了重要作用的认知，进而对筑路民众精神的高度认同、对时代悲剧的深刻理解而形成的。

又如下列话语：

> 时代不容许我们再有一着错误，我们是战斗在后方，比较前方千百万流血的将士如何……此时多流一滴血汗，即是为自己和全民族的生存多加一重保障，为人类的和平正义多加一棵支柱！我也是这一工作里的一个工人，一个民夫，自视和大家没有两样……①

民工眼中作为"高官"的总工程师是这样看待工程与抗战关系的。无独有偶，在"赤了小脚板"的小罗汉口中，他的理解同样朴素而真诚，"你别嫌我岁数小，在这段历史上，至少我也搓了一把土呀！""怨谁呢？我谁也不怨，这就叫国难呀。"② 再如罗铁民跑到下关游玩，回来后，老

---

① 白平阶：《驿运》，文化生活出版社1942年版，第21页。
② 萧乾：《血肉筑成的滇缅路》，载《萧乾全集 第二卷 特写集》，湖北人民出版社2005年版，第151、152页。

罗对他说,"铁民,你个坏家伙,做你父亲真丢人……我们来这儿是修路的,要为国家的生死存亡作斗争"①。为国尽力、抗击日寇的观念已经深入人心。作为民间武装首领的黄狼在和传教士史坦恩交谈中说道,"我手下有一万五千名好汉,历年从官军手里夺取了五千枝枪,不过现在我们不打官军了,我们要打日本人。我们第一步必须增加枪支"②。就是女性也如此,她们在做着对抗战切实有益的工作。尼克尔·史密斯描述修路女工,"她们就像那些从瘟疫中走出来的男人一样,衣衫褴褛,但她们更年轻、更强壮,肩并肩地走着。走在最前面的是一个高大的村姑,不漂亮,但很健壮,她和其他人一样破衣烂衫,脸就像一块沉重的花岗石,坑坑洼洼,眼睛里几乎没有什么光,但却充满愤懑。在未完工的道路上,她停了下来,开始干活,没有一句命令。其他人也都跟着她干了起来"③。

以上话语反映了不同层次和类型的人物对抗战理解的趋同性。"国难"当头就需要更多的普通人贡献血汗乃至生命;反抗侵略者,就要民众共同协作,相互配合。时代悲剧的沉重性在少年儿童、老人妇女等特定人群的身上表现得尤为突出。他们无一例外地进入了作家们的视野。譬如,"看,/那就是,那就是他们不朽的化身:/穿过高寿的森林,经过万千年风霜/与期待的山岭,蛮横如野兽的激流,/神秘如地狱的疟蚊大本营,/……就用勇敢而善良的血汗与忍耐/踩过一切阻挡,走出来,走出来,/给战斗疲惫的中国送鲜美的海风,/送热烈的鼓励,送血,送一切,于是/这坚韧的民族更英勇,开始拍手://'我起来了,我起来了,/我就要自由!'"④ 杜运燮把时代悲剧(同时也是壮举)具体化在对群体顽强的生命力和坚忍的意志品质的赞颂上,给读者提供了充足的想象空间。诚如萧乾在《未带地图的旅人》中所提到的,"多少华侨青年为了支

---

① 蒋彝:《滇缅公路上的人们》,邓丽蓉译,天地出版社2019年版,第132页。
② [美]赛珍珠:《滇缅公路的故事》,以正译,新评论社1940年版,第10页。
③ [美]尼克尔·史密斯:《滇缅公路》,郭晓岚译,天地出版社2019年版,第299页。
④ 杜运燮:《滇缅公路》,载谭伯英等《血路》,云南人民出版社2002年版,第190页。

援抗战，丢下他们在海外的安定生活，奔回祖国，用原始工具协助修建那条通往广大世界的公路——海岸被封锁后，它成了我们唯一的生命线"①。又如多年以后他在《血肉筑成的滇缅路》文末补写的"余墨"中所说的，"当时我还没有学过社会发展史，不懂得人民是历史创造者的道理。我却称他们为'历史的原料'。当时我想的是：公路是用壮丁们的白骨铺垫而成的"②。初次书写时，年轻的萧乾还无法以政治理性去认识和把握现实的场景，但他的感性认知依然具有打动人心的力量。

滇缅公路这一工程之所以艰难，原因之一就在于缺少大量训练有素的工程人员，缺乏现代化工具的投入使用和自发为主且不成系统的后勤保障上，可与修建中印公路略加比较。据当事人回忆，修建滇缅公路，"我们刚好分着第一班，第二天我们就背着行李、带着锅碗及锄头离开寨子向'布辛'所指定的地段进发。路上尽是去修路的傣族，有男有女，有老人，也有像我这么大的小孩，好像去赶集一样，挑的挑、扛的扛，很热闹"③。后勤补给则是"工具自带，行李自不必少，所以口粮就带得很少，加之活路重，全是靠人挖、人挑，食量也大，家中又不能按时送来粮食，民工只能早上吃干饭，晚上喝稀饭，并常常掺杂野菜……"④ 1944年11月至1945年1月修通的中印公路保山至密支那段，"由我省滇西保山、龙陵、腾冲、梁河、盈江等县（局）的2万余名民工和印、缅籍工人，我国工程技术人员配合750名美国工程兵，使用200余台美国筑路机械，还利用昆明飞印度汀江的空运航线上的放空飞机空投大米400吨及其他物资以解决数万人的吃用问题，这是其他公路所没有的事"⑤。

---

① 萧乾：《未带地图的旅人》，载鲍霁编《萧乾研究资料》，北京十月文艺出版社1988年版，第110页。
② 萧乾：《血肉筑成的滇缅路》，载《萧乾全集 第二卷 特写集》，湖北人民出版社2005年版，第158页。
③ 云南省政协文史委：《云南文史资料选辑52：血肉筑成抗战路》，云南人民出版社1998年版，第114页。
④ 云南省政协文史委：《云南文史资料选辑52：血肉筑成抗战路》，云南人民出版社1998年版，第121页。
⑤ 云南省政协文史委：《云南文史资料选辑52：血肉筑成抗战路》，云南人民出版社1998年版，第35页。

在文化核心诉求上具有异质性的中外作家，他们各自的滇缅公路作品在"共赴患难""生死与共""修筑困难"这一点上展现出了"奇异"的一致性。这与西方"战争文学"中普遍存在和反映出来的人的无力感、挫败感和"被抛入性"构成了"有趣"的对照——西方作家面对滇缅公路时既震撼于宏大恐怖慑服人心的山川，又惊诧于滇西大地上各族人民劳作条件之原始却迸发出的强大集体力量，再无动于衷者，也无法不对之投以钦佩的目光。

在对共同灾难的感受和还原性想象体验的基础上，战争受害者及其作为——修建滇缅公路的壮举及奋发有为、知耻而后勇、自立自强的精神，对抗时代悲剧的自愿自觉行为，毫无疑问在作家/记者眼中构成了一幅幅色彩鲜明的画面：对强加的压迫之反抗与对加害者的谴责、追究、批判和鞭挞相辅相成——以正义性的战争行为来对抗非正义的侵略行为，唤起了富有正义感和是非心的中外作家之良知，从而不再一味地对战争进行批判性的书写。

三 云南边疆形象的俗世化与合理化

有论者指出，区域形象是一个区域在公众心中的整体印象和总体评价，是内在核心因素发展基础上外化的表现形式。[1] 本文论及的云南边疆形象主要是指抗战时期在国内外民众尤其是英美民众心目中的区域形象，包括各级政府（地方组织管理机构）形象、人民形象、地理风光、历史人文及其他形象。

《徐霞客游记·滇游日记九》对滇缅公路经过的高黎贡山及周边的气候和地理风情有详细记载："土人言瘴疠甚毒，必饮酒乃渡……亦乌睹所云瘴母哉。渡南崖，暴雨急来，见崖西有树甚巨，而郁葱如盘，急趋其下。树甚异，本根干高二丈，大十围，有方石塔甃其间，高与干等，干跨而络之；西北则干密而石不露，东南临江，则干疏而石出，干

---

[1] 参见王婷婷《区域传播与城市形象塑造》，《重庆社会科学》2013年第12期。

与石已连络为一，不可解矣，亦穷崖一奇也。已大风扬厉，雨散，复西向平行上坡。望西北穹峰峻极，西南骈崖东突，其南崖有居庐当峰而踞，即磨盘石也。望之西行，十里，逼西山，雨阵复来。已虹见东山盘蛇谷上，雨遂止。从来言暴雨多瘴，亦未见有异也。"①在《马可·波罗游记》中，云南是作为一个蛮荒之地、神秘边远的土著王国和边疆异域被叙述和塑造的。譬如，保山地方就有类似于法国"产翁制"的丈夫代替产妇坐月子和5根针连在一起刺进肉中的"刺青"习俗，山谷原野上"瘴气"遍布，江河名称令人闻之色变，等等。两相比较，可见出外来者眼中的云南边疆具有极大的相似性：山高、林密、瘴毒、民风奇异，是个神秘、偏远、危险、不开化的地方，当地人（土人）难以沟通，习俗不易理解。这些看法一直持续到了近现代包括欧美作家在内的外来旅游者描述云南的书中。他们提到最多的就是山河险峻、瘴疠弥漫、民风彪悍、习俗怪异、生活方式原始落后和民众智识未开、缺少教化、观念封闭等。这在法国探险家亨利·奥尔良的《云南游记——从东京湾到印度》、英国探险家柯乐洪的《横穿克里塞——从广州到曼德勒》，以及稍后在昆明、文山一带多年传教的法国人保禄·维亚尔的《我与撒尼人》和刚到中国不久即游历云南的美国记者埃德加·斯诺的《马帮旅行》等著作中表现明显，在对奇异绚丽优美原始的自然风景的描述中经常会出现有关殖民帝国（母国）的优越感、自豪感与使命感的信息，甚至不乏前后矛盾之处②。同样，即便近现代国内作家描述云南的作品，如丁文江《漫游散记》、艾芜《南行记》、缪崇群《石屏随笔》和邢公畹《红河之月》等，赞颂优美风光而与云南民风民俗隔膜的

---

① （明）徐弘祖：《徐霞客游记》，褚绍唐、吴应寿整理，上海古籍出版社2010年版，第328页。

② 譬如《马帮旅行》中的描述，"红岩四围环山，山峰对称而秀美，有的终年积雪，这里差不多不断地下雨，中国人称为'雾之谷'。城市一度为南诏国首都，一千年之前相当繁华……搞不好我把人家错怪了，或许他不过是想看看我的荒唐的西餐餐具而已。他表示非常赞赏我们的美丽的国家，对他本国的荒芜不毛深表遗憾……我说我这个人真混蛋。但和尚匆匆忙忙走了，他低声笑着，自言自语。说他可听不懂我讲的这种话"。参见［美］埃德加·斯诺《马帮旅行》，李希文等译，云南人民出版社2002年版，第64—65页。

例子也较为常见①。

滇缅公路的修建并投入使用和滇军出滇抗战等实际行动，起到了改写和弱化前述偏见和歧见的作用。滇缅公路现代汉英双语书写热潮的形成，尤其是英语作品的出现、回流和传播，具有正面宣传和阐扬云南边疆形象的价值。这主要关涉边疆地理物象和云南民众形象。

就边疆地理物象而言，滇缅公路沿线的高山峡谷、河流险滩、陡坡峭壁、瘴气疟疾、毒虫蚊蚁都因为崇高伟大的滇缅公路之竣工而成为工人们征服战胜的对象。也因了工程的完成，中外作家不再需要延续以前原始落后的交通方式，可以搭乘现代化的汽车来欣赏沿线雄奇壮丽的风光、考察地理人文环境，带来了愉悦、新奇的体验。或者说，欣赏沿途风光和考察地理人文的过程不再是疲惫无聊累饿交加后的犒劳或"精神聚餐"，交通便捷、景观独特、资源富饶成为滇缅公路建成使用后旅客（洋人）眼中的主要面相。现代化的另一表征——海外输入的各类新闻讯息、紧俏和新奇物件（洋货）及本地输出的各类土特产品也逐渐改变了道路沿线民众群落的生存状态，在作家们笔下呈现与过往很不一样的风貌②。

与地域性特征相应和，神秘野蛮、横不讲理、不开化和愚昧是此前云南民众形象的主要特点，轻蔑、鄙视和贬低是各类书籍中的叙述常态。战争、筑路带来了外界观察视点的转变，云南边疆的民风民俗变得可理解，云南民众成为忠诚的家园建设者和守护者，是边疆现代化的开拓者和垦殖者，是关键时候值得信赖和依靠的英雄人物。他们的价值借助现

---

① 譬如邢公畹在《祭衣》一节中的描叙，"红河顺着山脚用力转了一弯，夕阳的脚就在这上面跳耀，而河水却大声歌唱着，不顾一切地滚滚而去。顺河而下，平畴一望无边，田里新秧，人家烟树，天上红，地下绿，远处云山，逐渐轻淡，难以极目……在这种单调的、原始性的布景里，他（普诚）拿不定要把自己在这出戏里扮成什么角色"。参见邢公畹《红河之月》，云南人民出版社2002年版，第31—34页。

② 与马子华笔下的"老爷的祖上就替我们辛苦，替我们积下德，我们是他的啊"（马子华：《他的子民们》，载赵寅松主编《情系大理》，民族出版社2003年版，第49页）的人身完全依附于土司老爷的先辈们，张天虚笔下"不知谁家当家的主子准备套进铁索，准备进牢，准备着死"（参见张天虚《铁轮》，云南人民出版社2014年版，第7页）的被奴役被侮辱被损害惯了的农村群氓相比，简直判若云泥。

实中的流血流汗和勇于牺牲得以证明，并由他们迁移到中国的广大民众身上，上升到国格尊严的层面。恰如学者之论述，"我之所以注意到中国从一个没有严格的主权、边界观念和国际关系视野的古代国家，或日本人当年所说的未开化民族，迅速转向日渐具有组织力的一体化的现代民族国家，和抗日战争有密切关系……"① 伟大工程背后是伟大人群的集体付出和无私贡献，更有延绵千年的家国意识做支撑。也就是说，云南人民付出巨大代价修建的滇缅公路（也包含其他的重要基础设施）为云南带来了更多的理解、同情、赞赏和钦佩，云南边疆形象的书写变迁也是其必然结果之一。云南边疆风景借助现代汉英双语作家的滇缅公路书写中对民众"反征服"②的过程叙述和诗性表达而逐渐走向俗世化与合理化，获得了中外受众的欢迎与接受③。

余　论

阿莱达·阿拉曼在解释写作状态的文化回忆时，引入了"创伤"的概念，认为"对于回忆来说，与自我保持距离的关系是有建构意义的，这种自我关系使得自我相遇、自我对话、自我双重化、自我观照、自我变形、自我演绎、自我经历成为可能，但是这种自我关系在创伤的情况下无法产生，因为创伤使某种经验与人密切地、不可脱离地和不可消除

---

① 杨奎松：《抗日战争：使中国走向现代民族国家》，《文汇报》2015 年 8 月 28 日 T02 版。
② 该概念"旨在强调博物学的相关意义，特别是在与帝国初期的前资产阶级欧洲扩张主义存在对比时，它在何种程度上变得意味深长"。参见［美］玛丽·路易斯·普拉特《帝国之眼：旅行书写与文化互化》，方杰、方宸译，译林出版社 2017 年版，第 49 页。本文借此概念意在说明云南民众面对"双重大山"——敌人入侵与高山阻隔时的反抗行为。
③ 据史料记载，1942 年，《驿运》在昆明出售时，因其反映滇缅公路修筑和滇西抗战而引起轰动，被抢购一空。参见蓝华增《中华民族救亡的勇士之歌——白平阶三四十年代反映修筑滇缅公路的边地小说评介》，《民族文学》1994 年第 6 期。1941 年，《太平洋事务》（*Pacific Affirs*）的书评中曾如此评价史密斯的《滇缅公路》，"这样一本受欢迎的旅游书……史密斯先生描写了一条粗糙而危险的道路，蜿蜒曲折地通过蛮荒的、多山的、魅力的但有时邪恶的国土，衣衫褴褛、饥肠辘辘的民众拼命与暴雨战斗，以保持他们一手修筑起来的滇缅公路能够持续开放；满载弹药的货卡车挣扎着通过泥泞的河流，沿着陡峭、狭窄的盘山公路行驶，有时甚至倾倒在峡谷里。这是一个令人兴奋和浪漫的画面，但它告诉我们的并不算多"。参见［美］尼克尔·史密斯《滇缅公路》，郭晓岚译，天地出版社 2019 年版，第 8—9 页。

地联系在一起",而"战争创伤(battle shock)是特殊的变种"。① 可以说,正是对战争的创伤性记忆,才使得现代中国作家们在滇缅公路的汉英双语书写中呈现出对修筑滇缅公路的集体力量近乎宗教般的崇敬之情,并希图以此重新唤起民族斗志,挽回民族尊严。他们借此题材的书写呼唤建立起来的家国意识与民众修建公路的行为形成了一种崭新的同构关系。这在有浓重"中国情结"的赛珍珠那里,转换成为希图美国及早援助中国抗战的叙事立场。在目睹中国抗战现实和感佩中国人民的勇敢抗争基础之上,探险家尼克尔·史密斯和英国记者杉姆森(Gerald Samson,《滇缅公路小记》,1939年)等外来者/"闯入者"的"看"也才有了客观公正叙述的可能。

---

① [德]阿莱达·阿斯曼:《回忆空间:文化记忆的形式和变迁》,潘璐译,北京大学出版社2016年版,第319页。

西南联大蒙自创作的民族国家想象路径*

李直飞　何晓雯**

内容提要：抗战期间，西南联大在蒙自设立分校，为西南联大作家蒙自体验的发生提供了历史性契机，也为他们的现代民族国家意识注入了蒙自经验。在蒙自体验中，蒙自的风景不仅作为地方性知识进入西南联大作家的叙述中，也是其家国情感得以激发的地理感知因素；同时，蒙自独特的地方形态让西南联大作家对生命主体性有了更多的思考，进而开启了以"文化抗战"通达民族国家之路，为战时主流叙事提供了另外的可能性；西南联大作家在蒙自实现了外来经验与蒙自的互动和整合，使得在蒙自发生的现代民族国家意识汇聚了多重地方经验。西南联大作家的蒙自体验成为考察现代民族国家意识的一条路径，为审视现代民族国家意识的生成逻辑和深层机制提供了更为丰富的视角。

关键词：西南联大；蒙自创作；民族国家想象

抗战时期，北大、清华和南开组成的国立西南联合大学在艰苦卓绝

---

* ［基金项目］云南省万人计划青年拔尖人才专项"云南社会机制与西南联大文学形成研究"（YNWR-QNBJ-2019-095）；云南师范大学2022年研究生课程思政示范项目"中国现代小说研究"。

** ［作者简介］李直飞（1983— ），男，云南师范大学文学院副教授，研究方向为中国现代文化与文学。何晓雯（1998— ），女，云南师范大学文学院硕士研究生，研究方向为中国现代文化与文学。

的条件下取得了非凡成就,成为中国现代教育史上的奇迹,引起越来越多研究者的关注,但学界主要关注的是西南联大在昆明的情况,而对西南联大分校却涉及甚少。西南联大1938年刚在昆明组建时,由于校舍不敷使用,曾将文学院和法商学院暂时迁至云南蒙自办学。虽然蒙自分校仅仅存在了一学期,但却是西南联大不可或缺的一部分。纵观现有对蒙自分校的研究,大多将其作为西南联大史料的一部分来收集,有对西南联大蒙自分校的社团活动以及个别学者进行论述的①,还有侧重于分析西南联大对蒙自影响的研究②。这些研究都注意到了蒙自分校的主体性,即西南联大分校对蒙自本地的影响,但在一定程度上忽略了西南联大蒙自分校的"在地性",即蒙自分校所处的具体地理空间和社会场域对西南联大的影响。这种影响不仅仅是蒙自为西南联大提供了办学的基本条件,更指向蒙自地方特性带来的对西南联大精神气质的塑造,尤其是在当时抗战的大环境中,关于现代民族国家的表述和想象成了最重要的主题③,蒙自特有的自然景观与社会人文,不仅激发了西南联大作家们本身强烈的家国情怀,而且蒙自的本土经验与西南联大作家们的体验深度融合,不断"修正"着作家们的国家想象,从而为他们开启了一条颇具地方色彩的现代民族国家想象的路径。

当然,西南联大作家在蒙自所激发的民族国家想象是在跨地体验中完成的。西南联大师生从平津到西南边陲的蒙自所发生的跨地,以其鲜明的特点跟其他跨地产生了差异:第一,这是战争中被迫的无奈之举,由此充满了个体与家国的"流亡"苦痛;第二,这是一次从温带向亚热带的迁徙,景观的巨大差异带给作家们的震撼是非常强烈的;第三,西

---

① 参见李光荣《季节燃起的花朵——西南联大文学社团研究》,中华书局2011年版;张玲霞《论西南联大的文艺社团及其刊物》,《新文学史料》2002年第2期;宣淑君《在迁徙中诞生和结束的社团——南湖诗社》,《抗战文化研究》2018年;袁国友《陈寅恪任教西南联大蒙自分校时期的工作生活与思想情绪》,《学术探索》2019年第2期。
② 参见易杜强《战争与革命中的西南联大》,九州出版社2012年版;周晓燕、马桥艳《试论西南联大蒙自分校对当地教育影响的研究》,《青春岁月》2012年第24期;施建光《试析西南联大蒙自分校对蒙自妇女解放的促进》,《红河学院学报》2008年第1期。
③ 参见旷新年《民族国家想象与中国现代文学》,《文学评论》2003年第1期。

南联大师生们到蒙自,实现了文化中心与边地的结合,对西南联大与蒙自来说都是一次"再发现"。这次跨地体验一方面开启了西南联大作家关于另一个地方的感知和经验,蒙自的亚热带风景体验激发了他们的家国情感。同时,蒙自所特有的安宁,让作家获得了浪漫的间歇,展开了对个体生命的思考,并由此形成特有的由"文化抗战"建构起民族国家之路。西南联大迁徙到蒙自,为不同地方之间的联系和互动提供了历史性的契机,实现多方经验与蒙自本地经验的结合,形成了融合多种地方经验的民族国家想象。"文化接触地带的文学创作,以及离散人群的写作,同样需要跨地、跨国的'地方'大视野加以审视"①,抗战时期的蒙自,就是典型的文化接触地带,因此,本文将西南联大蒙自分校置于一个开放的空间维度下进行审视,不仅将蒙自视为西南联大师生们创作和活动的地方性资源进行讨论,也从西南联大师生们的跨地体验出发,关注其中多重"地方"经验的互动和调整,并由此通达战时中国的现代民族国家意识。

一 "外来者"的风景体验与家国情感的激发

西南联大文学院和法商学院迁到蒙自办学,对这一部分师生来说完全是一次意料之外的事,从平津到蒙自,大有"我行山川异,忽在天一方"之感,这种跨地带来的"异",作家们最早或最直接的体验就来自对风景差异的感知,进而才发现文化的不同。

(一)蒙自的亚热带风景对西南联大作家的冲击

对于大部分西南联大师生来说,从北方一路南行到蒙自,其实是从温带跨越到了亚热带,这种跨地体验产生的最初感受就是亚热带风景带来的陌生感,许多师生纷纷表示对蒙自风景的惊奇。宗璞回忆道:"园中林木幽深,植物品种繁多,都长得极茂盛而热烈,使我们这些北方孩子

---

① 李永东:《中国现代文学研究的地方路径》,《当代文坛》2020年第3期。

瞠目结舌"①；郑天挺在日记中写下："大晴天，无片云，宇宙若洗，北方未尝见此竟日蔚蓝天色也"②；学生赵瑞蕻说："各种各样的亚热带植物，真是奇花异果；还长着不少棵挺大的芒果树和木瓜树。尤其是高高的绿叶稠密的尤加利树是我们初次见到的。"③ 西南联大的师生们大部分都来自北方，蒙自浓郁且特殊的亚热带氛围与他们中大多数人出生和成长的地方有着很大的差异，蒙自风景带来的感官上的冲击力是十分显著的。

充满新鲜感的风景给他们留下了深刻的印象，因此蒙自特有的植被频频出现在他们的笔下。学生吴庆鹏写道："油加里树在蒙自很普遍，尤其是在海关里长得参天蔽日的。校内的绿荫道上走，仿佛是游历南菲洲的丛林一样"④；周定一在《雨》中描绘了硕大的棕叶："棕叶好似沉酣的梦，/大手掌撑住/一天烟雨"⑤；吴宓对棕榈树和芭蕉叶有多次描写："杜宇哀歌翔白鹭，巴蕉大叶裹苍棕"⑥，"火艳竹桃参馥瑰，轮擎棕树对风车"⑦；陈达说："海关花园有许多树木、花果，及鸟类。木瓜渐熟，友人有未见过者。"⑧ 在这里，作家们对蒙自风景的书写绝非仅仅作为地域色彩的呈现，从创作生成机制来看，其紧密根植于跨地流动带来的地理风貌差异，风景的感官冲击"召唤"了西南联大师生这些"外来者"，进而产生了将蒙自与旧居对比的复杂空间感。

（二）蒙自风景激起西南联大作家的思乡之情

西南联大师生们迁徙到蒙自绝非一次愉快之旅，而是充满了战争中

---

① 宗璞：《梦回蒙自——论冯友兰先生在蒙自》，载蒙自师范高等专科学校等编《西南联大在蒙自》，云南民族出版社1994年版，第167页。
② 郑天挺：《郑天挺西南联大日记》，中华书局2018年版，第64页。
③ 赵瑞蕻：《南岳山中，蒙自湖畔——怀念穆旦，并忆西南联大》（下），《新文学史料》1997年第4期。
④ 吴庆鹏：《蒙自杂记》，载龙美光编《南渡流难寄山河：西南联大服务边疆志》，云南人民出版社2018年版，第23页。
⑤ 周定一：《雨》，杜运燮、张同道编选《西南联大现代诗抄》，中国文学出版社1997年版，第279页。
⑥ 吴宓：《蒙自校园即景》，载《吴宓诗集》，商务印书馆2004年版，第335页。
⑦ 吴宓：《天南精舍即事》，载《吴宓诗集》，商务印书馆2004年版，第338页。
⑧ 陈达：《浪迹十年之联大琐记》，商务印书馆2013年版，第30页。

离开故土的"他乡"苦楚。蒙自美丽的风景在带给作家们惊奇之余,更多的是激发了他们的故地之思。陈寅恪的《蒙自南湖》开头便是:"景物居然似旧京,荷花海子忆升平"①;朱自清体会到的是"湖堤上种了成行的由加利树,高而直的干子,不差什么也有'参天'之势,细而长的叶子,像惯于拂水的垂杨,我一站到堤上禁不住想到北平的什刹海"②;吴宓在日记中记载:"宓以南湖颇似杭州之西湖,故有'南湖独步忆西湖'之诗。"③ 作家们笔下的蒙自风景,不仅仅是作为欣赏的对象,更多地承载了作家们对旧地的怀念。这种由景物引起的联想,正如浦薛凤所谓的:"此盖因吾侪流亡者念念不忘最美丽之旧都至可爱之清华,故触景生情,动辄联想动辄比拟"④,蒙自的美景让他们联想到同样美丽的旧地,而旧地已沦陷,可想而不可及,深沉的怀乡情愫压倒了风景上存在差异的现实,由跨地带来的蒙自体验由此显得更为复杂。

由蒙自风景联想到故乡,西南联大师生们在描画出这一幅幅蒙自风情画的同时,又展现出故乡的风土,这里作为异乡的蒙自与故乡相互交织,在流动的迁徙中保持着不变的乡土情怀。周定一的《南湖短歌》颇具代表性,南湖的美景让他觉得"我的远来是为的这一园花","我走得有点累,/让我枕着湖水睡一睡",但是这种美景并非完全地安慰了他,因为在"梦里听一声故国的钟","我梦里沿着湖堤走,/影子伴着湖堤柳,/向晚霞挥动我的手",南湖的风景和梦境里家乡的美景交织在一起,最后诗人写道:"我在小城学着异乡话,/你问我的家吗?/我的家在辽远的战云下"⑤,全诗笼罩着一股挥之不去的乡愁,强烈的异地感让他不断

---

① 陈寅恪:《蒙自南湖》,载《陈寅恪集·诗集》,生活·读书·新知三联书店 2001 年版,第 24 页。
② 朱自清:《蒙自杂记》,《新云南》1939 年第 3 期。
③ 吴宓:《吴宓日记 1936—1938》(第 6 册),生活·读书·新知三联书店 1998 年版,第 335 页。
④ 浦薛凤:《蒙自百日》,载蒙自师范高等专科学校等编《西南联大在蒙自》,云南民族出版社 1994 年版,第 57 页。
⑤ 周定一:《南湖短歌》,载杜运燮、张同道编选《西南联大现代诗钞》,中国文学出版社 1997 年版,第 276—277 页。

地对故乡投去深情的回望。西南联大作家们在诗歌中的风景刻画经历了从蒙自到故乡的跨域流动,对他们来说这是一种具有特殊意义的创作,深处异地的他们在回望故乡风景的过程中,发生了对"流亡"的体认,也为家国情感的表达提供了历史性的契机。正如赵瑞蕻在《梦回落霞潭》中描绘了他美丽的家乡,最后直接表达了民族国家统一独立的诉求:"但愿早日击溃入侵的敌人,/重返故园,重临落霞潭!"① 由跨地引发的地理空间的错位感激发了强烈的家国情感,这既是文学与跨地流动之间关系的一种呈现,更表征了当时流亡作家的精神心理,而故乡的风景也成了民族国家的象征。

(三) 蒙自风景与西南联大作家国家情怀的激发

在西南联大作家笔下,蒙自的风景固然承载着思乡和忧郁的情绪,但其最终指向的还是民族国家情感的表达,战争中的被迫流亡和迁徙,这不仅意味着家乡的远去,更是整个民族国家的"流亡"。经由蒙自风景来表达因国破流亡带来的悲痛,几乎是大部分师生的共识。吴宓写道:"南湖独对忆西湖,国破身闲旧梦芜。绕郭青山云掩映,连堤绿草水平铺。悲深转觉心无系,友聚翻伶道更孤。亘古兴亡无尽劫,佳书美景暂堪娱"②,蒙自南湖让他回忆起了西湖,激起了"南渡"之痛,闲适栖居蒙自的背后是沉重的"国破";再如,当学生刘一士(又名刘重德)听到蒙自成串的牛铃声,"摇乱了黎明的寂静/打动了家乡的怀念",随后回忆起家乡打谷场上的铃声和农民的笑容,然而最后发出疑问:"而今/那些铃声呢/那些笑容呢"③,因为战争带来的离乡之苦溢于言表;陈寅恪面对蒙自的生机勃勃的春天,感受到的却是:"无端来此送残春,一脚胡楼独

---

① 赵瑞蕻:《梦回落霞潭》,载李光荣编《西南联大文学作品选》,人民文学出版社 2011 年版,第 44 页。
② 吴宓:《南湖一首》,载《吴宓诗集》,商务印书馆 2004 年版,第 339 页。
③ 刘重德:《家乡的怀念》,载蒙自师范高等专科学校等编《西南联大在蒙自》,云南民族出版社 1994 年版,第 241 页。

怆神。读史早知今日事，对花还忆去年人"①，饱含对国家兴衰的感怀。在这些因蒙自景物引发的家国感怀里面，蒙自—故地—国家成了自然而然的表达逻辑，这是由跨地体验才能发生的情感表达。

同样是面对蒙自的美景，部分师生产生的却是另外一种情感态度。刘一士在《太平在咖啡馆》中讽刺了南湖咖啡馆的安逸与享乐，就连南湖的鸱鹩鸟都是在"痛饮"，清风吹在湖面上，泛起的水纹都是"悠闲的"，而"世外咖啡馆/正在宴会/谈笑风生，/在酸涩的柠檬里/浸透无数/空白的心"，由此作者发出"谁说中国失去了太平？""太平在咖啡馆里！"②的反讽。刘兆吉看到的南湖是："野鸭在荷叶下偷生，/死板的风景版画，丧家之犬似梦非梦。"③ 在国破迁徙面前，作家视蒙自南湖的闲适都是带着"屈辱性"的。在这个过程中，蒙自风景经由诗人主体性的"流离"体验发生了"变形"，强烈的民族国家情感压倒了刘一士和刘兆吉对南湖风景的纯粹体验。面对风景时，强烈民族国家意识发挥了主要的作用。

可以看到，面对蒙自奇丽的风景，西南联大师生们没有了看风景之人的惊奇与优越，也很少突出其"异"和"奇"的一面，或者对其进行风情化和景观化的描写，而是将这种风景内化为个体性的生命体验和沉思，而其中关于家国情感的表达占据了主体性的位置。从中可以明晰地看到他们情感变化的轨迹，首先吸引他们的是蒙自风景的美丽，随之产生强烈的回忆冲动，进而发生对"南渡"和"西迁"的确认，跨地带来的地理感知和心理冲击触动了家国情感的发生，家国情感的发生与被动的跨地体验联系了起来。他们都不约而同地赋予家乡和蒙自的风景特殊的意义，已不再是纯粹的风景，而是被标举为至高至美的民族性想象，

---

① 陈寅恪：《残春》，载《陈寅恪集 诗集》，生活·读书·新知三联书店2001年版，第23页。
② 刘一士：《太平在咖啡馆里》，载李光荣编《西南联大文学作品选》，人民文学出版社2011年版，第47—48页。
③ 刘兆吉：《南湖行吟》，载《刘兆吉诗文选》，西南师范大学出版社2003年版，第365页。

彰显了强烈的民族国家意识。换言之，在蒙自和家乡风景的并置中，跨地流动带来的情感变动被激发了，风景成了家国情感的表意符码。

在作家们的蒙自体验中，跨地经验开启了西南联大师生们关于另一个地方的感知和记忆，由此发现了蒙自的风景，不仅扩展了诗歌中的地理空间，还触发了"迁移者"强烈的家国情感，使得个体的流离体验与民族国家的宏观情感交织在一起，个体性的思乡情绪汇聚成了关于民族国家情感的集体性表达。蒙自不仅是作为一种地方性资源进入他们的创作，而且介入了他们的情感结构，成为家国情感表达中重要的一环，蒙自成了家国意识得以产生的地理感知因素。

二 在浪漫间歇中通达现代民族国家建构

关于战争中的"流亡"作家，钱理群有过描述："整个抗战时期中国文学的'爱国主义'、'民族主义'基调正是建筑在作家们对于'流亡'的国家、民族的群体心理、情感的这种真切体验与真实刻画基础上的。"[①] 同样地，西南联大作家中民族国家意识的发生离不开跨地"流离"带来的生命经验。不过，与艾青、聂绀弩和路翎等人充满苦难和荒凉感的"流亡"体认不同，西南联大作家的"流离"虽然带有沉郁和悲怆的基调，但他们并没有因此掉入绝望和虚无，他们在蒙自的心理和行动同时指向了两种不同甚至带有浪漫间歇的情绪：一种是上面所述的，在偏远的蒙自体味思乡之苦，诚挚地抒写忧国忧民的家国情怀；另一种则是在蒙自的世俗日常生活中调节心中的苦闷，缓和个体在遭遇时代打击时的紧张倾轧，带有精神疗伤和暂息的性质，并用知识分子特有的品格和方式表现独特的民族国家想象。

（一）作为"世外桃源"的蒙自

西南联大师生们这种带有浪漫间歇的"流离"体验的发生离不开蒙

[①] 钱理群：《精神的炼狱》，广西教育出版社1996年版，第136页。

自美丽的风光景致和他们在蒙自世俗生活中的雅趣。当谈到在蒙自的生活时,许多西南联大师生都不约而同地表示蒙自是一个"世外桃源"。闻一多感受到的是:"文法学院到蒙自呆了半年,蒙自又是一个世外桃源"[①];吴宓更是两次写下:"人间剩此桃源地,岂止乌飞恋故林"[②] 和"逃兵尚有桃源地,好景天南春正融"[③]。学生周定一回忆道:"大家整天在南湖岸边这条小路上你来我往,波光柳影,人语笑声,真有点世外桃源的意味。"[④]"世外桃源"的蒙自"治愈"了他们这群"流亡者"悲苦的心,使他们获得了短暂的歇息。

许多西南联大师生在蒙自半年里,获得了少见的闲适和从容,中文系教授浦江清在诗中记下了颇具乡野气息的闲适生活:"入座白云闲款对,隔园绿树作邻家。小窗晴弄桓伊笛,瓦灶尘煎陆羽茶。有客不嫌卮酒薄,时来相顾慰天涯"[⑤];吴宓在日记中多次表达对于蒙自作为一个居住城市的肯定,"居久更为满意""甚感静适之乐""欣赏云天花木之自然之美"[⑥]。纵观蒙自分校留下的众多文字记忆,关于蒙自生活的琐碎记录占据了很大一部分,吴宓的"还古玩记"、学校门口的"雷稀饭"、师生们频繁地踏青、参观彝族村庄和观看舞蹈,等等。这些充满世俗气息的文字与记忆显然与抗战时期的紧张氛围和当时主流的文艺基调有着一定的距离和偏差,但这为我们看战时中国作家的众生相提供了另一道风景线,这也是个体在面对大环境胁迫和集体性观念时的能动性调整。

---

① 闻一多谈话、际戡笔记:《八年来的回忆与感想》,载西南联大《除夕副刊》编《联大八年》,新星出版社 2012 年版,第 9 页。

② 吴宓:《蒙自南湖夕步》,载《吴宓诗集》,商务印书馆 2004 年版,第 342 页。

③ 吴宓:《蒙自校园即景》,载《吴宓诗集》,商务印书馆 2004 年版,第 335 页。

④ 周定一:《蒙自断忆》,载蒙自师范高等专科学校等编《西南联大在蒙自》,云南民族出版社 1994 年版,第 80、82 页。

⑤ 蒲江清:《蒙自寓庐》,载蒙自师范高等专科学校等编《西南联大在蒙自》,云南民族出版社 1994 年版,第 233 页。

⑥ 吴宓:《吴宓日记 第 6 册 1936—1938》,生活·读书·新知三联书店 1998 年版,第 327 页。

(二)"世外桃源"中的个体生命体验

南迁蒙自将西南联大师生暂时放逐到了战争之外,与那些处于时代旋涡中心的作家不同,西南联大师生对战争形成了一种有距离的观照,更关注生命的自然本真形态,一种相较于时代主潮的逆向性思考开始发生,为占据主流的战时文学提供了另外的可能性。其中最重要的一部分就是繁复的"自我"意识的彰显,蒙自召唤出了他们最具主体性的一面,生命的纯然状态被唤醒了。正如朱自清漫步在蒙自街道时,感受到的是:"整个儿天地仿佛是自己的:自我扩展到无穷远、无穷大"①。这种对生命本体性的思考在穆旦这里尤为明显,写于蒙自的《我看》和《园》是穆旦一生创作中少见的轻松笔调。面对蒙自南湖的春景,"我看一阵向晚的春风/悄悄揉过丰润的青草,/我看它们低首又低首,/也许远水荡起了一片绿潮",多么宁静,又是多么的富有生命力!他不禁发出想与其融为一体的冲动:"O,让我的呼吸与自然合流!/让欢笑和哀愁洒向我心里,/像季节燃起花朵又把它吹熄"②。借由蒙自的春天,穆旦感受到了自然生命的流动,感知到生命的进程与季节的自然变化同频共振。在《园》中,这种生命的力量在延续,"从温馨的泥土里伸出来的/以嫩枝举在高空中的树丛,/沐浴着移转的金色的阳光",生命在动态地发展,自己的生命也是"青草样的忧郁,红花样的青春",从自然的蜕变中感受到自我生命的程序,"当我踏出这芜杂的门径,/关在里面的是过去的日子"③,更新成长的自觉生命意识发生了。蒙自的春天启发了穆旦,从蒙自的生机勃勃的风景中,穆旦完成了对自我的内在挖掘和对生命本真的思考,将外在的景物转化为内在的审视和沉思,同时也赋予蒙自风景哲理性的高度。西南联大师生们这种有距离的观照,在山川景色和世俗生活中肯定日常生活的合理性和生命存在的本质,证明了战时中国不仅仅有对民族国家

---

① 朱自清:《蒙自杂记》,《新云南》1939 年第 3 期。
② 穆旦:《我看》,载李方编《穆旦诗全集》,中国文学出版社 1996 年版,第 40 页。
③ 穆旦:《园》,载李方编《穆旦诗全集》,中国文学出版社 1996 年版,第 41 页。

的宏观想象，也有对贴近个体生命存在的思考。

穆旦这种生长的、向上的生命状态，不仅指向个体生命体验的诗性表达，在战时中国的历史情境中，其有着更为重要的精神旨意。从蒙自生机勃勃的地理景观中，西南联大作家们感受到了生命向上的力量，并呈现旷达积极的生命状态，关联着对生活的希望和勇气。在穆旦眼中，"我们对于日人最有效的答覆就是拿工作的成绩来给他们看"①，这种动力转化成了诗人对自身力量的肯定，对未来的一种乐观把握，也是"西南联大滋长起来了"②的表征之一。学生刘一士同样从青草的自然成长中感受到生活的动态变化，"旧的谢了/新的发生/渐渐长成/又要幻灭无形"，由此认为"生活/是成串的幻想/希望联着希望"③，这种对生活充满"希望"的信念在抗战时期有着非常重要的意义。蒙自不仅为西南联大师生提供了浪漫的间歇，蒙自充满生命力的风景更是催发了他们的希望和动力，这种力量最终将内化为对民族国家的信念和决心。正如刘一士所表达的："理想""永久永久地存在/引导着怀抱它的人/貌视困难/勇往直前。"④

（三）浪漫间歇中的"文化抗战"

在战争的罅隙里，尽管蒙自的美景当前，作家们暂时有了闲适，但不可能就此完全沉浸于自我的天地里，毕竟家国的"流离"之痛是如此的真切，其个体生命的体验往往通达的也是对民族国家的思考。很大程度上，西南联大作家们将在蒙自的浪漫栖居内化成一种之于民族国家的坚实力量，在蒙自以自己独特的方式继续表达对民族国家的赤忱之心。这种力量，可以是穆旦和刘一士那样借助蒙自的春天来展

---

① 查良铮：《抗战以来的西南联大》，《教育杂志》1941年第31卷第1号。
② 查良铮：《抗战以来的西南联大》，《教育杂志》1941年第31卷第1号。
③ 刘重德：《题赠林蒲》，载蒙自师范高等专科学校等编《西南联大在蒙自》，云南民族出版社1994年版，第242页。
④ 刘重德：《理想》，载蒙自师范高等专科学校等编《西南联大在蒙自》，云南民族出版社1994年版，第240页。

示向上迸发的生命力,也可能像吴宓一样,一边无比地眷恋蒙自的舒适生活,一边也在"思用其才性之所特长,以报国家社会"①;而更多的西南联大学生则在蒙自的安宁生活中,"每人渐渐觉悟到自己肩膀上责任的重大,在不断的刺激下,我们也渐渐认清楚中国是怎样一个社会了",因此,"许多人变得分外用功,图书馆中虽可怜相的只有几百本书,却是你抢我夺,迟去了没有位置"②,师生们都在蒙自积蓄建国的力量。

"世外桃源"的蒙自虽然不能让西南联大师生直接为抗战贡献力量,但他们为民族国家提供了另外一种层面的贡献。在蒙自,许多西南联大学者都将精力倾注到对中华文化的思考和整理。郑天挺回忆道:"记得一次与闻及罗常培相偕散步,途中又遇汤用彤、钱穆、贺麟、容肇祖等人,大家一起畅谈中国文化史问题,互相切磋,极快慰","是平时极难得到的一种互相学习的机会"③,互相交流探讨文化问题是西南联大学者的生活常态。同时,各位学者也在各自专业继续专研,钱穆在蒙自开始编撰《国史大纲》:"先生未为全国大学青年计,亦未为时代急迫需要记。先成一教科书,国内受益者其数岂可衡量"④,这里,陈梦家从广大青年学生的急迫需要出发,鼓励钱穆编纂一部中国通史;冯友兰在蒙自完成了他的哲学体系的奠基之作——《新理学》,并在书中的序言写下:"决及早印行,以期对于当前之大时代,即有涓埃之贡献,且以自珍其敝帚焉"⑤,对中国传统哲学宋明理学进行再思考,希望能借此对战时中国有所裨益。罗庸在课上就开宗明义地表示:"国难当头,读《孟子》是为宏扬士气,养成坚韧不拔的意

---

① 吴宓:《吴宓日记 第 6 册 1936—1938》,生活·读书·新知三联书店 1998 年版,第 358 页。
② 徐志鸿:《国立西南联大在云南》,《大风旬刊》1938 年第 15 期。
③ 郑天挺:《滇行记》,载西南联合大学北京校友会编《笳吹弦诵情弥切》,中国文史出版社 1988 年版,第 330 页。
④ 钱穆:《八十忆双亲·师友杂记》,生活·读书·新知三联书店 2018 年版,第 222 页。
⑤ 冯友兰:《自序》,载《贞元六书》(上),华东师范大学出版社 1996 年版。

志,负起多难兴邦的重任;读杜诗,就要充分体会贯穿在他诗里的忧国忧民的精神"①,用传统中华文化鼓动我们民族抗战建国的精神。西南联大学者没有直接为抗战提供实质性的力量,但这种对传统中华文化的重视和传承,从中挖掘和培育我们的文化自信,坚定了对民族国家的信心,这何尝不是一种强烈的民族国家意识的表现。也就是说,蒙自"世外桃源"的生活激起了西南联大学者参与民族国家建构的另一种形式,用自己的专业知识为国家服务,其个体性实践都关联着对国家生存和发展的思考,在浪漫间歇中对人、对现代民族国家一种更加理性的认知,为我们提供了不同于主流的另一种民族国家想象。

蒙自安宁的"世外桃源"生活,为西南联大提供了一个短暂的浪漫栖居之地,召唤出西南联大师生的自我意识和生命沉思,获得了向上的生命力量,在战争境遇中呈现旷达朝气的精神气质,这也内化为对民族国家的信念和决心。即使处于"世外桃源"蒙自,西南联大学者仍发挥学院知识分子的重要作用,在专业的学术研究中挖掘和重建民族精神,发扬民族自信,进行"文化抗战",表达了另外一种层面的民族国家意识。正是蒙自这种独特浪漫的地方形态,为西南联大学者提供了丰富的精神空间,并由此产生了不同于战时占据主流的民族国家宏大叙事的另一种可能性。

三 蒙自地方经验与抗战时期作家的现代民族国家想象

对于迁往蒙自的西南联大师生而言,蒙自意味着一个陌生的地方和不熟悉的文化,但这也使得之前毫无联系的各种经验得以互动。在这个过程中,蒙自被西南联大"发现"了,蒙自以独特的地方经验,为西南联大作家的现代民族国家想象提供了某种启发和修正,因而,在蒙自形成的现代民族国家想象是多种经验的融合。

---

① 周定一:《蒙自断忆》,载蒙自师范高等专科学校等编《西南联大在蒙自》,云南民族出版社1994年版,第82页。

(一) 蒙自与西南联大现代民族国家意识的契合

应该说,西南联大的迁徙,尽管是被迫的,但正如朱自清为毕业生的题词中所说:"诸君又走了这么多的路,更多地认识了我们的内地,我们的农村,我们的国家"①,师生们的民族国家意识在跨地流动中得到了增强。更为可贵的是,西南联大师生们的现代民族国家意识与蒙自地方的民族国家意识相遇了。蒙自本土就有着国家意识的传统,"蒙自与越南相邻,蒙自人不仅亲眼见过殖民主义者对待殖民地人民的暴行,亲眼见过亡国奴的悲惨境遇,而且自身也领略过半殖民地的滋味"②,这样一来,蒙自与西南联大师生就有了天然的情感纽带,"一见面他们就问这问那:战争打得怎样了!北方的同胞有消息么?"③ 当朱自清看到蒙自繁多的抗战对联,不禁感叹道:"多了,就造成一种氛围气,叫在街上走的人不忘记这个时代的这个国家。这似乎也算得利用旧形式宣传抗战建国,是值得鼓励的"④,无论是来自平津的西南联大师生,还是处于西南边陲的蒙自当地人都不约而同地表达了对这个民族国家的认同。美国学者安德森所说的现代民族国家是一个"想象的共同体"在这里发挥了重要的作用,"它是想象的,因为即使是最小的民族的成员,也不可能认识他们大多数的同胞,和他们相遇,甚至听说过他们,然而,他们互相联结的意象却活在每一位成员的心中"⑤,根植于许多人心中的民族国家想象此时显现了出来。这种同一性的民族国家想象也拉近了西南联大师生和蒙自人的关系,它将西南联大和蒙自能动地导向一个相同的伦理方向——抗战。

---

① 李为杨:《流亡随校迁滇杂记》,载蒙自师范高等专科学校等编《西南联大在蒙自》,云南民族出版社1994年版,第107页。
② 目则山人:《忆西南联大在蒙自》,载蒙自师范高等专科学校等编《西南联大在蒙自》,云南民族出版社1994年版,第193页。
③ 钱能欣:《回忆蒙自二、三事》,载蒙自师范高等专科学校等编《西南联大在蒙自》,云南民族出版社1994年版,第112页。
④ 朱自清:《蒙自杂记》,《新云南》1939年第3期。
⑤ [美]本尼迪克特·安德森:《想象的共同体——民族主义的起源与散布》,吴叡人译,上海人民出版社2016年版,第6页。

正如陈岱孙所说:"在当时大敌深入、国运艰难的时候,在蒙自人民和分校师生之间,存在着一种亲切的、同志般的敌忾同仇、复兴民族的使命感和责任感。这才是我们间深切感情的基础。"①

如果说上述西南联大与蒙自对民族国家同一性的认同还停留在现实政治层面上的话,那么随着与蒙自互动的加深,西南联大与蒙自则发生了更深层次的认知视域和情感结构的互动,这在西南联大师生们的文学活动上犹为明显。在蒙自成立的南湖诗社,除了诗歌创作,还十分注重对蒙自民歌的收集。诗社发起人之一刘兆吉在湘黔滇旅行团时就开始了民歌收集,并一直持续到蒙自,其中收录了大量关于蒙自的童谣和情歌,这是一项有目的并意味深长的活动。如果说师生们在蒙自举办的"灭蝇运动"、办夜校和知识普及等活动是学院派作家尝试以"科学文明"进行自上而下的启蒙,建立一个现代城市和公民。那么民歌的收集则是将视线投向民间,这不仅是对蒙自民间文化的认同,将蒙自纳入"中国文化共同体"中,通过对地方文化的整理,将看似与国家无关的地方转化为亲近的、可触摸的东西,民族情谊也随之产生,西南联大师生们深入了凝固地方民族心理结构的文化习俗,触发了更深层的同一性现代民族国家。

(二)蒙自经验对西南联大现代民族国家想象的"修正"

蒙自的地方文化更是触动了许多西南联大师生深层次的精神认知结构。闻一多后来论及这些民歌时,指出:"你们说这是原始、是野蛮。对了,如今我们需要的正是它。我们文明得太久了,如今人家逼的我们没有路走,我们该拿出人性中最后最神圣的一张牌来,让我们那在人性的幽暗角落里蛰伏了数千年的兽性跳出来反噬他一口"②,闻一多认为这些民歌的存在证明了我们不是"天阉"的民族,甚至能够对我们所谓"文

---

① 陈岱孙:《序》,载蒙自师范高等专科学校等编《西南联大在蒙自》,云南民族出版社1994年版,第2—3页。
② 闻一多:《西南采风录·闻序》,商务印书馆2000年版,第3页。

明"的民族精神进行某种修正。同样地,朱自清在观看蒙自火把节时,那熊熊燃烧的火焰让他感受到了:"这火是光,是热,是力量,是青年……这也许是个祓除节,但暗示着生活力的伟大,是个有意义的风俗;在这抗战时期,需要鼓舞精神的时期,它的意义更是深厚"①,朱自清在蒙自火把节看到了抗战所需的"力"。无论是蒙自的民歌还是火把节,其背后都是对蒙自大众力量的发现与认可,闻一多和朱自清都在蒙自这里发现了抗战的精神指向和民族强大的生命力,蒙自的民歌和火把节都被赋予崇高的社会文化意义。

同时,因为个碧铁路绕行,蒙自的封闭恰好为西南联大作家思考现代中国国家形态提供了一个有力的范例。比如闻一多在给妻子的信中说:"自从蒙自觉悟当初反对铁路通过之失策,于是中国自己筑了一条轻便铁道……但是蒙自觉悟太晚了,它的繁荣仍旧无法挽回"②。据说,蒙自人担心滇越铁路会破坏风水,因此反对铁路经过蒙自县城。闻一多出于对中国走向现代文明富强的渴望,和对传统封闭思想和现代化追求的辩证性思考,否定了蒙自人当初故步自封的做法,许多西南联大师生也都曾表示过蒙自成了一个"死城"。在蒙自发生的"变"与"不变",不仅是地方本身的意义,也对西南联大学者思考现代民族国家的建构有了更多的启示。

长久以来,处于"边缘位置"的蒙自一直被社会结构性地忽视,然而这次来自"中心"的西南联大的介入,并没有带来蒙自自身身份的模糊或丧失,相反地,蒙自独有的"文化标志"吸引着他们,蒙自对于他们认识视域和心理精神发挥了重要作用。将民歌视为"我们最后最神圣的一张牌",把火把节视为抗战力量的象征,将蒙自城的"变"与"不变"与现代国家建构联系起来,这些都将作为"边地"的蒙自纳入现代民族国家这个最大的"想象的共同体"之中。这不仅将蒙自这个"地方"

---

① 朱自清:《蒙自杂记》,《新云南》1939 年第 3 期。
② 闻一多:《致高孝贞》,载《闻一多全集·附录 12》,湖北人民出版社 2004 年版,第 330 页。

和"中国"联系起来,也证明了现代民族国家的形成是由一个个地方共同作用的结果。正如朱自清后来在《新诗杂话》中提到的,"他们发现大众的力量的强大,是我们抗战建国的基础。他们发现内地的广博和美丽,增强我们的爱国心和自信心"①,蒙自就是这种"发现"的一个力证。正是由于跨地的发生,蒙自得以被发现,跨地带来了不同地方经验的互动,扩展了他们关于"地方"的认识,而且在这个过程中,蒙自扮演了"启发性"的角色,让西南联大这些现代作家对原先的经验进行反思和调整,这也是对"主流"价值中存在的"弊病"的修正。经由跨地流动,不同的地方得以联结为一个共同体,虽然其中有不同地方经验的冲突,但同时也给予了地方经验进行自我调整的契机,最终融筑成关于现代民族国家的想象。

(三)西南联大作家在蒙自的现代民族国家想象

通过蒙自与西南联大作家的互动,我们可以发现在蒙自发生的现代民族国家想象的独特性。周维东在谈及抗战时期区域分野时,指出流亡作家普遍带有的"精神间性",即"对于现实生活环境有一种疏离感,进而产生与所在区域格格不入的精神现象"②,然而在蒙自这里我们可以看到,并非只有单一的疏离感,还有民族国家共同体意识的发生。西南联大在蒙自时期,虽然发生过与蒙自人的冲突,但最后还是认为"蒙自在进展中,究竟是我们自己的血统"③。在将蒙自纳入民族国家共同体的同时,对民族国家共同体的自觉维护也发生了。冯友兰在蒙自纪念"五四"十九周年的讲话上,鼓励师生们"要深入全国各地,为中华民族的对日全面抗战,担负起后方的需要的工作"④。刘一士的《毕业生群像》再一

---

① 朱自清:《新诗杂话》,作家书屋1949年版,第59页。
② 周维东:《"区域间"与抗战文学的空间想象》,《文艺争鸣》2020年第7期。
③ 沈沫:《忆蒙自》,载龙美光编《南渡流难寄山河:西南联大服务边疆志》,云南人民出版社2018年版,第30页。
④ 冯友兰:《纪念"五四"运动十九周年西南联大蒙自分校北大同学告全国同胞书》,载蒙自师范高等专科学校等编《西南联大在蒙自》,云南民族出版社1994年版,第19页。

次生动地表现了西南联大学子们的这种民族国家共同体的实践,诗歌上部分讲述了西南联大毕业生"哪里去呢?"的疑惑,随后便表明:"抗战的大后方/为首届联大毕业生/提供了/广阔的教育阵地/为祖国育苗种花/个个装满一心欢喜"①,对大后方的热情拥抱,也是对民族国家的积极维护。战时中国历史语境下产生的国家共同意识再一次发挥了重要的作用,这种共同感之于西南联大不仅仅是一种观念性的存在,还是一次次身体力行的实践活动。

其实,蒙自发生的现代民族国家想象不仅仅是西南联大与蒙自本土的交融,在一个更开阔的视野里,当时的蒙自"表述着一个我国边陲对外通商新商埠雏形的形成和其夭折的历史"②,1889年,清政府因在中法战争中失败,与法国签订《中法续定界务专条》,将蒙自开放为通商口岸。随之出现了法国领事馆、医院和银行等西方资本文明,冲击着原本封闭和自足的蒙自,蒙自成了一个愈加复杂的地方。而西南联大本身就是由一个个携带着不同地方经验的个体组成,其中还混杂着比如燕卜荪、马约翰等西方经验国外人士,当这部分知识分子群体来到蒙自,正如萨义德在论及流亡的作家时说的,"这些人的存在使得他们居住的新社会原先认定的单一性更形复杂"③,因而,本土与外地、中与西、传统农耕与西方资本文明在这蒙自这里互相交织,这不仅是近代以降中国内部存在差异的表征,更是全球化冲击本土而带来繁复混杂的显现,蒙自成了一个多重地方文化"混居"的小城。在这种多重文化的并置中,西南联大师生拥有了更开放的多层次视角,也更能体会到与"他者"的文化差异性,对跨文化的交流和抵牾有更深刻的领会。因此,西南联大作家的现代民族国家想象蕴含了多重经验的差异和互动。

---

① 刘重德:《毕业生群像》,载蒙自师范高等专科学校等编《西南联大在蒙自》,云南民族出版社1994年版,第240—241页。
② 陈岱孙:《西南联合大学的蒙自分校》,载《往事偶记》,商务印书馆2016年版,第123页。
③ [美]爱德华·W.萨义德:《知识分子论》,单德兴译,生活·读书·新知三联书店2002年版,第46页。

经由西南联大作家的跨地，蒙自的意义得以被挖掘，也被纳入了现代民族国家共同体之中，一个个"地方"最终通达的都是"中国"，这里生动地印证了李怡的那句话："'地方'不仅仅是'中国'的局部，它其实就是一个又一个不可替代的'中国'，是'中国本身'，从'地方路径'出发，我们不是走向地域性的自夸与自恋，而是通达形色各异又交流融通的'现代中国'。"① 蒙自作为一种与现代民族国家相补充的地方性存在，不仅呈现了独特的民族国家意识，并在与地方的互动交流中，汇聚成独特的"中国经验"，形成了与现代中国同构共生的动态关系。可见，中国现代民族国家意识并不是一个悬空的存在，而是一个个类似蒙自的地方经验的叠加与整合。

结　语

从西南联大作家经历的蒙自体验，可以看到他们在地理空间变动下引发的精神波动，以及由此产生的繁复的现代民族国家想象。蒙自的风景触动了作家们的家国意识，充满了"南渡"之悲，然而其对于民族国家的情感并没有因此堕入消沉，相反地，蒙自独特的自然和人文形态使他们获得了浪漫的间歇和丰富的精神空间，不仅激起了他们对生命的本体性思考，也让远离战场的西南联大作家们纷纷用专业知识发扬和传承民族精神和自信，积蓄抗战的精神力量。其民族国家意识不再停留在观念上的民族国家的认同和信心，而是外化为实际的文化行动，凸显承担和贡献的品格。同时，跨地意味着不同地方之间的对话和整合，不仅为现代民族国家共同体意识的发生提供了历史性契机，也指出了现代民族国家想象并非同一性和本质性的存在，而是多元地方经验的共同融筑。虽然西南联大作家的蒙自体验不能上升为普遍性的经验，但正是在这个意义下，我们更能发现西南联大作家在蒙自产生的民族国家想象的独特性，这是由西南联大和蒙自共同塑造的，蒙自不仅是西南联大作家表达

---

① 李怡：《"地方路径"如何通达"现代中国"》，《当代文坛》2020 年第 1 期。

民族国家意识的地方性资源,更影响其民族国家意识的外在表现和内在认知结构。关注西南联大作家的蒙自体验,意味着将焦点转移至不同地方经验的互动和调整,从中可以透视地方如何通达现代民族国家,西南联大蒙自分校为我们提供了一个典型的经验和范例,启发我们关于现代民族国家想象内在生成因素的思考。

论西南联大诗人群的战争抒写[*]

邓招华[**]

内容提要：作为1940年代一个特殊的学院诗人群体，面对残酷的战争现实，西南联大诗人群对战争的描述超越了那种激进的、直接将战争经验转化为文字、描述战争、抒写民族情怀的战时功利性的文学诉求。他们对战争的抒写超越了"抗战诗"的形态，直面战争所带来的震惊体验，既有民族情怀的抒发，也在民族情怀抒写与民族主义讴歌的满腔正义之外多了一分生命的反思，一分超越性的人类关怀。这既是他们立足于学院空间对严酷的战争事实的艺术回应，也使新诗在回应独特的历史时代经验的同时获得了一种新的诗歌质地。

关键词：西南联大诗人群；战争抒写；震惊体验

在战争的历史语境中，依托于西南联大相对独立自足的学院空间，生成并崛起了西南联大诗人群。对于西南联大诗人群而言，战争是身边一个可以触摸的生活现实。尽管身处大后方昆明，西南联大师生依然感觉到了战争的近在眼前及其毁灭性的破坏力。1938年9月28日，日军首

---

[*] [基金项目] 2020年度国家社会科学基金项目"1940年代中国现代诗学整体研究"（20BZW133）；汕头大学科研启动经费资助项目。

[**] [作者简介] 邓招华（1976— ），文学博士，汕头大学文学院教授，主要研究方向为现代新诗、西南联大文学。

次空袭昆明，自此日本军机轰炸昆明成为常态，"跑警报"也成为西南联大师生日常生活的一部分。西南联大在空袭中时常遭到破坏或人员伤亡，战争带来的破坏与死亡对联大师生的内心触动异常深刻。同时，尽管身处学院空间，西南联大诗人并没有隔绝于时代与社会，而是以艺术的敏感神经感应着时代的战争硝烟。西南联大诗人由是创作了不少有关战争的诗作，对战争的抒写也成为西南联大诗歌创作的一个重要内容。

纵观这些诗作，可以发现西南联大诗人的战争抒写更接近于西方第一次世界大战前后所诞生的"战争诗"，而与当时国内风起云涌的"抗战诗"有别。"战争诗"创作更多地基于对战争的审视与反思，"抗战诗"则是抗战时期一场特殊的诗歌运动。"抗战诗"创作执着于时代内容的直接表达，追求民族情怀的显在抒写，力图承担起民族认同与政治动员的文学社会功用。这是一种充斥着战时功利性的文学诉求，有其得以产生的现实土壤，也有其历史合理性，当然亦有其内在局限性与诗学缺憾。西南联大诗人的战争的抒写，没有被"时代需要"的"抗战诗"潮流所挟裹，在对战争的审视与反思之中，显示出一种学院化的文学立场与艺术坚守。同时，他们的诗歌创作也没有隔绝于时代与民族，接纳了"抗战诗"所蕴含的社会责任与历史意识，而在诗学内部亦与文学的政治化诉求保持了美学距离。追求社会历史的参与跟诗艺的精进提升之相得益彰，是西南联大诗人"战争诗"创作的诗学底色。某种程度上，正是在与"抗战诗"的对话、辩驳中，凸显西南联大诗人战争抒写的独特诗学价值与意义。

战争的 1940 年代，面对救亡图存的严酷现实，文学创作的目标和任务在很大程度上被规约为民族认同与政治动员，"抗战诗"即是在此历史语境中兴起。"抗战诗"的主旨、内涵、形式等方面的特征在高兰笔下有着清晰的描述：

> 我们就是要用诗来号召大众、教育大众、组织大众，使他们每一个人都向着这民族解放的战争，而贡献出他们所有的力量，所以

现时代的诗在内容方面应当是战斗的、现实的、前进的、教育的。在形式方面应当是通俗的、音乐的、戏剧的、宣传的、口语的,而贯穿以革命的热情与全民族同一呼吸的新的诗歌。①

这是一种要求诗歌创作直接服务于民族战争的激进诗学诉求,在这里,诗歌的语言、形式与技巧等方面已经显明地政治化和意识形态化。不过,身居学府的联大诗人以其丰厚的学院文化精神资源为凭借,对战争的抒写超越了"抗战诗"的形态,直面战争所带来的震惊体验,既有民族情怀的抒发,也在民族情怀抒写与民族主义讴歌的满腔正义之外多了一分生命的反思,一分超越性的人类关怀,从而显得别具一格。

一 "愚笨"形象:民族抗争力量的讴歌

西南联大诗人的战争诗作中蕴含着深广的民族悲愤以及对民族抗争与新生力量的讴歌,抒写着"战斗的中国"在"新生中的蓬勃、痛苦和欢乐的激动"②,具有丰厚的时代内蕴。抗战伊始,身处南岳山中避难求学的穆旦以诗作《野兽》坚实地传达出民族生生不息的"复仇"、抗争的力量:

> 然而,那是一团猛烈的火焰,
> 是对死亡蕴积的野性的凶残,
> 在狂暴的原野和荆棘的山谷里,
> 像一阵怒涛绞着无边的海浪,
> 它拧起全身的力。
> 在黑暗中,随着一声凄厉的号叫,
> 它是以如星的锐利的眼睛,

---

① 高兰:《诗的朗诵与朗诵的诗》,《时与潮文艺》1945 年第 4 卷第 6 期。
② 穆旦:《〈慰劳信集〉——从〈鱼目集〉说起》,载《穆旦诗文集(二)》,人民文学出版社 2007 年版,第 55 页。

射出那可怕的复仇的光芒。

这里，受伤的"野兽"射出"复仇的光芒"即是民族不息抗争的顽强力量的象征，诗作超越了浮面的感伤情绪，以意象的清新与丰满构造出诗作坚实的质地，诗化地传达出民族的痛楚与抗争的希望。这种对战争苦难中民族的不屈力量与坚韧生命力的描述、讴歌贯穿穆旦的诸多战争诗作。并且，对民族不息的抗争力量的抒写，在穆旦等联大诗人笔下首先表现为对农民兵"愚笨"艺术形象的提炼。穆旦的《农民兵》开篇勾勒出一种"愚笨"的艺术形象："不知道自己是最可爱的人，/只听长官说他们太愚笨/当富人和猫狗正在用餐/是长官派他们看守着大门"，这是一种反差性的描述。在这强烈的反差中，诗作凸显"愚笨"形象背后一种沉默而坚韧的力量："不过到城里来出一出丑，/因而抛下家里的田地荒芜，/国家的法律要他们捐出自由：/同样是挑柴，挑米，修盖房屋"，"在这一片沉默的后面，/我们的城市才得以腐烂，/他们向前以我们遗弃的躯体/去迎受二十世纪的杀伤"。诗作在冷峻、客观的描述中透露出一种时代的悲愤感与历史的厚重感。

不少联大诗人对农民兵的描述都出现了"愚笨"的字眼，或者关于"愚笨"的描述。王佐良的《诗两首·一》同样从农民兵身上提炼出"愚笨"的艺术形象：

　　于是你的兄弟和我的丈夫
　　愚笨而强壮的男人，昨天
　　还穿了蓝布褂去叩头，今天
　　给虫蛀，人咬，给遗忘在长途，
　　背负着走不完的山，和城镇的咒骂，
　　给虱子和疥疮，给你我吞没。

在这"愚笨"形象描绘的背后是一种生命的惨淡，然而也是这惨淡的生命以沉默而顽强的力量支撑起民族的抗争，诗人由是发出对农民兵"愚笨"的讴歌：

> 那点愚笨却有影子，有你我
> 脆弱的天秤所经不住的
> 重量。那愚笨是土地，
> 和永远受城里人欺侮的
> 无声的村子。那点愚笨
> 是粗糙的儿女和灾难。
> ……
> 然而他没有生命，没有享受，
> 也就没有死。愚笨是顽强
> 而不倒的……

诗人对农民兵"愚笨"的体恤、赞叹在在可见，"愚笨"在这里表征着一种伟岸的抗争力量。杜运燮的不少诗作虽然没有出现"愚笨"字眼，但对士兵（主要为农民兵）的描述依然具有"愚笨"的特征，并由此表达出一种坚韧的民族抗争力量。《草鞋兵》为杜运燮描绘农民兵的代表诗作，在对中国士兵（入缅作战的中国军队被称为"草鞋兵"，以区别于英印军队的"皮鞋兵"）"愚笨"的生存状态的呈示中，传达出一种深厚的同情、悲悯乃至赞颂：

> 你苦难的中国农民，负着已腐烂的古传统，
> 在历史加速度的脚步下无声死亡，挣扎：
> 多少种权力升起又不见；说不清"道"怎样变化；
> 不同的枪，一样抢去"生"，都仿佛黑夜的风
>
> 不意地扑来，但仍只好竹杖一般摸索，

> 任凭拉夫，绑票、示众，神批的天灾……
> 也只好接待冬天般接受。终于美丽的转弯到来，
> 被教会兴奋，相信桎梏的日子已经挨过

诗人以冷静超然的笔触刻绘出农民兵卑微、屈辱的生存以及沉默而坚韧的性格，农民兵卑微的存在使其无法掌握自己的命运，只能被历史的大潮所裹挟，以单薄的生命去挑战、迎接"死亡"，在残暴的战争面前付出生命的所有。然而诗人坚信，在这不无"愚笨"的生命背后蕴藏着打破奴役、桎梏的深沉力量，诗人们才能得以"歌唱黎明"。"诗人"与农民兵的比照，更凸显出对农民兵由衷的赞颂。诗作没有流于英雄主义的浪漫、浮夸，而是在不动声色的描绘中传达出一种凄厉悲怆的历史感。这种对农民兵的关切及其抗争力量的赞叹贯穿杜运燮的诸多诗作。在《无名英雄》中，诗人抒写道：

> 你们被认出在人类胜利的
> 史页里，在所有的心灵深处：
> 被诚挚地崇敬，一天天
> 为感激的眼泪所洗涤，而闪出
> 无尽的光芒，而高高照见
> 人类有一个光明的未来：
> 建造历史的要更深地被埋在
> 历史里，而后燃烧，给后来者以温暖。

诗篇对士兵的付出、牺牲及其历史意义，表达了深切的赞美。这在诗作《给我的一个同胞》中有着同样的表达：

> 不知道你是英雄的模范，
> 也不觉你的担子重得惊人，

> 你的"人"的威仪，竟如麻木了一般，
> 你的沉默却大过一切的声音。
> ……
> 虽然你并不了解政治的潮流，
> 给一个问题，还会闹大笑话，
> 但完成"人"的意义，竟是这么自然。

可见，杜运燮对农民兵的关切与赞颂跟穆旦、王佐良等有关农民兵"愚笨"的艺术刻绘是异曲同工。这里，"愚笨"不再具有"五四"启蒙意义上的批判色彩，更多地蕴含着同情、悲悯以及景仰、赞颂等情感内涵。对士兵的关注是战争诗作的应有之义，而面对中国士兵以农民兵为主体的现实，联大诗人提炼出了"愚笨"这一艺术形象，以表征一种沉默而坚韧的民族抗争力量。值得一提的是，联大诗人对农民兵"愚笨"形象的提炼，与奥登的十四行诗作《在战时》不无艺术关联。1938年春季，奥登与衣修伍德共同奔赴中国，考察中国的抗战情形，奥登后来以此为题材创作了27首总题为《在战时》的十四行诗。在这些诗作中，奥登以冷峻、客观的笔调刻绘了他视野中的中国士兵或中国农民的"朴实""笨拙""无知""坚韧"等形象，也赞颂了其背后蕴藏的沉默而不屈的力量，在中国诗坛产生了一定影响。1943年，卞之琳选译了其中六首，影响较为广泛，尤其对西南联大的年轻诗人影响深远。有研究者考证指出，联大诗人是在奥登的影响下（包括部分的误读），"即中国士兵'无知'的层面上，去理解奥登所谓'不知善'。农民似乎还没有开化，没有基本的文化知识，自然就不会有能力去理解'善'，选择'善'，因而发明了一个词汇'愚笨'"，"而将士兵与农人合体，却的确是联大这些诗人们的首创"[①]。可见，联大诗人对农民兵"愚笨"形象的刻绘与认同，既是惨烈的战争氛围所致，也是个人的生命体验使然。严酷的战争把广大

---

① 姚丹：《误读与传承——奥登〈在战时〉与1940年代中国诗歌》，《新诗评论》2012年第1辑。

的民众（主要是农民）推到了历史的前台，学府里的学子也由此看到了中国现实的另一面。他们一方面感受到了农民兵的卑微、屈辱乃至麻木的生命存在；另一方面目睹了他们在民族的抗战中的付出、牺牲以及不屈的抗争。如此，感受着时代的风云，融合着自我的生命体验，联大诗人对农民兵"愚笨"艺术形象的提炼，既是对独特历史经验的包容，也是对民族复苏、新生力量的讴歌。

这种"愚笨"艺术形象的提炼，使联大诗人的创作具有广袤的时代经验与厚重的历史内蕴，既包蕴着个体的真实体验，又不沉滞于一己的苦难，而是将现实的苦难、战争的体验转化为深邃的历史考量，在民族力量的诗化开掘中走入了历史的深处。穆旦的《赞美》即是在"愚笨"形象的诗化开掘中传达出一种厚实的历史沧桑。《赞美》跟穆旦"三千里步行"的战争体验息息相关，正是在被迫由长沙迁徙至昆明的"教育长征"中，穆旦目睹了中国广阔土地上的深沉灾难，诗作直面现实的苦难，"赞美"民族顽强的抵抗力以及新生的希望。诗作开篇描绘出一幅荒凉、忧郁的自然风景，以丰满的意象呈示出一种厚重的无以言说的现实苦痛，蕴含着深沉的民族悲愤。面对这厚重的现实苦痛，诗人不是逃离，而是去承接、"拥抱"：

> 我要以一切拥抱你，你，
> 我到处看见的人民呵，
> 在耻辱里生活的人民，佝偻的人民，
> 我要以带血的手和你们一一拥抱，
> 因为一个民族已经起来。

诗人情感的抒发超越了个人的感伤情怀，而是对民族灾难与悲愤的默默承接。诗人在现实的灾难里，看见了"在耻辱里生活的人民，佝偻的人民"，一种无言的痛苦在诗中弥漫。同时，诗人坚信在这普通的民众中蕴藏着民族抗争与新生的真正力量和希望，这里的"民众"形象与农民兵的"愚笨"形象是相通的,而诗人意愿"拥抱"民众,"以带血的手和你们一一拥抱"。"带血的手"凸显出诗人对时代灾难的担当,热烈的情感抒发具有了坚实的时代内涵,这是贫瘠土地上的艰难抗争,然而厚实而有力量。这种对苦难的生存的坚韧担当,即使诗人认知到民族坚韧不屈的力量源泉,也使诗人感知到其间包蕴着巨大的牺牲与悲痛。面对这广大土地上"无尽的呻吟和寒冷",诗人将自我融入历史与时代,痛苦然而坚定地抒唱道:

  当我走过,站在路上踟蹰,
  我踟蹰着为了多年耻辱的历史
  仍在这广大的山河中等待,
  等待着,我们无言的痛苦是太多了,
  然而一个民族已经起来,
  然而一个民族已经起来。

诗人直面现实的沉重苦难与生命的深沉痛楚,抒情没有走向空洞的感伤宣泄,而是在"农夫"意象的刻绘中获致了坚实的依托,走进了历史与时代的深处。这里,"农夫"意象饱含着"愚笨"的诗学内蕴,诗人也从以"农夫"为表征的底层民众身上感知到民族坚韧的生命力与不屈的抗争力量,坚毅地抒唱出抗争的希望与光明,诗作堪称一首表达民族抗争的"史诗"。这种对战争中底层民众力量的讴歌,在杜运燮《滇缅公路》中有着突出的表达:

  不要说这只是简单的普通现实,
  试想没有血脉的躯体,没有油管的
  机器。这是不平凡的路,更不平凡的人:
  就是他们,冒着饥寒与疟蚊的袭击,
  (营养不足,半裸体,挣扎在死亡的边沿)

> 每天不让太阳占先，从匆促搭盖的
> 土穴草窠里出来，挥动起原始的
> 锹镐，不惜仅有的血汗，一厘一分地
> 为民族争取平坦，争取自由的呼吸。

朴实的描绘中蕴藏着坚韧而蓬勃的生命力量，诗人以坚实而有力的笔触抒唱出民族的痛楚与希望。诗作也被朱自清称为一首表现民族抗争力量和希望的"现代史诗"①。可见，西南联大诗人通过"愚笨"形象的诗化提炼，对战争的抒写包蕴着广袤的时代内涵，在丰富的现实经验与独己体验的包容、转化中，诗化地传达出民族抗争的不息力量，部分诗作几近达致"现代史诗"的诗学维度。

二 震惊体验：战争的深层反思

西南联大诗人群对战争的抒写不仅体现于民族抗争力量的描述与讴歌，而且直面战争的震惊性体验，在民族情怀的抒发之外，更表达出对战争的反思与个体生命的审视。联大诗人对战争的深层反思突出地表现在他们从人类整体命运的角度思考战争，这样，他们的战争诗作在民族情感、民族正义之外增添了一分对人类命运的悲悯，对生命存在的普遍关怀。这有别于那种仅仅停留在宣扬民族情感层面上的抗战诗歌，从而抒写着严酷的战争环境中的一种独特的生命体验。

郑敏创作的《时代与死》《一九四五年四月十三日的死讯》《死难者》《死》（共2首）、《墓园》等诗作均与战争相关。在郑敏笔下，战争中的"死亡"是一种触手可摸的真实，或者说，"死亡"是战争最显著的本质之一，这些诗作也都涉及"死亡"的描述与思考。不过，面对战争的这种震惊性体验，郑敏对战争、"死亡"的描述不再仅仅停留于具体的战争经验本身，而是经由战争思考人类的生命存在形态，在生与死的纠

---

① 朱自清：《诗与建国》，载《朱自清全集》第 2 卷，江苏教育出版社 1997 年版，第 352 页。

合之中将诗歌抒写提升至对人类命运的哲理沉思。在《死》中，我们看到了对战争中"死亡"的描述：

  他们冷静的忍受着死亡，/并且将死亡投掷给敌人。/当那巨大的声音传来，/是一座山峰的崩裂，/一棵巨树的倾倒，/一个战士，在进行中的突然卧下/黑暗与死亡自他的伙伴/的心坎爬过……只留下一个沉默的祷告/在被黑夜淹没的战野里。

  诗人以冷峻的笔调诉说着战争对生命的无情吞噬，战争留给战士的只是一个巨大的"死亡"阴影，战争的残暴于此得到醒目的表达。不过，诗人没有停留于战争残暴本身，而是透过战争的残暴，在"死亡"的观照下思索生命的存在与意义："自人性的深渊，高贵的热情/将无限量生命的意义/启示给忠勇的理性。"在诗篇《时代与死》中，诗人首先以诗化的笔触描述出一个与战争、"死亡"紧密关联的"时代"面影："把一只木舟/掷入无边的激荡，/把一面旗帜/升入大风的天空，/以粗率的姿态/人类涉入生命的急流"，诗人直面时代的战争与"死亡"，进而由人类命运的层面展开对生与死的思索，战争阴影下的"死亡"也获得了自身的意义："是一颗高贵的心/化成黑夜里的一道流光，/照亮夜行者的脚步。/当队伍重新行进，/那消逝了的每一道光明，/已深深溶入生者的血液，/被载向人类期望的那一天。"在这种"生与死"哲理观照中，诗人对战争的"死难者""墓园"等有了另一种审视与思考：

  安静，安静，你可曾看见/他比现在睡得更安宁？/好像一只被遗弃的碎舟/无需再装载旅客的忧愁/自在的浮沉在风浪里。/好像一只自枝梢跌落的果实/虽然碎裂在地上等候检拾/却无需再担忧风雨的吹击。//安静，安静，当你走过他的身边/你看见人生自他的身上退走/好像潮水自沙岸退走/剩下苍白寒冷的一片海滩/呵，当我们还在踟蹰，惆怅，哀叹/一个智者却早已对寂寞与烦恼/决定了他最后的挑选。

——《死难者》

你不会更深的领悟到生的完全/若不是当它最终化成静寂的死/这小小洒落着秋叶的墓园/和记载了历史的整齐碑石//生命在这里是一首唱毕的歌曲/凝成了松柏的苍翠，墓的静寂/它不是穷竭，却用"死"做身体/指示给你生命的完整的旨意。

——《墓园》

在这里，"死亡"已经是生命的一种超越，而战争本身也很大程度上被超越了："自己的，和敌人的身体，/比邻地卧在地上，/看他们搭着手臂，压着/肩膀，是何等的无知亲爱，/当那明亮的月亮照下/他们是微弱的阖着眼睛/回到同一个母性的慈怀，/再一次变成纯洁幼稚的小孩。"（《战争的希望》）这就是郑敏通过生命的沉思而带来的关于战争的思考。

杜运燮是联大诗人中对战争给予很多关注的一位，创作了一系列的战争诗作，诸如《草鞋兵》《号兵》《狙击兵》《给我的一个同胞》《一个有名字的兵——轻松诗（Light verse）试作》《被遗弃在路旁的死老总》《给永远留在野人山的战士》等，多数诗作是从人类命运的角度表达着对战争的思考。在《悼死难的"人质"》中，诗人抒写道："我们都是痛苦的见证者：/又一次人类在被迫扮演/热闹的悲剧，又一次万千/善良的心灵整体被撕裂"，"而你们只好无声地死去，/来不及哭泣或诅咒，但一切/是工具的时候，利用工具与成为工具//与等待被使用，是一样的不幸：/这里也充满着生的死亡，/四周没有声息，看不见人的'生'"。标题中的"人质"表明在战争中人们只是战争的"人质"，在这样的视野之下，战争是"热闹的悲剧"，是心灵的"整体被撕裂"，当一切被当作战争工具的时候，四周只"充满着生的死亡"，而"看不见人的'生'"。末句特意用引号标注"生"，更是表达出对战争中生命的关注与一种普遍的怜悯。诗篇由此表达出一种超越性的普遍关怀。在《林中鬼夜哭》中，杜运燮从一个日本兵的角度反思战争的罪恶:"罪恶要永在,但究竟有机会/大声地向你们说我们是朋友。//樱花还是最使我伤感的眼睛,/还有富士山的白发,/它们曾教我忘记地狱。/它们已看不见我;而我只能哭;/它们还继续鼓励我的妻子儿女。//他们仍然都要活着,等待耻辱,/为一天最后的审判来临",这是从个体生命存在的层面反思战争摧残生命的罪恶,在一定意义上已经超越了敌我双方的简单对立,而表达出对同为人类的日军的某种怜悯。诗中接着写道:"死就是我最后的需要,再没有愿望,/虽然也还想看看/人类是不是从此聪明。"正是以这种超越性的情怀观照战争,杜运燮的笔下多了一分对战争中脆弱生命的悲悯之情。在两首"轻松诗"(Light verse)诗篇中,杜运燮以看似轻松的笔调传达出对生命的深沉悲悯。这是《一个有名字的兵——轻松诗(Light verse)试作》的最后几节:

>有一天排长请吃茶,说,
>"现在你可以回家娶老婆。"
>麻子的眼前忽然变得漆黑:
>这是第一次他真正想到"老婆"。
>爆竹游行闹过了一夜,
>说是日本鬼子已经投降,
>麻子说不出心里想什么,
>到附近灌进了几杯白干。
>"胜利"转眼过了三个月,
>他梦见回过两次家乡,
>第二次到那里就没有回来,
>有人奇怪他为什么要死在路旁。

在看似轻松的描述中一种对战争风暴中弱小生命的同情和怜悯却力透纸背。而在《被遗弃在路旁的死老总》中,杜运燮以几近反讽的手法写道：

> 给我一个墓，/黑馒头般的墓，/平的也可以，/像个小菜圃，/或者像一堆粪土，/都可以，都可以，/只要有个墓，/只要不暴露，/像一堆牛骨，/因为我怕狗，/从小就怕狗，/我怕痒，最怕痒，/我母亲最清楚，/……啊，给我一个墓，/随便几颗土。/随便几颗土。

这是以一种调侃甚或反讽的手法表达出战争对生命的无情摧残以及对遭摧残的生命的深切悲悯。与杜运燮以"轻松诗"的尝试表达对战争的反思以及对战争中生命的关怀不一样，对战争的描述、反思在穆旦那里更具有一种内敛的气质。在诗作《野外演习》中，穆旦穿透战争的外衣，洞察出战争"风景"对人性的深层伤害："我们看见的是一片风景：/多姿的树，富有哲理的坟墓，/那风吹的草香也不能伸入他们的匆忙，/他们由永恒躲入刹那的掩护，//事实上已承认了大地的母亲，/又把几码外的大地当作敌人，/用烟幕掩蔽，用枪炮射击，/不过招来损伤：永恒的敌人从未在这里。"诗人以冷峻的笔调抒写出战争的残暴对生命的摧残，一种深切的人性反思力透纸背。这种战争阴影下的人性反思在诗作《森林之魅——祭胡康河谷上的白骨》中有着突出的体现。这首诗作是穆旦依据自己1942年参与中国远征军的经历而创作，是对"野人山撤退"中牺牲的将士的诗化祭奠。"野人山"亦称"胡康河谷"，缅语意为"魔鬼居住的地方"，位于中、印、缅交界处。这是一个树木遮天，藤草弥漫，终年不见天日，猛兽成群，毒蛇、疟蚊、蚂蟥遍地，并且传说有野人出没充满死亡气息的地带。由于作战失利，中国远征军1942年5月被迫从"野人山"撤退，在"野人山撤退"行动中，中国远征军损失惨重，堪称一场惨烈的"死亡之旅"。一些穿越了"野人山"的士兵留下了这场"死亡之旅"的诸多场景：

战马吃光以后，大家就开始吃皮鞋，吃皮带，就连手枪套也成了他们的食物。当这些东西都吃光以后，大家就只能够靠树皮和草根来维持生命了。

　　走着走着，一股高度腐败的恶臭扑鼻而来，熏得我连连作呕，斜眼一瞥，不远处一具人的尸体上，爬满了白蛆虫，一大群苍蝇围着尸体嗡嗡作响。尸体上裹着黄军装，显然是远征军的弟兄倒毙在这里。

　　到处都是尸体。有时半夜爬到路边窝棚睡觉，早上起来看到自己睡在整整齐齐一排一排的死人中间。尸体发酵膨胀把军装撕开一个个大口子，在尸体上蠕动的蛆、苍蝇、蚂蚁不计其数，也大得出奇。在跨过一个一个尸体时，看到是自己认识的人，有时也找一些树叶把脸遮挡起来。①

　　穆旦作为第五军参谋部的翻译，经历了这次惨绝人寰的"野人山"大撤退。穆旦在1950年代自述道："至同年五月，作战失败，退入野人山大森林中，又逢雨季，山洪暴发；在森林中步行四月余始抵印度，曾有一次七八日未食，又一次五日未食，死人很多。"② 直面这种震惊性的战争体验，穆旦以"拟诗剧"的形式在《森林之魅》中将这次惨痛而悲壮的生命经历付诸表达，将生和死写得分明生动，诗化地传达出对生和死的生命追问。诗作以拟构的"森林"与"人"的对话（对白）形式展开，最后以"葬歌"结束。"森林"在这里是死亡的象征，表征着战争的原始、野蛮、残酷。"人"置身于"森林"之中，所感受的就是战争带给人的恐惧、绝望、死亡。而战争的野蛮、残酷以及恐怖在"森林"与"人"的两次对白之中得以自然地展示，这在"森林"对"人"的回答

---

① 李立：《中国远征军：滇印缅参战将士口述全纪录》，中国大百科全书出版社2012年版，第131—177页。
② 穆旦：《历史思想自传》，载易彬《穆旦年谱》，中国社会科学出版社2010年版，第70页。

中有着醒目的表达：

>这不过是我，设法朝你走近，
>我要把你领过黑暗的门径；
>美丽的一切，由我无形的掌握，
>全在这一边，等你枯萎后来临。

冷漠的回答显示出战争中死亡之神无形而强大的威慑力量，死亡之神对生命的掌控与吞噬进一步凸显出战争的残酷与恐怖。这里，"森林"获得了独立的生命形态，在一种客观而冷漠的述说中蕴含着毁灭性的力量，成为死亡的象征。在这样一个充溢着死亡威迫的背景上，"人"陷入了生命的恐慌、痛苦、绝望之中：

>树和树织成的网
>压住我的呼吸，隔去我享有的天空！
>是饥饿的空间，低语又飞旋，
>像多智的灵魂，使我渐渐明白
>它的要求温柔而邪恶，它散布
>疾病和绝望，和憩静，要我依从。
>在横倒的大树旁，在腐烂的叶上，
>绿色的毒，你瘫痪了我的血肉和深心！

这里，"人"是中国远征军的化身，这恐怖性的对白，既是"野人山"原始森林对中国将士生命的吞噬的具体而形象的刻绘，也在深层次上昭示着战争狰狞而残酷的面目。诗作在冷静客观的述说中蕴含着一种源自"大地的惧怕"，在戏剧性的间离中无言地传达出"人"在战争的包裹之下渺小而脆弱的生命存在，冷峻的述说中蕴含着一种窒闷的恐怖性的情感与力量。而这一切"血液里的纷争"最终在"葬歌"中化为平静：

> 静静的，在那被遗忘的山坡上，
> 还下着密雨，还吹着细风，
> 没有人知道历史曾在此走过，
> 留下了英灵化入树干而滋生。

"祭歌"是对战争所带来的恐怖性情感的纾解，也是在对战争的毁灭性力量的正视之中，表达出对牺牲的英灵的深沉哀思与祭奠。诗篇在生和死的分明对比中，将战争对生命的无情摧毁具象而生动地呈现出来，在哀思中寄寓着一种深广的悲悯情怀。这里，一种无以言说的生命痛楚穿透历史遗忘的积习，横亘于人们眼前，并由此抵达对战争的深层反省。

长诗《隐现》最初创作于 1943 年①，亦源起于 1942 年"野人山撤退"震惊性的战争体验，不过穆旦不是直接地抒写战争体验，而是由残酷的战争经验切入对战争的反思与质疑，进而生发出对现代人困惑茫然的生存境遇的叩问，以及对精神价值的不懈追问与生命存在的终极关怀，将诗歌提升至形而上的生命哲思层面。诗篇第一章节为"宣道"，以戏剧性角色"我们"（即人类的角度）向"主"祈求、诉说的形式展开对生命存在的追问，蕴含着强烈的救赎情怀：

> 我们来自一段完全失迷的路途上，
> 闪过一下星光或日光，就再也触摸不到了，
> 说不出名字，我们说我们是来自一段时间，

---

① 《隐现》曾刊载于 1947 年 10 月 26 日天津《大公报》，标明写作时间为"1947 年 8 月"。据解志熙教授考证，此应为《隐现》的修改稿，而《隐现》实际创作时间为 1943 年 3 月，并初刊于 1945 年 1 月的《华声》半月刊第 1 卷第 5—6 期合刊号。如此，《隐现》应该视为穆旦"表现其 1942 年惨痛经验的典型诗篇"，诗中"'我终于从战争归来'之'战争'，应即是令穆旦'最痛苦'的 1942 年缅甸之役，而《隐现》乃正是穆旦战场归来后痛定思痛的长吟"。参见解志熙《一首不寻常的长诗之短长——〈隐现〉的版本与穆旦的寄托》，《新诗评论》2010 年第 2 辑。

> 一串错综而零乱的，枯干的幻象，
> 使我们哭，使我们笑，使我们忧心
> 用同样错综而零乱的，血液里的纷争，
> 这一时的追求或那一时的满足，
> 但一切的诱惑不过是诱惑我们远离

这里，诗人以戏剧性角色"我们"发言，亦是从人类的立场追问生命的意义。这是诗人经历了残酷的战争之后的痛定思痛，并由此发出的对生命存在的逼问。在这种生命存在的逼问中，诗人得以超越现实的战争层面，而抵达对战争的深层反省以及对生命的终极性拷问。战争的惨烈映照出生命的脆弱与无助，这蕴含着诗人目睹了现代战争的残酷后，对人类行为的愚妄的一种深邃洞察，诗人也由此祈求神性的救赎：

> 这是时候了，这里是我们被曲解的生命
> 请你舒平，这里是我们枯竭的众心
> 请你揉合，
> 主呵，生命的源泉，让我们听见你流动的声音。

诗歌最终在对人类行为的愚昧与生命价值的虚无的审视、拷问中，走向人性的回归与神性的救赎，具有深邃的精神向度。诚如有研究者指出：

> 贯穿全诗的咏思有两条线索，一是人类世界之显然的表象及隐蔽其后的真相，二是超验的神性之对人类的隐藏与显现。这两条线索是交织在一起的——芸芸众生总是执迷于世界的表象和世俗的价值，不论是群体还是个人，是在战争中还是在和平中，都自以为是在追求真善美的永恒价值，往往盲目不知其存在的历史性、有限性及其行为的愚昧和价值的虚无，而亲身体验了战争之浩劫、亲眼见

证了人类之愚行的诗人，则在痛定思痛的反思之后幡然觉悟，"发现"了超越性的存在之全与美、神性的真理之普遍与永恒，于是"忽然转身"祈求神的显现和引导。这或许就是穆旦把这首长诗命名为《隐现》的初衷吧。①

在《隐现》的创作中，穆旦直面震惊性的战争体验，以战争中的惨痛经历和人性挣扎为基点，通过引进不无宗教内涵的神性因素，成为对人类存在的有限性及生命价值的虚妄性的一种诗性透视与诘问，其深广的内涵由此可见。以穆旦、郑敏、杜运燮等为代表的西南联大诗人在震惊的生命体验中，对战争的深层反思亦可见一斑。

面对1940年代血腥的战争现实，新诗作出了应有的艺术回应，以至于有了"抗战诗"运动的出现。不过，如前所述，尽管"抗战诗"的出现有其现实的土壤与历史合理性，这种战时功利性的文学诉求无疑有着内在的缺陷，显著的缺陷之一即是"普遍的诗人，没有能力在情绪的激动下，去对抗战作政治的或哲学的思考"②。而透过上述的分析，我们发现，西南联大诗人群关于战争的抒写已经超越了这种充满着战时功利性的、狭隘的"抗战诗"的范畴，而进入了"战争诗"范畴。他们对战争的描述既是他们立足于学院空间对严酷的战争事实的艺术回应，也是他们在惨烈的战争氛围中自我生命体验的抒写。无论是对战争中一种坚忍民族抗争力量的描述与赞颂，还是对战争残酷性的反思以及对战争中生命存在的关注与悲悯，都使新诗在回应独特的历史时代经验的同时获得了一种新的诗歌质地。这也是西南联大诗人群对新诗的一个重要诗学贡献。

---

① 解志熙:《一首不寻常的长诗之短长——〈隐现〉的版本与穆旦的寄托》,《新诗评论》2010年第2辑。
② 艾青:《抗战以来的中国新诗》,载《艾青全集》第3卷,花山文艺出版社1991年版,第161页。

巴渝文化与文学档案·
王余杞

主持人语

主持人：张武军教授

主持人语：

近年来，随着北方左翼文学、地方路径研究的兴起，著名北方左翼作家王余杞开始受到学界的重视。一些知名的学术刊物《中国现当代文学研究丛刊》《新文学史料》《当代文坛》等学术刊物，相继有一些高质量的论文刊出，引起学界关注。同时，作为地方重要文化资源的王余杞，其作品也具有鲜明的区域地方特色，因此最近也受到地方政府重视，7月初自贡市富顺县和中国现代文学研究会、四川大学文学与新闻学院成功承办了"王余杞与现代中国文学学术研讨会"。可以预见，未来很长一段时间，王余杞的研究，包括史料的发现与整理、文本的细读阐释与意义分析，仍有巨大空间和无限的可能。本期3篇有关王余杞的论文，就是最好的证明。其中徐璐的《论〈自流井〉的工人叙事》聚焦在王余杞如何将家族经验移植、转化为把握革命实践的写作资源，论文通过工人感觉结构的描写和工人运动的想象、知识分子与工人互动关系的处理，指出《自流井》是深受知识分子精英文化影响的非典型左翼工人叙事，拓展了有关王余杞革命书写和左翼主题研究。李琪玲的《铁路与王余杞的战时创作》是一个非常有意思的选题，铁路交通既是王余杞读书时的专业，也是他后来的本职工作。王余杞不仅有诸多关于铁路和交通方面的论文，同时，他的文学写作也打上深深的"专业"印痕。李琪玲结合多篇王余杞的铁路论文，并以铁路为视角，来讨论王余杞小说的战争叙事、超国家意识和他对战时中国之命运的思考，新意迭出。李琪玲和刘海珍共同整理的《王余杞著译年表》在既往"王余杞年表"的基础上，多有补充，必将嘉惠学林。

论《自流井》的工人叙事

徐 璐[*]

内容提要：王余杞的小说《自流井》试图将家族本事转化为革命实践的写作资源。其中的工人叙事虽非主线，但为我们重新理解1920年代边地中国的工业生产、技术革新，盐业工人的感觉结构、意识形态，革命知识分子和工人阶级的关系提供了新鲜的经验。一方面，作家辩证地指出盐业工人与现代机器之间的异化矛盾，深托出前者在技术革新后愈加严重的劳动困境；另一方面，小说通过建构李老幺、黄二顺等新老工人在代际上的差异，想象了三种底层工人走向觉醒的方法及其可能面临的难题。然而，罢工斗争高潮的抒写虚化了工人作为革命主体的现实形象，凸显了"洋学生"/革命知识分子的启蒙者位置，其中的叙事张力实际揭示了王余杞所面对的多重自我位置/身份的询唤，也为我们勾勒出一个非典型的左翼作家的侧面。

关键词：王余杞；《自流井》；工人运动

1934年，从家乡自贡取材归来的王余杞开始创作长篇小说《自流井》。按照最初的构想，北伐前夕自流井地区的盐业工人作为叙述的核心："那里是'屠场'，那里有无数的'石炭王'"，"广大的工人开始睁

---

[*] [作者简介] 徐璐（1993— ）女，南京大学文学博士，南京师范大学国际文化教育学院讲师，研究方向为中国现当代文学与文化，兼及当代文学批评。

开他们的睡眼了"①。王余杞希望创作出美国作家厄普顿·辛克莱（Upton Sinclare）的《屠场》《石炭王》（又名《煤炭大王》）式抒写工人运动的小说。写作开始后，对三畏堂兴衰的感喟和对故土风物的怀恋促使作家将重点转向家族本事，盐工形象和工运情节在整部作品里的比重缩减。但是，不同于1930年代左翼文学的工人叙事更多聚焦以上海等城市为中心分布的城市工人，王余杞在《自流井》的工人叙述为我们理解1920年代内陆边地的工业生产、技术革新，盐业工人的自我认识、感觉结构，知识分子和工人阶级的互动提供了新鲜的经验。

一 现代机器的引入与盐业工人的劳动困境

在1934年的《时代》杂志上，王余杞曾以图文结合的形式向读者介绍自流井地区的产盐场面："无数的无线电台一样的'天车'，高耸云际，每支烟囱，不断地吐出浓烟的黑柱，机器喧声，轮轴的激响，不分昼夜地连续着。"② 中国文学作家大多缺乏抒写现代工业生产的经验，及至后来，当代的工业题材小说也难以将重复枯燥的生产劳动、复杂的现代机械运行充分文学化，而贯穿小说《自流井》的主要线索之一是留日归国的迪三爷为了挽救盐业家族三畏堂的颓势，试图引进新技术、现代机械办井采盐。"重要的不是话语讲述的年代，而是讲述话语的年代"③，《自流井》讲述的是北伐前夕1924年、1925年四川自流井的故事，但成书已在十余年后，小说第五章，迪三爷的儿子幼宜见识了新事物"火井"带来的新旧动能转换气象，自流井地下蕴藏着丰富的天然气，有效开采后被竹筒导引到井灶作为燃料，"少说也可以烧二百口'圈子'（熬盐的火灶）"④，大大提高了井盐的产量。不仅如此，迪三爷和小舅子商议合伙购

---

① 王余杞：《自流井："西行所见"之一》，《时代》1934年第5卷第9期。
② 王余杞：《自流井："西行所见"之一》，《时代》1934年第5卷第9期。
③ ［法］米歇尔·福柯：《知识考古学》，谢强、马月译，生活·读书·新知三联书店1998年版，第58页。
④ 王余杞著，王平明、王若曼整理：《王余杞文集》（上），花山文艺出版社2016年版，第319页。

置火龙车,现代机器办井下锉,火龙车是蒸汽机为动力采盐卤的机器,当时绝大部分盐井采盐卤的过程依靠牛力或人力,只有当牛价上涨,东家才雇用苦力代替,连筒带索子几千斤重,四五十个苦力推一筒水,有人因此活活累死。现实中,自贡地区机车采卤的应用实际更早,1919年就有37眼盐井引入这一现代技术,"20世纪初自贡盐场机车采卤的出现标志着井盐业近代生产的开端"①。

小说中迪三爷置办机器办井取代人工的革新情节,呼应的是王余杞的家族本事——王三畏堂曾先后派遣十余人赴日留学,"他们在国外接触到资本主义的生产方式,对近代生产技术有一定程度的了解",所以1920年代率先以火龙车办井,在此之前火龙车主要被用来推水采卤,"王三畏堂就在大坟堡地区开办昌福井,用蒸汽机车凿井。其方法大约是以蒸汽机车下锉",但不同于小说中迪三爷运用火龙车下锉的"出师未捷",一井决定家族走向彻底崩盘的悲剧情节,现实中"(昌福井)自开办以后,进行较为顺利,后因王三畏堂破产停办,蒸汽机凿井的尝试也随之停搁"②,可见现代机械及资本主义生产方式的引入实际与盐业世家的破产并无直接联系。

理论上,迪三爷等人以蒸汽机取代人力推水、开凿盐井不仅可以提高生产效率,也可能将工人们从艰苦重复的劳动中解救出来。但青年工人李老幺和幼宜先后发现了矛盾所在,李老幺简洁地描绘了这一现象:"有了火龙车,穷人没饭吃!"幼宜思考的问题则更深刻:"机器带来便利,机器却能杀人,到底机器是不是好东西呢?……牛推水用人多,火龙车推水用人少,自然穷人们都多半因为没事做而没饭吃咧。可是用火车龙又比用牛进步,人是应该朝进步方向走的,那么,又当怎么办才能既用火龙车,又不至于剩下没事做的人?"③ 这一思考实际触及了马克思

---

① 钟长永等:《千年盐都》,四川人民出版社2002年版,第120页。
② 钟长永等:《千年盐都》,四川人民出版社2002年版,第121页。
③ 王余杞著,王平明、王若曼整理:《王余杞文集》(上),花山文艺出版社2016年版,第416页。

在《资本论》中探究的"工人与机器之间的斗争"问题,在马克思看来,工人反抗机器的斗争,实际是他们反对资本主义剥削的一种表现。因为劳动资料一旦作为机器出现,就成为工人的竞争者,造成大量雇用工人失业。可以说,王余杞不仅抒写了自流井地区近代盐业技术的革新,同时也关注到盐业工人生存困境的加深,围绕"机器和工人"这一组新生的矛盾关系,作家将枯燥的工业生产流程"文学化"的同时,也加以"问题化"。

机器和工人的矛盾问题困扰了幼宜多年,直到从北平求学返乡后他向众人解释这一问题的症结在于"商业资本胜过工业资本":"办井、烧灶是工业资本,就大大吃了你们商业资本的亏咧,外加水火、刀兵、土匪、捐税等等,有井灶的人还不是跟有田地的人一样,收进来的抵不上拿出去的","自然机器本身是没罪的,为祸为福,专看怎样去用它。比方我们内能发展井灶,外能自主运销,从而扩充销场,机器的火龙车就更大大地帮助我们","那岂但穷人不会没工做,东家们又何至于叫苦连天"。主人公幼宜的这番剖析更多是站在父亲迪三爷和盐业世家的角度上批判控制行情、买空卖空的债团代表/买办对三畏堂祖业的压迫强占,而忽略了无论是工业资本还是商业资本,面对机器和工人的关系,本质上都在使用机器剥削/排挤工人。

1940年代,战时内迁重庆的左翼作家路翎也捕捉到工人与机器的矛盾关系问题,在小说《卸煤台下》中,身体饱受剥削、摧残的青年工人许小东面对机车心生恐惧:"用它底凶狠的力量钳制住了他,发出狞笑","仿佛说:'你这软弱的工人!可口的食物啊!看吧,我是胜利了,随时都可以吞掉你'"。[①] 因为机器许小东落下残疾,但是当他被解雇后对机车等劳动资料又产生眷恋:"一看见那炉膛里熊熊的煤火,他就变得庄重,思虑",感受到"一种比解雇本身大得多的、失望的痛苦"。王余杞和路翎以文学的形式辩证思考工人和机器关系,深描出现代中国工人的群像:

---

① 路翎:《卸煤台下》,载《路翎小说选》,四川文艺出版社1986年版,第70页。

长期高强度的异化劳动、技术资源的落后匮乏、参差不齐的意识形态……那么，工人们如何才能凝聚成为有效的政治力量？

二 想象底层工人走向觉醒的方法

王余杞在小说中着意塑造了初具自我意识、革命自觉的青年工人李老幺，也塑造了老实软弱的黄二顺、黄大兴等老工人形象，通过这些盐工形象的互动、对比，深托出这一现代群体在代际上的差异性和意识形态的多样性，并非同质化、静态化的想象所在，为读者揭示了现代工人从自在阶级走向自为阶级的路径/方法及其可能面临的难题。

四川自流井地处内陆，整体的工业基础薄弱，工人多是破产的农民。李老幺原本是佃农，迫于生计才到盐井做工。兵荒马乱之际，管家秦桂替东家斯谦到井上收账，被人抢劫杀死在山上，斯谦认定凶手是井灶上的盐工："多半是山匠他们。他们穷，他们贱，他们有啥不干，图财害命也敢"，① 扬言拿不到凶手就克扣所有工人的工钱。工人们面对东家的刁难却不敢分辩："不分大小，人人都觉得有点心虚。他们没做过贼可是他们穷，人一穷，就有了罪咧。本来是问心无愧的，挨不住冰冷的眼光偶然有意无意地死盯住自己，心里就会情不自禁地跳几跳，浑身毛骨悚然。"② 老盐工黄二顺是其中的代表，忍苦受难一生，天不亮就起来做工，一直到夜里火龙车停工，白天挑盐水上灶，晚上搓索子捆筒。面对青年工人李老幺对东家的"批判"，老盐工反而替东家解释皆因年辰不好之故："秦二爷呢，把命丢啦；谦大爷呢，银子给抢哪；我们弟兄呢，可保不住工钱！"

青年工人李老幺在洋学生老龚等人的工运讲演中习得了平等和剥削

---

① 王余杞著，王平明、王若曼整理：《王余杞文集》（上），花山文艺出版社2016年版，第410页。

② 王余杞著，王平明、王若曼整理：《王余杞文集》（下），花山文艺出版社2016年版，第410页。

的观念:"我们为啥事穷?我们应该得的钱都叫有钱人抢去啦"①——虽然我们无从得知这些话语和观念询唤工人认同的具体形式,但李老幺自此开始重新分析东家和自己的矛盾关系:"他只晓得要钱,把我们当牛当马,害得我们吃了一年红苕又一年红苕!龟儿子秦二爷给他弄钱,漏了风,叫人把钱抢去,要了他的命,欠这条命债的是谦大爷,跟我们有啥相干?我们穷,穷人就是强盗吗?我们不能叫他当贼看!不发工钱跟他拼命","望他回心转意是做梦!我们只有靠我们自己,大家一齐来。一齐动手!"老工人黄二顺认为李老幺说的话虽然有道理,但"自己穷,总该忍着一点呀!吃的是谁家的饭?"忍苦成疾的老工人关于"苦"的认识图式已经固化,无力诉苦;"吃的是谁家的饭"的反问忽略了自己劳动所创造的价值,获得财富的另有其人,如同马克思在《1844年经济学哲学手稿》中谈到的异化劳动的表现之一:劳动者与劳动产品之间的相互异化,黄二顺等盐工起早贪黑所产生的劳动产品并不属于自己,所得到的不过是劳动的一星半点。"吃的是谁家的饭"的愚昧混沌,不仅指向资本家对工人身体的深层剥削,也披露了前者对后者的精神奴役。黄二顺可称得上是鲁迅演讲"无声的中国"之中卑微的国民代表:"是我们已经不能将我们想说的话说出来。我们受了损害,受了侮辱,总是不能说出些应说的话"②,"要回恢复这多年无声的中国,是不容易的"③。

直到因为井灶的火龙车年久失修,黄二顺的幼子在爆炸事故中丧生,女儿的身体被东家斯谦的儿子松六玷污,老工人激愤难平杀死松六报仇,"松六一家害苦了他黄二顺一家,他的老汉儿办来福井,把黄二顺当畜生使唤;他黄二顺卖了命,他老汉儿却赚了钱,火龙车坏了不修理,叫它飞到天空上落下来打死人——打死他黄二顺独生的儿子:儿子死了靠女

---

① 王余杞著,王平明、王若曼整理:《王余杞文集》(下),花山文艺出版社2016年版,第411页。
② 鲁迅:《无声的中国——二月十六日在香港青年会讲》,载《鲁迅全集》第4卷,人民文学出版社2005年版,第12页。
③ 鲁迅:《无声的中国——二月十六日在香港青年会讲》,载《鲁迅全集》第4卷,人民文学出版社2005年版,第13页。

儿，女儿，又叫他龟儿子松六给糟蹋了"①——不平等的社会等级结构及道德关系的紧张失序，最终激起了老工人的反抗。但是，以黄二顺为代表的"起于压迫终于复仇"的个人反抗路径并不能真正改变盐工们的生存境遇，那么，如果盐工们能够凝结成群体性的力量呢？

  王余杞笔下的自流井盐工自发形成了一种群体性的力量。迪三爷遭同族诬陷、被县长抓走，儿子幼宜为了筹款救人，无奈将井灶抵押出去，在这个过程中他见到了初具反抗意识的青年盐工李老幺，彼时李老幺已转到斯谦的来福井做工："（斯谦）有钱也不肯拿出来呀！你们没看见，连那烟囱歪得快倒下来也不换一根，二天真倒下惹了祸就好咧"，"哼！他们净欺我们下力人，有朝一日，下力人也要翻身"。随后，幼宜在他的引领下见到了井灶上的"新鲜把戏"，盐工们在茶馆聚集议事，"每张脸浓眉大眼，一个个显露着一副凶相"，"茶馆外，不再聚集着闲人，偶然走过几个，也都低下头，或者掉开眼光"，他们持有枪械，"弟兄犯了事，自己认账，自己动手"②，幼宜亲见一个青年盐工为了摆平事端，举刀剁在自己的光膀上。幼宜和仆人黄大兴认定这些盐工是"棒老二"，棒老二是云贵、川渝地区的方言，意指"杀人放火的强盗、土匪"。但实际上，这些盐工讲义气并不屑于抢夺自家井灶，因为"莫说井灶，连团练局也要送钱，连官兵也要送！"③ 叙述者并未言明这些"棒老二"具体归属的组织，在此推测极有可能是自贡当地的袍哥码头/哥老会，也可能属于其他帮会。据1942年四川省盐业工会筹委会出版的《盐工概况》一书："盐工之加入帮会者约十之七八。"早在光绪年间，自流井的工人中已经出现自发的严密而有力的组织，"挑盐水的工人有华祝会，供华祝神，不但组织严密，纪律也严明，一声罢工便全体参加"，锉井工人有四圣会，

---

① 王余杞著，王平明、王若曼整理：《王余杞文集》（上），花山文艺出版社2016年版，第415页。

② 王余杞著，王平明、王若曼整理：《王余杞文集》（上），花山文艺出版社2016年版，第405页。

③ 王余杞著，王平明、王若曼整理：《王余杞文集》（上），花山文艺出版社2016年版，第406页。

烧盐工人有炎帝会①……然而时迁事移,民国时期的帮会组织是否能够真正维护盐业工人的权益呢?"盐工们当初加入袍哥,原想自己有困难时得到舵把子帮助,不但落了空,反而既要出钱,又要给拜兄效力"②,"袍哥组织向盐商和盐工收取各种规费来维持运作,如果有不服从者就会受到严厉的惩罚和威胁"。③可以推测,《自流井》中的帮会组织已经成为"横站"在官绅和工人之间"居中"调停、裁决的地方性政治力量:一方面,帮会讲义气立规矩,但不能忽视其内部森严的等级结构;另一方面,帮会虽然维护工人的权益,然毕竟只能覆盖部分工人,况且各帮会之间可能存在的矛盾不利于凝聚工人阶级的力量。更有甚者,帮会规训、控制工人的思想行动,甚至和黄色工会合作维护劳资合作,由此才能理解李老幺所说的井灶、团练局、官兵都要送钱给这些帮会的现象。

洋学生老龚、老秦领导、发动的罢工活动是作家想象工人走向觉醒的第三种路径。黄二顺一家的惨剧刺激了李老幺等盐工,兔死狐悲,李老幺产生了朴素的团结思想——"不要看不起自己,只要齐心,力量就不小",但没有勇气付诸行动,直到老龚在闲聊后"激将":"就这样算了吗?"他的第一反应仍是:"打算求求东家。"后来,李老幺等人在洋学生们的鼓动下宣布罢工,走上街头,但其初衷是替工友报仇:"黄二顺,那人是我们的好伙计,遭了惨事,……我们要表现出我们的义气,我们该来给他报仇——找东家算账!"④值得注意的是,王余杞在《自流井》中主要塑造了黄二顺和李老幺两个工人形象,他们之间不仅存在老与少的代际差异,同时也存在着意识形态上的明显差异:前者的性格特征更接

---

① 参见黄植青等口述、胡善权等整理《自流井李四友堂由发轫到衰亡》,载《自贡文史资料选辑6—10辑》,中国人民政治协商会议四川省自贡市委员会文史资料研究委员会1982年版,第97页。

② 彭惠中整理:《自贡地方的哥老会》,载《自贡文史资料选辑·第12辑》,中国人民政治协商会议四川省自贡市委员会文史资料研究委员会1981年版,第106页。

③ 刘延刚、唐兴禄:《试论袍哥与四川盐文化的传播》,载《中国盐文化·第8辑》,中国经济出版社2015年版,第115页。

④ 王余杞著,王平明、王若曼整理:《王余杞文集》(上),花山文艺出版社2016年版,第419页。

近鲁迅笔下的中国传统农民形象，善良愚昧逆来顺受，后者在思想上的莽撞冲动、好奇更容易转换为革命激情，虽然这种革命激情似乎同时带有无政府主义的印记。除此之外，其他的盐业工人更多被塑造为静态的、无声者的接受者群像，"人圈子变成一圈石人像，站着像生了根，张张面孔摆上个冰冷，一直聚精会神地细听着，没有人响一声"，但在李老幺的呼吁下，他们迅速赞同了青年工人所拟定的三点罢工诉求，分头联络各处工人发起行动，但是，本来应该作为叙事高潮的罢工场景始终缺乏工人们的"声音"：

> 天亮就起身，他们绝不变更已定的步骤，找来伙计们：司机、生火夫、开车、拭篾匠、山匠、车水夫、打更匠……行列开出去，冒雨朝前走。前面抬着装殓黄二顺的上盖油布的"施板"走遍大街小巷，嘴里喊出他们的要求。喊声赛过雨声，雨声也叫他们给吓回去咧。①
>
> 行列走过井区的灶，把棺材刚在各家井灶大门口，呼唤门里的伙计们。门里的人听着喊声，跑来加入他们，随着行列走。行列由短变长，由细变粗，长的像一条巨龙，并且使得每个井和灶都好像停了工！
>
> ……将力量集合在一起，势如排山倒海！有枪杆的团练兵，早已不见踪影；坐轿子的有钱人也吓得远远让开；几个寨子都关上寨门，夜晚间城墙上还不敢漏出一点灯火——世界是他们的咧。
>
> 事情坚持着！捕捉、格斗都不怕，撒搁只好又稽核所压倒，官方叫商会派人出来做证人，跟他们讲价钱，价钱不减，天天游街，喊出身受的痛苦，喊出最低的价钱。
>
> 发挥大家的力量，力量不落空，像火闪，像炸雷，像暴雨，搅

---

① 王余杞著，王平明、王若曼整理：《王余杞文集》（上），花山文艺出版社2016年版，第421页。

动了整个自流井!①

叙述视角的限制,造成罢工斗争高潮在叙事结构上的高度整饬,盐工的个人苦难与阶级革命的环环相扣、无缝接榫,不仅省略了盐业工人走向觉醒的曲折历程,也忽略了革命运动的复杂残酷:"一方面它低估了阻碍和旧的残余,特别是存在于人们身上的、在他们的灵魂里的旧的残余,另一方面,它又过高地估计了迅速实现的结果,由此而作出一幅歪曲现实情况的图画。"②

不仅如此,王余杞对自流井地区罢工斗争的想象,一方面虚化了盐业工人作为革命主体的现实形象,未能在复杂的自流井多重地方权力的缠斗中写出盐业工人的成长;另一方面则凸显了"洋学生"即知识分子对罢工斗争的主导。历史上的情况是否真的如此?据史料记载,自清朝晚期,自贡地区的罢工斗争就风起云涌,在小说所讲述的北伐战争时期,在自流井区域开展工人运动的领袖人物并非"洋学生",而是以刘远翔为主要代表的中国工人。刘远翔是印刷工人出身,在五卅运动时期成为工人领袖、发动重庆地区的工人参加反帝运动,声援上海。1926年,刘远翔受中国共产党委派,到自贡组建中共自流井特别支部、出任支部书记,来到盐工中间开展工作,"他以普通盐工身份,白天与工人劳动在盐场,晚上同工人夜宿破漏棚房。6月,大坟堡龙涌井井框垮塌,工人被资方解雇12名,他发动工人停工,带领工人积极分子向资方要求:不得无故解雇工人,必须恢复被解雇工人的工作,补发其工资及伙食费。经过3天斗争,迫使资本家答应要求",③罢工取得胜利后,刘远翔还根据自流井

---

① 王余杞著,王平明、王若曼整理:《王余杞文集》(上),花山文艺出版社2016年版,第421页。
② [匈]卢卡契:《关于文学中的"远景问题"——在第四届德国作家代表大会(1956年1月)上的发言(摘要)》,载《保卫社会主义现实主义·第二辑》,作家出版社1958年版,第211页。
③ 戴苏岳主编:《中国共产党岳池历史·第1卷(1926—1949)》,中共党史出版社2012年版,第62页。

当地盐工的实际情况有针对性地组建不同类型的工会。以上，我们该如何理解《自流井》罢工叙事中有关知识分子、工人想象的"张力"？其实这指向王余杞如何认识知识分子和工人的关系问题。

三 知识分子的启蒙立场与"非典型"左翼工运叙事的生成

王余杞在《自流井》中塑造的主要知识分子形象是洋学生老龚、老秦，他们之所以引起工人、民众的注意，是黄二顺一家的悲剧发生后，他们跑到井灶上调查事件。作家通过"看/被看"的情节模式描绘了知识分子与盐业工人的关系："别的人看见那两个人，都反把注意力移到他们身上。让他们走过，在后面跟着他们。他们走，便也走；他们站着，便也站着。始终保持着相当距离，眼里闪着惊异的光彩。他们一抬手，眼光便盯着他们的手指；一开腔，眼光便盯着他们的嘴巴。"① 这种"看"与"被看"是双向的互动：洋学生田野调查黄二顺事件，洋学生的访查和工人的受访构成了一重"看"与"被看"；盐工们看洋学生们究竟在调查什么、如何调查，构成另一重"看"与"被看"。毕竟，"'看'是一种格式塔的完形过程，一种悟解能力，人们通过这种组织的方式创造出能够有效地解释经验的图式"，② 通过"看"与"被看"的二元框架，叙述者一方面凸显了盐业工人对知识分子的好奇、犹疑与戒备，另一方面也建构了"外来人"洋学生的启蒙者形象。作家对"看"与"被看"结构模式的挪用，实际意在铺垫、建构洋学生与工人之间"启蒙"与"被启蒙"、召唤与追随的关系，但这种关系的建构看似互动实际更贴近于单向的灌输/鼓动，与五四知识分子以启蒙者的主体姿态对传统中国农民展开的国民性批判并无二致，是以，我们更难理解，无法与洋学生产生有

---

① 王余杞著，王平明、王若曼整理：《王余杞文集》（上），花山文艺出版社 2016 年版，第 417 页。
② [美] 鲁道夫·阿恩海姆：《艺术与视知觉》，滕守尧、朱疆源译，中国社会科学出版社 1984 年版，第 56 页。

效对话、互动的盐工们，这些"沉默的大多数"是如何消除自外于乡土社会的洋学生们的疑虑？革命知识分子又是怎样取得工人们的信任？叙述者只是一笔带过，洋学生曾经到盐场和工人们共同劳动，而未能展开这种共同劳动所带来的情感联结和观念变化。

王余杞如何认识和建构革命知识分子与工人的互动关系，不仅对我们重新解读小说《自流井》至关重要，也为我们深入认识创作主体的自我定位有着重要意义。虽然王余杞在历史上是北方左联作家，但透过《自流井》的工人叙事及其牵出的作家的自我认识、对未完成的革命事业的思考，王余杞已超出我们对 1930 年代左翼作家的普遍想象，他努力将家族经验移植、转化为把握革命实践的写作资源，但在对罢工斗争的想象、革命知识分子形象的塑造过程中出现的叙事张力：一方面，说明作家对五四知识分子启蒙思想、精英立场的认同；另一方面，非典型的左翼工运叙事与他念兹在兹的盐业世家兴衰密切相关，作家未能有效平衡革命者和个人身份之间的"张力"。透过洋学生之间的交谈，可以推测民族资本家迪三爷和盐工之间或许也潜藏着矛盾："天下乌鸦一般黑，莫看不起自流井这个地方，有钱人对劳工的剥削，一样在行"，① 然而作家显然对以父亲、家族长辈为"原型"的迪三爷身上倾注了更为丰富浓重的情感，此处暂不赘述，但在理论上，无论立志"振兴家业，建立事功"的迪三爷被塑造成怎样的开明士绅，在左翼革命逻辑中都难免被认定为盐工们的剥削者、压迫者。是以，盐业家族王三畏堂的挽歌在情感上"压倒"了作家对工人运动、革命实践的关切。

结　语

《自流井》无疑是王余杞最重要的作品之一。作家在创作时努力将家族本事转化为革命实践的有效资源，因而工人叙事并非其落墨的重点。但是，并非主线的工人叙事，却为我们重新理解民国初立、北伐前夕中

---

① 王余杞著，王平明、王若曼整理：《王余杞文集》（上），花山文艺出版社 2016 年版，第 419 页。

国西南腹地的盐业生产情况及盐帮文化、盐工的主体状态以及革命知识分子和工人阶级的互动关系提供了珍贵材料。前文通过引入社会史视角重新观照《自流井》，发现两个饶有意味之处：一方面，作家通过开掘盐业工人与现代机器的矛盾，衬托出前者在技术革新之后愈加严重的异化劳动图景，这种矛盾的、缠绕的身心困境与1940年代路翎笔下的国统区底层工人遭遇如出一辙；另一方面，小说通过建构、对比李老幺、黄二顺等新老工人在代际方面的差异，想象了三种底层工人走向觉醒的路径/方法及其可能面临的难题。然而，罢工斗争高潮的抒写虚化了盐业工人作为革命主体的现实形象，同时凸显了"洋学生"/革命知识分子的启蒙者位置，这种"错位"并不能简单归因于作家不了解现实、想象革命之故。文史互证钩沉出的叙事张力为我们揭示了王余杞在革命者与个人身份之间的矛盾状态，也为我们勾勒出一个非典型的、深受五四知识分子精英文化影响的左翼作家的侧面。

铁路与王余杞的战时创作*

李琪玲**

内容提要：王余杞一生的文学创作与他的铁路知识及在铁路任职的经历有着紧密的联系。它们为王余杞的文学创作提供了重要的参考，也在一定程度上规定着他战时文学作品主题的选择、情节的安排和背景的设置等。由此，王余杞开辟并发展了由铁路入手叙述抗战的视角，敏锐察觉到铁路的命运对于整个战时中国的重要性，由此丰富了战时中国文学书写的面向。

关键词：王余杞；铁路；战时创作

1924年至1930年9月，王余杞在北京交通大学铁道管理学院进行了为期六年的铁路专业知识学习。在此期间，王余杞曾到日本的铁路部门实习，毕业后，他被分配到天津北粤铁路局工作，在业余时间仍从事着文学创作。

王余杞一生中发表了许多铁路方面的专业论文，为铁路的发展留下了很多可借鉴的经验和史料。1928年，大学二年级的王余杞在《交通教育月刊》第5、6期上发表论文《南京交通概况》，论述南京的交通情况。

---

* ［基金项目］2021年四川省高校人文社会科学重点研究基地——中国盐文化研究中心学位专项项目"王余杞的盐都文学书写研究"（YWHX21-03）。

** ［作者简介］李琪玲（1997— ）女，西北大学中国现当代文学专业在读博士研究生，四川民族学院文学院专职教师，研究方向为抗战文学及少数民族文学。

1929年的暑假，交通大学北平铁道管理学院庚午级全体学生提出，于毕业之先一年的暑假分赴各路实习，王余杞被分发到沪宁铁路。后王余杞写成实习报告《沪宁道上》一文，讲述沪宁站各站的概况、存在的问题等。王余杞还针对现实问题，讨论铁路的发展问题①。如1931年王余杞分析了铁路运价之于铁路运输的重要性，倡导良好运价政策的制定（《铁路运价政策》)②，1933年他还就货运中存在的联运问题发表自己的看法（《货运负责中之联运问题》)。1932年，王余杞的著作《北宁铁路之黄金时代》由星云堂书店出版发行，该书由《自序》《北宁路与中东南满》《葫芦岛开港与中国航业》和《开滦问题》四篇文章组成。作于"九一八"周年纪念日的《自序》讲述了北宁路在"九一八"事变发生前迎来了它的黄金时代，作者望翻阅此书的读者能"念及三四年之中兴盛事，因以自励，进而谋失地之收复"③，"愿所望于国人者，亦如前此北宁之无负国人所望"④。1935年7月，全国铁路沿线生产货品展览会（简称"铁展"）在青岛举行，王余杞由北宁路局派赴青岛，料理铁路展览会的事务，写成《北宁沿线物产与其运输情况及所望于铁展会者（续开幕特刊)》一文，叙述了铁路沿线的丰富物产和资源。此外，王余杞还从宏观层面上论述了驿运和铁路的发展史。《漫谈驿运》（1941年）和《四川两年来之驿运》（1944年）二文从驿运的角度概述了四川省内近年来运输概况。《中国长春铁路述略》（1946年）和《东北铁路史话》（1947年）则介绍了东北铁路的每个阶段的发展情况。值得注意的是，王余杞在1952年完稿了中国首部铁路史《中国铁路史话》一书，虽然该书未能出版，但王余杞作为中国的第一代铁路人，为读者勾勒出了民国时期中国铁路的发展史，在铁路发展史上具有重要的开辟意义。

王余杞论述铁路的文章在中国铁路史上具有重要的参考价值和意义，

---

① 参见王余杞《沪宁道上》（一九二九年暑期实习报告），《交通经济汇刊》第3卷第1期，1930年4月10日。
② 王余杞：《铁路运价政策》，《铁路月刊》第1卷第8期，1931年1月。
③ 王余杞：《自序》，《北宁铁路之黄金时代》，星云堂书店1932年版。
④ 王余杞：《自序》，《北宁铁路之黄金时代》，星云堂书店1932年版。

但目前学界并未关注到这一方面,除《民生实业公司》《洋船与铁路》《四川两年来之驿运》《东北铁路史话》四篇外,前述笔者所提及的各篇文章均属佚文。但更值得注意的是,铁路作为王余杞观察社会民生和抗战形势的重要窗口,与他战时的文学创作、战争观念和整个战时中国都有着不可分割的关系。王余杞并不是一位职业作家,而是边在铁路部门供职,边兼顾自身的文学创作。因而,我们可以说,王余杞在铁路部门的工作经历和铁路知识在很大程度上决定了王余杞的关注领域和他战时的文学创作。

一 铁路视角与战争叙事

铁路是日本侵略中国的重要一环,但在战时专门选取这个角度进行抗战书写的作家较少,王余杞便是其中之一。日本发动的侵华战争从多个方面给中国人民造成了巨大的伤害,身处敌军侵华的第一线岗位——铁路局的王余杞敏锐地发现,日本制造的一系列事件乃至此后东北局面的变化,都与铁路有着不可分割的关系。因而,他独具慧眼地看清了日本试图从铁路入手控制并侵略中国的势头,认定日本企图使中国的铁路沦为他们侵略的大本营。由此,王余杞开始运用其掌握的铁路知识和经验,以铁路为切入口,揭露日本帝国主义的罪行,并将铁路要素运用于文章的叙事之中。

王余杞战时作品对铁路视角的开辟和发现,为读者从铁路方面揭露了日本侵华的事实。《站长》一文就讲述了一位站长因遵循路章发车,未等待希处长而被撤职的事件,从"站长"这个标题就可看出作者直接将文章的视角指向了铁路方面。该文从铁路的角度揭露了帝国主义对中国铁路的控制侵略和国人的嘴脸。"我"成为站长,车站所隶属的铁路是借外国人的钱来铺设的,于是车务处长一类的职务就只能聘用外国人,且欧美各国随意地享受着这条铁路的运兵权。如英国衙门某机关可以要求车辆和起运的时间。不仅如此,列车的出站入站本应该由路签来维持秩序,然而事实上却是由日本的宪兵来进行管理,"那些宪兵,头戴钢盔,脚穿长靴，平端着步枪，枪尖上明晃着刺刀，在站台上高视阔步，脚跟踩在水门汀上叮叮作响"①。《海河汩汩流》和《古城纪事》揭露了战时日本人强迫征用中国的铁路、火车、路员和路工等运送日本兵到中国的土地上虐杀中国人的残酷现实。《古城纪事》更是具体地描绘了自家的铁路、自家的火车替别人运兵的场景。深夜的十二点，车站上一片寂静，然而站上的职员不分当班不当班全数到齐替敌人卖命，保卫敌人运送士兵的两列火车到来。"机车吐着黑烟，咆哮着直往前冲；车厢里满装着绛黄色制服的军人外带大量的枪炮和子弹。——长长一列，像一条蛇。"②敌军制造了"路轨被砸"的口实，一步步实现着对中国的侵略。王余杞的另一篇文章《生存之道》则直接描述了在铁路工作的职员们面临敌人进攻时的心理活动及抵抗。日军对中国的铁路进行抢占是他们侵略中国的重要一步，只有破坏了交通，控制了交通权才能扼住中国的喉咙。小说中刻画了日军轰炸中国铁轨的场景，"轧轧轧的声音震耳欲聋时，飞机的黑影就近在手摇车的头上了。在一片轰炸声中，铁轨被日军破坏。之后，敌人远远地开来站台，老黑等人有枪的拿枪，没枪的拿别的家伙与敌人誓死抵抗，最后英勇牺牲。不仅如此，日本人还占去了铁路前后的控制权，沿着铁路抢劫附近的村庄，进行杀人，放火，搜粮，宰猪羊等残酷行为牲"③。

以上叙述为我们打开了另一个视角，即帝国主义对中国铁路权的占据和侵略。如津浦铁路就是一条以济南为分界，南段建筑于德人、北段建筑于英人的铁路。帝国主义掌握了中国铁路的主权，控制中国人对自家铁路的占有权，以此作为入侵和侵略中国的一种重要手段。铁路对于一个国家的发展与运行具有重要的作用，尤其在战时，能影响一场战役的胜败乃至一个国家的存亡。但纵观整个战时的文学创作，较少人挖掘铁路的视角且缺乏如此深刻和独到的见解和论述。王余杞从铁路的视角

---

① 王余杞：《站长》，《益世报》1935年2月13日第11版。
② 王余杞：《古城纪事》，《东方文艺》第1卷第4期，1936年7月25日。
③ 王余杞：《认清敌人（街头剧）》，《文艺阵地》第3卷第12期，1939年10月1日。

展开叙事，展现了帝国主义的铁路侵略阴谋，揭露出日本的暴行，更加证实了日本侵华战争的残酷。

王余杞在铁路任职的经历不仅影响了他战时文学创作的角度，还将车厢、站台等作为文学叙事的一个声部，参与文章的叙事。王余杞常年在铁路部门任职，对他而言最熟悉的莫过于他每日的工作环境——车站及车厢。因而，他在进行文学创作的过程中往往会有意或无意地选取自己熟悉的场景，将人物活动的背景放置于火车站台与车厢，在这个层面上，火车站台和车厢参与故事的讲述，成为故事发生的背景，见证了战时国家民众的颠沛流离和苦难生活。

在《除夕》一文中，作者将火车车厢作为整个故事叙述的舞台，共同参与叙事。这是除夕最末一次的特别快车，从东边开来，经过天津开往北平。伴随着火车的行驶，在三等车车厢里，三个人的经历和遭遇随之被——道来。三人同在一列火车上，目的地也同是北平，他们的命运都是为了生活四处漂泊，列车成为他们漂泊的工具，承载着家庭的责任。在此处，作者将小说发生的背景和讲述者的讲述地点安置于车厢，在除夕这个特别的日子，车厢里或许最能见到平凡人的生活百态，即为了生活和家庭不得不外出谋生。车厢舞台背景的设置见证了普通人战时的辛酸生活。王余杞在《北平的义务戏》中也将车厢设置为人物活动的背景，与此不同的是，车厢里的民众是欢欣地去北平看戏。文中提到民众在车厢里热烈地谈论着，计划着，期待着北平的义务戏，但对战时的其他问题都尽显漠然，"广西问题的善后，没谁关心；成都事件的解决，没人过问；至于走私之风又盛，更觉毫不相干。——相干的便只有：'去啊！去听义务戏去啊！'"①。王余杞对战时民众只图享乐而不关心时事的行为予以毫不留情的批判。

在王余杞的战时写作中，不仅车厢参与了叙事，站台也同样发挥了重要的作用，如《老生和小丑》一文。文章将西装少年和绅士的相遇

---

① 王余杞：《北平的义务戏》，《光明》第1卷第8期，1936年9月25日。

安排在车厢，以倒叙的方式讲述二人之间多年前的故事。但该文最精彩的部分是王余杞对于人们等车时的情形的刻画。王余杞在故事的开头，运用自己平时在铁路站台工作的所见所闻，将站台内外的情景描绘得有声有色。文章以"铛铛铛"的站台打钟声展开叙事。在站台内，地上散布着烟卷头，人们听到打钟声后，"脸庞随之缓和下来"，满屋子里充满着生气，白衣侍者挨次送着手巾①。在站台外，则又是另一番景象，"天桥上下来一对路警，分开站在站台上维持秩序。旅客一个个伸长了脖子，张大了眼睛，向同一方凝望着"②。听到火车来了之后，铁轨上随之传出音响，"站台上的人声更加嘈杂起来。似乎发了疯，都怀着第一个上车的野心，两腿便忍不住向前迈进"③。火车停在站台后，"车头上不冒黑烟，可直喘着气，吼，吼，吼"④。王余杞在开篇的时候就将火车的声响和人们等车的情景描写得如此淋漓尽致，活灵活现，这与他的铁路工作和细致的观察是分不开的。正是这些描写让我们看到了战时人们逃难的情景和心理状态，同时，也为下文故事的展开起到了良好的铺垫作用。

此外，王余杞的文章有些直接按照民众等车、上车、到站的时间线进行叙述，将整个故事发生的地点设置在站台和车厢，经由车上每个人的叙述侧面揭露日本侵华战争带给人民的苦难生活，例如《岁暮下行车》。在文章一开始，作者就将视点聚焦到车站上，此时的车站上"照着条条轨道下排列着的长蛇似的列车——棚车，敞车，满载着兵士粮秣的客货车，车门由兵士们轮流把守着的空皮车……一列列，一行行，密密地排列着，找不出一点空隙"⑤，而人群则人潮汹涌般地在站台焦急地候车。终于，火车开来了，"铁轨传出了嘀嘀响声，一只渴望着的老牛似的

---

① 参见王余杞《老生和小丑》，《国闻周报》第 12 卷第 8 期，1935 年 3 月 4 日。
② 王余杞：《老生和小丑》，《国闻周报》第 12 卷第 8 期，1935 年 3 月 4 日。
③ 王余杞：《老生和小丑》，《国闻周报》第 12 卷第 8 期，1935 年 3 月 4 日。
④ 王余杞：《老生和小丑》，《国闻周报》第 12 卷第 8 期，1935 年 3 月 4 日。
⑤ 王余杞：《岁暮下行车》，《文艺月刊·战时特刊》第 2 卷第 9、10 期合刊，1939 年 1 月 1 日。

火车，喘着大气，吐出白烟，一步一步蹭拢来了"①，瞬时间车厢里面挤满了人。在车厢里，来自不同地方的难民通过讲述自己的遭遇和了解的战争形势，将战争的发展和日本人的残暴等从侧面烘托出来。十五点三十三分，火车开始出发了，"车像老牛一步一步地往前蹭。车头喘着气：嚓，嚓，嚓……轮下干叫着：乞郎匡，乞郎匡，乞郎匡……"② 火车挣扎着向前奔跑，摇摇摆摆地像一具庞大的摇篮，催人入梦。车上的人们进入了梦境，幻想着美好生活。可惜的是，伴随着火车发出的一声长气，人们的梦境破灭，只能下车去面对艰难的现实生活。文章的构思随着站台火车的开动展开叙事，以火车的到站的汽笛结束前篇，构思新颖独特。不仅如此，作者将故事发生的背景放置在站台和车厢，从难民逃难的起点——车站写起，并将各色各区域的人集中于车厢展开叙事，展现了真实的逃难情景。

王余杞在铁路工作并目睹了战时人们在车站的情景，于是将自身最熟悉不过的铁路生活与文学创作联系在一起。因此，无论是对站台的描绘、对难民等车情景的刻画，还是车厢的设置情况等的描述，王余杞都是专业的，出色的，融会着对铁路民生事业的关怀。王余杞对铁路知识的熟练把握和对自身工作环境的熟悉，在一定程度上规约了王余杞战时表达方式和话语，也因此使得他战时的文学创作具有独特的艺术魅力。

二 铁路经历与超国家意识

在王余杞战时的文学创作中随处可见他对日本普通军民的关注与同情。这一观念的来源则要追溯到王余杞在日本铁路实习的一段特别经历。1930 年，王余杞曾到日本的铁路上和几个大城市去实习旅游。他认为：

---

① 王余杞：《岁暮下行车》，《文艺月刊·战时特刊》第 2 卷第 9、10 期合刊，1939 年 1 月 1 日。
② 王余杞：《岁暮下行车》，《文艺月刊·战时特刊》第 2 卷第 9、10 期合刊，1939 年 1 月 1 日。

"在日本接触的日本人和在中国接触的日本人不一样。前者以平等待人，后者却把我们当作劣等人，这不由不引起我的憎恨。"① 这一经历直接促使王余杞的战时写作理解与同情无辜日本百姓和军人，呼唤人类的普遍正义，显示出王余杞的超国家意识，即基于战时中国但又超越国族的局限，显示出对全人类的关怀意识，如小说《浮沉》，该文借王麻子之口表明战争也同样带给了日本民众苦难："我们且看看居于侵略地位、出兵强占东三省的日本，他们人民总该得意了吧？可是不然：他们人民的负担也是一天天的加重，失业的群众一天天地增多；军队刚刚开到东三省，国内的妇女就成立了'索夫团'。"② 战争所带来的苦难使得民众忘记了国界，他们的共同敌人是发起这次战争的帝国主义。在小说的最后，张富从敌人死尸上搜出来的一封信代表了日本军民的心声，信中讲述了日本军营里的士兵是如何受着强迫，用生命替国内军阀和统治阶级换来胜利与光荣。不仅如此，还呼吁全世界被压迫着的人民联合起来斗争，打倒帝国主义。虽然小说所述情节的真实性有待进一步地商榷，但毋庸置疑的是，日本的部分军民同样也是被压迫的战争受害者，他们中的部分人侵略中国是出于被迫。此外，《一个日本朋友》借日本人太郎儿之口，表明了日本部分人的心声："为什么你们和我过不去，不过就是因为我是日本人的缘故。""是日本的几个人欺负了中国人呀，不是日本全国的人欺负了中国人呀。"③ 日本国内军阀和统治阶级们为了自己的利益，"欺骗着国内的劳苦大众，驱使他们远征国外，牺牲他们的血肉，筑起一座仿佛光华灿烂的宝塔，而自己就高踞在那座宝塔的顶端"④，部分民众不得不拿着枪向前才能保全自己的性命。日本国内也不断报道出"全国反战空气浓厚""东京一市以反战被捕者已达百余人""东京妇女组织索夫团向警视厅请愿"等消息，足以见出这场战争的阴谋策划者和真正的受益

---

① 王余杞：《在天津的七年》，《天津文学史料》1987 年第 10 期。
② 王余杞：《浮沉》，载王余杞著，王平明、王若曼整理《王余杞文集》（上卷），花山文艺出版社文集 2017 年版，第 199 页。
③ 王余杞：《一个日本朋友》，载《朋友与敌人》，现代社会月刊社 1933 年版，第 175 页。
④ 王余杞：《岁秒有感》，《大公报·战线》第 107 号，1938 年 1 月 31 日第 5 版。

者绝非日本普通军民。平型关之战的缴获品中有一本日本卫兵亲笔写下的日记，里面写道："'日本也已经是秋天了吧？'不知谁漏出这样一句话来。旁边的士兵一同仰起头来望天空。走向敌地的勇士的心情里，也像越过明日的生死似的过一瞬间的望乡之念吧！……"从以上话语足以见出日兵的无辜和无奈。

王余杞对日本无辜军民的人性关怀在《欢呼声中的低泣》一文中得以阐释，也因此引来谩骂。小说聚焦日本居民的日常生活，以合田夫人一家的遭遇引起人们对于战争的反思。合田夫人是日本平民中，她在工厂里做着和自己体魄不相称的艰苦工作，和女儿青子过着贫穷的日子，一直盼望着丈夫的归来。她的丈夫合田君是驻在朝鲜新义州的一个兵士，后来成为侵华日军的一员。日本侵占中国的消息传到日本后，无数的日本人欢呼庆祝，令人唏嘘的是，无数的工人依旧饿着肚子，合田君拥有崇高的信仰，以敬神之心去尽忠于天皇，"我没有我自己""我只应该保持日本的光荣！牺牲自己，牺牲一切！"[①] 合田君为国效力，但最后却不幸被自己人打死了，死前的最后一句话是"天皇万岁"。合田夫人最终没等来她的丈夫。街市传来一阵阵庆祝的喧哗声，在小小的屋子里，一对母女从此无依无靠。在热烈的欢呼中，合田夫人的内心更加悲哀与孤独，"门外像是另外一个世界，她不似他们般获得了什么光荣，得到了什么胜利；……她看见和她同样命运的人们的饥饿的脸色，她看见许许多多血肉模糊的死尸做了无谓的牺牲"[②]。作者将市民的欢呼与合田夫人一家的命运进行对比，更具反讽意味。正是由于王余杞的这一独特视角，使得《欢呼声中的低泣》发表后"来函诘责者极多"。据王余杞的讲述，曾经有一封署名"阅报者之一"的信批评他应当以中国人所受的惨状来作材料，不应描写日本人的胜利，替代日本人作宣传，并骂他为"日本国籍

---

① 王余杞：《欢呼声中的低泣》，载《朋友与敌人》，现代社会月刊社1933年版，第130页。

② 王余杞：《欢呼声中的低泣》，载《朋友与敌人》，现代社会月刊社1933年版，第130页。

的中国人"①，王余杞对此回应并指责读者的误读。在王余杞看来，杀气腾腾的标语和轰轰烈烈式的写作固然能煽动爱国的情绪，但平静的日常叙事无疑更能打动人心，引起人们的共鸣，给予民众强大的力量。

在家国破碎之际，中国人民饱受到日本帝国主义的无情侵略，饱受战争带来的苦难，活在水深火热之中，人们内心充满了浓烈的反日情绪。在这样的情况下，王余杞却对日本军民有所同情与理解，自然会引来谩骂，被误读为他卖国叛变。但笔者认为，我们不能因王余杞对日本军民的同情就怀疑他的爱国之心，理由有以下两点：一是王余杞书写的对象是日本的普通民众和被迫上战场的士兵，他们都是无辜的，都是受人利用的人；二是王余杞在书写的过程中更多的是将矛头指向发起这场战争的日本统制阶级，他们为了自己的利益牺牲了无数的民众。对此，王余杞也鲜明地阐述了他的观点："是此之所谓和者，迨端指对敌国内的民众而言。对敌国内法西斯军阀强盗，我们应该战，那是不成问题的，而对敌国受压迫的民众，我们则应言和，一如对我们全国同胞之和气一团一样的和，敌国民众中的醒觉分子都知道他们的敌人不是中国而是他们国内的军部。"②从王余杞的论述中可见这样的讲和并非妥协或是投降，而是中日无辜军民联合起来打败日本法西斯军阀强盗。战争给中日双方都带来了伤害，随着战争的进行，中国同胞被日本人无情杀害，日本军舰也一艘艘地满载着死尸回去。在这个意义上，王余杞立足于人道主义关怀的日本军民描写，不仅剖析出这次战争发起的真相，还展现出他广阔的视野和对"人"生命意义的重视，由此建立起了王余杞战时的超国家意识和人性关怀意识。

三 铁路与战时中国的命运

王余杞战时的文学作品揭示了日本帝国主义对中国的侵略，以平津

---

① 王余杞：《关于〈欢呼声中的低泣〉——答"阅报者之一"及其他》，载王余杞著，王平明、王若曼整理《王余杞文集》（下卷），花山文艺出版社文集2017年版，第585页。
② 王余杞：《和》，《我的故乡》，载王余杞著，王平明、王若曼整理《王余杞文集》（下卷），花山文艺出版社文集2017年版，第90页。

前线为视角展现了整个中国的战争形势。在这一过程中，铁路的命运遭遇恰恰反映了中国遭受侵略的过程。1930年9月到1937年8月，王余杞一直在天津北宁铁路局工作。北宁路线西起北平，东达辽宁（即沈阳），基本囊括了整个平津前线。在这七年间，王余杞意识到作为战时中国重要的交通工具——铁路之于平津前线乃至于战时中国的重要性。于是，王余杞将他所掌握的铁路知识、在铁路上供职的所见所闻与战时的文学创作相结合，由此开辟了从铁路方面展开叙事的新视角，为我们展现了战时中国的另一个面向。

　　王余杞的铁路知识背景和独到的眼光使他认识到了铁路之于战时中国的重要性。由于中国拥有偌大的土地和如此众多的人口，因而完备的、以供应用的交通工具就显得十分的重要。王余杞直接指出铁路的重要性："铁路为交通利品之一种，而其关系之要，且驾航邮电空而上之，——邮电以转输消息为其主要，飞航复不能负担重载，其能勉相抗衡者，厥推轮航，然轮航仅及于沿水之区，其欲联贯腹地，任重致远，则又非铁路无以奏功也，知乎此，则得铁路之特性焉。"① 铁路的特性和重要性是远驾于其他交通方式之上的。此外，他还认为"在内地办铁路，不仅负着便利交通的使命，更要紧的是还须训练人民对于这新工具的信赖和利用"②。虽然受经济的限制，当时的中国还存在路基轨道都不尽完善、机车也多系旧货等问题，但是他依旧相信铁路交通具有巨大的力量，影响国家的发展，这一观点也在他的文学作品中得到延续与展现。《自流井》中的迪三爷将四川年年打仗的原因归结于交通的不便利——没修铁路。没修铁路导致调兵不动，所以导致战争往往不容易解决。不仅如此，小说还以杜庇初的演讲为由头，借他之口从铁路与军事之关系、铁路与政治之关系、铁路与经济之关系、铁路与教育之关系、铁路与实业之关系五个方面入手，指出了铁路对于一个国家的重要性。《不平的平村》是X

---

① 王余杞：《读全国商运会议提案后感言》，《铁路月刊：津浦线》第1卷第9期，1931年6月30日。
② 王余杞：《黄山归来（续）》，《国闻周报》第12卷第46期，1935年11月25日。

君留给王余杞的写作材料，无论是从主题还是人物的身份都体现出与铁路之间的关系。小说主题围绕铁路展开，讲述了铁路与"国民经济"之间的关系，即铁路只便利了代表经济侵略的舶来品的倾销，却无补于沿线农村土产的输出；铁路小故事《洋船与铁路》则鲜明生动地讲述了国人在不同时期对铁路的不同态度。洋船载来了一位铁路大家，名叫杜兰德。他向中国人民宣传着铁路："地面铲成一坦平，两条铁轨嵌在地面上。铁轨像小沟，两边相距七八尺，笔直平行下去，平行下去，足有里多长"，但是民众却认为那是一个"车厢和车头联结在一起，车头带车厢，齐在轨上跑"的怪物，并认为冲撞了京城的风水。之后，帝国主义国家纷纷在中国利用穷人建造铁路，赚取中国人的钱财。民众虽一纸公文送给英公使，要求立即叫公司停止修筑铁路，但受限于国家的实力，不能阻止这一行为的发生，洋人们仍自继续修筑下去，以便让中国的阔人们享受铁路赚取暴利。随着外国对中国铁路权的控制，外交家试图与洋人进行交涉，预计筹款赎回铁路权。国人终于在1877年年底还清了款项，路权回归了中国，无奈的是，当时无知的平民将火车劈成了零块，将铁轨掘毁成零段，阻碍了文明的进步。王余杞于1937年写作此篇并非无现实意义，他用略带讽刺的口吻批驳了国民对于铁路重要性的忽视，直至日军侵略之际，少数觉醒的国人才逐渐认识到铁路交通的重要性。

  基于此，在天津北宁铁路局工作的王余杞注意并重视到日本从铁路方面控制并侵略中国的势头，而实施侵略活动最重要的一步就是控制中国的交通命脉，从根源上控制中国铁路的主权。王余杞深刻地认识到日本出兵发起"九一八"事变与铁路的局势紧密相关。中国政府面对帝国主义对铁路的控制，开展收回路权运动。于是积极开工修筑葫芦岛海港，且将路线继续延展，打算分东北铁路为三大干线即东大干线、西大干线和南大干线，拟以这三大干线为基础，修筑五十五条铁路，共长一万公里。日本见中国如此庞大的作风和计划，岂肯善罢甘休。"在日本的心意中，东北和内蒙已不啻为其囊中物，囊中物而忽然要从其囊中失掉，得失之间，已该用不着再戴什么假面具了。"① 在这种局势之下，日本发动了震惊中外的"九一八"事变。那何以恰恰又在"九一八"这个时候呢？因为当时"正值秋收，铁路运输正当旺月，日本鉴于满铁昨年业务上的惨败，若不及时下手，更将不可收拾。故九一八事变的原因以铁路问题为其一因，即其事变的时间，亦因铁路问题甚多关系"②。可见，日本假借铁路之事对中国实行侵略阴谋的起因是铁路掌控权发生了变化。直至1940年，敌军还试图通过铁路的修建来扩大侵略的范围。"伪组织遵命设置了'伪华北交通公司'，成为'满铁'的分支，还特别修筑了一条平古铁路来作为锦古线的延长，使敌人侵略势力，一车可以直达北平"③。日本帝国主义对中国的铁路由侵略到垄断进而独占，且不惜一手制造事件，还指使出各铁路的汉奸代表，另组所谓"东北交通委员会"，推翻原定的运输业务政策，变抗日的作风为降日，举所有的铁路以为满铁的营养，由此控制中国的交通。以东北为例。东北作为中国的一部分，在十四年间，大好河山脱离祖国沦陷于日本帝国主义者的铁路之下，"九一八"后，日本更进而独占之，开启了对中国的经济侵略。王余杞在《东北铁路史话》中运用真实的数据和对铁路干线的列举和引用，看清了帝国主义对华侵略与铁路之间存在密切的关系，并以铁路作为切入口，分析时局的转变随铁路控制权的变化而变化。

作为一名铁路工作者，王余杞在天津北宁铁路局的工作经历促使他关注并意识到铁路之于地区经济发展及现代中国发展的重要性，也透过铁路这一独特的视角，更清楚地感知到帝国主义侵略中国的阴谋，并揭示出日本帝国主义对中国铁路的侵略。他在日军侵华的第一线见证了日军炸毁铁路、用中国的铁路运送日本军人对中国实行侵略、无数的难民通过铁路逃难等场面，因而也更能体会到铁路的命运起伏与战时国家的直接关联，也见证了现代中国发展过程中的艰难与曲折。

---

① 王余杞：《东北铁路史话》，《大公报》1946年11月14日第4版。
② 王余杞：《东北铁路史话》，《大公报》1946年11月14日第4版。
③ 王余杞：《东北铁路史话》，《大公报》1946年11月16日第4版。

结　语

作家的知识结构和生平经历往往会成为作家文学创作的重要源泉。在王余杞一生中，铁路知识、铁路局任职不仅仅是他的专业和谋生的方式，更是他在进行文学创作中不可忽视的重要视角和媒介。他以铁路为视角讲述战争，揭露了日本帝国主义妄图侵略和占有中国铁路，由此达到占有整个中国的目的，形成了他特有的战争叙事策略。在此过程中，王余杞也鲜明地表达了他的文学观念和超国家意识等，并将铁路上特有的车厢、站台等设置成为战争叙事的背景。在此基础上，王余杞的战时写作建立起了铁路与战时中国之间的联系，阐释了铁路对于整个战时中国的重要性，由此窥探战时中国的命运。

王余杞著译年表*

李琪玲　刘海珍**

1925 年

12 月 20 日，译《医生》（契诃夫原著，译自 Constance Garnett 英译的 *Love And Other Stories*），载于《中央日报·文艺思想特刊》第 14 号（1928 年 4 月 12 日第 12 版）。

1927 年

5 月 29 日，《老师》载于《国闻周报》第 4 卷第 20 期，署名"王余"。

6 月 10、11、13、14 日，《博士夫人》（一——四）于《晨报副刊》第 1941①、1968、1970、1971 年连载。

11 月 15 日，完成《年前》，载于《学生杂志》第 14 卷第 12 号（1927 年 12 月 10 日）。

---

* ［基金项目］2021 年四川省高校人文社会科学重点研究基地中国盐文化研究中心学位专项项目"王余杞的盐都文学书写研究"（YWHX21-03）。2021 年重庆师范大学文学院研究生科研创新项目"王余杞天津时期的文学活动研究"（YKCWXY21004）。

** ［作者简介］李琪玲（1997— ）女，西北大学文学院在读博士，研究方向为中国现当代文化与文学。刘海珍（1996— ）女，陕西师范大学文学院在读博士，研究方向为中国现当代文化与文学。

① 原刊信息如此。

11月22日，完成《百花深处》，载于《国闻周报》第5卷第4期（1928年2月5日）。

11月24日，完成《不幸的消息》，载于《国闻周报》第5卷第30期（1928年8月5日）。

12月6日，完成《爱的神秘》，载于《国闻周报》第5卷第33期（1928年8月26日）。

1928 年

1月16日，《活埋》载于《北新》第2卷第6号。

2月12日，《幺舅》载于《国闻周报》第5卷第5期。

3月15日，《南京交通概况》载于《交通教育月刊》第1卷第5期。

3月22日，完成《翻印与万能》，载于《荒岛》第1期（1928年4月15日），署名"李曼因"。

3月29日，完成 Fiancée，载于《荒岛》第1期（1928年4月15日）。

3月29日，完成 Beef, Wife，载于《荒岛》第2期（1928年5月1日）。

4月9日，完成《翻译——丢脸》，载于《荒岛》第2期（1928年5月1日），署名"李曼因"。

4月15日，《南京交通概况（续第5期）》载于《交通教育月刊》第1卷第6期。

4月29日，完成 First Endeavor，载于《荒岛》第3期（1928年5月15日）。

5月3日，完成《这两个该死的女人》，载于《荒岛》第4期（1928年6月1日）。

5月15日，完成《一支暗箭》，载于《荒岛》第4期（1928年6月1日）。

5月15日，《编辑先生》载于《荒岛》第3期，署名"李曼因"。

5月17日，完成 After the Wedding，载于《荒岛》第5期（1928年6月15日）。

7月6日，完成 A Comedy，载于《荒岛》第6期（1928年7月1日①）。

8月12日，完成 Mama，载于《国闻周报》第5卷第35期（1928年9月9日）。

9月2日，完成 W. F. P，载于《国闻周报》第5卷第43期（1928年11月4日）。

10月3日，完成《劳燕》（The Departure），载于《国闻周报》第5卷第45期（1928年11月18日）。

10月5日，完成 To，载于《国闻周报》第5卷第46期（1928年11月25日）。

11月，由朱大枬、王余杞、翟永坤合著的《灾梨集》（徒然社丛书之一），由文化学社发行，全一册，定价大洋八角。其中，王余杞作品总题为《百花深处》，由《幺舅》《博士夫人》《活埋》《复仇之夜》《两个该死的女人》《百花深处》六篇组成。

12月14日，完成《孤独者的群》，分6次连载于《庸报·庸报副镌》（1929年1月8日到1月13日第9版）。

1929年

1月1日，翻译了柴霍甫的《歌女》，载于《华北日报·徒然周刊》第19期（1929年5月21日第11版）。

1月5日，《落花》载于《河北民国日报》第F2版。

1月12日，《给在牢狱中的姐姐》载于《河北民国日报》第F2版，署名"李曼因"。文末记有"深冬，午夜"。

1月15日、22日，《酒徒》连载于《华北日报·徒然周刊》第2期

---

① 疑似该期延迟出版。

第 10 版、第 3 期第 11 版。

1 月 25 日，完成《妈妈的独身主义》，载于《河北民国日报·笳》第 6 期（1929 年 2 月 9 日），署名"李曼因"。

2 月 2 日，完成《朋友与敌人》，载于《华北日报·徒然周刊》第 7 期（1929 年 2 月 26 日第 10、11 版）。

2 月 3 日，完成《怀 S》，载于《河北民国日报》1929 年 3 月 2 日第 F1 版。

2 月 9 日，完成《革命的方老爷》，载于《华北日报·徒然周刊》第 6 期（1929 年 2 月 19 日第 10 版）。文末记有"二月九日，二九。旧历除夕"。

2 月 9 日，完成《某小姐》，载于《华北日报·徒然周刊》第 1 期（1929 年 1 月 8 日第 11 版）。文末记有"一九二八，除夕"。

2 月 13 日，完成《怀 S》，载于《河北民国日报·笳》第 9 期（1929 年 3 月 2 日）。

2 月 26 日，完成了《雪纹》，分 2 次载于《华北日报·徒然周刊》第 12 期（1929 年 4 月 2 日第 10、11 版），第 13 期（1929 年 4 月 9 日第 10 版）。

3 月 2 日，《怀 S》载于《河北民国日报》1929 年 3 月 2 日第 F1 版。

3 月 2 日，翻译了 Henry Cuyler Bunner 的《精明人》，载于《华北日报·徒然周刊》第 8 期（1929 年 3 月 5 日第 10、11 版）。

3 月 15 日，完成《女作家》，载于《河北民国日报·笳》第 12 期（1929 年 3 月 23 日），署名"李曼因"。

4 月 17 日，翻译了柴霍甫的《在圣诞节的时候》，载于《华北日报·徒然周刊》第 15 期（1929 年 4 月 23 日第 10、11 版）。

5 月 1 日，完成《到西郊》，载于《华北日报·徒然周刊》第 18 期（1929 年 5 月 14 日第 11 版）。文末记有"劳动节，一九二九"。

5 月 4 日，完成《雨后蓑衣——论师大排外及法女之争》，载于《河北民国日报·笳》第 18 期（1929 年 5 月 11 日），署名"李曼因"。文末记有"一九二九,'五四',大学生出风头之日"。

5月7日,《故乡的残影——献于先母之灵》载于《华北日报·徒然周刊》第17期(第10、11版)。文末记有"春深,月圆时,一九二九。"

5月28日,《雨》载于《华北日报·徒然周刊》第20期(第11版)。文末记有"二九,黄梅时节"。

7月15日,小说集《惜分飞》由春潮书局出版,每册实价五角。书前有郁达夫和朱大枬序,书后有《后记》。该作品集由十篇小说组成,分别是 To、First Endeavor、Fiancée、After the Wedding、Beef. Wife、No.1, A Comedy, Mamma, W.F.P., The Departure。

9月5日—9月30日(9月18日除外),《歧路上的徘徊》连载于《今天新报》(第5版),署名"余杞"。

10月4日,笔录整理鲍明钤博士讲演之《中国现在实行之"新关税税则"》,载于《华北日报·经济》(1929年10月10日、12、13日的第8版)。文末记有"余杞识于北平交大宿舍 N.D.18,十月四日,二九"。后载于《交通经济汇刊》第2卷第4期(1929年11月10日)、《中央日报》1929年11月24日第11版。

12月16日,笔录鲍明钤博士讲演之《中东铁路问题》,载于《交通经济汇刊》第3卷第1期(1930年4月10日)。

12月20日,译作《爱》(契诃夫原著)载于《奔流》第2卷第5号。

1930年

1月1、6、13、20日,译作《托尔斯泰的情书》连载于《国闻周报》第7卷第1—4期。

1月13日,完成《葫芦岛开港与中国航业》,载于《铁路月刊:北宁线》第1期(1931年1月)。

3月12日,完成《穷途》,载于《国闻周报》第7卷36期(1930年9月15日)。

4月10日,《沪宁道上》(一九二九年暑期实习报告)载于《交通经济汇刊》第3卷第1期。

4月,中篇小说《神奇的助力》由徒然社出版部(北平西四罗圈胡同三号)出版,实价洋三角,徒然社丛书之一。

6月3日,《海上回廊》(摄影作品)载于《北洋画报》第10卷第480期。

6月12日,《玉泉远照》(摄影作品)载于《北洋画报》第10卷第484期。

7月29日,完成《东京行——都市的脉搏》,载于《新晨报·新晨报副刊》第706号、第707号(1930年8月29日、30日第F1版)。文末记有"七月二十九,自东京"。

8月29日,完成《关于北宁路水灾》,载于《大公报》(天津)(1930年8月31日第4版)。

10月13日,《幻》载于《国闻周报》第7卷第40期。

11月10日,《故乡的残影》载于《国闻周报》第7卷第44期。

11月20日,《不亦怪哉之一》载于《北洋画报》第12卷第553期,署名"曼因"。

12月20日,《无题(一)(二)》载于《北洋画报》第12卷第566期。

1931年

1月7—9日,《杨柳青》(一到三)连载于《北平晨报·北晨学园》第13—15号(第9版)。

2月1日,《北平交大同学会成立大会记录》,载于《北平交大天津同学会会刊》创刊号(1931年6月15日)。

2月17日,完成《环谷小品序》,载于《北平晨报·北晨学园》第77号(1931年4月16日第9版)。文末记有:"一九三一年,废历元旦"。

1月22日，完成《黄糕》，载于《北平晨报·北晨学园》第41号（1931年2月20日第9版）。

3月3日—4日，《穷途》载于《新秦日报·新园》（1931年3月3日、4日的第4版）。

3月10日，完成《闲处光阴》，载于《华北日报·华北日报副刊》第479号（1931年5月20日第10版）。

5月1日，完成《女贼的自白》，分5次连载于《北平晨报·北晨学园》第87—91号（1931年5月1、2、5、6、7日的第9版）。

5月4日，《一个落伍者》载于《国闻周报》第8卷第17期。

5月23、24、27日，《"伤逝"》（一到三）连载于《北平晨报·北晨学园》第102—104号（第9版）。

5月28日，完成《平凡的死》（一到三），连载于《北平晨报·北晨学园》第124—126号（1931年7月1、3、4日第9版）。

6月10、11日，《何老太太》连载于《华北日报·华北日报副刊》第499—500号（第10版）。

6月15日，《发刊词》载于《北平交大天津同学会会刊》创刊号。文末记有"余杞僭拟"。

6月15日，《帝国主义者与开滦煤矿》载于《北平交大天津同学会会刊》创刊号。

6月30日，《读全国商运会议提案后感言》载于《铁路月刊：津浦线》第1卷第9期。

7月18日，完成《失业》（一到四），连载于《北平晨报·北晨学园》第151—154号（1931年8月18、20、21、24日的第9版）。

8月，《铁路运价政策》载于《铁路月刊：北宁线》第1卷第8期。

11月6、9、12日，《欢呼声中的低泣》（一—三）连载于《北平晨报·北晨学园》第195、197、198、200号的第9版。

11月27日，《关于〈欢呼声中的低泣〉》载于《北平晨报·北晨学园》第206号（第9版）。

12月，《北宁路与南满中东》载于《铁路月刊：广韶线》第1卷第12期。

1932年

2月7日，《在天津》载于《庸报·庸报星期增刊》第13期（第9版）。

3月，《北宁路与南满中东（续完）》载于《铁路月刊：广韶线》第2卷第2、3期合刊。

4月8日，在天津完成了《季珊君的心事》（一—六），连载于《北平晨报·时代批评》第9—14期（1931年4月20、27日，5月4、11、18、25日第10版）。

4月21日，完成了《一个日本朋友》，分3次连载于《庸报·庸报星期增刊》第28—30期（1932年5月22日、5月29日、6月5日第9版）。

7月2日，《观青年会新剧试演后》载于《北洋画报》第16卷第799期，署名"李曼因"。

9月，《转变之后》载于《现代社会》第1卷第3期。

10月10日，《北宁铁路之黄金时代》由北平星云堂书店，实价五角五分，由《自序》《北宁路与中东南满》《葫芦岛开港与中国航业》《开滦问题》组成。

11月，《牺牲》载于《交通杂志》第1卷第2期。

1933年

1月，《货运负责中之联运问题》载于《交通杂志》第1卷第4期。

1月，《狂澜》①（一到三章）载于《现代社会》第2卷第1期。

2月11日、13—18日、22日，《生存之道》载于《庸报·另外一

---

① 后改名为《急湍》。

页》(第 8 版)。

2 月 18 日，完成《读〈文凭〉》，分上下两篇载于《庸报·另外一页》(1933 年 3 月 23 日、24 日第 8 版)，署名"曼因"。

3 月 19 日，王余杞在天津给邹奋写信，《王余杞与邹奋间的通信》载于《庸报·另外一页》(1933 年 4 月 3 日第 8 版)。

3 月 20 日，《浮沉》由北平星云堂书店出版。

3 月，《货物负责运输》载于《铁路协会月刊》第 5 卷第 3 期。

6 月 7 日，《〈朋友与敌人〉自序节录》载于《庸报·另外一页》(第 8 版)。

9 月 15 日，短篇小说集《朋友与敌人》（现代社会丛书）由现代社会月刊社出版，实价五角。该小说集由 14 篇小说组成，包括《革命的方老爷》《穷途》《朋友与敌人》《平凡的死》《牺牲》《杨柳青》《失业》《酒徒》《女贼的自白》《欢呼声中的低泣》(附《关于欢呼声中的低泣》)《季珊君的心事》《一个日本朋友》《生存之道》《善报》。书前有《序》。

10 月 14 日，完成《西行所见之二——商品与作品》，载于《庸报·另外一页》(10 月 28 日第 9 版)。文末记有"（十月十四日）（待续）"。

10 月 15 日，完成《西行所见之一——两个影片》，载于《庸报·另外一页》(10 月 27 日第 9 版)。文末记有"十月十五日自上海"。

10 月 16 日，完成了《南京——旅途所见之二》，载于《中央日报·中央公园》(11 月 3 日第 8 版)。

10 月 20、21 日，《重来》连载于《民报·民众俱乐部》(第 4 版)，署名"余杞"。

10 月 21 日，完成《江上——蜀行所见之一》，载于《四川晨报·线下》第 31 期 (1933 年 12 月 3 日第 8 版)。

10 月 23 日，完成《黄鹤楼头——蜀行所见之二》，载于《四川晨报·线下》第 31 期 (1933 年 12 月 3 日第 8 版)。

10 月，《铁路旅行指南及旅行指南丛刊提案》载于《铁路协会月刊》

第 5 卷第 10 期。

11 月 2 日,《火车上有感——旅途所见之一》载于《中央日报·中央公园》(第 8 版)。

11 月 4 日,《秦淮河畔》载于《中央日报·中央公园》(第 8 版)。

1934 年

1 月 31 日,《民生实业公司》载于《交通杂志》第 2 卷第 6 期(1934 年 4 月)。

3 月 1 日,《自流井:"西行所见"之一(附照片)》载于《时代》第 5 卷第 9 期。

3 月 2 日,完成《落花时节》,载于《国闻周报》第 11 卷第 11 期(3 月 19 日)。

3 月 16 日《宜昌车站:"西行所见"之二(附照片)》载于《时代》第 5 卷第 12 期。

3 月 19 日,完成《荣归与败走》,连载于《国闻周报》第 11 卷第 17 期(4 月 30 日)、18 期(5 月 7 日)。

3 月 26 日,完成《家——"漫游散记"之一》,载于《时代》第 6 卷第 3 期(1934 年 6 月 1 日)。

5 月 1 日,《两个时代》载于《时代》第 6 卷第 1 期。

5 月 28 日,完成《母与子》,载于《当代文学》第 1 卷第 1 期(1934 年 7 月 1 日)。

6 月 14 日,《当代文学》载于《北平晨报·北晨学园》第 689 号(第 13 版)。

6 月 16 日,《望江楼与薛涛井——"漫游散记"之二》载于《时代》第 6 卷第 4 期。

6 月 25 日,完成《编后》,载于《当代文学》第 1 卷第 1 期(1934 年 7 月 1 日),未署名。

7 月 1 日,《发刊词》载于《当代文学》第 1 卷第 1 期。

7月1日,《山海关——"漫游散记"之三》载于《时代》第6卷第5期。

7月15日,《北戴河海滨——"漫游散记"之四》载于《时代》第6卷第6期。

7月15日,完成《〈半农杂文〉(书评)》,载于《当代文学》第1卷第2期(1934年8月1日),署名"曼因"。

7月25日,完成《编后》,载于《当代文学》第1卷第2期(1934年8月1日),未署名。

7月26日,深夜写完《三种人》,载于《当代文学》第1卷第4期(1934年10月1日)。

8月1日,《夔门:"漫游散记"之五》载于《时代》第6卷第7期。

8月16日,《三峡:"漫游散记"之六》载于《时代》第6卷第8期。

8月25日,完成《编后》,载于《当代文学》第1卷第3期(1934年9月1日),未署名。

9月1日,《大连"漫游散记"之七》载于《时代》第6卷第9期。

9月16日,《旅顺——"漫游散记"之八》载于《时代》第6卷第10期。

9月24日,诗歌《回家》载于《华北日报·文艺周刊》第4期(第7版),署名"曼因"。

9月25日,完成《编后》,载于《当代文学》第1卷第4期(1934年10月1日),署名"曼因"。

10月1日,《文坛消息》载于《当代文学》第1卷第4期,署名"曼因"。

10月1日,《西湖——"漫游散记"之九》载于《时代》第6卷第11期。

10月10日,《玉山——"漫游散记"之十》载于《时代》第6卷第12期。

10月20日，《中秋》载于《太白》第1卷第3期。

10月24日，《轮船上》分上下篇连载于《国闻周报》第12卷第18、19期（1934年5月13日、20日）。

10月25日，完成《编后》，载于《当代文学》第1卷第5期（1934年11月1日），未署名。

10月27日，完成《孤独的人》，载于《国闻周报》第11卷第45期（11月12日）。

11月1日，《文坛杂报》载于《当代文学》第1卷第5期，署名"曼因"。

11月4日，完成《秋》，分三次连载于《北平晨报·北晨学园》第777、778、780号（1935年2月1、7、12日第11版）。

1935年

1月1日，《狂澜》第一、二章载于《北调》创刊号。

1月1日，《除夕》载于《国闻周报》第12卷第1期。

1月29日，完成《今年是什么年》，载于《益世报·文学周刊》第49期（1935年2月20日第11版）。

2月1日，《狂澜》第三章载于《北调》第1卷第2期。

2月13日，《站长》载于《益世报·文学周刊》第48期（第11版）。

3月3日，《发刊词》《张大妈》载于《庸报·嘘》第1期。

3月4日，《老生与小丑》载于《国闻周报》12卷8期。

3月10日，《我们所需要的下品文——介绍一本我们所需要的小品文集》（署名"曼因"）和《石伙计》（署名"王余"）载于《庸报·嘘》第2期。

3月20、22日，分别完成《致读者（一）》、《致读者（二）》，载于《庸报·嘘》第4期（1935年3月24日第12版），署名"嘘"。

3月28日，《记成都遇仙——"漫游散记"之一》载于《庸报·嘘》第7期（1935年4月21日第12版）。文末记有"一九三五三月二十八补记"。

3月30日，在唐山完成了《工厂与工人》，载于《京报·复活》（1935年5月11日第10版）。文末记有"三月三十日在唐山"。

4月15日，《厌倦》载于《申报月刊》第4卷第4号。

5月12日，《介绍〈人生与文学〉》载于《庸报·嘘》第9期（第7版），未署名。①

5月18日，追记了《林讲演——"漫游散记"之一》，载于《盍旦》创刊号（1935年10月15日）。

5月22日，完成《雨》，载于《完成》创刊号（1935年7月15日）。

5月26日，《致读者》载于《庸报·嘘》第11期（第7版），署名"嘘"。

6月9日，《致读者》载于《庸报·嘘》第13期（第8版），署名"嘘"。②

6月10日，《爬》载于《人生与文学》第1卷第3期。

6月13日，完成《济南半日记》，载于《庸报·另外一页》（1935年7月10日第9版）。

6月16日，《细故》载于《庸报·嘘》第14期（第8版），署名"曼因"。文末记有"六月十日·离津之夕"。

6月25日，在青岛完成《自流井》，载于《太白》第2卷第9期（1935年7月20日）。

6月29日，在上海完成《都市里的乡下人》，载于《星火》第1卷第3期（1935年7月20日）。

6月30日，《汽车路》载于《庸报·嘘》第16期（第8版）。文末记有"二月二十五"。

6月，在青岛追记《积习难除》，载于《庸报·嘘》第18期（1935年7月14日第12版），署名"隅棨"。

---

① 原文："主编：柳无忌，罗皑风等。创刊号四月。通讯处：天津南开大学。"
② 原文："本刊通讯处现暂改由本报转交，敬希注意。"

7月9日，在青岛完成《头奖志喜》，载于《人生与文学》第1卷第4期（1935年7月10日）。

7月14、21、28日，8月4、11、18、26日，9月1、8日，《一个陌生人在青岛》连载于《青岛民报·避暑录话》第1—9期（第10、11版）。（7月21日发表的《一个陌生人在青岛》（二）文末记有"六月二十七日"。）

7月21日，《介绍〈避暑录话〉周刊》载于《庸报·嘘》第19期（第10版），未署名。

7月10—14日，《北宁沿线物产与其运输情况及所望于铁展会者》，载于《青岛时报》第10版的《第四届铁展特刊》，又载于《第四届铁展会开幕特刊》。

7月21日，《北宁沿线物产与其运输情况及所望于铁展会者（续开幕特刊)》，载于《都市与农村》第10期。

8月1日，完成《曲阜泰山之行》，载于《文艺大路》第2卷第1期（1935年11月29日）。

8月28日，完成《另外一页三周的话》，载于《庸报·另外一页》（1935年9月2日，第9版）。

8月，完成《孩子的命运》，载于《创作》第1卷第3期（1935年9月15日）。

9月8日，《编者启事》载于《庸报·嘘》第25期（第12版），未署名。①

9月17日，《人间世和论语》载于《庸报·另外一页》（第9版），署名"隅荣"。

10月17日，《读新文学大系广告书后》载于《庸报·另外一页》（第9版）。署名"隅荣"。

10月20日，《故人消息》载于《益世报·益世小品》第30期，第

---

① 原文："本刊自本期起，暂改为六栏地位，尚希读者注意。"

14 版。

10 月 22 日,《成名必备条件》载于《庸报·另外一页》(第 9 版),署名"隅棨"。

11 月 1 日,摄影作品《诗人臧克家夫妇在禹城车站留影》载于《庸报·另外一页》(第 9 版),署名"隅棨"。

11 月 2 日,《文艺政治家万岁!》载于《庸报·另外一页》(第 9 版),署名"隅棨"。

11 月 10 日,《千字文》载于《益世报·益世小品》第 33 期(第 14 版)。

11 月 18 日、25 日,《黄山归来》连载于《国闻周报》第 12 卷第 45、46 期。

11 月 19 日,在天津完成《往事小记》,载于《交大平院季刊》第 2、3 期合刊(1935 年 12 月)。

11 月 20 日,《技巧》载于《庸报·另外一页》(第 9 版),署名"隅棨"。

11 月 20 日,《寒雨》载于《立报·言林》(第 2 版)。

11 月 22 日,《编者作者之间》载于《庸报·另外一页》(第 9 版),署名"隅棨"。

11 月 28 日,《雾》载于《立报·言林》(第 2 版)。

11 月 29 日,《哪怕只有一个读者》载于《文艺大路》第 2 卷第 1 期革新号。

12 月 1 日,完成《〈写作留题〉小引》,载于《益世报·益世小品》第 45 期(1936 年 2 月 9 日第 8 版)。

12 月 1 日,《故都之冬》组照载于《旅行杂志》第 9 卷第 12 期,署名"曼因"。

12 月 1 日,《城里的世界》载于《向道》第 1 卷第 5 期,署名"李曼因"。

12 月 4 日,《文人的真面目》载于《庸报·另外一页》(第 9 版),

署名"隅棨"。

12月8日,《暖和的太阳》载于《立报·言林》(第2版)。文末记有"十二月二日自天津寄"。

12月11日,《贫困》载于《申报·本埠增刊》(第18版),署名"曼因"。文末记有"冬夜随笔之一"。

12月13日,《〈头奖志喜〉自序——联合丛书之一》载于《益世报·文艺周刊》第31期。

12月23日,完成《说是非》,载于《益世报·益世小品》第40期(1935年12月29日第8版)。

12月25日,《麻雀》载于《申报·本埠增刊》(第16版),署名"曼因"。文末记有"冬夜随笔之二"。

12月31日,完成《一九三五中国文坛回顾》,载于《庸报·另外一页》的"另外一页新年增刊"(1936年1月1日第9版)。文末署"十二月,卅一日"。

1936年

1月2日,《月不长圆》载于《立报·言林》(第2版)。文末记有"寄自天津"。

1月9日,在天津完成《〈万里游程〉题记》,载于《益世报·益世小品》第51期(1936年3月22日第4版)。

1月10日,在天津完成《〈惜分飞〉抄后记》,载于《益世报·益世小品》第44期(1936年2月2日第2版)。

1月21日—11月21日,《自流井》(一到三十一)连载于《中心评论》第1期到第31期。

2月1日,《檄献身于文艺的朋友们》载于《庸报·另外一页》(第9版),署名"隅棨"。

2月26日,在天津追写《除夕特写》,载于《东方文艺》第1卷第2期(5月25日)。

3月2日,《看报》载于《立报·言林》(第2版)。文末记有"二月二十日寄自天津"。

3月10日,《书奴》载于《立报·言林》(第2版)。

3月25日,《将军》载于《东方文艺》第1卷第1期。

3月,《铁路信托事业之使命与业务》载于《交通杂志》第4卷第3期。

4月11日,于北平完成《兄弟》,载于《东方文艺》第1卷第3期(1936年6月25日)。

4月12日,《〈百花深处〉抄存后记》载于《益世报·益世小品》第53、54期合刊(第14版)。

4月15日,完成《报纸副刊新闻化——一个偶然想到的小提议》,载于《益世报·益世小品》第56期(1936年4月26日第14版)。

5月4日,于北平完成《戏校参观记》,载于《人生与文学》第2卷第2期(1936年7月10日)。

5月7日,《汤山沐浴有感——古城漫笔之一》载于《立报·言林》(第2版)。

5月9日、10日,《隆福寺庙会——古城漫笔之二》分上下两篇连载于《立报·言林》(第2版)。

5月19日,于北平完成《反抗与屈伏》,载于《益世报·文艺周》第6期(1936年6月7日第14版)。

5月,《关于〈当代文学〉》和《不平的平村》载于《每月文学》创刊号。

6月,在北平完成《〈急湍〉后记》,载于《益世报·文艺周》第9期(1936年6月28日第14版),署名"隅棨"。

7月20日,长篇小说《急湍》由上海联合社,因内容抗日,用笔名"隅棨"。

7月25日,《古城纪事》,载于《东方文艺》第1卷第4期。

9月8日,在北平完成《北平的义务戏》,9月9日晨写完附记,载于《光明》第 1 卷第 8 号（1936 年 9 月 25 日）。

9 月，完成了《西行所见·小序》，载于《华北日报·每日文艺》第 684 期（1936 年 11 月 3 日第 8 版），署名"曼因"。

10 月 20 日，深夜完成《悲愤——因鲁迅先生的逝世而作》，载于《益世报·文艺周》第 25 期（1936 年 11 月 1 日第 8 版）。

10 月 27 日，在天津完成《王余杞先生来函》，载于《光明》第 1 卷第 11 号（1936 年 11 月 10 日）。

11 月 4 日—12 月 24 日（除 11 月 7、21、28 日，12 月 7、17、18、20 日），《西行所见》（一到四十五）连载于《华北日报·每日文艺》（第 8 版），署名"曼因"。

11 月 14 日，在天津完成《〈自流井〉序》，载于《中心评论》第 32 期（1936 年 12 月 1 日）。

11 月，完成《抗敌——进攻！》，载于《诗歌小品》第 3 期（1936 年 12 月 10 日）。

1937 年

1 月 1 日、6—8 日，《过年有感》连载于《益世报·语林》第 1507、1509—1511 号（第 6 版）。

2 月 5、6 日，《海河汩汩流》（一）（二）连载于《益世报·语林》第 1539、1540 号（第 11 版）。

2 月 8、9 日，《海河汩汩流》（三）（四）连载于《益世报·语林》第 1541、1543 号（第 11 版）。

2 月 16—27 日（除 2 月 21 日），《海河汩汩流》（五）至（十五）连载于《益世报·语林》第 1550—1561 号（第 11 版）[《海河汩汩流》（十）刊于第 14 版]。

2 月 19 日，《公门与民众》载于《北平晨报·民众生活》第 6 期（第 7 版）。

3 月 2—6 日，《海河汩汩流》（十六）至（二十）连载于《益世报·

语林》第 1564—1568 号（第 11 版）。

3月8日—13日，《海河汩汩流》（二十一）至（二十六）连载于《益世报·语林》第 1570 号至第 1575 号（第 11 版）。

3月15日，在天津完成《过生日》，载于《益世报·文艺周》第 51 期（1937年5月9日，第 14 版），又载于《大同报·文艺》（1937年5月14、15日第 6 版），署名"余杞"。

3月16—20日，《海河汩汩流》（二十七）至（三十一）连载于《益世报·语林》第 1578 号至第 1582 号（第 11 版）。

3月23—31日（除3月28日），《海河汩汩流》（三十二）至（三十九）连载于《益世报·语林》第 1585 号至第 1593 号（第 11 版）。

3月27日，《赛金花与小凤仙》载于《北平晨报·风雨谈》第 6 期（第 11 版）。

4月1日、5月1日，《东南半壁游程》分上下两篇连载于《铁道半月刊》第 2 卷第 7 期、第 9 期。

4月2、3日，《海河汩汩流》（四十）（四十一）连载于《益世报·语林》第 1595、1596 号（第 11 版）。

4月5—30日（除4月11、16、18、19、25日），《海河汩汩流》（四十三）至（六十二）连载于《益世报·语林》第 1598 号至 1622 号（第 11 版）。

4月25日，《幸勿上当》载于《立报·言林》（第 2 版）。

4月，姚乃麟编《现代创作小品选》由上海中央书店出版。该作品选收录王余杞的短篇小说《雪》。

5月3日—5月8日，《海河汩汩流》（六十三）至（六十八）连载于《益世报·语林》第 1625 号至第 1630 号（第 11 版）。

5月10日—5月14日，《海河汩汩流》（六十九）至（七十三）连载于《益世报·语林》第 1632 号至第 1636 号（第 11 版）。

5月18日—5月22日，《海河汩汩流》（七十四）至（七十八）连载于《益世报·语林》第 1639 号至第 1643 号（第 11 版）。

5月24—31日（除5月30日），《海河汩汩流》（七十九）至（八十五）连载于《益世报·语林》第1645号至第1652号（第11版）。

5月，《洋船与铁路——铁路故事之一》载于《交通杂志》第5卷第5期。

6月2—5日，《海河汩汩流》（八十六）至（八十九）连载于《益世报·语林》第1654号至第1657号（第11版）。

6月7—12日，《海河汩汩流》（九十）至（九十五）连载于《益世报·语林》第1659号至第1664号（第11版）。

6月14日，《海河汩汩流》（九十六）连载于《益世报·语林》第1666号（第11版）。

6月16—19日，《海河汩汩流》（九十七）至（一百）连载于《益世报·语林》第1668号至第1671号（第11版）。

6月21—26日，《海河汩汩流》（一百〇一）至（一百〇六）连载于《益世报·语林》第1673号至第1678号（第11版）。

6月28—30日，《海河汩汩流》（一百〇七）至（一百〇九）连载于《益世报·语林》第1680号至第1682号（第11版）。

6月，在天津完成《如其有病在天津》，载于《益世报·文艺周刊》第59期（1937年7月4日，第14版）。

7月2—3日，《海河汩汩流》（一百一十）至（一百一十一）连载于《益世报·语林》第1684号至第1685号（第11版）。

7月5—10日，《海河汩汩流》（一百一十二）至（一百一十七）连载于《益世报·语林》第1687号至第1692号（第11版）。

7月14日，《海河汩汩流》（一百一十八）载于《益世报·语林》第1696号（第11版）。

7月16日、18日，《在前线的后方》连载于《立报·言林》（第2版）。

7月16—17日，《海河汩汩流》（一百一十九）至（一百二十）连载于《益世报·语林》第1698号至第1699号（第11版）。

7月19—24日，《海河汩汩流》（一百二十一）至（一百二十六）连载于《益世报·语林》第 1701 号至第 1706 号（第 11 版）。

10 月 31 日，《沉默的凯旋》载于《风雨》第 8 期。

10 月，短篇小说集《将军》由上海杂志社出版，包括《将军》《兄弟》《古城纪事》三篇。

1938 年

1 月 20 日，三幕剧《八百壮士》由上海杂志公司发行，每册实价三角。该剧本由丁里、宋之的、王余杞、陈凝秋、崔嵬、王震之集体创作，崔嵬、王震之执笔。

1 月 31 日，《岁杪有感》载于《大公报·战线》第 107 号（第 5 版）。

2 月 16 日，《北望开封》载于《流火》4、5 期合刊。

3 月 1 日，王余杞与刘白羽合作的《八路军七将领》（战地生活丛刊第一种）由上海杂志公司出版，每册实价两角五分。该书由《朱德》《任弼时》《林彪》《彭德怀》《彭雪枫》《萧克》《贺龙》《后记》八篇组成，其中《朱德》《贺龙》《林彪》三篇由王余杞撰写。

6 月 13 日，《"一界寒儒"周作人》载于《新蜀报·新光》第 44 期（第 3 版）。

6 月 15 日，《周作人和郁达夫》载于《新蜀报·新光》第 45 期（第 3 版）。文末署"六月五日，三八"。需要注意的是，该文与《"一界寒儒"周作人》系一篇文章的两部分。编者特意在该文正文前加上了"编者注"，其中写道："本文原系上期发表之《'一界寒儒'周作人》一文之后段；为着醒目起见，便把它改成了这样的一个标题，尚希作者原谅。"

6 月 19 日、26 日，7 月 3 日、10 日、17 日，《陕州——平陆》（一到五）连载于《国民公报·国民公报星期增刊》（第 1 版，7 月 17 日载于第 2 版）。

7 月 30 日，通讯《"七七"周年在新都》载于《抗战文艺》第 2 卷第 3 期。

10 月 1 日，《小弟儿的一生》载于《文艺月刊》第 2 卷第 4 期。

11月14日，在自流井完成《钢铁与灰烬》，载于《抗战文艺》第3卷第3期（1938年12月17日）。

12月17日，《久大问题》载于《新运日报》。

《1939年预言》载于《正确日报·火网》。

1939年

1月1日，《岁暮下行车》载于《文艺月刊》第2卷第9、10期合刊。

2月4日，《警报》载于《抗战文艺》第3卷8期。

2月21日，在自流井完成《记蒲风》，载于《流火》第7、8期合刊（1939年6月16日）。

4月16日，《国币壹圆》载于《文艺月刊·战时特刊》第3卷第3、4期合刊。

4月21日，《交差声明》载于《新运日报》。

7月7日，改作街头剧《认清敌人》，载于《文艺阵地》第3卷第12期（1939年10月1日）。

8月5日，《仇恨的滋长》载于《民意》第86期。

9月7日，《洞中有感》载于《大公报·战线》第360号（第4版）。

9月25、27、29日，10月2、4、11、13、20、25日，《出兵》连载于《时事新报·文座》（重庆版）第1—5、7、8、11、13号（第4版），署名"余杞"。

10月1日，街头剧《认清敌人》载于《文艺阵地》第3卷12期。

12月2日，《轰炸与孩子》载于《民意》第103期。

12月19日，在自流井完成《敬悼吴承仕先生》，载于《全民抗战》第105期（1940年1月13日）。

1940年

3月，《蹉跌》载于《文艺月刊·战时特刊》第4卷第2期（1940年3月16日）。

9月28日，在新都完成《秋到桂湖》，载于《野草》第3期（1940年10月20日）。

10月1日，《纪念鲁迅先生》载于《笔阵》新2卷1期。

1938年8月到1940年3月，《我的故乡》在自贡《新运日报》连载。

1941年

1月，完成《漫谈驿运》，连载于《驿运月刊》1卷1、2期，第2卷第1期（1941年3、4、6月）。后注"待续"一词。

8月1日，完成《〈全民抗战〉长诗题记》，载于《笔阵》第4期（1942年8月20日）。

1942年

2月7日，《旧剧表演之重要》，载于《石门新报·新气象》（第3版），署名"曼因"。

8月20日，《四万万人的仇恨——长诗〈全民抗战〉》（第一章）载于《笔阵》新4期。

10月15日，《平津路不通——〈全民抗战〉长诗》（第二章）载于《笔阵》新5期。

1943年

4月7日，《致词》载于《蜀风》第9期第1版，《川江记略》载于《蜀风》第9期第2版。

4月15日，长诗《中山陵做见证》（《全民抗战》第四章）载于《笔阵》新8期（连载未完，其后刊物停办）。

1944年

2月，长篇小说《海河汩汩流》由重庆建中社出版，定价国币五十元。全书共十三章，书前有《建中文艺丛书总序》《自序》。该小说1937

年初开始在《益世报·语林》连载,因"七七事变"中断,1939年补写完最后一章。

2月,完成《四川两年来之驿运》,载于《四川建设》第2期。

3月,长篇小说《自流井》由东方书社发行,定价土报纸一百一十元,粉报纸二百元。署名曼因。全书共三十一章,书前有《序》,书后有《校后记》。

1945 年

3月,《某夜》载于《文潮》第2卷第1期。

7月1日,《一个教训》载于《荣县新闻》副刊。

1946 年

2月27日,完成《"新北京"》,载于《大公报·综合》第60期(1946年3月14日第4版)。

3月10日,《平津重到》载于《大公报·文艺》津新12期(第4版)。

3月18日,完成《春雪》,载于《大公报·综合》第65期(1946年3月28日第4版)。

3月28日,《修桥补路》载于《大公报·综合》第65期(第4版)。

4月6日,《人情》载于《大公报·综合》第66期(第4版)。

4月,翻译的法国作者Berkuld Bardey的恋爱心理小说《白色伤痕》,载于《小说》创刊号。

5月8日,《铁轨是可以下荷包的》载于《大公报·综合》第74期(第4版)。

5月14日,于天津完成《美田良港付荒凉》,载于《大公报·综合》第85期(1946年7月14日第4版)。

6月8日,完成《出关》,载于《大公报·综合》第95期(1946年8月7日第6版)。

6月,《人我之间》载于《文联》第2卷第7号(1946年6月

15日）。

8月13日，完成《松花江上》，载于《大公报·综合》第110期（1946年8月26日第6版）。

8月16日，完成《汉奸诗和奴才文——灯下散记之一》，载于《益世报·读书周刊》第5期（1946年8月30日第3版）。

8月24日，完成《勇士们——灯下散记之二》，载于《益世报》（1946年10月12日）。

8月7、14、25日，《望中原》（一、渡头）载于《益世报·文学》第1—3期（第3版）。

9月1、8日，《望中原》（二、中国的"坦能堡"）载于《益世报·文学》第4、5期（第3版）。

9月10日，《榆关那畔行》载于《人民文艺》第1卷第6期。

9月15、22、29日，《望中原》（三、突围夜话）载于《益世报·文学》第6—8期（第3版）。

10月3、4、5、8、9、11—14日，《天上人间》连载于《北平日报·凯旋门》（第2版）。

10月6日，《望中原》（四、害了人民，功在国家）载于《益世报·文学》第9期（第3版）。

10月29日—11月5日，《望中原》（四、害了人民，功在国家）连载于《益世报·语林》第212号到219号（第6版）。

11月6日—11月20日，《望中原》（五、乌鸦）连载于《益世报·语林》第220号到234号（第6版）。

11月7日，在天津完成《东北铁路史话》连载于《大公报》（1946年11月12—18日第3版）。

11月21、22日，《中国长春铁路述略》连载于《益世报》（第4版）。

12月15日，《文化气氛》载于《人民世纪》第1卷第4期。

1947 年

1月1日,《人生如戏——元旦赋笔》载于《益世报·别墅》(第8版)。

1月8、9、15、16、17、20、21号,《东北铁路史话》连载于《大公报》(上海版)(第9版)。

1月12日,《锤炼》(序)载于《益世报·语林》第286号(第6版)。

1月13日—1月21日,《锤炼》(一、"外国地"的灯)连载于《益世报·语林》第287号至295号(第6版)。

1月15日,杜建时、李书田、王余杞、王家齐、林墨农的《我的计划》载于《人民世纪》第1卷第5、6期合刊,其中第三则为王余杞所写。

1月25日—1月29日,《锤炼》(二、蹉跌)连载于《益世报·语林》第297至301号(第6版)。

1月26、27日,王余杞执笔的《我们对于革新评剧的主张》分上下两篇连载于《益世报·语林》第298、299号(第6版)。

2月2日—2月6日,《锤炼》(二、蹉跌)连载于《益世报·语林》第304至308号(第6版)。

2月7日—2月8日,《锤炼》(三、怎样去了又回来)连载于《益世报·语林》第309号至310号(第6版)。

2月11日,《锤炼》(三、怎样去了又回来)载于《益世报·语林》第313号(第6版)。

2月13日,《锤炼》(三、怎样去了又回来)载于《益世报·语林》第315号(第6版)。

2月15日,《戏剧节献词》载于《益世报·别墅》(第6版)。

2月18—26日(偶数日),《锤炼》(三、怎样去了又回来)载于《益世报·语林》第319—327号(第6版)。

3月1日—3月3日,《锤炼》(三、怎样去了又回来)连载于《益世报·语林》第330号至第332号(第6版)。

3月2日,《写给青年朋友》载于《中南报》(第2版)。

3月5日—3月6日,《锤炼》(三、怎样去了又回来)连载于《益世报·语林》第334号至第335号(第6版)。

3月9日—3月12日,《锤炼》(四、孤难群)载于《益世报·语林》第338号至341号(第6版)。

3月10日,《我们为什么上演〈陆文龙〉》载于《益世报·语林》第339号(第6版)。

3月14日,《锤炼》(五、破获)载于《益世报·语林》第343号(第6版)。

3月16日,《锤炼》(五、破获)载于《益世报·语林》第345号(第6版)。

3月18、19日,《锤炼》(五、破获)载于《益世报·语林》第347、348号(第6版)。

3月21日,《锤炼》(五、破获)载于《益世报·语林》第350号(第6版)。

3月23日—3月25日,《锤炼》(六、疚)连载于《益世报·语林》第352号至354号(第6版)。

3月27日—3月31日,《锤炼》(六、疚)连载于《益世报·语林》第355号至359号(第6版)。

3月29日,《市歌试作》载于《益世报·语林》第357号(第6版)。

4月3日—4月7日,《锤炼》(七、国运)连载于《益世报·语林》第362号至367号(第6版)。

4月5日,《感念张伯苓先生》载于《大公报》(第4版)。

4月9日,《天津实验剧团第一声》载于《益世报》(第6版)。

4月10日—4月14日,《锤炼》(七、国运)连载于《益世报·语林》第368号至第372号(第6版)。

4月15日—4月22日,《锤炼》(八、夕阳人影乱)连载于《益世报·语林》第373号至380号(第6版)。

5月4日,《锤炼》(八、夕阳人影乱)载于《益世报·语林》第386号(第6版)。

5月5日,《继承五四精神 恢复狂热坚强》(王余杞代杜市长致辞)载于《益世报》(第4版)

5月6日,《锤炼》(八、夕阳人影乱)载于《益世报·语林》第387号(第6版)。

5月10日,《锤炼》(八、夕阳人影乱)载于《益世报·语林》第389号(第6版)。

5月16日,《锤炼》(八、夕阳人影乱)载于《益世报·语林》第392号(第3版)。

5月20—28日(偶数日),《锤炼》(八、夕阳人影乱)载于《益世报·语林》第394—398号(第3版)。

6月5日,《锤炼》(九、十二月十三日)载于《益世报·语林》第402号(第3版)。

6月7日,《锤炼》(九、十二月十三日)载于《益世报·语林》第403号(第3版)。

6月9日,《锤炼》(九、十二月十三日)载于《益世报·语林》第404号(第3版)。

6月13日,《锤炼》(九、十二月十三日)载于《益世报·语林》第406号(第3版)。

6月17日,《锤炼》(九、十二月十三日)载于《益世报·语林》第408号(第3版)。

6月19日—7月5日(奇数日),《锤炼》(九、十二月十三日)连载于《益世报·语林》第409号至第417号(第3版)。

9月11日,夜12时完成《我看〈假凤虚凰〉》载于《益世报》(1947年9月13日,第4版)。

11月15日,《对青年谈学习》载于《青年半月刊》第3卷第8期。

11月28日,12月1、8、11、12日,《革新平剧再议》连载于《益世报·别墅》(第6版)。

12月29、31日,1月2、5、7、9日,《四维的戏》(一到六)连载于《益世报·别墅》(第6版)。

1948年

1月3日,《专论:文化改进委员会新使命》载于《天津市》第5卷第8期。

1月26日,《"金钵记"》载于《益世报·别墅》(第6版)。

1月27日,《江汉渔歌——北平改良平剧之一》载于《益世报·别墅》(第6版)。

3月12日,《平剧用布景吗?》载于《益世报·别墅》(第6版)。

3月26日,《关于"陆文龙"反正》载于《益世报·别墅》(第6版)。

6月12日,《文化会堂业务计划》载于《天津市》第7卷第7期。

9月1、2日,《侧谈天津报纸》连载于《大公报》(第5版)。

9月15日,《后之来者其谁欤?》载于《天津文化》第1期,署名"曼因"。

9月30日,《黄祸!黄祸!!黄祸!!!》载于《天津文化》第2期,署名"曼因"。

10月15日,《读史窥民意》载于《天津民意》创刊号。

12月11日,《〈天津市〉两年纪念词》载于《天津市》第9卷第9期。

1949年

3月,作诗《送曼儿南下》,载于《天津日报》。

1950 年

11 月,《天安门上插红旗》载于《旅行杂志》第 24 卷 11 期。

1951 年

10 月,《从铁展看人民铁道》载于《旅行杂志》第 25 卷第 10 期。

1952 年

1 月,《我热爱北京》载于《旅行杂志》第 26 卷第 1 期。

6 月,《欢乐在天安门》载于《旅行杂志》第 26 卷第 6 期。

9 月,《歌颂水上英雄》载于《旅行杂志》第 26 卷第 9 期。

10 月,《海滨访劳模》载于《旅行杂志》第 26 卷第 10 期。

王余杞已完稿中国首部铁路史《中国铁路史话》一书(未能发表,手稿现存中国现代文学馆)。

1954 年

2 月,《重修陶然亭》载于《旅行杂志》第 28 卷第 2 期。

1957 年

1 月,由人民铁道出版社出版的《宝成铁路(通讯集)》收录了王余杞的《出色的秦岭铁路设计》一文。

6 月,《放鸣以后》载于《处女地》第 6 期。

1959 年

写作旧体诗《去京》等 36 首。

1960 年

写作旧体诗《春节》等 14 首。

1961 年

写作旧体诗《春节》等 9 首。

1962 年

写作旧体诗《儿女情》等 15 首。

1963 年

写作旧体诗《探亲》等 35 首。

1964 年

写作旧体诗《双拐》等 33 首。

1965 年

写作旧体诗《夜行车》等 18 首。

1966 年

写作旧体诗《小寒》等 12 首。

1967 年

写作旧体诗《桂林山》等 48 首。

1968 年

写作旧体诗《拾柴禾》等 5 首。

1969 年

写作旧体诗《春寒》等 6 首。

1970 年

写作旧体诗《病友情》等 26 首。

1971 年

写作旧体诗《大雪》等 32 首。

1972 年

写作旧体诗《未然》等 23 首。

1973 年

写作旧体诗《杜甫墓》等 22 首。

1974 年

写作旧体诗《爱群巷》等 30 首。

1975 年

写作旧体诗《玉树》等 4 首。

1976 年

写作旧体诗《悼忠贞》等 7 首。

1977 年

写作旧体诗《东风第一枝》等 11 首。

1978 年

写作旧体诗《春节》等 22 首。

10 月,《在天津的七年》载于《天津文学史料》。

1979 年

写作旧体诗《思潮》等 24 首。

5 月 22 日,《关于贺绿汀的〈游击队之歌〉》载于《新文学史料》1979 年第 3 辑。

11 月 22 日,《记〈当代文学〉》载于《新文学史料》1979 年第 5 期。

1981 年

2 月 22 日,《关于〈避暑录话〉》和《〈八路军七将领〉的写作经过》载于《新文学史料》1981 年第 1 期。

1982 年

6 月,陈子善、王自立主编,由湖南文艺出版社出版的《回忆郁达夫》一书收录了王余杞的《"送我情如岭上云"——缅怀郁达夫先生》一文。

10 月,《〈游击队歌〉和〈八路军七将领〉》载于《抗战文艺研究》第三辑(总第四辑)。

10 月,写作旧体诗《失荆州》等 10 首。

1983 年

写作旧体诗《二七》等 18 首。

《洪流回漩——记抗战时期在自贡的斗争》载于《自贡市现代革命史研究资料》总第 20 期。

《"久大"的迁井风波》一文载于《自流井》1983 年第 1 期。

1984 年

2 月,和闻国新合作的《历代叙事诗选》由贵州人民出版社出版。

写作旧体诗《七九生日》等 7 首。

1985 年

写作旧体诗《又一春》等 4 首。

1987 年

2 月 22 日,《补遗二事》载于《新文学史料》1987 年第 1 期。

7 月,《"无人会登临意!"——悼念李石锋同志》载于《自贡文史资料选集》第 17 辑。

10 月,《在天津的七年》载于《天津文学史料》1987 年第 3 期。

在河北藁城作《G 城志外一章》一文(此文未发表,手稿现存中国现代文学馆)。

1988 年

8 月 22 日,《冶秋和我》载于《新文学史料》1988 年第 3 期。

80 年代,撰文《最最难忘的一件事》《黄鹤楼记》(手稿现存中国现代文馆)、《鲁迅笔下的四代知识分子》(未发表)。

1999 年

3 月,《我的生平简述》(陈青生整理)载于《新文学史料》1999 年第 3 期。

11 月,《黄花草》(王华曼整理)由汕头群众艺术馆编印发行。

2009 年

1 月,《自流井》由大众文艺出版社出版发行。

2016 年

10 月,王余杞著,王平明、王若曼整理的《王余杞文集》(上、下),由花山文艺出版社出版发行。文集除《前言》《后记》外,收有王余杞撰写的小说、散文、诗歌、回忆录、编辑手记，以及王平明、王若曼整理的《王余杞生平和文学创作活动》。郁达夫、朱大枬为《惜分飞》写的序言、陈青生所撰写的《王余杞和〈我的故乡〉》，分别作为附录一、附录二和附录三，置于《后记》之后。

（该年表参考了陈裕容硕士学位论文《王余杞考论》的附录"王余杞年表"，王平明、王若曼整理的《王余杞文集》所附《王余杞生平和文学创作活动》以及王发庆著《王余杞评传》，特此致谢。）

区域文化与中国现当代文学研究

主持人语

主持人：李祖德教授

主持人语：

本期"区域文化与中国现当代文学研究"栏目辑录了六篇论文，以飨读者。从所涉对象看，六篇论文分别处理了中国新文学从20世纪20年代到21世纪的六列个案；从所处理的问题看，六篇文章涉及文体范式、佚文佚简考述、作品修订与版本变迁、作家的作品的发掘与阐释等问题。

董卉川、都雪莹的《石民散文诗剧文体范式研究》对早期象征派诗人石民的散文诗剧创作进行了具体的呈现和细致的阐释，显示了石民散文诗剧"散文形式—诗性内涵—剧性特质"的文体范式；金传胜、孙婉琦《新见郁达夫佚文佚简考述》披露了《郁达夫全集》《全集补》之外数篇新见郁达夫佚文佚简，并陈述了相关背景和刊文经过，补充了郁达夫研究的史料；周思辉《〈预言〉的隐微修订与何其芳文学道路转型》详尽梳考了何其芳诗集《预言》从初刊本、初版本到重版本变迁过程中的隐微修改，从文本及文本细处探析了"何其芳文学道路"转型中的隐微心迹，也从时代环境的变化揭示了这一"转型"的艰难、漫长与"未完成性"；李艳敏《〈幽僻的陈庄〉之文学史意义及原生态乡村书写》分析了王林创作于20世纪30年代的长篇小说《幽僻的陈庄》对华北农村的"原生态"和地域性书写，剖析了其中融合左翼文学和京派文学乡土经验的写作立场，文章标示了其"上承左翼文学，下启红色经典《红旗谱》"的文学史位置和意义。黄家鑫、梁笑梅的《"纸上东北"与"超越故乡"：双雪涛小说空间叙事的价值阐释》从空间叙事分析了当代作家双雪涛对"东北"的"地域性"和"超地域性"书写，从当下的时代语境和现代文学史传统分析了双雪涛的"东北"书写之于"东北文学"复兴、新变乃至之于"新东北文学"的意义和可能性。张嘉茵的《学院化：论董启章的小说诗学》分析了当代香港作家董启章小说中的百科全书式知识叙事、文体互融和"作家"形象自我指涉三个特点，提炼了作家董启章"学院化"的小说诗学，也呈现了这一小说观念和立场与香港文化生态的张力，显示出其特殊意义。

六篇文章并没有都集中于"区域文化"或"地域性"的问题，但李艳敏、黄家鑫和梁笑梅、张嘉茵的论文分别从华北农村生活风貌、东北工业的兴衰和香港城市文化生态观照了各自的对象和论题，仍显示了"区域"作为问题的广延性。其他三篇文章或从文体特征，或从史料、文简辑佚，或从文本修改的"局部"和微观层面观照了现当代文学研究的一些"整体性"问题，亦显示了"区域"作为方法的可能性。

石民散文诗剧文体范式研究

董卉川　都雪莹

内容提要：中国现代文学史上的被遮蔽者、早期象征派诗人石民在其短暂的一生中，写作了《恶梦》《解颐录》《镜的悲哀》以及《怪物及其他》中的《怪物》，《五毒酒及其他》中的《五毒酒》和《暗箭》中的《悲哀》《僬侥国的事》等多部散文诗剧。石民对散文诗剧此种杂糅性的体裁进行了先锋、前卫的文体实验，其作品以文体形式的散文性、文体内核的诗性与文体特质的剧性彰显独到的文体范式，同时散发出强烈的文体张力和艺术魅力。

关键词：石民；散文诗剧；文体范式

散文诗剧脱胎于散文诗，是一种现代性文体。在散文诗中注入戏剧因素，散文诗剧便应运而生。从属性上来看，散文诗剧必是散文诗，但散文诗却不一定是散文诗剧。在19世纪末的法国，散文诗作为一种独立的文体诞生，而路易·贝尔特朗的《夜之卡斯帕尔》的出版即为此文体诞生的标志。"自此，散文诗这一文学新品种才逐渐在文苑里占上一席重

---

* ［基金项目］国家社科基金重点项目"中国新文学学术史研究"（20AZW015）。
** ［作者简介］董卉川（1986— ），男，文学博士，青岛大学国际教育学院副教授，硕士生导师，主要方向为中国现代诗剧、散文诗研究。都雪莹（2000— ），女，硕士研究生，主要研究方向为中国现当代文学。

要的位置。"① 在《夜之卡斯帕尔》中，贝尔特朗在数部散文诗中加入了戏剧性的成分，使其蜕变成为散文诗剧，对后世产生深远影响。自此之后，夏尔·波德莱尔则使新生的散文诗由寂寞走向繁荣，兴盛于世界文坛。1862年他出版了散文诗集《巴黎的忧郁》②，自认从《夜之卡斯帕尔》中受到了极大启发，"波德莱尔把阿洛修斯·贝特朗的《夜之卡斯帕尔》称做'神秘辉煌的榜样'，充满了景仰之情"③。路易·贝尔特朗进行的开创性文体实验——将戏剧因子注入散文，即为波德莱尔所述的重要榜样之一。中国散文诗（剧）是"五四"学人对西方散文诗（剧）译介的产物，从理论研究到实践创作的扛鼎者首推刘半农④。胡适的《人力车夫》⑤是中国现代文学史上的第一部诗剧作品，也是第一首散文诗剧。1927年7月，北新书局出版了鲁迅的散文诗集《野草》，标志着中国现代散文诗（剧）的成熟。

曾和废名、梁遇春齐名，被誉为"骆驼草"三才子⑥、湘籍第一个象征派诗人⑦的石民也曾创作过多首散文诗剧，和其他学人一道，推动了新生的散文诗剧的发展。可石民却成为中国现代文学史上的被遮蔽者，文学史中多是在论述早前象征诗派时，寥寥几笔带过，学界也罕见其研究，

---

① 黄建华：《译序》，载［法］路易·贝尔朗特《夜之卡斯帕尔》，黄建华译，花城出版社2004年版，第4页。

② 又名《巴黎的烦恼》。

③ 郭宏安：《翻译后记》，载［法］夏尔·波德莱尔《巴黎的忧郁》，郭宏安译，上海译文出版社2011年版，第177页。

④ 刘半农1915年7月在《中华小说界》第2卷第7期以文言文翻译了屠格涅夫的四首散文诗——《乞食之兄》《地胡吞我之妻》《可谓哉愚夫》《鳌妇与菜汁》。同时在散文诗前还对杜瑾讷夫（屠格涅夫）进行了简单介绍——《小说名家 杜瑾讷夫之名著》。吊诡的是，刘半农将四首散文诗作为小说进行了译介，在白话文运动尚未充分展开下，用文言文翻译屠格涅夫的散文诗，并将其归纳为短篇小说，也并未指出这四首作品为散文诗，因此，这四首散文诗还不足以称之为严格意义上的汉译散文诗。1918年5月在《新青年》第4卷第5号上引用和翻译了印度歌者RATAN DEVI的散文诗，题目《我行雪中》是刘半农自己所题，《我行雪中》应为中国现代文学史上第一首译介的白话散文诗。

⑤ 《人力车夫》创作于1917年11月，1918年1月刊载于《新青年》第4卷第1号。

⑥ 唐仲远：《"骆驼草"三才子》，《档案春秋》2014年第3期。

⑦ 谢韵梅：《湘籍第一个象征派诗人石民》，《湖南社会科学》1989年第6期。

现有的研究多是从象征诗派的角度①或石民诗歌写作的结构模式角度②去论述。石民在其短暂的一生中，写作了《恶梦》《解颐录》《镜的悲哀》以及《怪物及其他》中的《怪物》、《五毒酒及其他》中的《五毒酒》和《暗箭》中的《悲哀》《僬侥国的事》等多部散文诗剧。石民对散文诗剧此种杂糅性的体裁进行了先锋、前卫的文体实验，其文体范式体现出散文性的文体形式、诗性的文体内核与剧性的文体特质，使其散文诗剧在浩如烟海的文学作品中散发出独特的魅力。通过阐释石民散文诗剧的文体范式，回溯中国现代散文诗剧的发源与发生，探寻石民对波德莱尔、屠格涅夫等欧美作家文体形式的借鉴，挖掘石民某些散文诗剧作品所具有的不同于象征派诗歌的独异诗风，由此揭示石民散文诗剧所蕴含的文体张力和艺术魅力。

一 散文性的文体形式

分段排列的文体形式（外形）是散文诗剧区别于纯诗、话剧的关键所在。在文体形式上，散文不像纯诗、话剧那样有着严格的结构和体式限制。散文为分段排列，纯诗与之相对，是分行排列，还需配以韵律格式。戏剧则需要一整套舞台线索，其中就包括完整的舞台提示，"舞台提示是对故事发生的时间、地点、背景，人物生活的特殊的历史阶段、时空环境，特殊处境以及人物形象的基本性格和基调的整体性交代"③，以及多样化的戏剧角色。通过分段排列的散文性文体形式（外形）即可将三者区分开来。由散文、诗歌、戏剧杂糅而成的散文诗剧，在文体形式（外形）上必然为分段排列，若是采用纯诗的分行排列，或采用戏剧的舞台提示，只会同纯诗和话剧趋同一体，毫无差异，"随着散文诗创作的日趋成熟，采用散文性分段排列的方式成为散文诗固定的体裁形式，这就

---

① 孙玉石在《中国初期象征派诗歌研究》（北京大学出版社 2010 年版）的《胡也频及其它诗人》一节中论述了石民的创作，称其诗歌"受到象征派的影响，打上了李金发诗风的印痕，成了初期象征派新诗中一个并不丰硕然而值得重视的果实"。
② 参见刘佳慧《石民诗歌基本结构模式探析》，《诗探索》2013 年第 7 期。
③ 戴平：《戏剧美学教程》，上海书店出版社 2011 年版，第 190 页。

与欧美的散文诗创作实现了契合"①。

从文体形式（外形）方面重审石民的诗歌创作，符合分段排列的文体外形的作品有《秋之暮》《恶梦》《解颐录》《镜的悲哀》《怪物及其他》（内含《怪物》《五分钟》《"可悲而又可笑的人呵?"》三首组诗），《五毒酒及其他》（内含《五毒酒》《好梦都变成了死灰》《五分钟》三首组诗）《暗箭》（内含《悲哀》《极大的用处》《僬侥国的事》三首组诗），因此，上述作品为散文诗。但《秋之暮》以及《暗箭》中的《极大的用处》《怪物及其他》中的《五分钟》《"可悲而又可笑的人呵?"》《五毒酒及其他》中的《好梦都变成了死灰》《五分钟》（《怪物及其他》中的《五分钟》与《五毒酒及其他》中的《五分钟》是一部作品）未被注入戏剧因子，就无法由散文诗升华为散文诗剧。而其他作品，不仅具有分段排列的文体外形，还被注入了戏剧因子，从而由散文诗蜕变为散文诗剧。

石民的第一首散文诗剧《恶梦》发表于1925年。1917—1925年这个时间段恰是中国散文诗剧创作方兴未艾之时，大量的散文诗剧如雨后春笋般涌现，如胡适的《人力车夫》、刘半农的《卖萝卜人》《猫与狗》《饿》《老牛》（《扬鞭集》版）②、刘大白的《再造》《月和相思》、周作人的《小河》《歧路》、许地山的《蛇》《香》《海》《山响》《"小俄罗斯"底兵》《愚妇人》《你为什么不来》《梨花》《鬼赞》《光底死》、郑振铎的《旅程》《荒芜了的花园》《自由》、徐雉的《乞丐》《送给上帝的礼物》、张资平的《海滨》、穆木天的《复活日》、俞平伯的《生所遇着的》《如环的》、徐玉诺的《冲动》《蝶》等。也是在1925年的《语丝周刊》上，鲁迅发表了他几乎全部的散文诗剧——《过客》《死火》《狗的驳诘》《失掉的好地狱》《颓败线的颤动》《立

---

① 董卉川：《中国现代散文诗剧文体范式研究》，中国社会科学出版社2022年版，第46页。
② 参见董卉川、张宇《从自由诗到散文诗的蜕变——〈新潮〉版〈老牛〉与〈扬鞭集〉版〈老牛〉考略》，《现代中文学刊》2020年第5期。

论》《死后》,"有了小感触,就写些短文,夸大点说,就是散文诗,以后印成一本,谓之《野草》"①,鲁迅在上述散文诗中注入戏剧成分,使其保留了散文性的文体形式且在本质上升华成为散文诗剧。

经过初期摸索,到了1925年,中国散文诗剧的文体范式已然成型,分段排列成为散文诗剧的标准文体形式(外形)。在此基础上,学人们依然在进行着一些前卫的文体实验,譬如擅于"创造'新形式'的先锋"②的鲁迅在写作《过客》时,采用了典型的戏剧体裁形式。

对于自我的第一首散文诗剧《恶梦》,石民同样对其进行了文体形式的探索,并不是简单地以分段排列的文体形式建构文本,而是以分段排列和分行排列杂糅的形式谱写而成。诗作的第3、5、10、11、12、13、14、16、17段是典型的分段排列,其他段落则是分行排列。这种分段排列和分行排列相杂糅的文体形式,在散文诗剧的创作中极为常见,如周作人的《歧路》《小河》、徐志摩的《"谁知道"》《"夜"》等作品便是个中典范,表现出了诗性和散文性的融会,也映射出周作人、徐志摩、石民的诗人身份与气质。

石民之后写作的散文诗剧《解颐录》《镜的悲哀》《怪物及其他》中的《怪物》、《五毒酒及其他》中的《五毒酒》,《暗箭》中的《悲哀》《僬侥国的事》,则完全是以分段排列的形式建构全文。其中的重要缘由之一便是石民对波德莱尔散文诗的推崇、译介和借鉴。从1928年至1930年间,石民在《语丝》《现代文学(上海1930)》《春潮(上海)》等刊物上译介了波德莱尔的大量散文诗。之后还翻译了波德莱尔的散文诗集《巴黎之烦恼》,称其散文诗是自己的最爱之一,"波德莱尔的散文诗,是译者平日所偏嗜的少数作品中的一种,现在是全部翻译出来了,在译者仿佛是了却了一种心愿似的"③。学界以往多关注石民

---

① 鲁迅:《〈自选集〉自序》,载《鲁迅全集》第4卷,人民文学出版社2005年版,第469页。
② 雁冰:《读"呐喊"》,《文学旬刊》1923年第91期。
③ 石民:《译者小言》,载[法]波德莱尔《巴黎之烦恼》,石民译,上海生活书店1935年版,第1页。

对波德莱尔象征诗歌的推崇,却忽略了石民对波德莱尔散文诗文体形式的借鉴,更忽略了石民对屠格涅夫散文诗的译介借鉴。石民曾在《公路三日刊》等刊物译介过屠格涅夫的多首散文诗,石民去世后,《儿童创作》上还曾刊登过石民与清野合译的屠格涅夫的散文诗《麻雀》。1930年,石民还曾在《北新》第4卷第7期上发表文章《关于"屠格涅夫散文诗"》,对北新出版社翻译的"屠格涅夫散文诗"提出其中存在的问题。由此可见,除了波德莱尔,屠格涅夫的散文诗也对石民产生过重要影响。二者陶染了石民散文诗的写作,波德莱尔和屠格涅夫散文诗文体形式的相通点便是完全以分段排列的形式布局文本;以不惜笔墨式的大量文字进行抒情叙述;一首散文诗往往由多首组诗共同构成。因此,除《镜的悲哀》外,石民的《怪物及其他》《五毒酒及其他》《解颐录》《暗箭》均是由三首组诗构成。受此影响,石民的众多纯诗也以组诗的形式创作。

散文性分段排列的文体形式使得作者的情绪与思想以更为简洁的篇幅、更为精练的字数、更为合理的方式呈现与表达,更有利于促进诗体的解放,"我相信有裸体的诗,便是不借重于音乐的韵语,而直抒情绪中的观念之推移,这便是所谓散文诗"[①]。新诗体现出的自由形式与散文诗的特质相呼应,"自由诗散文诗的建设也正是近代诗人不愿受一切的束缚,破除一切已成的形式,而专捣诗的神髓以便于其自然流露的一种表示"[②]。分段排列的特征,加之不受字数与布局方式限制的高自由度,使散文诗成为更有益于现代人情绪表达一种的独特文体形式,成为石民诗剧创作的首选文体形式。

二 诗性的文体内核

毫无疑问,散文诗的文体内核是诗,"散文诗是诗中的一体,有独立

---

① 郭沫若:《论节奏》,载《郭沫若全集·文学编》第15卷,人民文学出版社1990年版,第360页。

② 郭沫若:《郭沫若致宗白华》,载《郭沫若全集·文学编》第15卷,人民文学出版社1990年版,第47页。

艺术的存在，也可无疑"①。对此谢冕也曾表达观点："散文诗与其说是散文的诗化，不如说它不过是诗的变体。散文诗只是散文的近邻，而确是诗的近亲，它和诗有血缘关系。"② 若无法准确把握散文诗的文体内核，就易使新生的散文诗流于散文，变得"非驴非马"③。诗性——暗示性既是诗歌的文体内核，也是散文诗的文体本质所在，散文是"多为解释的"④，散文诗与之相对，是"偏于暗示的"⑤。石民以诗化的节奏波动、诗意的言语表述、诗性的意象布局，谱就了暗示性（诗性）浓郁的散文诗剧之章。

从文体形式上看，分段排列的《怪物及其他》《五毒酒及其他》《镜的悲哀》《暗箭》看似散文，但上述作品的建构方式并非散文式（解释性、非虚构性）的，并不是石民对自我日常生活和过往人生的感悟与记录，也不是对社会问题、世事现象的思辨讨论，更非阅读文艺理论或书籍之后的心得体会。这些作品的建构方式完全是虚构性、暗示性的。石民将自我的情感和对生命、人性、人生、命运的感悟，以诗的方式——暗示性、虚构性的方式呈现。诗歌的文体特色决定了其对于抒情性的重视，石民丰富的内心情感、深邃的人生思索是以精美凝练、含蓄幽婉的诗意表述呈现的。当然，一些散文的语言也十分优美，富有诗意，而意象的自如运用，则是使散文升华为散文诗（剧）的关键。

"意象，是诗歌艺术最重要的组成部分之一（另一个是声律），或者说在一首诗歌中起组织作用的主要因素有两个：声律和意象。"⑥ 若在现实世界中寻找一个客观物来表示作者的思想情感，那么此客观物即为"象"，此种情感意志即为"意"，二者相辅相成，共同作用。其构成本身

---

① 滕固：《论散文诗》，《文学旬刊》1922年第27期。
② 谢冕：《北京书简》，人民文学出版社1981年版，第175页。
③ 余光中：《剪掉散文的辫子》，载《余光中集》第4卷，百花文艺出版社2004年版，第154页。
④ 西谛：《论散文诗》，《文学旬刊》1922年第24期。
⑤ 西谛：《论散文诗》，《文学旬刊》1922年第24期。
⑥ 陈植锷：《诗歌意象论》，中国社会科学出版社1990年版，第13页。

就具有暗示、隐喻及象征的元素,"一个'象'具有多层的'意',通过'象'来暗示、表现丰富的内涵,即一个'能指'可以聚合多个'所指'"①。意象是诗歌独特的要素,同时它的运用也使散文诗(剧)增添了"暗示"的特点,从而区别于散文。

《镜的悲哀》中的"镜子"、《怪物》中的"怪物"、《五毒酒》中的"五毒酒"、《悲哀》中的"眼睛"、《僬侥国的事》中的"僬侥国度"(国家),均是客观物象,石民以上述客观物象来承载自我的情感与理念,客观物象被赋予了全新的含义,从而升华为意象。如"镜子"隐喻了人类隐藏的悲哀情感,"也竟染上了我们这时代的流行病,开口就说什么'悲哀'哩"②。如"怪物"隐喻了人类苦痛的灵魂,"这痛苦却落在我自己的灵魂上"③。"五毒酒"隐喻了世间万物所蕴含的悖论性、矛盾性,以及石民本人的辩证式思维,"这种酒,因为煞气很厉害,能够攻治痿痺的痼疾,使你'复活'……因为煞气很厉害,结果往往不免——死或疯狂"④,"五毒酒"的性质就像鲁迅《死火》中的"死火","死火"同样具有矛盾性、悖论性:走出冰谷,永得燃烧——死亡;留在冰谷,永远冰冻——死亡。"眼睛"隐喻了不同阶层的人——文学家、艺术家、革命家,而"可怜……衰弱"的眼睛则隐喻了诗人——作者本人。"僬侥国度"则讽喻了黑暗的现实社会,"那真是有趣的国度"⑤。石民寻找了一个又一个"客观对应物",以"象"表"意",意象的应用,使上述作品具有了典型的"非个人化"特质,借助意象,石民在上述作品中进行了深刻的哲理深思,以曲折幽婉的方式描写并反思人性、人生、命运。

情绪是人类心理状态的象征,它具有极强的抽象性,难以通过具体的文字来表达,因此节奏变换与起伏成为情绪传达的主要途径,"文学的

---

① 吕周聚:《中国新诗审美范式的历史转型》,人民出版社 2014 年版,第 116 页。
② 石民:《镜的悲哀》,《语丝》1929 年第 5 卷第 2 期。
③ 石民:《怪物及其他》,《莽原》1926 年第 1 卷第 12 期。
④ 石民:《五毒酒及其他》,《语丝》1928 年第 4 卷第 21 期。
⑤ 石民:《暗箭》,《春潮》1929 年第 1 卷第 9 期。

本质是有节奏的情绪的世界"①。诗歌节奏是诗人内在情绪的外化表现，节奏的舒缓激昂随着作者内在复杂情感的变化而变化，由此体现出作品的诗性特征。而以分段排列和分行排列杂糅而成的《恶梦》，便是以外在波动的诗化节奏表现内在复杂思想情感的典范，成为石民散文诗剧中诗性最为浓郁的一部作品。

　　唉，唉，又是一些恶梦！
　　总是这样，总是这样……
　　沉浊的，沉浊的恶梦呀，抵不住，避不开的——这是怎么一回事呢？
　　这真窘哩！
　　夜呵，为甚不收容我在明净的，清幽的梦里？睡在你怀里的小艸是正在他们的梦里吸取滢潔甘露罢，而且将以甜美的微笑迎接那祝福的曙光了，——但是我呢？
　　总是这样，总是这样……
　　我不愿再睡了。
　　★ ★ ★ ★
　　屋内是黑漆漆的。
　　的答，的答，的答……
　　不倦的钟声努力为我驱逐那些懊恼的记忆。
　　但是早晨来得太慢，我只好等候着。
　　阿，那颗星！隔着灰暗的窗，很亲切的望着我。
　　"请问，我的星，究竟什么是我必需做的呢？"
　　"救起你自己！"他警告似地回答，而且命令似地挥手。
　　"什么，救起我自己？"（我惊异地离开了枕，而且擦一擦朦胧的眼睛。）"……从强盗？……从猛兽？……从饥饿？……从疾

---

　　① 郭沫若：《文学的本质》，载《郭沫若全集·文学编》第 15 卷，人民文学出版社 1990 年版，第 352 页。

病？……"

他只不住地摇头。

"然则？……阿，得了，从一切的噩梦！"

于是他便不见了。

是呀，多着呢，多着呢，积压着而且将消磨了我的光辉的——无可奈何的恶梦！

★ ★ ★ ★ ★

…………给我力量罢！…………

…………给我力量罢！…………①

在文中，石民以符号"★ ★ ★ ★""★ ★ ★ ★ ★"进行了空行，将文本自然分为三部分，映射了自我内在情绪的波动。在第一部分，"我"被噩梦惊醒，不再睡眠，此时的情绪为抑。在第二部分，"我"等待清晨到来时的情绪依然为抑。而当另一个戏剧角色"星"出现，与"我"发生戏剧对话，激励"我""救起你自己"后，"我"的情绪由抑转扬。"星"走后，懦弱的"我"的情绪再度转抑。在第三部分，"我"鼓起勇气决心接受"星"的建议，救起自我，给自我鼓劲，此时"我"的情绪再度转扬。由此形成了"抑—抑—扬—抑—扬"的外在诗化波动节奏（曲线），"情绪的进行自有它的一种波状的形式，或者先抑而后扬，或者先扬而后抑，或者抑扬相间，这发现出来便成了诗的节奏……没有节奏的便不是诗"②。在文本创作中，石民还辅以各种标点符号，如大量的省略号、破折号、感叹号，借助标点，以及分段排列和分行排列相杂糅的文体形式，还有复沓、排比、反复等各种修辞手法的使用，使内在情绪的高低起伏通过外在的节奏形式的参差错落与抑扬顿挫得到更为流畅的传递，最终实现散文诗与纯诗的相互碰撞、相

---

① 石民：《恶梦》，《莽原》1925年第9期。
② 郭沫若：《论节奏》，载《郭沫若全集·文学编》第15卷，人民文学出版社1990年版，第353页。

互交汇、相互融合，直至统一的复杂过程，实现了诗体乐章的变奏，呈现出浓郁的诗性。

脱胎于散文的散文诗（剧）仅以诗意的言语表述是无法摆脱散文的桎梏，而跻身诗歌之林的。因此，更需注重外在诗化节奏的布局、诗性意象的建构，由此呈现散文诗（剧）诗性体裁的内核。石民在写作散文诗剧时，将自我置身于哲学家的责任地位，以理性哲思的眼光观察思考，关注社会现实及人生人性，其思想情感"与散文诗剧的诗性体裁内核相契合，巧妙委婉地对丑恶人性进行了批判"①。注重将客观物象与主观情感及理念相结合，以现实人生中的客观事物为原型，投射于散文诗剧，生成丰富的暗示性意象。再以诗化的外在节奏呈现自我的情感理念，最后通过幽深委婉、余味曲包的诗化表达，创作出一部部意韵深远、沈博绝丽的散文诗剧，对当下散文诗、散文诗剧的创作具有极大的启发性价值。

三　剧性的文体特质

"散文诗的戏剧化"是散文诗向散文诗剧发展过程中一个极为重要的转折点。"诗剧主要分为'戏剧化的诗'与'诗的戏剧化'两种文体形式。'戏剧化的诗'是在戏剧中融入诗的因子，使戏剧升华为诗剧。'诗的戏剧化'则是在诗歌中融入剧的因子，使诗歌升华为诗剧。'诗的戏剧化'又可以细化为两种文体形式，一是'纯诗的戏剧化'，二是'散文诗的戏剧化'。"②

戏剧因子的注入主要是指戏剧角色的应用和戏剧对话的形成，在《噩梦》《镜的悲哀》《怪物及其他》中的《怪物》，《五毒酒及其他》中的《五毒酒》，《暗箭》中的《悲哀》《僬侥国的事》中，石民自然注入

---

①　董卉川：《论中国现代散文诗剧的现代特质》，《山东师范大学学报》（社会科学版）2023年第2期。

②　董卉川、张宇：《论中国现代散文诗剧的文体发源与历史流变》，《南方文坛》2022年第5期。

了戏剧角色，如《噩梦》中的"我"和"星"；《怪物》中的"我"和"我的灵魂洞窟里伏着的怪物"；《五毒酒》中的"我"和"同饮者"；《镜的悲哀》中的"我"和"镜子"；《悲哀》中的"各种眼睛"和"一个年青的女郎"；《僬侥国的事》中的"我"和"一个新从僬侥国游历回来的朋友"。上述角色均发出了声音，发声的文字又均被石民以引号进行了标注，被标注的文字即为文本中戏剧角色间的独白或对白，体现出作为关键一环的戏剧对话的形成，这也是由散文诗升华为散文诗剧的关键。"全面适用的戏剧形式是对话，只有通过对话，剧中人物才能互相传达自己的性格和目的。"① 在散文诗《秋之暮》中，石民也设置了角色"我"和"浓密的夜色"（"无边的黑暗"），但二者之间并未发生对话，因此，《秋之暮》只是散文诗而未能升华为散文诗剧。同样，在《"可悲而又可笑的人呵？"》《好梦都变成了死灰》中，石民也设置了角色"他"和"一只猛狗"，以及"我"和"冷酷而可怕的面影"，但彼此之间也未发生对话。在《"可悲而又可笑的人呵？"》中，只有"他"的单独发声，"猛狗"并未回应。在《好梦都变成了死灰》中，只有"冷酷而可怕的面影"的单独发声，"我"并未回应。因此，《"可悲而又可笑的人呵？"》《好梦都变成了死灰》未能由散文诗升华为散文诗剧。而鲁迅的《狗的驳诘》中也出现了角色一人一狗——"我"和"势力的狗"，二者均发声，发出的声音构成了对话，使《狗的驳诘》由散文诗升华为散文诗剧。石民的一些纯诗也有类似情况，有角色登场而未形成戏剧对话。而注入了戏剧角色，又形成戏剧对话的《壶中天（外一篇）》② 中的《壶中天》《诗三首》③ 中的《笔》，则升华为"纯诗的戏剧化"。

作家在写作散文诗剧时将戏剧角色自然穿插于作品之中，即随着剧情的发展将戏剧角色注入其中。还有一种戏剧角色的注入方式为明显注入式，这唯一的特例便是鲁迅的散文诗剧《过客》。在《过客》中，鲁迅

---

① ［德］黑格尔：《美学》第 3 卷下册，朱光潜译，商务印书馆 2017 年版，第 259 页。
② 石民：《壶中天（外一篇）》，《每周文艺》1934 年第 11 期。
③ 石民：《诗三首》，《文艺月刊》1932 年第 3 卷第 5—6 期。

用戏剧所特有的、完整的舞台提示，向观众与读者介绍了作品发生的时间、地点以及出场的人物，并且对人物形象和环境进行了细致描述。通过舞台提示，对出场的戏剧角色进行了明确的标注与设置。最终使《野草》成为"现代散文诗剧写作历史上唯一一篇'戏剧化的散文诗'形式的创作"①。

而《解颐录》的文体特质使其成为中国现代散文诗剧史上最近似于《过客》的创作。《解颐录》由三个篇章（组诗）构成，每一篇章均未有作者本人任何的客观陈述，完全是由作品中出场的戏剧角色的对话构成。

一

——大夫，我的病到底怎样？
——喔，不碍事，可是要好生保养才好。
——怎样保养法呢？
——我的意思是要你以后别喝酒了。
……

二

——喂，老张，你吃过酒席回来了？
——……
——热闹吧？
——……
——咦，不高兴么？怎么不答话儿？
——嗡，嗡。
——到底怎么哪？
——别问了！真气煞人！
……

---

① 董卉川：《中国现代散文诗剧文体范式研究》，中国社会科学出版社2022年版，第56页。

三

——这酒何如,先生?

——喔,很好。宝号的酒真是名不虚传。

——承先生褒奖了。

——不过,老板,我要告诉你:这可惜还有一点气味儿。

——什么气味儿,先生?

——很难说……喔,让我仔细尝一尝看……呵,得了!这大概是酒的气味儿。①

第一章中出场的戏剧角色为"大夫"和"我",第二章中出场的戏剧角色为"我"和"老张",第三章中出场的戏剧角色为"先生"和"酒保"。由于《解颐录》全篇完全是由作品中出场的戏剧角色的对话构成,因此,上述出场的戏剧角色彼此之间均形成了戏剧对话,《解颐录》由散文诗升华为散文诗剧是毫无疑问的。关键在于《解颐录》的发声方式,并不像石民其他散文诗剧或是像其他学人的散文诗剧那样,是将角色发声的文字以引号进行标注。在该作中,石民以"——"(破折号)作为戏剧角色的标注,"——"后面的文字自然成为该角色的发声,由此省略了引号,同时,"——"又成为戏剧角色出现的提示语。但"——"又不完全像戏剧中的舞台提示里的角色标注,如鲁迅的《过客》中,以舞台提示标注戏剧角色的方式为"翁""孩""客"后面空格,由此构成一套完整的戏剧角色的舞台提示,空格后出现的文字成为该角色的发声,这是戏剧中最为常见的角色提示语布局方式。因此,未使用引号、未注明角色名称,而单以破折号标注角色的《解颐录》,可以算是一部准"戏剧化的散文诗"形式的创作。《解颐录》中,自然注入式角色和明显注入式角色方式的融会,展现了石民对散文诗剧创作所进行的前卫、先锋的文体实验。

---

① 石民:《解颐录》,《语丝》1928年第4卷第44期。

《解颐录》全篇戏剧角色之间的对话轻松、诙谐，形成了一股幽默戏谑之风，揭示了石民以"油滑"的创作姿态谱写文本，展现了不同以往诗作的独异文风。在石民以往的散文诗剧中，深深地烙印着"阴郁……疯狂……死灰"（《五毒酒及其他》）、"悲哀"（《镜的悲哀》）、"愤恨……痛苦"（《怪物及其他》）、"无可奈何"（《恶梦》），揭示死亡才是角色的归宿，布满了灰暗之色、忧郁之风。而在《解颐录》中，石民借助完全的戏剧对话，消解了以往常见的文风，同时，继续着自我的理性沉思，以富有哲理韵味的戏谑，思考人性、人生。

结　语

　　石民在其短暂的一生中，涉猎了纯诗、小说、杂文等多种文体的写作，以及对欧美诗歌的译介，尤其是对散文诗剧的创作，使中国现代文学史上的被遮蔽者与中国现代文学史上的边缘性文体产生了奇妙的联系。通过阐释石民散文诗剧的文体范式，能够发现石民对于散文诗剧此种文体的偏爱，以及先锋、前卫的文体实验；能够发现石民散文诗剧所具有的文体张力和艺术魅力；能够重审石民对波德莱尔、屠格涅夫等欧美作家的推崇借鉴；能够更深入、全面地推进学界对于石民诗歌、早期象征诗派、散文诗剧的研究。通过对石民等学人散文诗剧的遗珠重拾，也是对中国现代文学史的有益补充，对当下散文诗剧的发展，有着极为重要的意义。

新见郁达夫佚文佚简考述
——兼为 2007 年版《郁达夫全集》补正

金传胜　孙婉琦[*]

内容提要：在浙江大学出版社《郁达夫全集》与海豚出版社《全集补》之外，尚有郁达夫的散佚文字。笔者新近发现《郁达夫启事》《寻找相片》等文章，以及郁达夫致徐寒梅书信等佚简，本文并就 2007 年版《郁达夫全集》中《闽海双鱼》等文的所据版本与重复收入问题予以补正。

关键词：郁达夫；佚文；佚简；补正

2007 年浙江大学出版社十二卷本的《郁达夫全集》出版后，不断有郁达夫的集外佚文被发掘。2017 年，陈子善先生将学人新发现的郁氏佚文汇为一集——《全集补》，由海豚出版社梓行[①]。此后，曾祥金、吴心海等披露了郁达夫的佚文《反帝国主义运动之前途》[②]、佚函《回杭观

---

[*] 金传胜（1988— ），男，安徽芜湖人，扬州大学文学院副教授，文学博士，研究方向为中国现代文学史料。孙婉琦（1999— ），女，安徽池州人，扬州大学文学院在读研究生。

[①] 本书吸纳了陈建军、宫立、汤志辉、廖太燕等学者的辑佚成果，但未收《创造月刊》第 1 卷第 6 期上的《创作社启事》。关于本启事是郁达夫所撰的考证，参见宫立《郁达夫关于创造社与〈幻洲〉关系的信函》，《郭沫若学刊》2013 年第 4 期。

[②] 参见曾祥金《新发现郁达夫佚文考释》，《新文学史料》2018 年第 2 期。《反帝国主义运动之前途》一文是否郁达夫所作，似尚需更多的证据。

感》以及致尹贞淮的两封书信①。笔者一直对郁达夫的史料十分关注，于民国报刊中苦心搜觅，辑得郁达夫的多篇佚文、佚简和相关史料，现披露于此，略作考述；并就2007年版《郁达夫全集》中《闽海双鱼》的所据版本与重复收入问题予以补正。

一 四则启事

1927年6月3日上海《民国日报》第4版刊载《郁达夫启事》，原刊无标点，现酌加整理如次：

> 达夫因病来日就医，上船日蒙诸亲友远送，不克一一笺谢，歉仄奚似。刻已安抵长崎，望诸君勿念。病愈返国后，当再走谢耳。

根据郁达夫的生平行藏，1927年他并没有赴日就医，上述启事的内容并不属实。那么郁达夫为什么要放出"烟幕弹"呢？

1927年4月，蒋介石发动了"四·一二"反革命政变，上海的白色恐怖达到高潮。这时候，郁达夫身体欠佳，患上了黄疸病。王映霞曾回忆："四月间，蒋介石叛变，在南京成立了他的独裁政府。上海的创造社同人有朝不保夕的危险，郁达夫生了严重的黄疸病，虽然辗转就医，但仍无法痊愈。"② 郁达夫在1935年的《王二南先生传》中对这一时期的处境也有追述："当时，我在经营的创造社出版部，因政治关系而入了停滞状态；对于前妻并子女的离异赡养等问题，又因现款无着，祖产未分，而处到了两难之境；尤其是危急的一个生死关头，是因为有几位朋友的政见之故，我也受了当局的嫌疑，弄得行动居处，都失掉了自由。"③

---

① 参见吴心海《郁达夫佚函〈回杭观感〉》，《文汇报》2019年8月30日第13版；吴心海《大战勃发，我辈将不能生存——郁达夫遗札两通释读》，《澎湃新闻·上海书评》2019年12月31日。
② 王映霞：《我与郁达夫》，广西教育出版社1992年版，第24页。
③ 吴秀明主编：《郁达夫全集·第三卷·散文》，浙江大学出版社2007年版，第236页。

1927年4月28日，郁达夫撰写了一篇"面对国民党反革命政变的严正声明和战斗宣言"①的重要文章——《诉诸日本无产阶级文艺界同志》，由小牧近江、里村欣三带回日本后，刊登于《文艺战线》六月号。

同年5月初，创造社的另一位大将王独清从广州回到上海。5月16日，郁达夫被医生确诊为黄疸病。当天日记云："午后回到闸北，觉得人更难堪了，就把创造社里的事情，全部托付了出去，一个人跑回新华来。"②受托之人即王独清。郁达夫旋即撰写了一则《达夫启事》，在其主编的《新消息》第三号与《洪水》半月刊第3卷第30期同时登出："达夫因旧病复发，拟暂赴乡间静养。所有出版部编辑事务，暂由王独清君负责。"③说明他当时有离沪养病的打算。5月24日的郁达夫日记曰："午前一早醒来，就上虹口去打听《文艺战线》六月号到未？问了两家，都说还没有来，大约明天总可以到上海，我的危险时期，大约也在这十几天中间了。孤帆教我去躲避在他的家里，但我却不愿去连累及他。所以仍想上西湖去住几天。"④孤帆即李孤帆，名平，浙江宁波人，与郁达夫相友善。可见，《文艺战线》六月号实际出刊于5月下旬。此时郁达夫预感自己将要陷入危险境地，遂决意离开上海，去杭州疗养。5月28日，"半为养病，半为逃命"的郁达夫便躲到了杭州。果然如其所料，翌日的29日，上海军警搜查创造社出版部并盘问郁达夫的行踪。郁达夫得知消息后，于5月31日的日记中写道："日本的《文艺战线》六月号，前天可到上海，大约官宪当局又在起疑神病了。"并当即想出一个策略："得上海信，前天果有人去出版部搜查了，且在调查我的在杭住址。作覆信一，要他们再为我登报声明已到日本的事情。"⑤虽然已身在杭州，郁达夫为确保安全起见，写信嘱咐上海方面为其登报声明，营造他已赴日养

---

① 唐天然：《关于郁达夫的佚文〈诉诸日本无产阶级文艺界同志〉》，《新文学史料》1982年第4期。
② 吴秀明主编：《郁达夫全集·第五卷·日记》，浙江大学出版社2007年版，第171页。
③ 吴秀明主编：《郁达夫全集·第八卷·杂文》上，浙江大学出版社2007年版，第28页。
④ 吴秀明主编：《郁达夫全集·第五卷·日记》，浙江大学出版社2007年版，第174页。
⑤ 吴秀明主编：《郁达夫全集·第五卷·日记》，浙江大学出版社2007年版，第178页。

病的假象。这便是上录6月3日的《郁达夫启事》。郁达夫的复信今已佚失,但其中应包括这则启事的主要内容。也就是说,启事是由郁达夫拟好,随信寄往上海,由收信人(可能系王独清,待考)帮忙登出。然而,似亦无法完全排除由上海友人代拟的可能性。即便如此,启事的内容毕竟符合郁达夫本人的意思,仍可视为他的文字。5月20日,王独清在《致法国友人摩南书》中已有"达夫在最近期间内因病赴日本修养"① 的说法,此信后登于《洪水》第3卷第31期(实际出刊于6月初)。6月7日,王独清在《创造月刊》第7期的编辑后记中写道:"完全出人意料之外的是,达夫因把心血全部倾注在了杂志上,以致旧病复发,已独自一人去了日本疗养。这一期的月刊,不得已暂且由我负责编辑。"② 王氏两度制造"善意的谎言",自然是出于保护郁达夫的用意。

郁达夫在6月8日的日记中言道:"接上海来信,中间附有上海小报一张,五月三日的小报上记有《郁达夫行将去国》一条,记载得还不很坏,小报名《福尔摩斯》。"③ 经查,《郁达夫行将去国》一文刊于6月2日(旧历为"五月三日")《福尔摩斯》第一版,署名"依依"④。文中透露郁达夫因"旧病复发"准备去第二故乡的日本疗养,还谈到其在日本发表《诉诸日本无产阶级文艺界同志》一事,并说郁"这次旧病复发,大约是害怕着新的压迫,趁此逛逛日本风景,这是他的逛病呀"⑤。小报文章常常道听途说,不足为凭,"郁达夫行将去国"虽然是个假消息,但作者所述倒还颇有见识,所以得到郁达夫"记载得还不很坏"的评语。另外,6月22日上海《烟视报》第二版刊出一篇署名"竹溪"的《郁达夫的行踪》,首先提及郁达夫在报上登了一个已来日养病的广告,接着说

---

① "修养"应作"休养"。
② 王独清:《编辑后》,《创造月刊》第1卷第7期,1927年7月15日。
③ 吴秀明主编:《郁达夫全集·第五卷·日记》,浙江大学出版社2007年版,第184页。
④ 《幻洲》1927年5月1日第1卷第7期刊有署名依依的两则《街头巷议》,与《福尔摩斯》上的同名撰稿者是否同一人,待考。
⑤ 依依:《郁达夫行将去国》,《福尔摩斯》1927年6月2日第1版。文中将日本的《文艺战线》杂志误作《无产文艺》。

自己两周前尚在杭州见过他，碰到的是一个满面病容的郁达夫。据郁自述，初到杭州时病情严重，后经一个和尚疗治，已逐渐复原。郁达夫来杭后，确实由王二南介绍集庆寺和尚为他看病，经过治疗与调养，最终病愈。如此看来，这位"竹溪"的记述大体可靠。该文还说郁达夫"正当上海清党运动开始的时候，恐怕因为郭沫①若的关系牵涉到创造社，便在各报登了一个广告，说明创造社仅不过是一个文学的团体，社员的个人的政治行动，与团体无涉（那时候正有创造社被封的谣传，自这个广告登出后，谣言也就不攻而消灭了）"②。此前的5月17日，上海《民国日报》第一版确实刊有一则《创造社出版部启事》，原刊无句读，现酌加标点整理如下：

  创造社系纯文艺团体，出版部系营利集股公司，并不带有丝毫政治性质，亦并不与任何个人有关。近因各小报记载失实，诚恐淆惑众听，特此登报声明。
  再者，在印刷中之法国名小说家都德氏之《磨坊文札》、郁达夫氏的全集第一卷《寒灰集》、穆木天氏的抒情诗集《旅心》，以上三书均系有趣味之文艺读物，不日即可出版。合并预志，以告读者。

显然，这就是上文提到的郁达夫在报上登的广告。综而观之，这则未署名的启事应出自郁达夫之手。如前所述，郁达夫于1926年年底返沪后，一直经营着创造社出版部的事情，直至1927年5月16日午后才将有关事务托付给王独清。作为创造社出版部半年来的负责人，由熟悉情况的郁达夫来撰写启事，最为合乎逻辑与情理。在5月17日致王映霞的信中，他还特意提醒王映霞注意这则启事："今天《民国日报》上

---

① "沫"原刊作"沫"。
② 竹溪：《郁达夫的行踪》，《烟视报》1927年6月22日第2版。

有一个创造社的启事，你看见了没有？大约以后创造社的安全，是可以保证的了。"① 无疑暗示执笔人即郁达夫。郁氏刊布此启事，主要目的乃否认创造社带有任何政治性质，以确保社团与社员的安全，顺便也为自己将出的《寒灰集》以及穆木天的《旅心》和成绍宗、张人权合译的《磨坊文札》作广告。

1935年9月1日杭州《东南日报》第九版"社会服务"第432号刊出一则落款人署郁达夫的寻物启事，题为《寻找相片》，其文曰：

> 昨日（三十日）下午七时许，在湖滨路宝记照相馆门口，遗失照片一包。如有拾得者，请送至大学路场官弄六十三号，当予以相当酬谢。郁达夫启

看来，郁达夫8月30日在湖滨路宝记照相馆门口不小心丢失了一包照片。为了能够找到照片，内心焦急的郁达夫马上发布了这则启事，希望读者中如有拾得者，请将照片送到郁宅，并允诺会给予酬谢。郁达夫在启事中留下的地址正是他在杭州的住址，今为郁达夫故居。1933年4月，经过妻子王映霞的反复劝说，郁达夫从上海举家移居杭州。"大学路场官弄六十三号"位于浙江图书馆附近，环境清幽，生活方便。郁达夫曾作过描述："新居在浙江图书馆侧面的一堆土山旁边，虽只东倒西斜的三间旧屋，但比起上海的一楼一底的弄堂洋房来，究竟宽敞得多了。"② 湖滨路离郁宅不远，聚集了旅店、餐馆、书肆等繁华场所。郁达夫的《秋霖日记（1935年9月1日—20日）》常出现"过湖滨""去湖上"访友、聚餐的记载。只是本年8月份的日记恰好无存，9月后的日记中未见关于遗失照片的相关记载。郁达夫所丢的具体是什么照片？是否真的如泥牛入海？限于材料，都无法考证了。

因风雨茅庐建成，1936年4月底，郁达夫由闽回杭小住。新屋落成，

---

① 吴秀明主编：《郁达夫全集・第六卷・书信》，浙江大学出版社2007年版，第148页。
② 吴秀明主编：《郁达夫全集・第三卷・散文》，浙江大学出版社2007年版，第171页。

按照习俗自然要设宴庆贺，郁达夫、王映霞遂向亲友们发出请柬。5月14日《东南日报》第一版刊有一则《王映霞 郁达夫启事》，内容如下所示（原刊无标点，兹酌加）：

> 胡展堂先生仙逝，举国哀悼，谨遵中央电令停止宴会三天。现改于本星期六下午七时借镜湖厅与诸亲友小叙，恕不一一再告，特此奉闻。

胡展堂即国民党元老胡汉民，1935年5月12日逝世于广州。与启事同版的"今日大事"中云："中央开临时常会决定全国下半旗并停止娱乐三天为胡汉民志哀，林蒋汪等电胡家属唁慰，地方高级行政人员会议为哀悼胡氏停开。"据《郁达夫与醋鱼》，郁达夫夫妇本来预定的宴会日是5月15日，因政府明令停止一切娱乐以追悼胡汉民，宴会只得延期至周六，即5月16日①。

孙百刚在《郁达夫与王映霞》"七 风雨茅庐"中曾对新屋建好后王映霞的宴客作过描述："那天晚上，映霞约的都是一对对的夫妻。除我和纪瑞外，另有四对夫妇，也都是官场中人。有两对是我们熟的。因为是正式的酒席，你请我请，吃来并不怎样舒服。还不如在嘉禾里吃油炸豆腐干来得有味。"②关于宴会的具体日期未作交代，仅说是一个"星期六下午"。5月18日《东南日报·小筑》登出短讯《王郁宴客镜湖厅 三山五岳人皆备》，透露了这次宴席的场面颇大："王映霞郁达夫妇夫（王在前，郁在后，系照他们登报办法）前晚假镜湖厅欢宴亲友，计设八席，到来宾六十余人，席间有党政军学界要人，有名士，有诗人，新闻记者，有会计师律师医生，有许多太太小姐，有……谑者谓今夕之宴，三山五岳之人皆备云。"足见宴席聚集了郁达夫、王映霞的各界亲友，可谓极一

---

① 参见未名《郁达夫与醋鱼》，《中外问题》第15卷第6期，1936年6月。
② 郭文友：《千秋饮恨：郁达夫年谱长编》，四川人民出版社1996年版，第1393—1394页。

时之盛。启事中王映霞在前,郁达夫在后,这一细节表明宴席操办者主要是王映霞。

二 致徐寒梅函(序《丽丽》)

1935年秋,醒民印刷局出版发行了徐寒梅的长篇小说《丽丽》。徐迺翔主编《中国现代文学词典·第1卷·小说卷》对本书的著录信息为:"长篇小说。徐寒梅著。1935年8月江苏戚墅堰醒民印刷局出版。"① 然而根据书中的广告插页,醒民印刷局位于青岛兰山路六至八号。或因本书的总代理处标注的是"京沪线戚墅堰三十九号徐志成堂",著者便误以为醒民印刷局在江苏戚墅堰。甘振虎等编《中国现代文学总书目 小说卷》同样沿袭了这一错误。

综合徐寒梅发表于民国报刊上的《凭吊》《别了汉皋》等文以及《全国新闻从业员调查表(民国二十四年)》②,大致可简单勾勒其生平行止。他是江苏武进人,1909年生,1926年秋负笈苏州,1929年夏辍学赴鄂,先在汉口水利局谋职,1930年春赴沙洋县负责测勘水灾;1932年在南京工作,1933年因病来青岛疗养,受聘于《青岛晨报》任文艺编辑。1933年10月开始有散文、影评等陆续见诸《青岛时报》的《青光》《开麦拉》副刊。徐寒梅是郁达夫的崇拜者,1933年春在杭州时曾想拜访他,却缘悭一面。后来听闻郁氏来青岛避暑,从《正报》上获知其地址,遂冒昧投函请教。徐寒梅在散文《旅青杂记》中转录了他1934年7月27日写给郁达夫的书信,并在附言中说信寄出两日后,即得郁达夫的覆函,邀往晤谈③。因而,徐寒梅与郁达夫的交往当始于青岛。考虑到郁达夫"对爱好新文艺的青年总是热情地接待","一点也没有架子,像平辈的朋

---

① 徐迺翔主编:《中国现代文学词典·第1卷·小说卷》,广西人民出版社1989年版,第294页。
② 《全国新闻从业员调查表(民国二十四年)》,《报学季刊》第1卷第3期,1935年3月。
③ 参见徐寒梅《旅青杂记》,《幽燕》第3卷第7期,1934年9月1日。

友一样"①，想来他与徐寒梅必有一番晤谈。不过，郁达夫的《避暑地日记》中未见关于徐寒梅的记载。

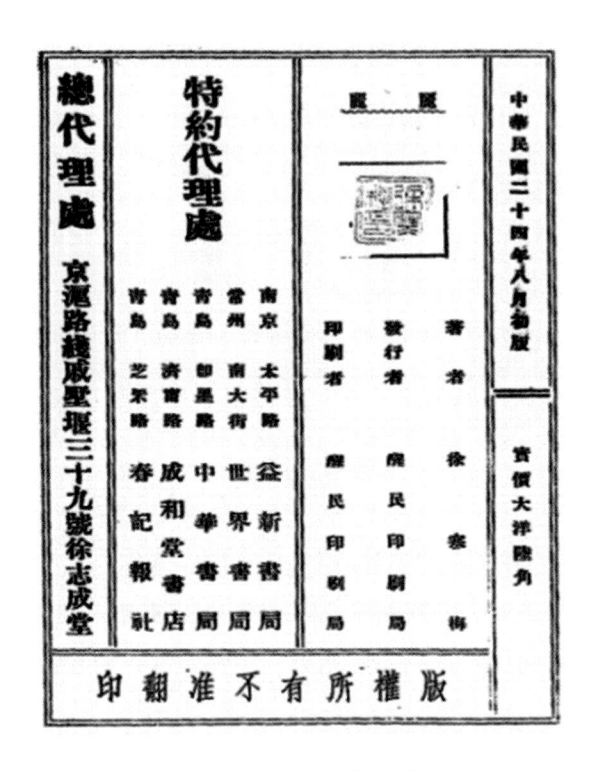

图1 徐寒梅《丽丽》版权页

《丽丽》原题《三姨太太》，1934年至1935年曾在《青岛时报·青光》连载一年多。1934年1月7日始刊，4月7日至5月24日因作者生病停载②，1935年4月5日刊毕。据后记叙述，这是作者的第一部长篇小说，写作过程中得到了江苏《果报》总编辑夏心如和《大观报》社长周天一的鼓励，前两章曾逐日刊于《大观报》。作者的创作目的是"暴露着军阀依仗财与势而加于年青女子的残暴，以及军阀的姨太太对于金钱的

---

① 刘开渠：《忆郁达夫先生》，载陈子善、王自立编《回忆郁达夫》，湖南文艺出版社1986年版，第87页。

② 参见徐寒梅《关于〈三姨太太〉》，《青岛时报·青光》1934年5月23日。

挥霍"①。虽然他自认为并未成功,但小说得到了青岛市民读者的追捧。窝主在《为徐寒梅创作说几句话》中称赞道:"据记者居青三十年的历史,所知道在青岛出版的作品,除了德人日人的以外,最早的要算叶春墀的《青岛概要》,以及近几年来的《胶澳志》,和什么指南、风光一类的东西,真正的文艺作品,要算寒梅君的这个《三姨太太》是最风头的了。"② 1935年5月28日《青岛时报》刊出预告《徐寒梅所著〈丽丽〉即将出版》,6月12日刊出《长篇创作〈丽丽〉(原名三姨太太)出版预约启事》。作者花了两三个月的时间对原稿进行精心删改、扩容,增加了暴露"帝国主义者压迫我们大中华民族的残暴"的内容。在读者的翘首期盼之下,单行本最终出版。需注意的是,版权页标注的是"中华民国二十四年八月初版",但9月14日《青岛时报》刊出《徐寒梅著〈丽丽〉现已出版》,内云本书"已于昨日出版",故其实际出版时间为1935年9月13日。

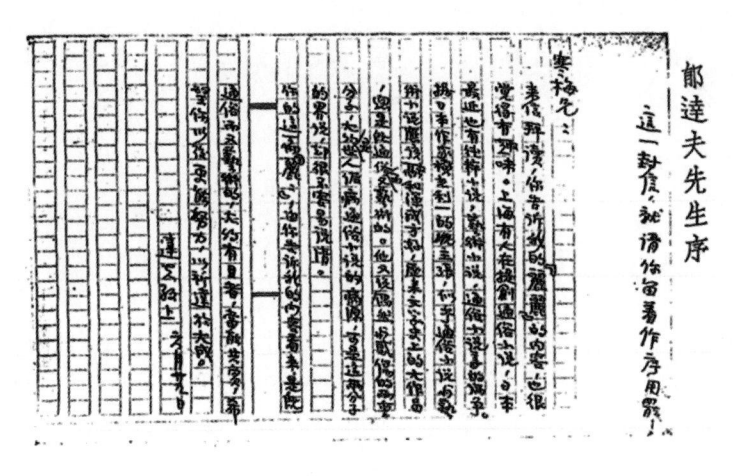

图2 郁达夫《郁达夫先生序》

本书正文前载有作者速写像、洪深先生序文原稿一页、作者原稿一

---

① 徐寒梅:《〈三姨太太〉后记》,《青岛时报·青光》1935年4月4日。
② 窝主:《为徐寒梅创作说几句话》,《青岛时报·窝窝头》1935年9月15日。

页、半老徐娘题词、郁达夫先生序、洪深先生序、夏心如先生序、赵勉之先生序、不奇斋主序和自序。自序中说："本书蒙郁达夫，洪深，夏心如，赵天游，尹朴斋诸先生抽暇为我作序；郑昊樟，谈寒光二先生为我作画；并蒙几个朋友的鼓励与帮忙；在这里总说一句以志感谢。"① 郁达夫、洪深两人的序文均未见研究者关注，其中郁序是致作者书信的手迹，现释录如下：

> 寒梅兄：
>
> 　　来信拜读，你告诉我的《丽丽》的内容，也很觉得有趣味。上海有人在提刱通俗小说，日本最近也有纯粹小说，艺术小说，通俗小说等的论争。据日本作家横光利一的主张，似乎通俗小说与艺术小说应该融合浑成方好，历来文学史上的大作品，总是既通俗而又艺术的。他又说偶然与感伤的两重分子，大约是世人诟病通俗小说的病源，可是这两分子的界说，却很不容易说清。
>
> 　　你的这篇《丽丽》，从你告诉我的内容看来，是既通俗而又艺术的，大约有目者，当能共赏，希望你以后更能努力，以祈达于大成。
>
> 　　　　　　　　　　　　　　　　　达夫敬上　六月廿九日
>
> 这一封信，就请你留着作序用罢！

此函当作于1935年6月29日，此时徐寒梅的《丽丽》大概已经完成，故请郁达夫、洪深等人赐序。据信文，郁达夫并未读过《丽丽》全篇，只是从徐寒梅的来信中了解到小说的主要情节。他认为小说内容甚有趣味，"是既通俗而又艺术的"，鼓励徐继续努力。信中还谈到了日本与国内关于通俗小说的讨论。日本文坛关于通俗文学的论争始于1934年，引起了郑伯奇、任钧等的关注。1935年2月上海良友出版公司邀请郑伯

---

① 徐寒梅：《丽丽》，醒民印刷局1935年版，《自序》第10页。

奇主编一份"通俗文学杂志"——《新小说》，进行小说大众化与通俗小说的尝试，得到了郁达夫、茅盾、张天翼等新文学作家的支持。郁达夫为该刊贡献了小说《唯命论者》，得到茅盾先生"既能'通俗'又耐回味""在已出二期的《新小说》上真能推为'通俗文学'的，这也是初次呵"①的评价。郁达夫在给郑伯奇的信中谓："我自以为通俗小说，终不是我所能写的东西。""日本的大众小说，倒是我们的一个模范。"② 正是在这一背景下，郁达夫对徐寒梅的小说创作在通俗性与艺术性相融合的探索方面表示肯定，体现了他对于文学新人的热忱指导和对小说通俗化的支持。

三 对书信《为国防文艺致何勇仁书》的考证

1936年10月27日，郁达夫将致一位友人的书简隐去姓名且加以删节后发表于福州《华报》，今收入2007年版《郁达夫全集》第六卷。笔者曾据1936年10月10日《汗血周刊》第7卷第15期上何勇仁的《郁达夫的实干——一封论国防文艺的信》，考证出收信人系何勇仁③。李杭春在1936年南昌《国防文艺》汇刊第1集上找到了这封书信的完整版本——《为国防文艺致何勇仁书》，使其终成全璧。李文推测"该刊当为月刊，创刊于1936年9月，当年出刊4期；停刊时间则不详"④。实际上，这一推断并不确切。《国防文艺》是《江西民国日报》的副刊，1936年8月26日创办，每周出刊。初署江西国防文艺社主编，后署江西国防文艺社何勇仁主编。创刊号登有郁达夫的七律《感时》（即1935年2月4日作的《乙亥元日读〈龙川文集〉暮登吴山》，手迹曾载同年10月1日《论语》第73期），诗后附有何勇仁署名"识夫"的按语："本刊之迟迟发刊，是因等待着特约达夫写的《国防文艺论》，但，前

---

① 惕若（茅盾）：《杂志"潮"里的浪花》，《文学》第4卷第5号，1935年5月1日。
② 吴秀明主编：《郁达夫全集·第六卷·书信》，浙江大学出版社2007年版，第246页。
③ 参见金传胜：《郁达夫三题》，《郭沫若学刊》2017年第2期。
④ 李杭春：《新发现郁达夫的两篇"未完稿"》，《新文学评论》2021年第2期。

几天达夫虽然来信了，可是稿还没有寄到，只有这一首诗。这首诗是达夫得意之作，一个新文艺作家，能够向旧体诗用工夫，而有新情绪意味表现的，可不容易找了。"可见 8 月 26 日前郁达夫曾有函致何氏，随函寄来《感时》，只是此信今已不存。"至如来信中之所说，必待我的文字寄到，然后始行将刊物发刊云云"中的"文字"即何勇仁向郁达夫约的《国防文艺论》。郁达夫并未写成此文，何勇仁等来的是《国防阵线下的文学》（末具"一九三六年，双十，改作"）一文，10 月 21 日载《国防文艺》第 9 号。此文是郁达夫 9 月 25 日在福州格致中学演说《国防统一阵线下的文学》的修改版，作者将原来的开场两段删去，结尾也有改动，演讲的语气与特征均已消失。不难推知，虽然郁达夫想以书信与旧诗来应付邀稿，但何勇仁执意要他写一篇《国防文艺论》。最后郁达夫便将这篇涉及"国防文艺"的讲演稍加删改寄去，才算完结了这笔"文债"。

因种种缘故，郁达夫、何勇仁各自发表的这封信存在个别文字的出入。如"不大有机会读"一句，"全集版"（即《华报》版）作"不太有机会读"，虽皆通，似以后者为宜，因写信人不会错认自己的字。或因"大""太"形近，致使何勇仁误识。"那里还有这些余裕去谈脉理，论派呢？"这一句在《郁达夫的实干——一封论国防文艺的信》中作"那里还有这些余裕去谈脉理论派别呢"，而"全集版"作"哪里还有这些余裕去谈脉论理派别呢"。撇去"那""哪"互通不谈，似以"那（哪）里还有这些余裕去谈脉理，论派别呢"为宜。此处郁达夫以医生治病来比喻文学创作，故"谈脉理"之语并不突兀。

《中国新文学大系（1927—1937）》"第 19 集　史料·索引一"对江西国防文艺社的介绍曰："一九三五年冬成立于江西南昌，由国民党江西省党部出面组织。次年一月，出版《国防文艺汇刊》，鼓吹他们的所谓'国防文艺'；九月中旬曾在南昌举行绘画展览会。"[①] 据笔者考

---

① 上海文艺出版社编：《中国新文学大系（1927—1937）·史料·索引一》，上海文艺出版社 1989 年版，第 355 页。

证，江西国防文艺社筹备于 1936 年夏，"以建立心理国防、提高民族意识为宗旨"①，7 月初开始向社会征求社员，12 日午后在中山纪念堂举行第一次全体社员大会，宣告社团正式成立，刘百川、黄国俊、何勇仁等当选为理事②。《江西国防文艺社成立宣言》于 17 日在《江西民国日报》《健报》同时刊载③。《国防文艺》汇刊第 1 集仅收创刊号至第 12 号（11 月 11 日出刊），故可能出版于 1936 年年底。由于国防文艺社"所倡导的'国防文艺'就是'民族文艺'"④，《国防文艺》自 12 月 2 日第 15 号更名为《民族文艺》，期数续前。12 月 30 日出至第 19 期后，1937 年 1 月改出《民族文艺月刊》。据 1937 年 2 月 6 日《江西民国日报》"社会服务版"《何勇仁征求》启事中"本人前月在路上失去文友简又文、郁达夫致我的函件两封"可知，郁达夫在 1936 年 12 月还有书信给何勇仁，惜已佚失。

四　对《郁达夫全集》两文的补正

2007 年版《郁达夫全集》"第六卷·书信"收入了《闽海双鱼》，题注："此信据沈平子《郁达夫一通佚信的发现》，载二〇〇〇年十月二十三日《中华读书报》，首次收入全集。"篇尾注释为："原载一九三六年四月六日天津《庸报》，据二〇〇〇年十月二十三日《中华读书报》。"⑤ 沈平子后来复发表《新版〈郁达夫全集〉补遗》，主张"篇尾注释以'原载一九三六年四月二日南京《新民报》'为宜"⑥。虽然《新民报》确实早于《庸报》刊登此信，但它同样不是最早的出处。经查考，《闽海双鱼》初刊 1936 年 3 月 31 日《东南日报·沙发》第 2635 期。其实信文最

---

① 《江西国防文艺社征求社员启事》，《江西民国日报》1936 年 7 月 7 日第 3 版。
② 参见《江西国防文艺社紧急通知》，《健报》1936 年 7 月 10 日第 1 张第 3 版；《国防文艺社昨成立》，《江西民国日报》1936 年 7 月 13 日第 2 张第 7 版。
③ 《健报》刊登时题为《江西国防文艺社宣言》。
④ 何勇仁：《"国防文艺"与"民族文艺"》，《江西民国日报·国防文艺》1936 年 11 月 18 日第 13 号。
⑤ 吴秀明主编：《郁达夫全集·第六卷·书信》，浙江大学出版社 2007 年版，第 252 页。
⑥ 沈平子：《新版〈郁达夫全集〉补遗》，《博览群书》2009 年第 5 期。

后说："这一封私信，你阅后以为可以发表，请拿去交给大慈，头上加一个《闽海双鱼》的题目就对。杭州的友人，大约要想知道我的消息的，总也不少；借花献佛，可以省去我许多作信之劳，更可以省下我的几张五分邮票。"① 已经明确提示此函由王映霞阅后交给了大慈（即陈大慈，《东南日报·沙发》主编），旨在让杭州的诸位友人知晓郁达夫的近况。南京《新民报》在转载时，个别地方与原文不乏出入，如"真真可惜"成了"真正可惜"，"路透电员"误为"路透访员"。《郁达夫全集》因据沈文辑入，故并未改正②。

全集中存在篇目重收现象，也可说是辑佚工作中不免遭遇的"同文异题"陷阱。陈梦熊在《新文学史料》2008 年第 2 期发表《新发现郁达夫写于南洋的佚文和佚信》，披露《战事的文艺作家》《南洋来的消息》（致夏莱蒂信）两文。《郁达夫全集·第八卷·杂文》（上）在辑入《战事的文艺作家》时有"本文由陈梦熊先生提供线索，首次收入全集"③的题注。实际上《战事的文艺作家》并非佚文，与《郁达夫全集·第十一卷·文论》（下）收录的《战时的文艺作家》内容相同。《战时的文艺作家》写于 1938 年 4 月 15 日，载同年 5 月 10 日汉口《自由中国》第一卷第二号。《战事的文艺作家》同年 7 月 4 日刊上海《大英夜报·星火》。从时间上来看，《自由中国》刊文早于《大英夜报》，当为初刊本。《大英夜报·星火》登载的臧克家《过武胜关》（7 月 4 日）、郭沫若《纪念台儿庄》、周扬《略谈爱国主义》（以上两文 7 月 6 日）、老舍《谈通俗文艺》（7 月 7 日、8 日）诸文同样已刊于《自由中国》第 1 卷第 2 号，明显属于转载行为。《战时的文艺作家》被转载时标题误植为《战事的文艺作家》，致使陈梦熊先生失察，将后者误判为佚文，而《郁达夫全集》

---

① 郁达夫：《闽海双鱼》，《东南日报·沙发》1936 年 3 月 31 日第 2635 期。

② 沈文原题《郁达夫一通佚信之发现》，载《中华读书报》2000 年 10 月 18 日"每周瞭望"版。沈文据《新民报》辑录时，还将原文中"十八日""三十万字""三百多册"改成了阿拉伯数字的形式。

③ 吴秀明主编：《郁达夫全集·第八卷·杂文》上，浙江大学出版社 2007 年版，第 326 页。

编者未及查证,造成同篇文章出现重复收入的情况。将来修订《郁达夫全集》时,《战事的文艺作家》应予删汰。

李杭春在《新发现郁达夫的两篇"未完稿"》披露了郁达夫译的一本《勇毅果敢之邱吉尔先生》,并称:"囿于信息线索的有限,这一非正式出版物仍留给我们不少疑问,比如印制于何时、发行于何地,是否仅在新加坡流传,是否郁达夫本人授权,封面标题是否郁达夫本人拟定……"① 据1941年5月15日《南洋商报》第10版《英作家恩斯脱·詹姆斯所著〈邱吉尔先生〉一书情报部刊印华文小册子》,当地政府情报部为了使各界人士了解邱吉尔的出身、经历与人格,将《勇毅果敢之邱吉尔先生》译成各种文字,中文译本"已延郁达夫先生译成,刻已刊印成册"②,向各界分发赠阅。因此,郁达夫所译《勇毅果敢之邱吉尔先生》应出版于1941年5月,由新加坡政府情报部刊印。

---

① 李杭春:《新发现郁达夫的两篇"未完稿"》,《新文学评论》2021年第2期。
② 《英作家恩斯脱·詹姆斯所著〈邱吉尔先生〉一书情报部刊印华文小册子》,《南洋商报》1941年5月15日第10版。

《预言》的隐微修订与何其芳
文学道路转型[*]

周思辉[**]

内容提要： 何其芳对其诗集《预言》中诗歌的修改从未停步，而这与他文艺思想的不断变化有关。诗文选编与修改涉及创作主体整个创作系统：创作心理、创作背景、创作动机、创作技巧。对何其芳来说，每一次选择与修改，都经过缜密的思考与抉择。到延安之后的何其芳，尤其是延安文艺座谈会后，他的文艺思想从个人主义的"旧我"逐步走向集体主义的"新我"，逐渐走向主流意识形态的创作之路。从诗集《预言》诗的内容在不同版本的详细修订视角，考察何其芳文艺思想的变化在以往的研究中并没有引起足够的重视。何其芳诗集《预言》（初版、重版）中的诗歌对比发表本、原刊本会发现几乎所有的诗歌都经过改动，小的修改如标点、字、词、词句的分行位置，大的修改如增删改动诗中诗句、修改题名副题、删除注释性内容，更有甚者，有些诗从原刊到重版本形同再造，几为新诗。这种隐微的表达甚至可以从《醉吧》一诗副题的改变看出他对波德莱尔态度的变化，以此暗示他对"旧我"的厌弃和对"新我"

---

[*]［基金项目］国家社科基金后期资助项目"从'梦中道路'到'革命的路'——何其芳文学道路研究"（19FZWB020）。
[**]［作者简介］周思辉（1983— ），男，汉族，河南周口人，贵州师范大学文学院教授，文学博士，博士生导师，研究方向为中国现当代文学。

的追求。再加上复杂的个人、社会、意识形态等因素，何其芳《预言》中诗歌细微的修订不仅是出于诗艺的考虑，也预示他文学道路的转型。

关键词：何其芳；诗集《预言》；内容修订；文学道路转型；波德莱尔

何其芳对诗歌艺术完美的追求非常苛刻，他常以雕刻师的身份自比，他说："我的写作是很艰苦很迟缓的。犹如一个拙劣的雕琢师，不敢率易的挥动他的斧斤，往往夜以继日的思索着，工作着，而且当每一个石像脱手而站立在他面前，虽然尚不十分乖违他的原意，又往往悲哀的发现了一些拙劣的斧斤的痕迹。"① 对"一些拙劣的斧斤的痕迹"不断地修改，达到"苦求精致近颓废"② 的程度。何其芳有很深的古文功底和外国诗文鉴赏能力，他曾多次表达对古人诗艺的赞叹，认为古诗精练、流光溢彩，无形中他也继承了古人"炼字"的诗艺传统。再加上他对外国浪漫、象征诗艺的借鉴，开阔了视野思路，为其雕琢追求精致唯美提供了可依托的参照。何其芳将诗文创作视为自己生命的缪斯，对诗文创作的热爱达到入境化境的程度。《预言》初版本的全部诗歌，是其凭借记忆背诵而出，不能完整背诵的就被放弃，正是这种灌注全部心血的热爱，才使他发出感慨"自己是一个流连光景的人"，更"珍爱自己的足迹"。何其芳对诗歌的取舍向来严苛，"焚了的许多诗歌早已灰飞烟散，固不用说。就是这两年先后用笔名和真名在大小报刊上铅印出来的诗也剔除了不少，要根本删掉不好的诗，不如意的习作或失败了的试作都弃之不惜。他不愿留下他自己不满意的诗。他曾说过：'不但对于我们同时代的伴侣，就是翻开那些经过长长的时间的啮损还是盛名未替的古人的著作，我们也会悲哀地喊道：他们写了多少坏诗！'③ 他对我说一般看来，一个

---

① 何其芳：《刻意集·序》，载《刻意集》，文化生活出版社1938年版，第4页。
② 何其芳：《忆昔》，上海文艺出版社1979年版，第129页。
③ 何其芳：《燕泥集后话》，载《刻意集》，文化生活出版社1938年版，第67页。

诗人一生能多少有几首好诗可传，也就算没有白辛苦了"①。

一 注重诗歌的节奏

何其芳对诗歌的节奏非常重视，他认为这事关诗歌特色。沙鸥说，"其芳同志还提出了诗的节奏问题……他以为韵脚的问题无关紧要，可随自己的喜爱而定。诗的节奏是不能忽略的，不管有韵脚或无韵脚，节奏不但不能少，而且要十分鲜明……其芳同志认为，节奏问题是诗与散文的重要界限之一。有了节奏，诗才有音乐美。"②何其芳对诗歌的节奏把握除诗的内在情绪，还包括标点、跨行、词句的凝练等方面。

（一）标点的修订

《预言》初版本与重版本共涉及35首诗（重版将初版中的《墙》换为《昔年》），从诗歌的原刊本到初版本、重版本，除《祝福》《赠人》《失眠夜》《风沙日》四首诗因改动较大，形同新诗，无法统计以外，其余31首诗，改动标点达99处之多。这其中原因之一是《预言》初版中的诗是何其芳靠记忆背诵编成，难免跟之前的版本［原刊版、《汉园集》版（1936）、《刻意集》版（1938）］细节上有出入，这些出入不光标点，还包括字词改动、换行位置、大面积重新创作等方面。对比初版本和重版《预言》中的诗作，发现在以上几点变动较少，也说明重版本对初版本更大程度上是肯定的。但随着1955年10月全国汉语规范化会议召开，紧接着当年的10月26日，《人民日报》以社论的形式号召作家、翻译家重视作品的语言规范，作家纷纷响应号召，不光在新作品的创作中注重新的汉语写作规范的运用，就是在重新编订出版旧作的过程中也以规范的现代汉语为准则去修改。所以，对比《预言》初版本和重版本34首诗，尽管有改动，但并不像初版本与之前的版本

---

① 方敬、何频伽：《早年读诗和写诗》，载《何其芳散记》，四川教育出版社1990年版，第37页。

② 沙鸥：《忆何其芳同志谈诗》，《何其芳研究资料》1984年第5期。

对比那样大面积的修改，除《赠人》有几行改动外，其他 33 首诗歌初版到重版只改动 9 处。这也可以看出初版本尽管是何其芳全凭记忆写下来的，但已经非常接近他的满意值，当然这跟何其芳一直对抗战前的诗作热爱，经常默默记诵有关。曾和何其芳一起去延安并随 120 师转战晋西北、冀中的沙汀就讲过一个细节："初到冀中那段时间，由于不断的战斗和夜行军，又没有固定的工作，我们就都感到过苦恼。而为了排遣，一有空他就埋头抄写他抗战前所作诗歌。字迹又小又极工整。这个手抄本我曾经一一拜读，尽管它们的内容同当时的环境很不相称，但我多么欣赏其中那篇《风沙日》啊！"[①] 这是发生在 1938 年下半年至 1939 年上半年，何其芳的这个工作其实也为编选《预言》作了准备。何其芳凡事爱较真，这后来被毛泽东称为"认真"。从具体的例证看，从原版本到重版本，标点的修订总体上更能突出诗歌的节奏感，而且从审美与诵读的角度看，停顿更趋向合理，更有节奏感。如《概叹》[②]中"悼惜她，如死在青条上的未开的花"（清华周刊版）、"悼惜它如死在青条上的未开的花。"（初版本）"悼惜它，如死在青条上的未开的花。"（重版本）中间停顿，延长了审美思维，可以让人联想到闻一多的名诗《忘记她》，而私下何其芳也非常爱这首诗，能达到熟记背诵的程度。"！"在五四新文学初期被大量运用，几成滥调，曾遭到评论界的批评，所以就发现何其芳《预言》[③]到重版本很多"！"被更换。如《预言》一诗就有 10 个"！"经过更换。其他如《秋天（一）》《岁暮怀人（二）》《古城》等诗作，不再一一举例。其他如"："""……""？""。""——"等都有相关的调整与运用，不再举例，这些都说明一点，何其芳在诗歌节奏的处理上，

---

① 沙汀：《何其芳选集·题记》，载《何其芳选集》，四川人民出版社 1979 年版，第 4 页。
② 《概叹》作于 1932 年 6 月 25 日，原载 1933 年 4 月 19 日北平《清华周刊》第 39 卷，第 5—6 期合订本，署名何其芳；后编入《预言》初版本，文化生活出版社 1945 年版，第 11—12 页；编入《预言》，新文艺出版社 1957 年版，第 10—11 页。为卷一第四首。
③ 《预言》，1931 年秋写于北平，收卞之琳编《汉园集》，商务印书馆 1936 年版，第 4 页；编入《预言》初版本，文化生活出版社 1945 年版，第 3 页；编入《预言》，新文艺出版社 1957 年版，第 3 页。

是非常注重标点的。

（二）跨行的运用与回避

跨行并非中国传统诗艺，是新文学运动以来，新诗创作吸收借鉴国外诗艺的一种艺术手法。新月诗派称为"句法"："以行为诗的单位，不以句为单位，这也是西洋化的一个特色。一句可以写成几行，韵脚在行末而不是在句末，如：

> 你愿意记着我，就记着我，
> 要不然趁早忘了这世界上
> 有我，省得想起时空着恼，
> 只当是一个梦，一个幻想；
> 有那一天吗？——你在，就是我的信心；
> 可是天亮你就得走，你真的忍心
> 丢了我走？我又不能留你，这是命；"①

且不说何其芳本身就对外国诗歌有大量的阅读与研究，据他自己讲在大学期间"差不多把北京图书馆当时所有的外国文学作品的中译本都读完了"②。他曾经迷恋过新月派的创作与诗艺风格，所以他在前期的创作中也曾经有过这样明显的运用，如《莺莺》《你若是》《希冀》《古意》等诗。但后来这种跨行方法的借鉴在新诗界并不成功，饱受诟病，何其芳后来直接放弃了新月诗派的创作方法，带有明显新月诗派气息的作品，几乎都被遗弃。如在诗集版（初版本、重版本）《月下》③中的"如从琉

---

① 石灵：《新月诗派》，载《新月派评论资料选》，华东师范大学出版社 1993 年版，第 39—40 页。

② 何其芳：《写诗的经过》，载《关于写诗和读诗》，作家出版社 1956 年版，第 91 页。

③ 1932 年 10 月 11 日作，原题名为《关山月》，收于之琳编《汉园集》，商务印书馆 1936 年版，第 16—17 页；编入《预言》初版本，文化生活出版社 1945 年版，第 28 页，改题名为《月下》；编入《预言》，新文艺出版社 1957 年版，第 29 页，题名仍为《月下》。

璃似的梧桐叶/流到积霜的瓦上的秋声"。而在《汉园集》中《月下》此行为"如从琉璃似的梧桐叶流到/积霜似的鸳瓦上的秋声"。在诗集版（初版本、重版本）《柏林》① 中"但青草上/何处是追逐蟋蟀的鸣声的短手膀？"此两句在《汉园集》中为"但青草上何处是/追逐蟋蟀的鸣声的短手膀？"在诗集（初版本、重版本）《岁暮怀人（一）》中"驴子的鸣声吐出/又和泪吞下喉颈"，在《汉园集》中此两句为"驴子的鸣声/吐出又和泪吞下喉颈"；在诗集（初版本）中"我说：/温善的小牲口"，两句在诗集（重版本）合并为一句："我说：温善的小牲口"，不再跨行。《病中》在《预言》初版中的"一乘骡车在半途停顿，/四野没有人家……"，在《汉园集》中此句为"一乘古式骡车在半途/停顿，四野没有人家……"从以上实例可以看出，何其芳力在规避跨行这种诗的格式，到重版本《预言》彻底摆脱了这种形式的束缚，诗歌面貌呈现现代诗的自由书写形式。

（三）凝练的追求

何其芳出于对诗歌节奏紧凑的需要，一向要求语句凝练。《概叹》②从原刊本（清华周刊）到《预言》初版本中有些语句进行了压缩提炼，如"春与夏底笑语？花与叶底生的欢欣？"改为"春与夏的笑语？花与叶的欢欣？""二十年华满满待唱出的青春底歌声"改为"二十年华待唱出的青春的歌声""如今我悼惜我手里丧失了的年华"改为"如今我悼惜我丧失了的年华"，删去了一些修饰词，使诗结构更为简洁，增强了审美观感与诵读愉悦。这样的例子在《预言》的版本流变中有相当多的例证。

---

① 1933 年秋天作，收卞之琳编《汉园集》，商务印书馆 1936 年版，第 24—25 页；《预言》，文化生活出版社 1945 年版，第 43—44 页；《预言》，新文艺出版社 1957 年版，第 43—44 页。

② 《概叹》作于 1932 年 6 月 25 日，原载 1933 年 4 月 19 日北平《清华周刊》第 39 卷，第 5—6 期合订本，署名何其芳，收入编入《预言》初版本，文化生活出版社 1945 年版，第 11—12 页；编入《预言》，新文艺出版社 1957 年版，第 10—11 页。

如《爱情》①中"从睡莲的湖水把夜吹来,原野更流溢着郁热的香气",在《刻意集》中为"当南风从睡莲的湖水把夜吹来。/原野上更流溢着八角茴与夜来香的气味";《月下》中"如白鸽展开沐浴的双翅","展开"在《汉园集》版中为"展开着","梦纵如一只顺风的船""一只"后面在《汉园集》中有"满帆"一词。《圆月夜》中"你听见金色的星殒在林间吗?"在《刻意集》中为"你听见一颗金色的星殒下林间吗?"《岁暮怀人(一)》中"但不停地挥着斧",在《汉园集》中为"但沉默地不休止地挥着斧";《岁暮怀人(二)》中"破旧的冷布间",在《汉园集》中为"窗子上旧敝的冷布间"。《雨天》中"今年是多雨的夏季","雨"在《刻意集》中为"雨水","这如同我心里的气候的变化",在《刻意集》中此句为"这可解释我心里的气候的变化"。《柏林》中"弄舟者愁怨桨外的白浪"在《汉园集》中"愁怨"为"愁怨着"。

二 "雕琢"的修辞

何其芳在《写诗的经过》中说:"'预言'中的那些诗,语言上都是相当雕琢的"②,何其芳非常推崇贾岛,并将贾岛"推敲"的典故作为典范,在《预言》的版本不断更迭中,可以看出他在修辞上不断追求语词的从古典到现代、精准与形象、词序的精当、语词修饰的特性,处处可见其不断雕琢的"刻意性"。关于何其芳注重语词的从古典到现代的技巧,在上文中已附带提及,在这里或可再补充些佐证,《预言》一诗"我的脚步知道每一条熟悉的路径",在《汉园集》中"脚步"为"足",重版本中为"脚";《月下》中"流到积霜的瓦上的秋声",在《汉园集》中为"积霜似的鸳瓦上的秋声";《圆月夜》"若我的胸怀如蓝色海波一样柔媚",在《刻意集》中"一样"为"之";《柏林》中"何处是我孩

---

① 1932年9月23日作。收入《刻意集》,文化生活出版社1938年版,第100—102页,原题名为《爱情篇》;编入《预言》初版本,改名《爱情》,文化生活出版社1945年版,第23—25页;编入《预言》,新文艺出版社1957年版,第24—26页。

② 何其芳:《写诗的经过》,载《关于写诗和读诗》,作家出版社1956年版,第120页。

提时游伴的欢呼",在《汉园集》为"何处是孩提之伴的欢呼声"。这些修改非常细微,充满雕琢和精致的特质。

(一) 追求语词的精准与形象

《预言》中"那歌声将火光一样沉郁又高扬,火光一样将我的一生诉说",在《汉园集》版中"那歌声将火光样沉郁又高扬,火光样将落叶的一生诉说"。将"落叶"改为"我",象征的意味增强,更具形象性。"古老的树现着野兽身上的斑文,半生半死的滕蟒一样交残着","一样"在《汉园集》里为"蛇样","蛇样"改为"一样","蛇"与"滕莽"一同出现由于其外形极端的相似性而重复,故改动;《欢乐》中"像白鸽的羽翅?鹦鹉的红嘴?""鹦鹉的红嘴"在《清华周刊》为"燕子的红嘴",取"白鸽"与"燕子"相对。"会不会使心灵微微地颤抖","心灵"在《清华周刊》版为"心儿",作微微地颤抖的"心灵"比"心儿"更深刻,"心儿"本身就是颤动的。"对于欢乐,我的心是盲人的目",在《清华周刊》中为"对于欢乐,我底心是茫然,糊涂","盲人的目"相对"茫然,糊涂"更直观、形象、富于联想意义;《秋天》"飘出幽谷"在《汉园集》版中为"飘出冷的深谷"。"收起青鳊鱼似的乌桕叶的影子","乌桕叶的影子"在《汉园集》中为"枫叶的影";《昔年》中"缸里玲珑吸水的假山石上",在《刻意集》为"鱼缸里玲珑吸水的石山上";《雨天》中"爱情原如树叶一样","树叶"在《刻意集》里为"花木";《休洗红》中"在罗衣的退色里无声偷逝","退色"在《汉园集》中为"变色";《柏林》中"这巨大的童年的王国",《汉园集》中为"这童年的阔大的王国",重版本中为"这童年的阔大的王国";《墙》中"日午有圆圆的树影升腾……","圆圆的"在《刻意集》中为"亭亭的";《扇》中"望着这苹果型的地球",在《刻意集》中此句为"每夜仰望这苹果型的星球",重版本《预言》中为"每月凝望这苹果形的地球";《墙》中"爬行在砌隙,迷失了路","砌隙"在《刻意集》中为"砖隙";《圆月夜》中"它的颤跳如鱼嘴里吐出的珠沫",在《刻意集》

中"吐"为"吐迸";"一串银圈作眠歌之回旋",在《刻意集》中为"一串环连的银圈";"你的眼如含苞未放的并蒂二月莲",在《刻意集》中含苞未放为"未吐放";"蕴藏着神秘的夜之香麝",在《刻意集》中"蕴藏"为"苞含";《爱情》中"因为长春藤遍地牵延着","牵延"在《刻意集》中为"牵蔓";"而菟丝子从草根缠上树尖","缠上"在《刻意集》中为"缘上";"南方的爱情是沉沉的睡着的","睡着"在《刻意集》中为"梦着";"猎骑驰骋在荒郊","荒郊"在《刻意集》中为"远郊";"一粒大的白色的陨星",在《刻意集》为"一朵白色的陨星";"烧起落叶与断枝的火来","断枝"在《刻意集》中为"枯枝";"让我们坐在火光里,爆炸声里","火光里"在《刻意集》中为"红光里";"即有,怕也结成玲珑的冷了"。"结成"在《汉园集》中为"凝成";《夏夜》中"是的,一株新的奇树生长在我心里了","生长"在《汉园集》中为"长";《柏林》中"藏之记忆里最幽暗的角隅",《汉园集》中"幽暗"为"幽晦";《岁暮怀人(一)》中"最后是平静的安息吧","平静的安息"在《汉园集》中为"超脱的安寂";《岁暮怀人(二)》"从槐树的枝叶间漏下,漏下","枝叶"在《汉园集》中为"细叶"。"举起足"在《汉园集》中为"举起四蹄的沉重";《夜景(二)》中"假若你不是这城中的陌生客","假若你不是"在《汉园集》中为"你若不是";《梦后》中"你幸福的羞涩照亮了/我梦中的幽暗",《刻意集》中此两句为:"你们的名字照亮了/梦中的幽暗"。"是因为一个寂寞的记忆吗","记忆"在《刻意集》中为"忆念";"在半轮黄色的灯光下",在《刻意集》中为"一半轮淡黄的灯光下";《预言》初版《风沙日》中"……And Ladaies call it Love-in-idlenese。""……And"在《刻意集》中为"Maidensns",《预言》重版本中和《刻意集》中此句英文相同,作者并加注:"莎士比亚戏剧'仲夏夜之梦'中的原句。故事参看原剧。"[①]
如此众多的修改,足见何其芳倾注了大量心血,对艺术的执着追求精神

[①] 何其芳:《风沙日》,载《预言》,上海新文艺出版社 1957 年版,第 64 页。

可见一斑。

(二) 语词顺序的细节

除了对单独语词的推敲打磨，何其芳在语词顺序的细节上也尤为注意。如《季候病》①"不，我是梦着，忆着，怀想着秋天！"在现代版为"不——我是忆着，梦着，怀想着秋天——"，这考虑的是思维的移动，"梦着"的是现在，"忆着"的是过去，"怀想"的是未来；《于犹烈先生》中"阳光正照着那黄色，白色，红色的花朵"。《文丛》版中此句为"阳光正照着那红色白色黄色的花朵"。这里可能关注的是于犹烈观看阳光下鲜花的视觉反应。《病中》②中"我们是到热带去，/那里我们都将变成植物，/你是长春藤/而我是高大的菩提树。"最后两行中的"你""我"在《汉园集》中顺序是倒置的，这首诗本身一下子就可以想到舒婷的《致橡树》，"你""我"位置的不同，隐喻主客关系及性别意识。在对比各个版本的异文发现，何其芳要考虑的内容很多，如何其芳喜欢用介词"而且"，《预言》初版《欢乐》中"而且静静地流泪，如同悲伤？""而且"在《清华周刊》版为"或者"，《预言》重版中"而且"又改为"或者"；《爱情》中"而且会作婴孩脸涡里的微笑"。"而且有轻趑的残忍的脚步。""而且"在《刻意集》版中都为"且"，加上其他诗歌的大量运用"而且"，曾有人讥讽何其芳是"而且"诗人，但何其芳在具体修改过程中是有诗人的自觉与坚守意识的，改动与否全凭诗歌的整体建构。《季候病》中"谁的流盼的黑睛像牧女的铃声"，在《预言》重版中"铃声"改为"笛声"，这体现何其芳对"笛声"的钟爱，"笛"是何其芳在

---

① 《季候病》，1932 年 6 月 23 日作，原载 1932 年 10 月 1 日上海《现代》第 1 卷第 6 期，署名何其芳。收卞之琳编《汉园集》，商务印书馆 1936 年版，第 7—8 页；编入《预言》初版本，文化生活出版社 1945 年版，第 8—9 页；编入《预言》，新文艺出版社 1957 年版，第 8—9 页。

② 1934 年 3 月 13 日作，原载 1934 年 4 月 2 日《诗与批评》第 19 号，题名为《即事》署名劳之风。收卞之琳编《汉园集》，商务印书馆 1936 年版，第 32—34 页，题名为《风沙日》；收《预言》，文化生活出版社 1945 年 7 月初版，第 53—55 页；收《预言》，新文艺出版社 1957 年版，第 51—52 页。《预言》两个版本题名均为《风沙日》。

多个场合使用过的意象。《欢乐》中的"欢乐是什么什么声音？象一声芦笛？"《秋天（二）》中"牛背上的笛声何处去了，/那满流着夏夜的香与热的笛孔？秋天梦寐在牧羊女的眼里"。在《燕泥集后话》中，何其芳说："我是芦草，不知那时是一阵何等奇异的风吹着我，竟发出了声音。风过去了我便沉默。我不愿意我成为一管笛子或者一只喇叭。"① 《圆月夜》中"你感到一片绿阴压上你的发际吗？"在《刻意集》中"感到"为"听到"，这样的修改体现的是象征诗艺中的通感。《于犹烈先生》在《文丛》版中"植物的生殖常是它们的死亡的预备"，《预言》初版本中"植物的生殖是它的死亡的准备"，在重版本中此句为"植物的生殖自然而且愉快"。在《文丛》《预言》初版本中"没有节育，也没有产科医院"，在《预言》重版本中为"没有痛苦，也没有恋爱"。从《于犹烈先生》版本变异中的这两处异文嬗变看，何其芳在努力使诗的内容乐观化及诗艺化，摆脱生硬的科学常识的拘囿。《古城》中"去摸太液池边的白石碑"，在《汉园集》中此诗行下面还有一行"月光在摸碑上的朱字"，《预言》（初版、重版）将其删去，是有意造成诗意的朦胧隐晦，扩大想象空间。何其芳曾经对新诗的晦涩有一个解释，他说，"除了由于一种根本的混乱或不能驾驭文字的仓皇，我们难于索解的原因不在作品而在我们自己不能追踪作者的想象。有些作者常常省略去那些从意象到意象之间的链锁，有如他越过了河流并不指点给我们一座桥，假若我们没有心灵的翅膀，便无从追踪"②。这里何其芳将"月光在摸碑上的朱字"带有提示性的诗行删除，估计也是出于想"撤桥"的原因，增加诗歌的想象空间。

三　遮蔽与暗示：诀别波德莱尔

对比《预言》初版本、重版本及诗歌发表的原刊本，初版本中有诗歌的副题发生变化，如《醉吧》。部分诗歌原有的注释全部删除，如《风

---

① 何其芳：《燕泥集后话》，载《刻意集》，文化生活出版社1938年版，第66页。
② 何其芳：《梦中道路》，载《刻意集》，文化生活出版社1938年版，第79页。

沙日》，在 1938 年《刻意集》版中《风沙日》题名为《风沙日（二）》并有七条附注："题目：《风沙日（一）》见《燕泥集》。第一节第三行：纪德《记王尔德》文中王尔德语①。第二节第三四行：见莎士比亚《暴风雨》②。第四节第八九行，见《聊斋》《仙人岛》③。第四节第十四行：莎士比亚《仲夏夜梦》中原句④。第五节第五行：娜斯塔西亚为杜斯退益夫斯基小说《白痴》中女主人公⑤。第五节第七八行：见《古今注》《箜篌引》条⑥。"⑦ 诗歌写作时间有意或无意的略去，如《风沙日》，《刻意集》版未标明时间，《预言》初版本篇末未注明时间，而《预言》重版中篇末标注时间为 1935 年春。《醉吧》在 1937 年 1 月《新诗》第 4 期发表时，诗后注明时间为"十二月十一日草成"⑧（按，年份为 1936 年）。在《预言》重版本诗后标明时间为"12 月 11 日"。当然这两首未标明写作时间，或者跟编《预言》初版本时诗集不在身边有关，何其芳全靠背诵完成，或许时间没有记清，就略去，等到重版本时有了相关的参考资料，又进行了弥补。当然写作时间的标注，有利于更深入理解作者写作时的时空背景及揭示创作思想的嬗变，这也是《预言》重版时恢复标注时间的原因所在。

（一）诗歌题名副题的改变

如果说从原刊本、初版本、重版本对比几处写作时间的有无变化没有太多的深意，那么诗歌题名副题、注释的改变与省略是否有深意呢？答案是肯定的。《预言》第三卷中《醉吧》一诗草成于 1936 年 12 月 11

---

① 第 1 节第 3 行为 "Le soleil déteste la pensée"，是法语，在 1945 年文生版此句被译成"太阳是讨厌思想的"。
② 第 2 节第 3、4 行为："但我倒底是被逐入海的米兰公/还是他的孤女，美鸾达？"
③ 第 4 节第 8、9 行为："醉来落在仙人岛边/听人鼓掌笑'秀才落水呢'。"
④ 第 4 节第 14 行为："Maidens call it Love-in-idleness。"
⑤ 第 5 节第 5 行为："娜斯塔西亚，你幸福吗？"
⑥ 第 5 节第 7、8 行为："我正梦着我是一个白首狂夫/披发提壶，奔向白浪呢。"
⑦ 何其芳：《风沙日（二）》，载《刻意集》，文化生活出版社 1938 年版，第 138 页。
⑧ 何其芳：《醉吧》，《新诗》1937 年第 4 期。

日，原载 1937 年 1 月《新诗》第 4 期，后收入 1948 年上海开明书店出版的《闻一多全集》中《现代诗抄》部分。《现代诗抄》是闻一多编选的一本诗集，辑录的都是当时诗坛较有名望的诗人作品，到 1993 年湖北人民出版社重新出版《闻一多全集》时，又根据闻一多手稿重新将《醉吧》一诗录入《现代诗抄》①。《醉吧》收入《预言》初版本②和重版本③。闻一多在《现代诗抄》中共抄录何其芳诗两首，第一首为《河》（原载 1941 年 11 月《草叶》创刊号）。第二首就是《醉吧》（原载 1941 年 1 月《新诗》第 4 期），比较《新诗》版、闻一多手抄本、《预言》初版本、重版本中的此诗，除诗的主干内容有个别字、词、标点的不同外，还有一大不同就是诗歌的副题。在《预言》（初版、重版）中，《醉吧》的主标题与副题为"醉吧/给轻飘飘歌唱着的人们"，而《新诗》版、闻一多手抄本中《醉吧》的主标题与副题为"醉吧/讽刺诗一首/借波德莱尔散文小诗题目"，副题的这一变化，将这首诗创作所受影响的渊源及要表达的创作思想模糊化，全诗的基调是讽刺，从"给轻飘飘地歌唱着的人们"也能隐约联想到诗歌主题要表达的讽刺意味。但副题"讽刺诗一首/借波德莱尔散文小诗题目"，就更有助于理解全诗的写作背景及题旨。何其芳曾经狂热地喜爱象征主义，并将这一诗艺充分运用到自己的诗文创作中，这一副题为揭示何其芳与象征诗派之间的关系又提供了一条明晰的佐证和线索，但他在将其编入《预言》时显然是有意遮蔽这些重要信息，原因何在，又有什么暗示呢？

何其芳《醉吧》一诗所借用的波德莱尔散文小诗的题目是《陶醉吧》，最初波德莱尔的这首散文诗发表在 1864 年 2 月 7 日的《费加罗报》，诗歌的主题是逃避时间的折磨，诗中含有恐惧避世的讽喻意味。《陶醉吧》全诗如下：

---

① 闻一多：《闻一多全集》，第 1 卷，湖北人民出版社 1993 年版，第 511 页。
② 何其芳：《预言》，文化生活出版社 1945 年版，第 85—87 页。
③ 何其芳：《预言》，新文艺出版社 1957 年版，第 75—76 页。

应当永远陶醉。最要紧的就在于此：这是唯一的问题。为了不感到那种压断你的肩膀、使你向地面弯下的"时间"的可怕的重荷，你应当无休止地陶醉。可是，借什么来陶醉？借酒、借诗或者借美德，随你高兴。只要陶醉吧。

如果有时，在宫殿的台阶上，在沟边的青草上面，在你室内的阴郁的孤独之中，你醒过来，醉意已经减退或者消失，你就去询问微风、波涛、星辰、禽鸟、时钟、一切逃遁者、一切呻吟者、一切流转者、一切歌唱者、一切谈话者，问问现在是什么时间；微风、波涛、星辰、禽鸟、时钟将会回答你："现在是应当陶醉的时间！为了不做受'时间'折磨的奴隶，去陶醉吧；不停地陶醉吧！借酒、借诗或者借美德，随你高兴。"①

为详细比对，将何其芳《醉吧》一诗全文录入如下：

醉吧

讽刺诗一首
借波德莱尔散文小诗题目

醉吧。醉吧。
真正的醉者有福了，
因为天国是他们的。

如其酒精和书籍
和滴蜜的嘴唇
都掩不住人间的苦辛，
如其由沉醉而苏解

---

① ［法］波德莱尔：《陶醉吧》，载《恶之花 巴黎的忧郁》，钱春绮译，人民文学出版社1991年版，第466页。

而终于全醒，
是否还斜戴着帽子，
还半闭着眼皮，
扮演的一生的微醺？

震慑于寒风的苍蝇
扑翅于纸窗间，
梦着死尸，
梦着盛夏的西瓜皮，
梦着无梦的空虚。

我在我嘲笑的尾声上
听见了自己的羞耻：
"你也不过嗡嗡嗡
像一只苍蝇。"

如其我是苍蝇，
我期待着铁丝的手掌
击到我头上的声音。①

由此可见，何其芳不但借用波德莱尔的散文诗题《陶醉吧》，而且思想内容也有借鉴。"波德莱尔是个孤独的诗人，他在《赤裸的心》中写道：'我从童年时起就已有孤独的感情。不论在家庭里，或者有时在朋友之中。我深深觉得，永远孤独，乃是我的命运。可是，我依然对人生、对快乐抱有强烈的愿望。'"② 并在《孤独》中说："只有对于那些用激情

---

① 见闻一多《现代诗抄》版，篇章末有"十二月十一日草成"隔一行有"—《新诗》1937年1月第4期"。
② 波德莱尔：《恶之花 巴黎的忧郁》，钱春绮译，人民文学出版社1991年版，第433页。

和妄想来充实孤独的游手好闲,逍遥放荡的人,孤独才是危险的。……我要求他对于爱好孤独和神秘的人不要加以指责。"① 何其芳在这一点上表现出与波德莱尔惊人的相似,他在《刻意集》初版序言中记叙了基于自己的一次悲哀的心理经验。一个寒冷飘雪的冬日访友,但坐在压过长街皑皑白雪的洋车上,"突然感到一种酸辛,一种不可抵御的寂寞……不仅这一次使我痛苦。我常常感到在这寒冷的阴暗的人间给我一点温暖以免于僵死,给我一点光辉以照亮路途的永远是自己的热情的燃烧"②。何其芳在另外一篇文章中说自己或许是一个书斋里的悲观论者,这种悲观的来源就是孤独:"孤独,是的,是我那时唯一的伴侣……对于人生我实在是充满了热情,充满了渴望,因为孤独的墙壁使我隔绝人世,我才'哭泣它的寒冷。'对于人生,现在我更要大声地说,我实在是有所爱恋,有所憎恶。"③ 对孤独的认同,表现在对待孤独的态度上,认为孤独中蕴含着对生活的渴望与热烈,这也是何其芳关注波德莱尔的内在动力。何其芳最终从孤独自闭的大学"象牙塔"走向了现实人生,迎接现实的鞭子击打。④ 何其芳的这一思想的转变是一个渐进的嬗变过程,给人印象最深的是1935年大学毕业后在南开中学、山东莱芜中学的教学经验。在这一过程中,何其芳看到了当时内忧外困情况下现实中国的种种黑暗,人生的种种悲哀,"当无情的鞭子打到背上的时候应当从梦里警醒起来,看清它从哪里来的,并愤怒的勇敢的开始反抗"。⑤ 于是,何其芳从波德莱尔的诗、散文中汲取灵感,但试图借用波德莱尔诗文的灵感,化作自己的诗以使自己的歌唱变成"鞭子还击到这不合理的社会的背上"。何其芳指出的"到处浮着一片轻飘飘的歌唱"⑥ 也是《预言》中《醉吧》副题

---

① 波德莱尔:《孤独》,载《恶之花 巴黎的忧郁》,钱春绮译,人民文学出版社1991年版,第433—434页。
② 何其芳:《刻意集》初版序,载《刻意集》,文化生活出版社1938年版,第6页。
③ 何其芳:《我和散文(代序)》,载《还乡日记》,上海良友出版公司1939年版,第12页。
④ 何其芳:《刻意集》初版序,载《刻意集》,文化生活出版社1938年版,第8页。
⑤ 何其芳:《刻意集》初版序,载《刻意集》,文化生活出版社1938年版,第8页。
⑥ 何其芳:《刻意集》初版序,载《刻意集》,文化生活出版社1938年版,第8页。

的来源。但波德莱尔最终走向唯美与颓废主义,何其芳却相反,这也是波德莱尔《陶醉吧》更多逃避孤独、逃避无情的时间带来的生命重压,而《醉吧》却更多的是从讽刺中觉醒,充满逃离感与贬斥感,渴望击打后的毁灭与重生。

何其芳将《醉吧》的副题转换,有超越波德莱尔的意思,"再也不忧郁的偏起颈子望着天空或者墙壁做梦。现在我最关心的是人间的事情。"①何其芳有意抹去与波德莱尔明确的联系,体现要与波德莱尔诀别,当然诀别的是波德莱尔所象征的个人主义的唯美与颓废。在《预言》卷三中另外一首诗《云》中表现得更为明显,《云》中"'我爱那云,那飘忽的云……'/我自以为是波德莱尔散文诗中/那个忧郁地偏起颈子/望着天空的远方人。"诗歌内容来源于波德莱尔的散文诗《异邦人》②,波德莱尔对云这一象征意象非常着迷,在另一篇散文诗《浓汤和云》及《恶之花》集中《旅行》和《共感的恐怖》也涉及这一意象,甚至在论文《一八五九年的沙龙·风景画》一文中,对画家不丹的水粉画习作中奇形怪状的云的魔力表示赞叹。这些充分体现了波德莱尔对幻想等唯美主义诗意的追求。但何其芳在经历了现实的种种黑暗后,在《云》的最后说:"从此我要叽叽喳喳发议论:/我情愿有一个茅草的屋顶,/不爱云,不爱月,/也不爱星星。"这就是向之前的思想告别。何其芳在《论快乐》中说:"有名的颓废派波德莱尔,一边抽着鸦片,说着模糊的象征的语言,也一边宣言唯有工作才能够消除时间加于他的一种可怕的空洞之感的压迫。契诃夫的戏剧里的人物在自杀的枪声未响以前,也常常无力地说着工作。然而那时无可奈何的,无目的的,孤独的工作。因此也就是不快活的我们工作带有积极的意义,知道为了什么,而且有着众多的人参加着,那就是完全是另外一种性质了。"③ 何其芳已经将波德莱尔认定为"颓废

---

① 何其芳:《我和散文(代序)》,载《何其芳全集》,第1卷,河北人民出版社2000年版,第243页。
② 钱春绮译为《异邦人》。
③ 何其芳:《论快乐》,载《星火集》,群益出版社1945年版,第117页。

派",并且即使工作也是痛苦的、盲目的,而自己则身在延安,找到了工作的价值和意义。这也反映了何其芳孤独中孕育的对生活热爱的迸发。与唯美颓废的有意诀别,不只在这一处,在《预言》卷二的最后一首诗《风沙日》①,在1938年《刻意集》初版本中第一节中有"Le soleil déteste la pensée",这是一句法语诗,到了《预言》(初版和重印版)版《风沙日》中就翻译成为"太阳是讨厌思想的"。按照《刻意集》中的注释:这是一句"纪德《记王尔德》文中王尔德语",王尔德所代称的本身就是唯美与颓废主义,而纪德思想一度偏左,之后去苏联访问,回到法国后写作《苏联归来》,对苏联政体进行揭露和批评,引起左翼人士的抨击。何其芳当然在抨击者之列,说:"《从苏联回来》的作者纪德却就不理解这点道理。在他那本出名的坏书里面,他很惊讶在今日的苏联,在他所旅行着的苏联,杜斯退益夫斯基已经没有了多少读者。他甚至于怀疑这并不是由于人民自己的选择,而是政府在加以某种禁止和限制。他不知道在今日的中国,在还正经历着分娩的痛苦的中国,杜斯退益夫斯基已经和我们隔得相当辽远了。"② 这篇文章写作于何其芳已经去延安并从前线归来的1940年,尽管他只列举了纪德批判苏联的一个方面,但其反感情绪之强烈已昭然若揭。何其芳在1945年这样的时空背景中,估计是不想保留对纪德的好感的,更不想特意点名自己的作品中竟有原文引用他的话,所以将那句纪德的法语及注释统统删掉。

(二) 注释的删减与复现

1938年《刻意集》版《风沙日》文中的注释在1945年初版《预言》中被删去,1957年重版《预言》时注释才重新恢复一部分,并经过修改。这些注释涉及莎士比亚戏剧《暴风雨》《仲夏夜之梦》中人物及诗句,就

---

① 原题名为《风沙日二》,收《刻意集》,文化生活出版社1938年版,第133—138页;该题名为《风沙日》,收《预言》,文化生活出版社1945年版,第70—73页;题名为《风沙日》,收《预言》,新文艺出版社1957年版,第63—65页。

② 何其芳:《论快乐》,《星火集》,群益出版社1945年版,第114页。

是凡以注释形式提示涉及国外作家、人名、作品的都被删除或更换，包括卷三《声音》中的三处注释，《大公报·文艺》版较后两个版本多了三处注释：第一，对诗句"于是又了十层洋楼高的巨炮"注释为"欧战时德军在距巴黎八十里的阵地以一长射程大炮轰击巴黎。炮身长三十六米突，和十层洋楼一样高"。第二，对诗句"扎扎的铁翅间散下火种"注释为"一种燃烧炸弹爆炸后，能发出三千度高热"。第三，对诗句"当长长的阵亡者的名单继续传来"的注释为："见 E. 格来塞一九〇二级中描写。"① 这背后的原因何在，赵超构在《延安一月》中给出了答案，他说他在延安访问时发现延安缺乏"学院气"。而且，延安以群众第一，少数服从多数，即使有少数"精神贵族"，怕也要低头。假如在延安谁要是提出什么英美派、大陆派的学院理论，就会饱受嘲笑。他们称呼这些理论曰"洋教条主义"。一个干部倘犯了洋教条主义，是免不了要受批评的，甚至一位作家说："我们觉得，动不动就掮出外国名字来吓人，是可耻的。"② 所以他们情愿"大智若愚"③。可想连延安普通的知识分子"都深自掩藏，决不提到外国某作家或某一派的文艺理论"，并觉得"动不动就掮出外国名字来吓人，是可耻的"。何其芳是很敏感的，尽管他曾经可以被称为"精神贵族"，但此时出于政治语境和自身身份，势必要在这方面尤为留意。这些是为什么波德莱尔、莎士比亚、E. 格来塞等涉及人物、故事等注释性内容被删除的原因之一。

结　语

《声音》的注释保持了1945年初版本的老样，没有恢复原刊本的注释。《醉吧》的副题也和《预言》初版本中一样，没有恢复《新诗》版中的注释。1957年《预言》重版本将《风沙日》中的部分注释经修改后

---

① 《声音》1936年11月12日作，原载1937年1月31日天津《大公报·文艺》第293期，署名何其芳；收《预言》，文化生活出版社1945年版，第82—84页；收《预言》，新文艺出版社1957年版，第73—76页。

② 赵超构：《延安一月》，中国国际广播出版社2013年版，第75—77页。

③ 赵超构：《延安一月》，中国国际广播出版社2013年版，第75—77页。

恢复，这或许跟 1956 年至 1957 年，党中央实行"百花齐放 百家争鸣"方针有关，政治环境紧张情绪的缓和，是《风沙日》注释重新出现的原因。但缓和并非意味着紧张矛盾的消失，或许这也使何其芳考虑波德莱尔等这样的颓废派以及其他国外作家的名字可不可以出现，最终他放弃了。但无论怎样，何其芳对这些诗及其注释等的修改，确实是有摆脱"旧我"走向"新我"的用意。

《幽僻的陈庄》的原生态乡村书写及其文学史意义

李艳敏*

内容提要：《幽僻的陈庄》是二十世纪中国文学史上最早描写北方冀地农村生活的长篇小说，代表了王林早期小说的创作风格。这部长篇属于乡土题材却没有对政治的刻意疏离，学习左翼却又和当时同题材左翼小说的阶级叙事有较大差异。这部未按照计划完成的长篇小说体现了王林从事文学创作之初在艺术上对宏大叙事的追求，在理念上对现实主义的认可和在思想上一以贯之的"原生态乡村书写"。在冀地农村经济状况的展示、非传统农民形象的塑造和鲜明的方言写作等方面，王林如实再现了他熟悉的1930年代冀地平原农村的芸芸众生相。

关键词：王林；《幽僻的陈庄》；原生态乡村书写

衡水作家王林的文学史意义不止在于其长篇小说《腹地》是新中国成立后首部被批判的长篇小说，还在于其第一部长篇小说《幽僻的陈庄》真实记录了20世纪30年代冀地农村社会经济凋敝的情状及生活其中的各类人物的日常。一以贯之的原生态乡村书写则是王林小说长期以来备受争议的根本所在。

---

* ［作者简介］李艳敏（1976— ）女，文学博士，衡水学院文学与传播学院讲师，研究方向为中国现代作家作品。

一 二十世纪最早的北中国乡土画卷

《幽僻的陈庄》(下文简称《陈庄》) 完稿于 1934 年 7 月 31 日,出版于 1935 年 1 月,是二十世纪中国乡土文学中最早反映冀中平原农村生活的长篇现实主义小说。作者以 1931 年至 1933 年冀地平原上的陈庄为中心,以小有田产的农民田成祥的生活为主线,讲述了农村麦子丰收成灾、水灾接踵而来、经济日益凋敝、农民艰难谋生、县绅精于盘剥、地痞寻机滋事、讼棍趁火打劫等北方农村社会情状。书中的小手工业者、小生意人、雇工、地痞、讼棍等各类人物是此前乡土小说中少见的群体。从沈从文为《陈庄》所作《题记》可知,王林原计划写四部,但最终只完成了第一部。① 小说情节结构虽略显粗糙,但已展示了王林作为"冀中活地图"的一面。在这部长篇中,茅盾严肃的社会剖析眼光、鲁迅对国民劣根性的发掘、沈从文对人性美和人情美的强调对王林的影响均有不同程度的呈现。

在此之前,中国现代乡土小说大多取材于南方农村生活。二十年代,以鲁迅为中心,"侨寓"北京的许钦文、蹇先艾、王鲁彦等人多来自南方,其乡土小说也都反映南方农村社会。三十年代初,《春蚕》《丰收》等左翼作家的乡土小说,以及沈从文的湘西小说仍聚焦于南方农村。1935 年 1 月 1 日《陈庄》出版后,反映东北人民苦难和斗争的长篇小说《八月的乡村》《生死场》才陆续推出。因此,《陈庄》是我国第一部具有冀地平原农村地方特色的长篇小说。作者对传统小农经济日趋没落的描述、对非典型冀地农民形象的塑造在高度上直追初期鲁迅的乡土小说和茅盾的"农村三部曲"、叶圣陶的《多收了三五斗》等,但篇幅更长,容量也更大。

故事发生在河北平原上的普通村庄——陈庄。靠着父辈的精细攒下来几十亩地的富家农户田成祥从小习武好斗、不安本分,又在和同村首

---

① 参见沈从文《〈幽僻的陈庄〉题记》,《水星》第 1 卷第 6 期,1935 年。

富陈老仲的明争暗斗中败光了所有家产，从小康之家沦为农村破落户。小说结尾处，成祥为了改变现状，决定离开幽僻的陈庄到上海去学做买卖，以谋求今后的生活出路。从小说开篇引用茅盾散文集《话匣子·田家乐》原文片段，到文中对农村经济萧条的现状描述，以及对成祥未来出路的情节处理，可见王林对茅盾社会剖析小说的偏爱和敬意。王林既带有自觉的社会学眼光，又保留了自然主义的人性光辉。同时，他也关注着鲁迅小说中涉及的国民性。但比起鲁迅对国民劣根性的深层挖掘和批判来，他更在意的是中国农村社会破产后广大农民的生存出路问题。这显然更符合茅盾小说社会性思考的风格，也预示了其后既不过分强调政治因素，又不陷进左翼"革命加恋爱"窠臼的原生态乡村书写之路。因此，沈从文在给《陈庄》所作的《题记》中称赞王林是"用农村为背景的国民文学"的"少壮作家"代表。① 《陈庄》上承茅盾、鲁迅小说的现实主义道路，下启建国以后梁斌的《红旗谱》等华北平原长篇农村题材小说，开中国现代文学中北方乡村风俗画描写之先河。自此，中国现代乡土小说的"土气息""泥滋味"于旖旎的江南水乡风韵之外，增加了厚实沉郁、慷慨粗粝的华北平原阔大之美。

二 王林的原生态乡村书写

1930年秋，王林改名为王弢，考入山东国立青岛大学求学，1931年成为中共地下党员。求学期间，王弢旁听了沈从文的课，并在其指导下进行小说创作。1932年夏，王林因组织学生运动被国民党追捕，被迫去上海继续党的地下工作。② 1933年7月，沈从文离开青岛大学到北平参与杨振声主持的教材编写工作，③ 而王林这时也从上海回到了北平。自此直至1935年一二·九运动时期，堪称王林一生创作的"黄金时代"。1934

---

① 参见沈从文《幽僻的陈庄题记》，《水星》第1卷第6期，1935年3月。
② 参见张学新《一个真诚的作家：编后记》，载王林《王林选集》，百花文艺出版社1987年版，第388页。
③ 参见吴世勇《沈从文年谱》，天津人民出版社2006年版，第135页。

年4月25日,沈从文的《边城》初刊本内容完成,当年10月由上海生活书店出版。同年7月底,王林也完成了他的第一部长篇小说《幽僻的陈庄》书稿。1935年初该书由北平文心书业社出版。沈从文在为其专门所作的《题记》中称许"文字很粗率,组织又并不如何完美,然篇章中莫不具有一种泥土气息,一种中国大陆的厚重林野气息","泥土气息""林野气息"这些明显带着京派色彩的字眼被沈从文用在了王林小说的评价上。

王林既有长期冀地农村的生活经验,又有对时局的不满和对中国未来走向的关注,他的小说是一种不加粉饰的原生态书写,这种原生态书写其实在其更早发表的短篇小说《岁暮》《这年头》《二瘾士》《小粮贩陈二黑》《怀臣的胡琴》中已显端倪。这类小说站在同情和理解所有人的角度,不隐恶、不扬善,真实呈现了冀地平原农村社会中形形色色的人事。从叙事风格上看,《陈庄》带着一股新鲜而单纯的野气、硬气和粗粝,在事件的展现中突出了乡村社会中人际关系的复杂之处。丰富的冀东南农村生活经验、对中国北方乡土社会经济的关注和持之以恒的文学探索共同形成了王林独特的原生态乡村书写。

(一) 冀地农村社会的经济状况

1930年代世界范围内的经济危机和西方列强的经济入侵加剧了中国底层人民的穷困。1933年,茅盾的长篇小说《子夜》以其精巧的情节结构和深刻的社会剖析生动展现了上海民族资本家在本国封建势力和西方列强经济的双重压迫下走向失败的悲剧命运。"农村三部曲"、《林家铺子》等描述了日益窘迫的农村和城镇里小商业者破产之苦。《陈庄》受茅盾小说的影响是显而易见的,小说开篇引用了茅盾的《话匣子·田家乐》,可以视为他的创作主旨:"庄稼事人人见惯,固然是平易的","近来的田家生活实在是变化太多,有些事连顶好的'幻想家'也想象不到。"① 接着以富裕农户田老多垂危的生命掀开了小说的序幕。这一段与《子夜》开篇吴老爷子一命呜呼的情节何其相似。这个开头暗喻了旧中国古老的乡村生产方式已日薄西山，经济的衰败带来贫富的差距、阶层的形成和阶级的对立。如果广大农民不改变既有的固定思维，仍旧是死守着土地靠人苦做、靠天吃饭，则其生活境况将会越来越糟糕。

丰富的农村生活阅历给王林的小说创作带来了得天独厚的素材，他写雨水给农民带来庄稼被淹的天灾，写为了积累资本而精打细算的富户陈老仲，写挣扎在农村的小部分中农，写贫农雇工们苦中作乐的日常。小说对节气和农事的描述带着华北平原的泥土和庄稼气息，"收获以前的借债，收获以后的逼租，赎衣服，贱卖新谷"② 等情节反映了彼时河北平原农村生活的日常。除此之外，王林还想更深更广地描述那一风雨飘摇时代中发生着各种变动的社会状况：国内各级政府对农民的压榨盘剥、国外商品的大举入侵，使中国传统的小农经济遭遇灭顶之灾，同时加速了普通农民的破产。在凋敝的农村里各阶层农民穷极思变，开始主动思考摆脱穷困的方法。罗烽曾批评说："作者本欲以成祥和小白寡妇的关系为主线"，但因为"用了差不多将近三倍的力量描写别的日常事务，所以主线显得脆弱而松弛"③。之所以出现这样的问题，是因为王林小说一直在刻意突出其农村经济状况的主线。《陈庄》是王林对茅盾的农村小说不曾涉及的北方中国农村生活状态的补充。

1930 年代王林的家乡衡水水灾频繁。据《衡水地区水利志》记载，"滹沱河纪实"之"饶阳县地方实际情况调查报告"显示"1931 年秋，八月上旬，滹沱河在安平县决口，饶阳、河间、肃宁、献县、大城、文安等县淹灌。""1932 年，安平县自七月二十一日起，狂风暴雨连续十几天。"④ 自然灾害影响了农业生产，农民生活困苦不堪。即使庄稼偶有丰

---

① 王林：《幽僻的陈庄》，解放军出版社 2009 年版，第 1 页。
② 茅盾：《话匣子·田家乐》，载王林《幽僻的陈庄》，解放军出版社 2009 年版，第 1 页。
③ 彭勃（罗烽）：《评〈幽僻的陈庄〉》，载王林《幽僻的陈庄》，解放军出版社 2009 年版，第 2 页。
④ 董忆锋、颜世海：《衡水地区水利志》，河北人民出版社 1995 年版，第 102 页。

收,但粮价暴跌带来的"丰收成灾"也是当时国内农民面临的共同问题。《陈庄》情节多处涉及农民经济上的穷困和艰难。小说重点放在两条主线上:一是由成祥的日渐破落与陈老仲的巧妙敛财、成祥与陈老仲的情场角逐构成的矛盾冲突;二是整个农村经济在西方列强冲击下的迅速衰颓。对于后者,作者似乎着墨更多。

《陈庄》表现了在西方经济入侵的大背景下,古老的乡土中国在挣扎中被迫走向现代化的过程。当时的农村社会阶层分化加剧,但各阶层农民都在尝试着在农业生产之外,走一条农商结合的道路。"幽僻"的村庄已在发生悄然的新变:陈庄首富陈老仲为了寻求制度上的保护让小儿子陈德全去上大学学法律,同时他勾结官府、倒卖粮食、代销煤油,他利用丰年粮价低买进粮食、歉年粮价高再高价卖出,日子过得"越有了越有"。① 其他农民也在农闲之际自谋生路——黑庆冬季里向陈老仲赊煤油沿街叫卖,胡四靠着淋私盐赚点外快,习惯了谨慎行事、墨守成规的农民李长庚也在表弟胡聘卿的劝说下试着做买卖。即使是被视为浪荡子弟的成祥,在破产之后也想要去上海学做生意了。而一般乡村破落户中的地痞无赖如杨三镰子、地保金生、讼棍刘二嘎咕等恶势力在乱世中逐渐凸显其称霸一方的力量。以上这些都是同时代其他农村小说较少涉及的情节。在中外经济关系的表现上,作者借陈老仲代销煤油、田成祥称赞外国人的洋货来表现外国商品在经济上对中国农村日常生活的冲击。

彭勃(即罗烽)曾批评书中人物成祥的转变"非常不自然"。② 其实,《陈庄》只是作者四部书计划中的开头。人物在这里不过是一个登场,之后才会逐步展现其性格特征。若不是怀着更大的写作计划,《陈庄》的情节不可能像现在这样枝蔓过多。正是他想为乡土中国的新生找到出路,才会在小说中时刻不忘经济这条线。

---

① 王林:《幽僻的陈庄》,解放军出版社2009年版,第96页。
② 彭勃(罗烽):《评〈幽僻的陈庄〉》,载王林《幽僻的陈庄》,解放军出版社2009年版,第2页。

（二）非传统的冀地农民形象

在 1930 年代的乡土小说中，中国农村整体上是凋敝而破败的。《陈庄》底色虽然灰暗，却时时有阳光穿过灰暗，于整体不可挽回的破败命运中总能察觉到一种生命的律动。这是因为王林小说塑造了一系列立体的非传统型农民形象。之前的中国乡土小说中农民形象大多是受苦受难的贫苦农民，比如鲁迅笔下的闰土和阿 Q、茅盾笔下的老通宝、叶圣陶笔下的毡帽朋友等，他们大多没有土地，终年衣衫褴褛、吃不饱、穿不暖、满腹愁怨、麻木愚昧。而王林却撇开了这些乡土小说中的穷苦农民，将目光聚集在拥有土地的普通农民身上，这些人辛苦劳作、精打细算，生活境况比贫雇农们条件稍微好些。留着辫子的李长庚和逆来顺受的成祥妻还带有阿 Q 和祥林嫂的特征，但性格特征更鲜明、更能抓人眼球的人物却是田成祥和陈老仲这两个人物。对于主人公成祥，王林没有做任何拔高，而是纯由性格推动情节，其泼辣实录的笔法使得多面性的人物显得更加真实可信。

田成祥代表着农村中不甘现状、穷则思变的一类非传统农民形象。他从小练就一身好武功，又有好打抱不平的江湖义气。"没有农民那种成年怕招惹是非，小心谨慎地死守着大门过日子的天性。"① 套用书中人物小白寡妇的话就是："虽然是十足的土棍气，然而还有几分可爱处，他的言语举动，非常的粗直爽快，做事待人也很仗义疏财，而不像陈老仲那般狡诈狠毒令人可怕。"② 小说写成祥对小白寡妇的痴情与追求，用极大的篇幅生动展现了一个游手好闲的富家浪荡子在情欲鼓动下迷失的过程。在萧红和萧军小说中，民族苦难和阶级斗争的宏大主题冲淡了对农村男女偷情的生动描写。而王林用简短的对话和细腻的心理活动描写了小白寡妇在夫死以后恪守着妇道本分，但又不得不屈于现状的无奈。成祥在她最艰难的时候挺身而出，给她义务劳动，帮她还债给陈家，讨好她的

---

① 王林：《幽僻的陈庄》，解放军出版社 2009 年版，第 161 页。
② 王林：《幽僻的陈庄》，解放军出版社 2009 年版，第 123 页。

女儿，最终打动了她。小说生动展现了两个年轻人在道德和情欲之间的挣扎，尤其是小白寡妇在接受和拒绝之间的两难选择。成祥的热情和冷漠在和两个女人的关系中都得到了尽情的展现。对小白寡妇他一掷千金；对勤劳持家的妻子，他粗鲁野蛮。面对情敌陈老仲私自提高捐税的行为，其他农民敢怒不敢言，只有成祥挺身而出，敢于公开和陈家对抗。小说结尾，小白寡妇遭遇了陈家老三陈德全的欺辱，这在成祥心中种下了仇恨的种子。成祥集自私、狭隘、鲁莽、冒进和强烈的个人英雄主义于一身，带着左翼小说农民的反抗性。但他又仗着自己的强势和霸气欺压比自己更弱的弱者，是作者对欺软怕硬的国民的反讽。在小说中，王林既肯定了成祥敢于斗争的正直和侠义精神，也以客观而委婉的语气批评了他勇猛狠辣、好色好斗，不计后果的做事方法。

作为成祥的对立面，"老没够"陈老仲具有伪善、狡诈、精明、圆滑之处。小说从旁观者的角度看到了他在财务攫取和情色追逐上的贪欲。他故意压低粮价买入粮食，再在灾害来临的时候高价卖出，从中牟取暴利。他利用自己的长子陈鸿业、三子陈德全，和地保金生、警察马得标等地方势力联合起来成为陈庄的霸主。不同于鲁迅笔下的鲁四老爷、茅盾笔下的老通宝、叶紫笔下的云普叔，陈老仲综合了地主和商人的特点。他善于利用金钱、法律和地方官维护自己的本地势力，又有城里的商铺作经济后台。对于自己的乡亲，他往往乘人之危进行欺压。他又有着清醒的头脑，当麦子被烧的时候，明知有人搞鬼也不愿意让儿子彻查到底，因为他明白自己的弱点，也明白对手的实力，不想在没有证据和胜算的时候扩大事态。常见的农村题材小说中，作者对于地主乡绅几乎都采用了丑化、矮化和贬抑的态度。而王林笔下的陈老仲，虽然缺德，却有着干净利落的外表和圆滑和气的言谈，在为人处世上言语周到。

王林的《陈庄》来自北方泥土，率真而直接、灵动而沉实。其作品真实再现了中国农民身上的劣根性和他们世代延续下来的对苦难的自我消解能力。对他笔下的人物，王林既没有强调自身"哀其不幸，怒其不争"的启蒙者姿态，又没有刻意诗化或美化他熟悉的乡亲，而是在尊重现实的基础上同情所有人。罗烽指出:"这部作品的一个最显著的特点,是那广幅的日常生活的描写,在这上面,作者显示了那种对日常生活的丰富兴味和不懈努力,这是一个巨大的创造源泉,这预示了作者可能成为一个坚实力强的现实主义作家。"① 他又批评王林在小说中"所描写的日常生活,差不多只是照原样的誊录。作者没有能够发掘到日常生活的深处,从这里找出形成人物的心理和性格的要素"②。实际上,"原样的誊录"正是王林对人物和事件的原生态书写。

(三) 接地气的北方方言写作

从整个1930年代来看,像《陈庄》一样大量采用北方方言写作的现代小说并不多,这也是《陈庄》不同于以往现代乡土小说的最大特点。沈从文说王林"不独对于农村的语言、生活知识十分渊博,且钱庄、军营以及牢狱、逃亡,皆无不在他生命中占去一部分日子"③。丰富的冀地农村生活经验给他的小说语言带来了鲜明的冀地平原农村风味。《陈庄》的叙述语言不避生猛,人物语言带着鲜明的冀地地域色彩,通篇洋溢着活泼泼的"野气"和恰到好处的"地气",一洗五四以来新文学家形成的知识分子的书卷气。这种"野气"来自"冀中活地图"王林亲见亲历亲闻的日常,为以后孙犁、梁斌等人的河北本土风味描写提供了可资借鉴的前文本。

首先,地域性的叙述语言。《陈庄》的叙事语言和人物语言都是野中有正,隐含叙述者自有一种不动声色的褒贬。河北"乡下人"的写作身份给王林的小说蒙上了浓郁的田野气息。沈从文的"野"主要是在人物行为动作上,他的叙事语言并不野,反而过"文",偏于抒情诗的特色。王林牢记沈从文的教导——"先忘掉书本,忘掉目前红极一时的作家,

---

① 彭勃(罗烽):《评〈幽僻的陈庄〉》,载王林《幽僻的陈庄》,解放军出版社2009年版,第2页。
② 彭勃(罗烽):《评〈幽僻的陈庄〉》,载王林《幽僻的陈庄》,解放军出版社2009年版,第2页。
③ 沈从文:《幽僻的陈庄题记》,《水星》1935年3月第1卷第6期,第671页。

忘掉个人出名，忘掉天才同灵感，忘掉文学史提出的名著，以及一切名著一切书本所留下的观念或概念"，"脱去一切陈腐的拘束，学会把一支笔运用自然，在执笔时且如何训练一个人的耳朵、鼻子、眼睛，在现实里以至于在回忆和想象里驰骋，把各样官能同时并用，来产生一个作品"①。他大胆采用了方言写作小说。翻开《陈庄》，满眼都是浓郁的河北平原上农村的方言口语：一家之主叫"掌柜的""当家的"，长工叫"做活的"，女人叫"家里的"；表示"原来如此"用"我说""怨不得""你看"，没什么出息叫"没有材料"，舒服惬意用"得"（dei 上声），差不多用"不离"，跟人关系疏远叫"外气"，每天叫"见天"，多也可以说"不老少"，小声发表意见叫"嘟念"，喜欢追逐女性叫"串门子"，步行叫"地下走着"，打开销路叫"闯牌子"——这些丰富的乡土语言来自生活，自带着冀地平原的地域性特征，给人亲切活泼之感。这也是王林小说独特的标记，比起萧红、萧军和叶紫的小说来，在语言的生活气息和本土特色上更胜一筹。

其次，方言式的人物语言。沈从文说："文字是作家的武器，一个人理会文字的用处，比旁人渊博，善于运用文字，正是他成为作家的条件之一"②，他说的文字有时相当于小说写作中的对话语言。王林在《陈庄》中的人物对话，也体现了他"善于运用文字"的一面。比如小说第四章末，黑庆着急还陈老仲的高利贷债务，催陈老仲给他以麦子核算债款顶账。陈老仲为了压低粮价，故意拖着不办。但黑庆怕利钱越拖越多，就催陈老仲，"老当家的，你好说话，谁还不知道呢？那么，我这桩事儿，赶快办了，好不好呢？""那在你了"。"在你了"不是一种肯定的意见，意为"随便你吧"，语气中含有"我无所谓"的意思，侧面显示了陈老仲在这件事儿上拿捏着身份说话的消极态度。又如小说第五章写雨天几个长工和短工在成祥大车门洞里的闲聊，对话完全是河北农村生活中

---

① 沈从文：《幽僻的陈庄题记》，《水星》第1卷第6期，1935年3月。
② 沈从文：《废邮存底·给一个读者》，载《沈从文全集》（第17卷），北岳文艺出版社2002年版，第225—226页。

常见的农民口语：

"下雨别晴，黑了别明，大小得点病，千万别丧了命。"长工二起将一只胳膊压在当中枕头的土坯上，侧着身子，微笑着懒懒地吟咏着那个俗套子。

……

"这几天，高粱谷子都要晒粒了，天气这样连阴下去，可有点不大好呀！"（双牛）

"**反正得被点伤**"黑庆微微点点头，咂咂嘴，好似有些发愁的神气。

"可是这场大雨下来，秋后**耩麦子**，就不发愁了。"双牛又说。

黑庆咂咂嘴，慢慢说道："年头歉了，咱没有粮食粜。年头好了，粮食的价钱，又落下来了。**反过来，倒过去**，老是让穷人不好混！"……

"听说成祥**断不了**和他老婆打架？"二起问双牛。

……

"别**瞎曰曰**了！"黑庆以为他在说笑话，眼睛还盯在牌上。①

以上加黑的词语都是冀地平原农村常见的方言口语，用在这里恰到好处，并不觉得生硬。叙事语言和人物语言中大量方言的使用增加了《陈庄》的可读性，充分展现了王林对冀地平原农村农事和农民插科打诨类对话的熟悉程度。由于王林出色而娴熟的方言运用，《陈庄》在接近真实的程度上甚至高于同时代蒋光慈《咆哮了的土地》、叶紫的《丰收》、萧红的《生死场》、萧军的《八月的乡村》，以及沈从文的《边城》《长河》等乡村题材的作品，这也是之前中国现代文学研究者尚未注意到的现象。

---

① 王林：《幽僻的陈庄》，解放军出版社2009年版，第33—40页。

三 融合京派和左翼的写作立场

王林早期小说师从京派作家沈从文，同时又是地下党组织的主要成员，这使其写作的身份带有双重性。《陈庄》有左翼"丰收成灾"小说的影子，有茅盾《子夜》的环境隐喻，也有鲁迅小说的启蒙色彩、沈从文对人性和人情美的着力表现。继《文学者的态度》（1933年10月）和《边城·题记》之后，沈从文为《陈庄》所作的《题记》是他又一篇强调创作态度的文章。沈从文在该文中亲切地称王林为"年轻人"和"乡下人"——这是沈从文将王视为京派同志的一个称呼。客观地说，沈从文确实影响了王林，但《陈庄》显然不是疏离社会和政治的京派小说。不同于沈从文笔下带有牧歌风味的世外桃源，王林的农村充满了田间劳动的艰辛和复杂的人情世故。从创作时间来看，沈从文1933年冬动笔创作《边城》，1934年1月开始在《国闻周报》上分10次连载。1934年4月25日，《边城题记》发表于天津《大公报·文艺副刊》第61期，沈从文在《题记》中明确表示他期待的小说预设读者是——"他们真知道农村是什么，军人是什么，他们必也愿意从这本书上同时还知道一点世界一小角隅的农村与军人。"他希望的读者是"有理性，而这点理性便基于对中国现社会变动有所关心，认识这个民族的过去伟大处与目前堕落处，各在那里很寂寞的从事于民族复兴大业的人"①。同年10月《边城》的单行本出版。而王林《陈庄》文末注明完稿于1934年7月31日。沈从文的这种文学观念和创作理想对于当时同在北京积极创作的王林来说应该并不陌生。而王林无疑就是沈从文期待的那个"真知道当前农村是什么"和"对中国现社会变动有所关心"且"从事于民族复兴大业"的会心读者。由此可见王林的《陈庄》在呈现作者农村生活的见闻之外，有着更多更广的深层追求。

吕正操谓王林"坚持现实主义道路，推崇鲁迅先生，终生不渝。"②

---

① 沈从文：《边城题记》，《大公报·文艺副刊》第61期，1934年4月25日第12版。
② 王林：《腹地》，解放军出版社2007年版，第2页。

既如此，以作者的革命者身份而论，《陈庄》是左翼色彩浓郁的小说吗？答案也是否定的。1930年代文坛上流行的左翼小说大多带有"革命加恋爱"的标签。《陈庄》虽然写到了三角恋，写到了成祥的反抗和斗争。但成祥的身份不同于一般的革命者，他不是无产阶级，也不是赤贫的农民，只能算作一个富裕农家子弟。此外，左翼乡土小说的笔下有比较明显的阶级对立，人物形象比较刻板，脸谱化严重。而《陈庄》即使有不同的阶层，但阶级对立并不明显，其中鲜明的人物形象也并未落入脸谱化的怪圈。因此，虽然王林追求进步，但《陈庄》却非左翼小说。《陈庄》着眼于华北平原上农村的"幽僻"和灰暗之处，以其活泼的笔法营造了一种压抑沉闷的环境，融合了京派和左翼小说的优点。不同于三十年代底层左翼小说作家，王林出身农村富裕家庭，又接受了先进的现代学校教育，既无叶紫那样因革命而被抄家的悲惨际遇，也未曾遭遇萧红等女性作家被歧视遭遗弃的命运。所以他尽管在小说中对陈老仲一家给予了刻薄的揶揄和嘲讽，但对靠勤劳致富的地主和富农阶层并无骨子里的仇恨。处于二者的边缘，农民作家和青年革命者的双重角色造就了他的小说呈现整体的现实与局部的浪漫、整体的紧张与偶尔的轻松两种张力并存的文风。

  总之，王林既没有跟随当时流行的左翼小说写农村苦难，也没有完全照搬京派小说的诗意抒情，而是适当融合了这两者。刘卫东道出了真相："王林与沈从文、萧红的写作方式，即对乡土社会实录式的记载，在1930年代的文艺理论风潮中，属于另类，无法立定。"①

结　语

  《陈庄》糅合了五四时期乡土小说的批判色彩和茅盾长篇小说的史诗性，但并不一味突出"血和泪"，而是将笔锋着力处落在原生态的乡村书写上。不同于鲁迅的未庄、叶圣陶的江南水乡和沈从文的湘西，《陈庄》

---

① 刘卫东：《王林：解放区作家的另类写作》，《中国现代文学研究丛刊》2013年第5期。

宛如一面多棱镜折射出了冀地农村社会各阶层的众生相，反映了农民在外来经济冲击下遭受重重盘剥和压迫的现状，以及他们"穷则思变"的生存和反抗力量，书写了1930年代北方冀地农民的苦难和挣扎、麻木和愚昧。《陈庄》既有构建特定时代农村史诗巨著的追求，又有对健康人性的推崇和膜拜；既有对农民落后处的生动刻画，又有对乡绅阶层的讽刺；既有微末处对农民生计日艰的同情，又有宏观上对农村经济状况的如实书写，是一幅1930年代冀地平原农村的生活实景图。1937年，该书曾获得朱胡彬夏文学奖金二等奖①，但此后各版本的现代文学史中均未提及该书。这或许与《陈庄》未曾得到鲁迅和茅盾等新文学界名流的推荐或批评有关，或许与其叙事立场的复杂性有关。站在当下回望《陈庄》，我们或许可以看出，该书是中国现代长篇小说家族中的另类，但同样有着丰富的意蕴，值得学界加以关注与深入论析。

---

① "华罗琛女士主办之'北平国际文艺座谈会'，前曾发起一九三六年朱胡彬夏文学奖金。兹悉业已决定……第二名为王鏞之《幽僻的陈庄》。奖金五十元。"见《月报》第1卷第2期（1937年2月15日）"文艺情报栏"内消息。需要注意的是，王鏞的"鏞"应为"僎"，且在其后漏了"闻"字，因"僎闻"为王林常用的笔名，也是《幽僻的陈庄》初版本的署名。

"纸上东北"与"超越故乡":
双雪涛小说空间叙事的价值阐释

黄家鑫 梁笑梅[*]

内容提要:双雪涛小说具有鲜明的空间叙事特征,通过对历史与现实的艺术化处理,双雪涛创造了多样化的空间图景,既带领读者重返历史现场、领略人事浮沉,触摸"纸上东北"的真实纹理,又在超验空间中展演现实故事,揭示人的生存困境。由此,无论真实或虚幻,空间都只是双雪涛状写现实、体察人性的载体,双雪涛小说也因此"超越故乡"并产生一定的人情关怀。另外,作为当代文学的新兴力量,双雪涛的小说既接续了东北文学中的地域书写与工业题材书写脉络,参与了东北文学的一次"复兴",又拓展了东北文学的新空间新经验,在助力东北文学焕发新生机的同时,也迈向了更为广阔的文学天地。

关键词:双雪涛小说;空间叙事;东北文学

近年来,"80后"东北作家双雪涛在文学界备受瞩目,凭借2015年发表在《收获》上的中篇小说《平原上的摩西》等作品,从银行职员转向职业作家的双雪涛用短短几年的时间迅速在当代文坛占据一席之地,并获得多种重要奖项。双雪涛以东北书写成名,他的创作主要着眼于20

---

[*] [作者简介] 黄家鑫,文学硕士,南昌市铁路第一中学教师,研究方向为语文教育教学。梁笑梅,文学博士,西南大学中国文学研究所教授,研究方向为中国现当代文学。

世纪 90 年代东北"下岗潮",关注特定时代的变迁与个人的挣扎。"空间"是进入双雪涛小说世界的重要角度,以故乡"东北"为根基,双雪涛构建了文学世界中具象可感的、富有地域特色的空间图景。在空间性叙事的过程中,一方面,双雪涛巧妙地将地域空间的特质与空间主体的境遇进行契合,对经受城市衰落与历史变迁的故土子民进行回望,打开了通往 20 世纪 90 年代东北渐趋衰落的历史的大门;另一方面,他还在超验空间中展演现实故事,揭示人的生存困境,双雪涛小说也因此"超越故乡",摆脱了自我与地域经验的束缚,走向了叩问人类生存困境与人性的远方。从更长远的现代以来东北文学的坐标系进行整体性观照,作为当代文学的新兴力量,双雪涛既扎根"东北"这一空间,接续了东北工业题材的书写传统,又提供了"东北想象"的另一种可能,使得东北文学焕发新的生机。

一 从故乡到远方:双雪涛小说的地域性与超地域性

在《存在·空间·建筑》一书中,诺伯格·舒尔兹提出了"存在空间"的概念。存在空间"就是比较稳定的知觉图式体系,亦即环境的'形象'。存在空间是从大量现象的类似性中抽象出来的,具有'作为对象的性质'"[①],即一种人们熟悉的、投入了情感的且沉淀在意识深处的空间形象。故乡是一种典型的存在空间,对于作家而言,这不仅是他们的写作原点与灵感源泉,也构成了他们作品的最初底色。对于在东北度过了人生中大部分时光的双雪涛来说,记忆中最为熟悉的、颓败的东北老工业基地沈阳市铁西区艳粉街就是他的"存在空间",故乡既已内化于他的生命和记忆之中,成为创作中无法剥离的一部分,也是他展开对故乡以外世界的观察、想象与表达的原始参照物。双雪涛正是以故乡东北为"地基",搭建了"艳粉街"这一文学空间,带领读者重返东北衰落的历史现场,勾勒"纸上东北"的纹路。然而,对笼罩在时代巨变阴影之下

---

① [挪]诺伯格·舒尔兹:《存在·空间·建筑》,尹培桐译,中国建筑工业出版社 1990 年版,第 9 页。

东北故土的重塑并不足以涵盖双雪涛创作的全部空间与维度,双雪涛在小说中还热衷于建构"影子湖"等超现实空间与"雪国"等虚幻空间,在其中展演奇幻故事,缔造现实寓言。因而,无论真实或虚幻,空间都只是双雪涛描绘现实、揭示人类生存困境的载体,这也使得他的空间叙事超越了故乡东北与地域经验的束缚,走向了更为广阔的天地。

(一)"纸上东北":重返历史现场

一方水土养一方人,不同地域的自然地理条件、社会人文环境与民俗文化图景等深深地影响着个体生命活动及其成果。法国文学评论家布朗肖就认为:"文学空间并不是一种外在的景观或场景,也不是见证时间在场的固化场所。文学空间的生成源自作家对于生存的内在体验。"① 在这里,布朗肖强调的正是文学空间的生成与作家个人生命体验的密切关联。对于双雪涛而言,故乡东北已潜移默化地渗入了他的文学创作,反过来,双雪涛在小说中则构建了独特的"纸上东北",他对小说中空间意象的选取、具体空间的营造都深深烙刻着东北的印记。

"冬天的深夜,路上几乎没有人,路边时有呕吐物,已经冻成硬坨儿。树木都秃了,像是铁做的。"② "雪片被风吹着,呼呼地拍打在玻璃上,玻璃的缝隙全都结了冰。"③ 寂静的深冬、漫天的大雪、结冰的窗户无一不弥漫着咄咄逼人的寒气,鲜明地昭示着北方冬天特有的气候特征。在双雪涛的小说中,以冰与雪为代表的自然物象成为北方寒冬的标识物,而"雪"这一出现频率最高的意象,无疑是构成双雪涛小说东北自然地域特征的最主要元素。在双雪涛审美意识的主导之下,以雪为代表的自然意象、北方寒冬的天然特质与文本的语境氛围达成了某种契合,使小说同时具备冷硬、肃杀的地域空间特征与冷峻、粗粝的美学特质。

在自然地域空间意象之外,双雪涛的小说往往有着极为明确的人文

---

① 谢纳:《批评的空间》,《文艺争鸣》2008年第4期。
② 双雪涛:《飞行家》,广西师范大学出版社2017年版,第18页。
③ 双雪涛:《天吾手记》,花城出版社2016年版,第99页。

空间写作对象,即沈阳市铁西区艳粉街,这片位于城市边缘的棚户区正是双雪涛的童年居所,也是他文学地理坐标的原始起点。在《光明堂》等小说中,双雪涛甚至有意地对艳粉街的空间布局进行复刻,将对煤电四营、红星台球厅等具体地标建筑的还原与对当地居民生活习惯、文化习俗的描摹结合起来,不断加深读者的空间印象,一幅真实、生动而立体的"艳粉街地图"就此浮现。然而,双雪涛小说中的空间从来都不是以独立客体的形式出现,空间不仅与其中的人物及其言行举止、心理状态等有着密切的关联,更融浸着作家自身的认知与情感。事实上,从文学地理学的角度来看,文学及其建构的多重空间所提供的终极意义并非在于地域材料的堆砌与物理景观的再现,而在于它对人类命运、情感等生存状态的隐秘揭示,在于它所携带的诸多社会历史文化因素。正如迈克·克朗所强调的:"文学作品不是一面反映世界的镜子,而是这些复杂意义的一部分。"① 作为一个有着强烈历史意识与现实观照的作家,双雪涛正是以20世纪90年代经济体制改革、国有企业改制时期衰颓的沈阳市铁西区艳粉街为中心地理坐标,构建具体的文学空间,体察空间中个体的生存状态与命运变迁,重返特定的历史现场,打捞东北衰落的历史往事。

与人的生存环境相对应,双雪涛还建构了艳粉街中以煤电四营、光明堂、红旗广场为代表的社会空间,借以承载厚重的历史文化隐喻,召唤20世纪90年代的东北历史记忆,正如阿斯曼所说的,"一个伟大的、但模糊的过去之中发生的事件和行为都需要通过地点和物品得到证明"②。在《跷跷板》中,当"我"受临终的刘庆革委托,来到曾经的大厂为甘沛元迁坟时,进入的是一座残败不堪的工业废墟:"厂房都是铁门,有的

---

① [英]迈克·克朗:《文化地理学》,杨淑华、宋慧敏译,南京大学出版社2003年版,第72—73页。
② [德]阿莱达·阿斯曼:《回忆空间:文化记忆的形式和变迁》,潘璐译,北京大学出版社2016年版,第53页。

锁了,有的锁已经坏了,风一吹嘎吱吱直响。有的已经空空如也,玻璃全都碎掉,有的还有生锈的生产线,工具箱倒在地上。"① 这片锈迹斑斑的厂区成为回忆的载体,与废墟之下的无名尸体,与艳粉街上消逝的工人村、倒塌的光明堂,与红旗广场上被更换的主席雕像、因失业而静坐抗议的下岗工人共同构成了20世纪90年代铁西区颓靡的现实底色。在双雪涛的历史性回望中,我们得以一窥艳粉街、铁西区、沈阳城乃至整个东北往昔的光辉岁月,捕捉时代洪流中被边缘化的群体的生存图景,在强烈的今昔对比中感受时代更迭、世事变迁、命运浮沉的沧桑,这也有力地印证了空间叙事对双雪涛小说的主题内涵、思想意蕴表达的绝佳效用。

(二)"超越故乡":揭示生存困境

詹明信在《马克思主义与历史主义》一文中曾经指出:"历史本身在任何意义上不是一个文本,也不是主导本文或主导叙事,但我们只能了解文本形式或叙述模式体验出来的历史……我们只能通过预先的文本或叙事建构才能接触历史。"② 换句话说,历史本身是可知的、唯一的,但又是不可穷尽的,在文本或叙事的多重建构之下,历史的面目变得更加复杂,也因此具备了更为丰富的理解向度。

与热衷于书写浮华烂漫、物欲横流的都市生活,表达成长伤痛、精神危机等青春物语的部分"80后"作家不同,双雪涛很早就注意到了历史对个体的影响,他的写作呈现出历史的另一种面貌。在双雪涛的文本世界,他以个体经验为基点建构的"艳粉街"这一文学地理空间,蕴藏着深厚的社会历史文化意义。在双雪涛的空间叙事中,通过"艳粉街"等具体文学空间的构建,城市的衰颓景象与个体的生存困境被反复渲染,直至内化为一种视觉符号与文本景观,共同指向辽宁省沈阳市20世纪末

---

① 双雪涛:《飞行家》,广西师范大学出版社2017年版,第19页。
② 张旭东编:《晚期资本主义的文化逻辑:詹明信批评理论文选》,生活·读书·新知三联书店2003年版,第148页。

的特殊历史经验，进而关联起东北工业衰落的往事。在现实与虚构的微妙互动之中，一段被遮蔽、被悬置的边缘化历史逐渐显形，一座别样的"锈带"城市与一个另类的"东北"形象逐渐向读者敞开，一条由个人经验生成区域性文学的"地方路径"似乎也由此生成。

然而，双雪涛小说中的"东北"不仅只是地理空间，国企改制、工人下岗等历史事件及其导致的工业厂房的废弃、集体生活的坍塌，都是"被粉碎的共同体"与阶层分化的转喻，双雪涛的东北书写"不是地方文艺，而是隐藏在地方性怀旧中的普遍的工人阶级乡愁"[1]。如果说在文学社会学的意义上，"历史总是内在于每个人活生生的经验中"[2]，那么双雪涛以个人经验建构的"东北"的意义就不只在于地方图景的展览，还在于它提供了一种管窥国家整体性社会结构转型的重要视角。从这个角度来看，双雪涛的空间叙事超越了故乡与地域的藩篱，有力地印证了"文学的存在首先是一种个人路径，然后形成特定的地方路径，许许多多的'地方路径'，不断充实和调整着作为民族生存共同体的'中国经验'"[3]。

目前诸多关于双雪涛作品的解读中，小说的历史意识无疑是最为研究者们津津乐道的。然而，双雪涛本人却对这类解读或标签保持着警惕，在一次访谈中，他明确否认了自己对宏大历史的刻意关涉。[4] 作为历史转折、社会结构变化的亲历者，他对主流叙事中"预先的文本或叙事"所建构的历史不感兴趣，而是更多地关注历史中的个体。因而，双雪涛在小说空间的建构中有意设置空间细节的谬误，例如将现实中位于沈阳市西面的艳粉街被腾挪至城市的最东头，并将其四面延展的街道样貌更改为类似"蚊香圈"的圆形，以此类细节的错位与变形提示读者，这并非现实意义上的、客观的地理空间，而是以现实材料为根基所重构的艺术

---

[1] 黄平：《"新东北作家群"论纲》，《吉林大学社会科学学报》2020年第1期。
[2] 杨立青：《双雪涛小说中的"东北"及其他》，《扬子江评论》2019年第1期。
[3] 李怡：《"地方路径"如何通达"现代中国"——代主持人语》，《当代文坛》2020年第1期。
[4] 参见李雪、双雪涛《双雪涛侦探·工匠·小说家——双雪涛访谈录》，《写作》2021年第6期。

化、主观化的沈阳,是一个全新的文学空间与精神世界。可以说,在小说中以艳粉街为坐标轴向沈阳市乃至整个东北工业基地延伸,对城市的衰落、历史的变动进行"在地性"的描摹与还原并非双雪涛创作的根本追求,空间之中人生命运的变化无常、个体被时代戏弄的悲怆惶惑才是双雪涛真正聚焦的主题。在此意义上,双雪涛以个体生命经验建构东北空间地域图景、指涉"下岗潮"等历史事件的意图不在于重现特定时期沈阳的社会面貌,满足读者对"东北衰落"的想象,他在小说中意欲探求、厘清的也不仅只是社会转型、历史变迁的复杂线索或迷离真相,更重要的是,呈现"大厦"崩塌之后,那些支离破碎的人生的剪影:"除了白云依旧,一切都已是沧海桑田;白云之下,天崩地摧的原野之上,是渺小、羸弱的人的身影。"[①] 在历史的"废墟"之下,那些骤然消逝的稳固依靠,那些谋生的艰难困窘,那些信仰失落的迷惘浑噩、无所适从,揭示了人类存在的生存困境与悲剧本质,也试炼出人的坚韧与尊严。双雪涛笔下的"东北故事",已然超越地域与历史的限制,走向了叩问人性的远方。

除去几乎真实可触的"纸上东北"的现实地域空间之外,双雪涛还走向了更为广阔的世界,将小说牵涉的地理意义上的空间坐标进行灵活的腾挪,建构超现实永与虚幻空间,在看似光怪陆离、虚无缥缈的世界中展演故事,但最终的落脚点仍然是表现特定时空中个体的人生面影。《光明堂》中魔幻的"影子湖"底被审判、被剥夺创作权利的疯子廖澄湖,相依为命的张默、姑鸟儿,寻母心切被教唆杀人的少年犯柳丁;《翅鬼》中奇幻的"雪国"内互相奴役的两个族群,奋起反抗的奴隶们、腾飞的翅鬼萧朗;《刺杀小说家》中"京城"的残暴统治者,互相残杀的各个辖区人民,痴傻却满怀一腔孤勇的少年久藏……正是这些处在不同时空、看似毫不相关的人物共同勾勒出双雪涛小说中的"人"在历史潮流与俗世生活中的生存状态、人间的情义悲欢、人性的复杂面向,这也使

---

① [德]瓦尔特·本雅明:《写作与救赎:本雅明文选》,李茂增、苏仲乐译,东方出版中心2009年版,第32—33页。

得双雪涛的小说在虚构与想象中抵达了现实。

实际上，如果我们对双雪涛小说的空间叙事做一个整体的观照，便可廓清其中隐伏着的一条草蛇灰线：无论是在充斥着工业废墟等"历史残余物"的铁西老城，还是在神秘而魔幻的水下世界，抑或在天马行空的奇幻国度与遥远异乡，俗世的历史、现实与人性都贯穿其间，不曾缺席。这些在文本世界中首先作为具体的、物质性的场所、地点而存在的空间，也在这个过程中被再生产为抽象的生存空间与社会关系的组合体，继而附着强大的社会历史文化隐喻力量，并与空间中个体的生存状态彼此映照，成为双雪涛审视人类存在本质的一种方式。可见，无论真实或虚拟，空间都只是双雪涛状写生活、观摩人性的载体，双雪涛也因此超越了自我经验的束缚，具备了莫言所说的"超越故乡"① 的能力。

二 东北文学的延续与拓展

研究者黄平将以双雪涛、班宇、郑执等为代表一批近年来崛起的东北青年作家命名为"新东北作家群"，并认为他们的创作与表现东北老工业基地衰颓特质与下岗工人生存状态的电影，以及东北怀旧音乐等艺术形成合流，掀起了一场全方位的"东北文艺复兴"浪潮，而双雪涛无疑是其中的佼佼者。从现代以来东北文学的发展历程来看，作为当代文学的新兴力量，双雪涛小说的空间叙事既扎根东北这一空间，接续了东北工业题材的书写传统，关注现实空间中的人生百态，参与了东北文学的一次"复兴"，又拓展了东北文学的新空间新经验，使得东北文学焕发新的生机。再者，双雪涛还在超验空间中传达出寓言向度上的哲理思考与人文关怀，从东北的地域边界突围，迈向了更广阔的文学天地。借用黄平对"新东北作家群"的论述，双雪涛的小说创作"不仅仅是'东北文学'的变化，而是从东北开始的文学的变化"②。

---

① 莫言、王尧：《从〈红高粱〉到〈檀香刑〉》，《当代作家评论》2002 年第 1 期。
② 黄平：《"新东北作家群"论纲》，《吉林大学社会科学学报》2020 年第 1 期。

(一)延续:东北文学的"复兴"

自 2019 年东北歌手董宝石在某综艺上提出"东北文艺复兴"的口号之后,经由网络媒体与人文学者的推波助澜,"东北文艺复兴"逐渐成为一个全方位涵盖文学、电影、音乐与网络流行文化等多重领域的复杂概念,并引发了一次次关于"东北"的热烈讨论。所谓"复兴",理应指向一个曾经辉煌的历史阶段与走向衰落的现实处境。如果"东北文艺复兴"的话语成立,那么,要厘清双雪涛小说作为文学领域的代表之一在这场"复兴"大潮中所扮演的角色和意义,就必须将其纳入现代以来东北文学的坐标系中进行整体性观照。哈佛大学的王德威教授曾对东北地域文化、东北文学与东北作为"时空坐标"所建构的想象、言说、论述、演绎进行梳理与阐释,将其置放在社会历史、国家民族、政治经济、跨区域跨文化的整体视域之下进行分析,追溯广泛意义上东北文学的历史谱系,突出东北对现代中国的重要性,明确"东北"作为中国现代经验的"辐辏点"所具有的复杂意义,并号召建构"东北学"研究,讲好"东北故事"。[①] 聚焦现当代中国的发展历程,这片辽阔的土地确乎几度成为"故事"的发生地,其特殊的地理位置、独特的生态环境、复杂的历史文化也催生出别具一格的东北文学。

从现代以来东北文学发展的历史脉络来看,东北文学的首次兴起伴随着 20 世纪 30 年代中国面临的严重民族危机而到来。以萧红、萧军等人为代表的"东北作家群"诞生于民族灾难、家国存亡的危急时刻,一方面,他们用力透纸背的笔触,对侵略者的暴行与罪恶进行控诉,抒发自己浓烈的爱国主义精神;另一方面,他们满怀热忱地描写故乡的地域风景与民风世俗,展现民族压迫之下受难人民的不幸遭遇及其英勇不屈,形成了鲜明的地域特征与独特的审美风格,在现代文学史上画上了浓墨重彩的一笔。20 世纪 40 年代中期至 60 年代,国家开始注重工业

---

① 王德威:《文学东北与中国现代性——"东北学"研究刍议》,《小说评论》2021 年第 1 期。

的发展，在工业基础相对深厚的东北加紧工业化建设，促成了现当代文学中东北工业题材小说与中国工业文学的诞生。作家草明、李云德等人践行着《在延安文艺座谈会上的讲话》确立的文艺生产机制与文艺意识形态，扎根东北工业基地，创作出《原动力》等一批反映出社会主义建设时期东北工业繁荣景象与工人昂扬奋进的精神面貌的工业题材小说，对现当代文学中工业小说的形成与发展产生了重要影响。20 世纪 90 年代，在经济体制转型与"下岗潮"爆发的社会语境之下，一批反映国企改革与工人下岗题材的小说应运而生，作家曹征路、刘醒龙等人将小说视角聚焦于此，曹征路的《那儿》与刘醒龙的《分享艰难》成为"现实主义冲击波""底层写作"潮流的代表性作品，在文坛产生了较大的反响，而深受国企改制冲击的东北却未产生极具分量的相关题材文学作品。随后，直到作家李铁的出现，反映东北国企下岗的"在地性"书写才真正产生一定的影响。他的短篇小说多以工厂为背景，书写下岗时刻来临时工人群体的生存状态，反映社会现实问题。当然，东北文学的丰富性远不止于此，作家梁晓声的知青文学、王阿成的哈尔滨城市书写、迟子建的乡土与生态叙事等都极为出彩地道出了自己心中的东北故事。

　　上述对东北文学发展历程的简要梳理意在表明，从 20 世纪 30 年代开始，东北文学在新文学中曾数次崛起，并始终与中国的历史进程、东北的现实生活紧密贴合，保持着旺盛的生命力。由此观之，从文学的角度来看，"东北文艺复兴"这个经由媒体发酵并流传于网络的口号或概念似乎是个"伪命题"。① 但正如黄平所言，"东北文艺复兴"概念实则涵盖着"文艺复兴"与"东北复兴"两个维度，前者指双雪涛等人的创作有着更为深远的历史来路，与前辈东北作家、东北文艺相勾连，后者则意味着经济衰落后被边缘化的东北经由双雪涛等人文艺作品获得重新被理

---

① 杨丹丹：《"东北文艺复兴"的伪命题、真问题和唯"新"主义》，《当代作家评论》2022 年第 5 期。

解、被阐释的机会。①

从这个角度来看,"东北文艺复兴"的话语自然是成立的,将双雪涛的小说指认为"东北文艺复兴"大潮中的一条文学支流也无可非议。一方面,双雪涛对东北的在地性书写使得他的小说呈现极为鲜明的地域空间特征,这无疑延续了自东北作家群以来东北文学中的独特地域色彩。例如在《光明堂》中,双雪涛运用大量笔墨来描绘冬天的几场雪。故事从父亲让张默去光明堂投奔三姑开始,这时的雪不大但"黏",如同粉末般不易分辨。随着故事的推进,雪势也发生变化,第二场雪来势汹汹,"雪花如同翻卷的睫毛,漫天飞舞"②。直到小说发展到高潮,雪已如同"铁幕"③。从"黏""翻卷的睫毛"到"铁幕",双雪涛用寥寥数语,极为精彩地道出了雪势的变化,自然地域空间的画面感跃然纸上。

另一方面,双雪涛在小说中建构了煤电四营、光明堂、红旗广场等与工业、工人阶级相关的空间,打捞被遗忘的东北工业衰落的历史往事,工业题材与工人阶级的聚焦无疑使得双雪涛的创作承接了以草明为代表的东北工业文学传统。而双雪涛小说对20世纪90年代经济体制改革及"下岗潮"爆发后工人生存状态的关注更是与李铁等作家的东北国企下岗题材小说一脉相承。总而言之,双雪涛小说的空间叙事既是对东北的在地性书写,承接了自东北作家群以来东北文学中的独特地域色彩,又赓续着东北工业文学书写的脉络,参与了东北文学的一次"复兴"。

(二)拓展:东北文学的新变

文学总是随着时代的发展而变化,双雪涛小说不仅延续了东北文学

---

① 参见黄平、刘天宇《东北·文艺·复兴——"东北文艺复兴"话语考辨》,《当代作家评论》2022年第5期。
② 双雪涛:《飞行家》,广西师范大学出版社2017年版,第69页。
③ 双雪涛:《飞行家》,广西师范大学出版社2017年版,第73页。

的发展脉络，也呈现出不同于以往东北文学的创作内容与美学特质，相较于前辈东北作家，双雪涛的东北地域空间书写有了更多新的内容。与草明的工业文学相比，两者创作的空间对象都与东北工业基地相关，但在主题内容、人物形象、艺术风格等方面皆相去甚远。草明的工业小说着力于表现热火朝天的工业空间生产图景，塑造积极向上的社会主义工人群像，"把对工业、工厂和人物的描写与塑造与时代政治主题紧密相连，从中表达或提炼具有政治正确性和鲜明时代性的主题"[①]。而在双雪涛建构的文学空间中，读者很难看到蓬勃发展的工业景象与满怀憧憬的劳动工人，这里没有喧嚣忙碌的工业机器、喷吐浓烟的高大烟囱，取而代之的是废弃的厂房、锈蚀的工业废墟与颓靡的下岗工人。换言之，双雪涛着重表现的不再是宏大的工业生产图景与平面化的工人阶层群像，而是改革过后遗留的工业废墟等"历史残余物"，以及僵滞的工业体系与改革的时代大潮背后被裹挟的个体人生的命运浮沉。

从关注"下岗潮"这一角度来看，双雪涛的小说与李铁等作家的东北国企下岗题材作品也有差异。曾经作为工人群体一员的李铁始终以"置身其中"[②]的视角展开关于工厂生产技术实践、经营管理现状的叙事，关注并思考社会转型期工厂与工人们的命运，审视改革的必要性及其滋生的不公平、不公正等弊端。从李铁的工业小说中，我们仍能感受到工业生活的诗意、工匠精神的崇高与工人们无私奉献的情怀，并得以窥见20世纪90年代东北国企日落西山前的最后一丝光晕。而双雪涛则不再将工厂及其内部的生产环节纳入小说叙事，也不再对下岗工人的群像展开具体的描绘，作为下岗工人的后代，他侧重将东北工业的衰落作为潜在的叙事背景，以"子一代"视角回望父辈命运发生突转的历史时刻，在"锈带"的阴影之下捕捉人的生存状态，关注衰败之城具体空间中人的迷惘与挣扎，并试图擦亮小人物的尊严。在双雪涛的小说中，空间中个体的命运变迁与生存困境始终是叙事的落脚点。另外，双雪涛还将"东

---

① 逄增玉：《东北现当代文学与文化论稿》，中国社会科学出版社2012年版，第174页。
② 周荣：《现实经验的意义与限度——李铁小说论》，《中国文学批评》2022年第2期。

北—沈阳—铁西区—艳粉街"开拓为新的文学地理空间,建构煤电四营、光明堂等具体文学空间,这些坐标既作为客观物理性空间与故事发生的场所而存在,又被倾注了厚重的社会历史文化意义,成为独立的审美对象、独特的文化空间与历史符号。

双雪涛以书写东北故事、关注下岗工人及其后代成名,研究者也惯于在地域与阶级限定的范畴之内阐释双雪涛小说创作的意义,在"东北"标签的加持之下,双雪涛小说的多重价值反而被遮蔽了。实际上,双雪涛小说的意义并不局限于艳粉街、铁西区或东北,无论是故土之上笼罩在时代巨变阴影中父辈小人物的挣扎、反抗、妥协,还是"子一代"另类的青春创伤记忆,都不足以涵盖双雪涛创作的全部空间与维度。事实上,双雪涛的小说创作并非始于故乡东北,从影响创作的思想资源来看,他深受先锋文学和西方现代文学的影响,早期作品《翅鬼》《刺杀小说家》都充满天马行空的想象与奇幻色彩。双雪涛经常在现实维度的叙事中陡然加入荒诞奇异的现代主义想象,实现由实入虚的跳转,开拓小说的叙事空间;或直接建构虚幻的想象空间,用奇幻故事指涉现实世界。从空间叙事视角出发,这些超验的叙事空间不仅是故事情节展开的背景,而且承担着重要的叙事功能,甚至作为一种叙事方式推动了小说故事情节的发展、人物形象的塑造乃至主题意义的建构。从这个角度来看,双雪涛小说的空间叙事既关涉现实世界中的人事浮沉与众生百态,又在超验空间中传达出寓言向度上人的生存迷思,不仅扎根"东北",更从"东北"的地域边界突围,迈向了更广阔的文学天地。

在双雪涛的空间叙事之中,从故乡东北的地域性书写出发,一个真实可触的"纸上东北"逐渐浮出地表,一段被边缘化的历史往事也逐渐显形。更为重要的是,双雪涛并未止步于对故土子民的回望,而是将目光投向了超现实与虚幻空间,开拓了东北以外更广阔的文学天地,而其中始终如一的是双雪涛对空间中人的生存困境、命运浮沉的写意与关怀。从更长远的现代以来东北文学发展历程进行整体性观照,双雪涛小说的空间叙事既延续了东北文学的地域性书写与工业题材书写传统，又向我们呈现了一种有别于以往的东北地域空间新经验，开拓了东北地域文学空间叙事的新向度，重构了人们对东北的想象与认知，具有一定的文学史意义。

学院化：论董启章的小说诗学

张嘉茵[*]

内容提要：学院经验赋予董启章广阔的文学视野，他的作品呈现智性的审美特征，具体表现在以下三个方面：百科全书式的知识叙事、跨文体写作的审美风格，以及通过塑造"作家"形象进行自我指涉探究写作伦理问题。在流行趣味当道的香港社会，董启章采取艰涩严肃的知识写作范式，创造了一种独特的小说诗学，将历史与现实、文化与政治、哲学与道德编织入文本之中，秉持深刻的反思精神和鲜明的批判立场，以透析香港社会。

关键词：香港文学；董启章；学院化；小说诗学

在香港，作家的生存状况如何？20世纪90年代，王一桃针对当下的文坛现状，提出香港文学的三大困境：作家恶劣的生活条件、创作环境和写作心态；作品发表与出版事业持续的不景气；文学作品的接受对象和整个社会的反应都令人悲哀。[①] 在文学环境不甚乐观的九十年代，文学的重要性与影响力受到普遍质疑。流行文化充斥着大众生活，严肃文学前进的道路越来越窄，在这样的历史境况下，文学与学院之间发生互动，开始出现"学院化"的现象。所谓"学院化"，即"大批作家、文学业

---

[*] [作者简介] 张嘉茵（1995— ）女，暨南大学博士生，研究方向为海外华人文学、香港文学。

① 参见王一桃《香港"严肃"文学的困境与出路（中）》，《香港文学》1993年第105期。

者以不同方式进入学院供职；学院教育成为作家主要的精神与文化经历。"① 在此背景下，董启章登上香港文坛。董启章1992年开始文学创作，1994年毕业于香港大学，获得比较文学硕士学位。毕业后，董启章全身心投入写作，斩获大大小小的文学奖，逐渐获得文坛与学界的关注。1997年，董启章与黄念欣（现任香港中文大学中国语言及文学系副教授）结婚后，全职作家的收入难以维持家庭开支，为了获得更多的经济来源，他开始在香港中文大学授课，并于2007年获得港中大"通识教育模范教学奖"。董启章硕士期间开始文学创作，同时撰写文学/文化评论。良好的学术训练给予他宽广的文学视野，他的作品呈现智性的审美特征。在流行趣味当道的香港社会，董启章采取艰涩严肃的知识写作范式，将历史与现实、文化与政治、哲学与道德编织入文本之中，秉持深刻的反思精神和鲜明的批判立场，以透析香港社会——这是对抗市场化侵蚀的努力，也是对文学精神的坚持。

一 百科全书式的知识叙事

百科全书式小说是一种复合的文本。耿占春用"巴洛克式的复杂"来形容其特征。"这是一种学术式或学究式写作的方法，以大量转述为基础，喜欢'无一字无来处'的引经据典的'严谨'风格。它承认与已有的文本的互文性关系，甚至是自己要说的意思已经蕴含在原先已有的文本之中了。"② 这种写作建立在已有文本的基础上，是与文学传统的对话。将知识融入叙事，不仅是探索"虚构"边界的新尝试，更通过对叙事传统的批判性重写，以及对文学形式的更新，表达作家的文学立场。"在某种意义上，每一种相当彻底更新了的叙事形式本身，都包含着文学或文化批评的性质。"③ 百科全书式小说的出现，对传统的文体观念、文学形

---

① 李徽昭：《学院化：新世纪文学的趋势与忧思》，《南方文坛》2013年第1期。
② 耿占春：《叙事美学：探索一种百科全书式的小说》，郑州大学出版社2002年版，第70页。
③ 耿占春：《叙事美学：探索一种百科全书式的小说》，郑州大学出版社2002年版，第75页。

式有极大冲击。董启章是百科全书式写作的好手,他的小说被认为是"作为一种开发或者探讨知识的论述",不仅展示知识的内容,更展示知识生产的过程。内容上的跨学科性,结构上的双重乃至多重叙事是董启章小说"百科全书式"特征的具体体现。

董启章在大学接受文学教育时,已经开始迷恋百科全书式的文学风格,逐步形成自己的文学品味与审美倾向。从大学起,他便受益于欧洲文学,普鲁斯特对他的影响尤其深刻:"他的句式、思维,有时是内在的,有时又是外在的,包含了很多不同范畴的知识在里面,绘画、音乐、哲学,就像一本百科全书。那是一个长篇小说的规模。"① 董启章的长篇小说创作追求一种整体性特征。"自然史三部曲"之一《天工开物·栩栩如真》取名自明代宋应星的《天工开物》。《天工开物》被称为"中国17世纪的工艺百科全书",是农业和手工业生产的综合性著作。董启章借鉴其概念,从物件的角度,书写主人公董氏的三代家史,以此折射出百年来香港社会的变迁。书中充斥着大量关于物件的知识性书写,如收音机、车床、电视机、相机、卡式录音机等,物件的演变史是香港历史变迁的缩影。

小说的故事性、虚构性与知识话语的客观性、广泛性之间先天存在矛盾,解决二者的对立,一个有效的方法是诉诸恰当的文本形式。在董启章的小说中,这个恰当的文本形式是多重的叙事结构。观察董氏的小说,可以发现他是个热衷形式创新的"游戏者"。《天工开物·栩栩如真》是双声部小说,一声部实写董氏家史,另一声部虚写叙事者笔下的人物栩栩在"可能世界"的种种奇遇。从叙事学的角度来看,小说的叙事者"我"处于第一叙事层,他讲述的董氏家族史是其祖辈父辈的经历,而他作为作家创作的"人物"栩栩的经历则属于第二叙事层。故事的最后栩栩走出了第二叙事层,来到第一叙事层,即文本中的真实世界,与叙事者"我"相遇。董启章通过小说颠覆了现实与虚构的边界,他想进一步

---

① 尉玮:《董启章:在香港继续写作》,《文汇报》2014 年 8 月 4 日第 B8 版。

追问的是：虚构的力量是什么？虚构能否影响现实世界？大量关于文学批评、叙事学的知识充斥其中，以后设的手法建构了虚实相生的叙事形态。这种文学实践，即"对生活经验的叙述性探索与对叙述形式本身的探索构成小说的双重主题。这种类型的百科全书式的叙事，一方面是小说，一方面就是文学批评"①。百科全书式小说不仅承担了叙事的功能，某种程度上还承担了文学批评的功能。此外，三声部叙事的技法也常在董启章的其他小说中出现，例如《时间繁史·哑瓷之光》，分别从独裁者的故事、恩恩的婴儿时间、维真尼亚的图书馆时光三个部分展开；《神》的结构概念来自陶渊明的《形影神三首》，以"形""影""神"三个声部各自叙述，情节叠合，最后展现故事的全貌。多重叙事结构以最大程度容纳尽可能多的知识面向，并将它们糅合在一起，使其成为一个形式与内容相统一的有机体。

《物种源始·贝贝重生之学习年代》是百科全书式叙事的集大成者，以主角阿芝的书信记录为框架，涵盖十二场读书会交流的具体过程。哲学、文学、历史、政治、宗教、生物等学科轮番上阵，各类知识不仅成为人物谈论的内容，更成为小说着力刻画的对象。董启章破除文体限制，以小说作为思想探索的容器。"思"与"诗"如何共存，董启章有所思考："小说作为一种艺术形式，是兼容诗和思考的。所以我不会说我的小说是知识论述，我认为那是一种诗意的思考或者思考式的诗意。小说不是我表达意见的工具，人物也不是我的传声筒，小说和当中的人物构成的是一个世界的模式。"②"知识"不仅是客观存在的正确观念，更是一种观点、立场的显现。例如在讨论《湖滨散记》时，生物学专业的阿角认为梭罗的重要观点之一是"人因为误解而劳动"，人付出大量时间获得物质上的丰盈，却成为精神的贫民，因此他自耕自食，在林中独自

---

① 耿占春：《叙事美学：探索一种百科全书式的小说》，郑州大学出版社2002年版，第75页。
② 董启章：《在世界中写作，为世界而写》，联经出版事业股份有限公司2011年版，第533页。

简朴生活两年。比较文学专业出身的阿志指出，梭罗所反对的是社会化、一致化且未经思索而全盘接受的生活模式和价值观念，这直指美国先贤所鼓吹的那套多劳多得的思想。而哲学背景出身的哲道则持批判态度，首先他质疑梭罗林中独居的实验看似超然，实际完全依靠亲友的帮助，因此所谓"远离喧嚣"的生活实践并不具备难度；其次梭罗批评的对象指向个人的选择，质疑被剥削者不够觉悟，却没有将剥削者及其背后的整个系统纳入批判的范畴，这是一种自我中心和浪漫主义的迷障。在此列举三位读书会成员的观点，意在说明同一文本产生的不同观念在小说中相互辩驳，相互补充，且整部小说的主线均由此形式构成。整本小说的主要叙事内容是人物之间的观念交锋，"思想"是小说着力刻画的对象，人物作为"思想者"而存在。这种塑造人物的方法与董启章的文学观有关，他认为人物的个性不单纯只是性格特征，个性潜藏在一个人的思想、语言乃至行动当中，并经由这些行为体现出来。"我认为人物的长篇大论的对话有两种功能：一是他们如何看自己，二是他们如何看世界，然后就是自己和世界的关系。前者问的是'我是谁'，展现的是人物的性格，后者问的是'世界是怎样构成的'，展现的则是人物的观点和思想。"[①] 也就是说，人的自我是由语汇的使用所创造出来的，思想在语言的交锋中得以传递，并塑造了人物的主体性。可见，百科全书式写作的意义并非意在展览知识，卖弄学识，而是将不同的知识"问题化"，使人物的精神强度与深度得以在论辩的场域中显现出来。

以赛亚·柏林区以狐狸与刺猬两种动物来区分两种类型的思想者。狐狸是全知的，但是刺猬只知道一件大事。"刺猬"是一元论者，对事物的认知集中于一个单一的中心观点、一个缜密严谨的体系；而"狐狸"则是多元论者，他们的思想漫射，追求无所不包的巨大的知识容量。董启章显然想成为一名博学的"狐狸型"知识分子，以文学的形式认识世

---

① 董启章：《在世界中写作，为世界而写》，联经出版事业股份有限公司2011年版，第530页。

界，甚至在小说中构建一个世界模型，对百科全书式叙事范式的追求就是这种意图的最佳注解。

二 "文体互融"与"文类小说"

文类互融，即不同的文体相互融合，产生出新的艺术形态。董启章热衷于各种文体实验：小说《体育时期》《爱妻》《命子》《神》插入日记、书信、歌词等不同的文本；《地图集》仿照地理学术专著而作，是议论体和记叙体的结合；《博物志》和《梦华录》以微型小说连缀成篇，近似于笔记小说。而"自然史三部曲"中大篇幅的议论，也打破了小说以叙事为核心的机制，展现出小说的无穷可能性。"文类互融"现象的出现一方面源于小说自身内在发展的需要，另一方面源于作家灵活开放的文学观。董启章长期接受中西文学熏陶，理论知识丰富扎实，注重文学形式的创新，结构复杂、形式多变是其小说的重要标签。

巴赫金认为："长篇小说允许插进来各种不同体裁。"① 也就是说，长篇小说本身作为一种文体，可以成为承载其他文体的容器，展现出广博的容量与强大的兼容性。《体育时期》就是这样一部呈现出开放面貌的长篇小说，它以小说叙事为核心，插入日记、歌词、论文评语、邮件、剧本等文体。在这部小说中，董启章对"文体互融"的处理手法不是简单的镶嵌，而是将叙述视角的转换与文体的变化相结合。如第六章《倒下的方法》由"不是苹果"长达四年的日记构成，人物的现身说法揭示了命运的流转对她造成的影响。此外，日记是第一人称内聚焦的叙述体，叙述者等于人物，叙述的内容只与读者共享，不为小说中其他人物所知，且不受其影响。"不是苹果"是一个不善言辞的叛逆少女，与其他人的对话往往掩藏真实想法，而日记恰好能呈现她内心的真实面貌。日记体的私密叙事撬开了"不是苹果"的隐秘内心。

不同的文体可营造出特殊的叙事氛围。如《银色手枪》这一章以戏

---

① 《巴赫金全集》（第三卷），白春仁、晓河译，河北教育出版社 1998 年版，第 103 页。

剧的形式呈现，主要描写"不是苹果"的乐队的排练场景，剧本的现场感与场景的氛围相当契合：

> 阿灰　　（突然插话）我念首歌应该加强金属感，你里面提到咁多机器同金属品，好似咩 CD 呀，唔系，改咗 MD，仲有镜框呀、机械蜂鸟呀，同埋咩钢铁百合咁。或者，唔，结他可以用多啲滑音之类。
>
> 不是苹果（瞥了贝贝一眼，点头）师傅讲得啱。①

剧体叙事具有感染力，这是源于它所引发的现场感，在小说中营造出"现场直播"的感觉。它打破了传统以概括为主的讲故事的方式，减轻"概述"对表现力的束缚。除了日记体、短信体、戏剧体，董启章还在小说中设置了"选择题"。在《单项选择题》一章里，董启章邀请读者参与这个叙事游戏："第一题：小说是选择和组合的游戏吗？A）是 B）不是。"② 在"答案分析"中，作者针对不同的选择给出相应的答案，不同的答案隐含着作者不同的文学观，也预示着人物不同的命运。线性发展的情节在这里分开了两条岔路，呈现开放性的故事走向。看似炫技的叙述技巧隐含着作者的深意：第一，小说是开放的，读者可以自由参与叙事的发展进程；第二，小说通过呈现选择的"可能性"来启示读者生活的开放性与无限可能性。

文体实验不仅关涉叙事技法，更表达了作家的文学观。除了"文体互融"的叙事实验，董启章创新性地提出"文类小说"的概念："小说本身已经是一种文类，有其文类的内在逻辑和假设，但小说还可以通过模拟和介入其他文类，来暴露它们的运作机制。"③ 换言之，以小说的虚构

---

① 董启章：《体育时期》，作家出版社 2010 年版，第 270 页。
② 董启章：《体育时期》，作家出版社 2010 年版，第 316 页。
③ 董启章：《在世界中写作，为世界而写》，联经出版事业股份有限公司 2011 年版，第 24 页。

性来拆解真实的权威,及其背后的运行机制。以小说和历史为例:历史和小说本质上都是一种"书写"或者"讲述",二者之所以要进行严格的区分,是为了强化历史的真实性与合理性。然而,所谓"真实性"与"合理性"只是一个幌子,在捍卫历史这种文类的权威的同时,也为了更好地操控它。也可以说,历史就是一种以纪实的手段行使虚构权的文类。① 也就是说,历史书写的背后蕴含着叙事的话语权。香港在历史上向来是话语权争夺的中心地带。"香港开埠百年之内的历史叙述全部来自于英文史著或报刊。"② 为了对抗殖民者的宏大叙事,董启章没有正面强攻,以本土立场构建宏大史诗,相反,他用短篇连缀而成的《地图集》,颠覆和消解了"他者"强加于香港的片面论述。这部小说纵向勾勒香港的历史,横向展开香港的地图。乍一看,这是一本地图学的理论著作,当中充斥着复杂的图例说明、历史引证,甚至还一本正经地列出引用的文献。但仔细一读,却发现这只是个"真诚的游戏",书里的种种构想都是虚构的,没有一篇是真实的。究其原因,必须回到创作这部小说的起点——1997回归之年去探讨。香港面临历史的转折,作为一名小说家,该如何回顾香港的历史,又该如何展望香港的未来?小说在现实面前还有什么想象的空间?作者称这部小说是"为未来而做的考古学"。通过模拟理论著作,董启章开辟了小说的可能性,以未来写过去,从过去投射未来。在小说中不断穿梭时空,为的是更好地书写当下。"只有一个富有可能性的当下,才是人能够真正存活的当下。"③ 小说不仅有照见现实的能力,更有超脱现实、激活生命可能性的能力。

对文体创新的不断探索,是董启章作为一个小说家的执念。这种执念既源于他自身的审美追求,也是文学自身发展所必须面临的问题。不仅作家要寻求突破和发展,文学本身也需要通过自我更新来获得活力。

---

① 参见董启章《在世界中写作,为世界而写》,联经出版事业股份有限公司2011年版,第530页。
② 赵稀方:《小说香港》,生活·读书·新知三联书店2003年版,第4页。
③ 董启章:《地图集》,联经出版事业股份有限公司2011年版,第162页。

"当小说在漫长岁月的竞写中把自身的内在能量消耗殆尽,要保持小说的活力,开拓新的可能性,小说可以把目光转向更广义的'小说',即种种有着虚构的底蕴而打着非虚构或反虚构的旗号的文类,撞破和改写它们的文化逻辑。"① 文类之间相互借鉴、相互融合,在创新中生发出新的小说观念,未尝不是文学突破自身瓶颈的新尝试。

三 "作家"形象与自我指涉

作家/艺术家是西方现代小说的重要角色,普鲁斯特笔下的马塞尔,乔伊斯笔下的斯蒂芬,乃至卡夫卡小说中那个令人难忘的"饥饿艺术家",都是该人物谱系中重要的面孔。这些角色的设置,往往与"元小说"这一写作技法同时出现。"元小说"指涉文学创作本身,通过不断暴露叙事机制来提醒读者意识到叙事的虚构性,作者往往通过这种技法,表达他对文学创作的思考。由于"元小说"是关于小说的小说,主人公往往是作家或者艺术家等知识分子:卡夫卡小说中的 K,《追忆似水流年》的马塞尔与马塞尔·普鲁斯特等,作者与主人公命名上的相似性增强了小说的自我指涉性。如此一来,叙事者或小说人物传达的文学观念,便不可避免地被读者看作是作者本人的思想。细数董启章小说的人物谱系,不难发现几种人物原型反复出现,"作家"是最为突出的形象之一。《天工开物·栩栩如真》的黑骑士,《心》的 D,《爱妻》的佘梓言,《时间繁史·哑瓷之光》中的独裁者等,几乎每部长篇都有作者分身的影子。对于这种频繁的自我指涉,董启章有相当的自觉,并称这是一种将自我"问题化"的方法:"把'自我'和一个'作家''作者'的身份,及其正在从事的事业,作为一种描绘和探究的重点去处理……我甚至有时希望质疑'作家'这个身份……在这个世界里你扮演一个创造者,拥有很大的权力。相对这种权力,自己应如何理解?自己会害怕,会担忧,自己是否任意把自己的看法加在人

---

① 董启章:《在世界中写作,为世界而写》,联经出版事业股份有限公司 2011 年版,第 25 页。

物、对象上？"① 换言之，董启章担忧的是作家权力是否被滥用的问题，作家的"自我"与"自恋"在写作中应该多大程度被限制的问题，他对"作家身份"的自觉，体现了他强烈的写作伦理意识。

《时间繁史·哑瓷之光》对作家伦理责任进行了深刻的叩问，主要是在作家独裁者与文学专业的学生维真尼亚、售货员恩恩的关系中展开的。小说的第一声部讲述中英混血女孩维真尼亚为了参加文学研究计划，采访独裁者的故事；小说的第二声部发生在独裁者的过去，他不断写信给一个叫恩恩的年轻售货员，希望以书信的方式开启了一个名为"婴儿宇宙"的世界。所谓"婴儿宇宙"，即在书信中通过虚构另一个名为恩恩的女孩，呈现个人命运的不同可能性，是独裁者试图将恩恩从琐碎无聊的生活中拯救出来的尝试。恩恩如同众多普通的年轻女孩一样，在社会上按部就班地执行"人生任务"——找一份安稳的工作，谈一场普通的恋爱，到了适合的年龄就考虑人生大事。人生的可能性，被扼杀在隐形的时刻表里，仿佛什么年龄干什么事是被规定好的。如此一来，年轻人便陷入安于现状的境况中，不再对世界抱有好奇心，不再探索未知的可能性，不再积极地提升自我。独裁者认为，恩恩就是现代年轻一代的典型代表，一种平庸的生活方式扼杀了年轻人的潜力与创造力。作为一名有知识、有思考力的前辈，他希望通过文学的方式，让恩恩发掘自我的潜能。在那些天马行空的书信中，另一个名叫恩恩的女孩，成为文学青年喽啰的女朋友，在潜移默化的过程中她对文学产生兴趣，并且逐渐培养起独立的精神人格，更大胆地追求自己想要的生活，她辞掉了售货员的工作，学习美妆技术，希望在时尚的道路上有所成就……书信里那个积极改造自我的恩恩感染了现实生活中的恩恩，她开始思考自己一成不变的琐碎生活是否毫无意义。青年形象，尤其是女性青年形象是董启章最青睐的形象之一，但恩恩与以往的女性形象不同，面对独裁者"婴儿宇宙"的实验，她只能被动接受，她的角色是失语的。独裁者之所以叫独

---

① 董启章：《在世界中写作，为世界而写》，联经出版事业股份有限公司2011年版，第466—467页。

裁者，正暗示了他作为作家对写作权力的独断专横。释放文学的力量，并将其看作拯救自我与超脱现实的一种方式，本身是具有积极意义的。但面对恩恩这样一个对文学不甚理解的女孩，妄想用虚构影响现实，却从不过问恩恩是否理解，是否接受，一意孤行地倾倒自己的文学计划，体现了独裁者的傲慢。此外，独裁者将自己的徒弟，文学新秀喽啰安排在恩恩身边引导她，开解她，看似是一个善意的举动，却隐含着一个隐形的权力结构——被"启蒙"的恩恩与启蒙者独裁者/喽啰。在三人的关系中，文学本身充当着开启想象力与可能性的功能，但是恩恩作为"婴儿宇宙"最重要的参与者，却是失语的、被动的，在与喽啰的关系中成为那个被拯救和被启蒙的人。说到底，"启蒙"行为是否是独裁者的一意孤行，也是值得探讨的。对于恩恩而言，她的主体意识仍在沉睡，纵使她的命运在独裁者的影响下被改变了，但也不是出于自我意愿的主动的选择。这样的关系结构，是有悖于"婴儿宇宙"开启命运可能性的初衷的，或者可以说，这种"可能性"的探索自始至终都是独裁者一厢情愿的个人表演，反倒印证了他的"独裁"。

葡萄牙诗人费尔南多·佩索阿隐藏自我、制造假面的文学实践深刻影响了董启章。佩索阿虚构了70多个异名，将"自我"打散在这些职业、爱好、教育水平各不相同的"假面"当中，以不同的名字发表诗歌，且这些诗歌的风格各异，令人难以分辨竟出自同一人之手。戴上假面的佩索阿将虚构的游戏玩得不亦乐乎。这种以假乱真的虚构方式启发了董启章，独裁者等作家角色某种程度上可看作他自己的分身[①]。但对董启章来说，"假面"的尝试不仅仅是虚构的游戏，他投入更多理性的思考，在独裁者身上安放他自己本身的人格，以达到自我审视、自我批判的目的。这在第一声部独裁者与维真尼亚的故事中有所体现。在一次采访中，独裁者向维真尼亚坦诚，他的处女作《快餐店拼凑维真尼亚的故事》的主人公之所以命名为"维真尼亚"，是因为这个名字有童

---

① 小说中的独裁者的小说《快餐店拼凑维真尼亚的故事》明显指涉董启章的《快餐店拼凑诗诗思思 CC 与维真尼亚的故事》。

贞、原初、完整的意思,这种纯洁而不可占有的特质成为他欲望的起点与写作的动力。混血女孩维真尼亚不自觉将自己代入小说里那个同名人物,于是她追问独裁者为什么要在故事里杀死维真尼亚。独裁者狡辩道,他只是让她自杀。维真尼亚极力反抗:"不,你作为小说的作者,得对维真尼亚的死负责。从人物塑造的层面考虑,你根本没有为维真尼亚的自杀提供足够的理由。为什么呢?就是因为你根本不了解她。但你却企图反客为主,把这个缺失化为小说的立足点,去表达那永远得不到满足的欲望的主题。而为了迎合你沉迷的这个主题,你必须所谓'让她死去'!"①

这里讨论的是作者是否有权力杀死人物的问题。维真尼亚质疑独裁者为了一己的欲望,忽视了人物自我生长的逻辑与主体性,是一种极度自我膨胀且自恋的做法——不加节制地使用写作权力,并企图以自我意志凌驾人物的命运之上。在小说中,独裁者与维真尼亚可以平等对话,发出自己的声音。如果说混血女孩维真尼亚就是独裁者笔下那个被杀死的维真尼亚的映射,那么这个情节就可以看作是"人物"对"作者"的质问,反映的是人物独立的情感意志,而非小说写作者的立场。又因为独裁者这个角色实际上是作为董启章的"假面"而存在的,维真尼亚对独裁者的抗辩,实际上是对董启章的抗辩。正如巴赫金所言:"陀思妥耶夫斯基恰似歌德的普罗米修斯,他创造出来的不是无声的奴隶(如宙斯创造),而是自由的人;这自由的人能够同自己的创造者并肩而立,能够不同意创造者的意见,甚至反抗他的意见。"② 通过这种方式,董启章直面自己长期以来作为作家,与笔下的人物之间的关系,并以此进行自我审问和清理。在写作中,董启章逐渐领悟到,作家只是小说人物的创造者,但无权控制他们的命运,人物有其自由生长的逻辑。写作者如果视自己为掌控一切的"造物者",必然走向傲慢与专制,这样的作品只能反映写作者单一的意志,无法激活更多的可能性。

---

① 董启章:《时间繁史·哑瓷之光》(上),麦田出版社 2007 年版,第 93 页。
② 《巴赫金全集》(第五卷),白春仁、顾亚铃译,河北教育出版社 1998 年版,第 4 页。

董启章对写作伦理的探讨，体现了他作为一个作家的谦卑与自省。联系香港的社会现实，我们可以更清晰地看到这种自我反省与自我批判的由来：在金钱与效率至上的香港社会，每个人都为生计奔忙，写作者终日在自己书房里埋头创作无人问津的文学作品，仿佛被抛掷在社会之外，难以与他人发生实际的关联——写作成为一种与他人，与世界无关的自我满足。在这种情况下，具有反思精神的作家必然感到焦虑，甚至产生愧疚感，将写作行为看作一种"原罪"：作家精神上的追求与自我想象，是以他人的现实劳作为基础的。如果没有其他人在物质世界的辛苦营役，作家何以构筑纯粹的精神世界，实现自我的精神追求？董启章将写作理解为"罪与罚"的过程："写作的自我无用于世道，却超额支取着自我实现的资源，并且把维系世界运行的俗物留给他人……作者在物质上也许有所匮乏，但他在精神上的优越却让他自以为是。这一点的觉醒，就是罪疚感的源头。作者于是意识到，写作同时是对世界的亏欠和偿还。"[①]

在罪与罚的辩证循环中，董启章不仅对作家的写作伦理进行深刻的探讨，更不断追问写作的意义。写作这种精神活动，必须靠向现实索取才能维持；但作家唯一能回馈世界，回馈他人的，却又只能回归到写作本身。具有反思精神的作家必须克服"原罪"带来的愧疚，在痛苦的挣扎中挥洒文学的创造力，在不断的自我拷问中坚持书写，只有这样，才能坚守人文精神的阵地，保护文学的微光，这就是他们能贡献的最大价值。

学院经验使董启章对写作有更强烈的自觉意识，可以说，他的写作是在一个大的文学传统下展开的。董启章曾经对"文学继承"这个话题有所抒发：身为一个作家，自我的生成有一个特定的面向——过去的文学。正如博尔赫斯所说：每一个作家也创造自己的前人。对于董启章来说，如果让他创造自己的祖先，卡夫卡、普鲁斯特、博尔赫斯、佩索阿、

[①] 董启章：《在世界中写作，为世界而写》，联经出版事业股份有限公司 2011 年版，第 504—505 页。

曹雪芹等作家是他首先想到的，与此同时，但丁、歌德、大江健三郎、萨拉马戈、卡尔维诺对他来说也相当重要。这两批作家代表两种不同的面向，前者聚焦于人类内在的情感世界，注重挖掘人的精神深度，强调以想象超越现实的力量；后者则侧重外在的行动，秉承理性精神，保持对现实的强烈关注，甚至以写作回应现实、介入现实。董启章自言，从他的个人性格出发，他更接近前者，因为他常常有自绝于外界，全然隐退于文学写作中的心态。但是，他同时有一种对他人处境的体察，使他不能无视外在世界的存在，并对之负上责任。这两种不同的文学取向可归结为"默想生活"和"行动生活"的两股纽带，交结为董启章文学基因的双螺旋结构。[①] 这不仅体现了董启章在世界文学版图中寻找定位的努力，更为重要的是，我们能在这段自白中读出他学院化写作的两个面向：对虚构的着迷与对更高审美层次的追求，以及对他人处境的体察与对社会现实的关怀。

---

① 参见董启章《潘多拉的盒子与宇宙之心》，《字花》2014 年第 50 期。

区域文化与中国古代文学研究

主持人语

主持人：杨宗红教授

主持人语：

沈德潜《芳庄诗序》云："诗人不遇江山，虽有灵秀之心，俊伟之笔，而孑然独处，寂无见闻，何由激发心胸，一吐其堆阜浩瀚之气？"文学受江山之助而有不同风貌，不同地域的文学自有其特征，如江左之清绮与河朔之贞刚，杏花春雨江南与骏马秋风塞北。即便同一人其流动也会影响他的创作，从而形成不同的风格，如柳宗元贬谪到南方后诗风文风变得"幽深孤峭"，"偶有所作，咸则庄、骚"。正是因为地理环境的多样性与地域文化的丰富性，文人的流动性与文人性情的复杂性，文学作品才有无穷的魅力，文学的大观园才因此而丰富多彩。

本栏目三篇论文皆与地域流动相关。文学地理学的流动，包含文人的流动、作品的流动，也包含流动过程的"点"。姜夔、张炎是宋代浪迹江湖、寄食诸侯的江西词人，他们之词清空骚雅，受到后人尊崇，清代浙西，甚至"家白石而户玉田"。但这种风气不只限于浙西。范松义《论清代岭南词人对姜、张词的接受》探究了姜、张词在岭南地区的流动情况，具体考察了清初至道光前期、道光中期至光绪中期、光绪后期至民国初年岭南词人对姜夔、张炎词的接受情况，这不仅丰富了姜、张词传播研究，也是对岭南词研究的深入。如果说前文侧重于文本的流动对地方文人文学风格的影响，赵旭《区域因素对谢榛文学活动的影响》侧重于文人的流动对其文学创作活动的影响。论文梳理了谢榛一生中在临清、北京、吴中、藩府的经历，指出临清孕育了谢榛的诗歌风格，四入北京成就了谢榛的诗人之名，吴中风范丰富了谢榛的诗作内容，借力藩府完善了谢榛的诗学体系。诗人漂泊的经历也说明了文学的江山之助。黎保荣《世界史视野中的肇庆文化交流》聚焦于流动中的特殊地——肇庆。论文首先分析了西江及肇庆文化的流通性质,然后着重考察了世界史视野中的利玛窦与六祖惠能及其世界性影响。对第二个问题,作者从为什么选择肇庆、在肇庆做了什么文化交流、使得肇庆变成了什么这三个方面追问,对最后一个问题则着重阐释了文化交流中的"肇庆路径"。

文学与地理的关系极复杂。文本流动、文人流动、流动过程中的地理空间等都是文学与地理的关系研究中的重要问题,上述文章涉及于此,且都涉及流动过程中的特定地域。因此,无论是作品本身的地理传播研究,还是文人流徙研究,三文皆可为学人提供参考与借鉴。

论清代岭南词人对姜、张词的接受*

范松义**

内容提要：清代是姜、张词接受史上的一个高峰期。在清词的各个板块中，岭南词的演变与姜、张词风关系密切。清初至道光前期，岭南词人即表现出对姜、张词的认同，只是人数尚少。从道光后期至光绪中期，岭南词人对姜、张词的接受则成为一时风气，服膺姜、张是此期岭南词的主流。光绪后期至民国初年，岭南词人多崇奉周、吴，但仍有词人遵从姜、张。由岭南词人对姜、张词的接受历程看，在姜、张词接受史的研究中有两方面的问题值得注意：一是地域问题，即研究视野不应局限于江浙地区；二是时间问题，即研究范围不应只重视近代以前而忽视近代以后。

关键词：清代；岭南；姜夔；张炎；接受

姜夔在南宋词坛以清刚之格调独树一帜，在身后影响也甚大，遵从者众多。其中最为出色者，当属张炎。在理论上，张炎提出"清空""骚雅"之说，以白石为最高典范；在创作上，张炎深得姜词神韵，又有个人特色。在当时，姜、张即被人并称。如仇远《玉田词》题辞即曾说张炎"当与白石老仙相鼓吹"。这个说法也得到后人的肯定。如清

---

* ［基金项目］2019 年国家社科基金西部项目"地域视野中的清代词风研究"（19xzw016）。
** ［作者简介］范松义（1978— ），男，重庆师范大学文学院教授，硕士生导师，研究方向为词学。

人陈廷焯云:"玉田乃全祖白石,面目虽变,托根有归,可为白石羽翼。"① 姜、张实具有共同的审美理想,也一起被视为清空骚雅词派的代表人物。

在元代,姜、张词尚受到一定的关注,至明代则完全受到冷落。到了清初,浙西词派重新发现了姜、张词的价值,对其极为推重。如朱彝尊认为"词莫善于姜夔"②"姜尧章氏最为杰出",③ 在《解佩令·自题词集》中自称填词"不师秦七,不师黄九,倚新声玉田差近"。后浙派中人如厉鹗、郭麐等都秉承了这种理念,在他们的倡导之下词风为之一变。朱彝尊《静惕堂词序》中曾说"数十年来,浙西填词者,家白石而户玉田",而这种风气当然不限于浙西,彭兆荪即说词坛曾经"家祝姜张,户尸朱厉"。④ 虽然近代以还姜、张之词坛地位有所下降,但仍有相当的影响。

研究姜、张词的接受史,清代自然是一个极为重要的环节,学界对此也有所探讨。⑤ 不过,从地域角度看,现有研究多关注清词中心区江浙词人对姜、张词的接受。事实上,除了江浙,清词的其他板块如岭南词的演变亦与姜、张词风关系密切,尤其是道、咸、同至光绪初期,岭南词人大多受到姜、张的熏染,而学界对此关注甚少。本文试对此进行论述,并由此探讨研究姜、张词的接受史所应注意的问题。

一 清初至道光前期:接受前奏

清初词坛呈现百家腾跃之势,江浙地区亦是如此,柳洲词人群、广

---

① (清)陈廷焯:《白雨斋词话》卷8,载唐圭璋《词话丛编》,中华书局1986年版,第3963页。
② (清)朱彝尊:《黑蝶斋诗余序》,载《曝书亭集》卷40,《四部丛刊》本。
③ (清)朱彝尊:《词综·发凡》,载《词综》,上海古籍出版社1978年版。
④ (清)彭兆荪:《小谟觞馆诗余序》,载《小谟觞馆诗余》,《清名家词》本。
⑤ 可参杨海明《张炎词研究》,齐鲁书社1989年版,第199—207页;赵晓岚《姜夔与南宋文化》,学苑出版社2001年版,第271—273页;罗仲鼎《张炎与浙西词派》,《杭州师院学报》1987年第3期;王学松《论张炎对清代词坛的影响》,《陕西师范大学学报》2009年第2期;张航《姜夔词传播与接受研究》,硕士学位论文,福建师范大学,2006年,待刊稿。

陵词人群以及阳羡词派等此起彼伏，各具特色。各种词学思潮虽皆风靡一时，但都不具有定于一尊的地位，此期江浙词坛呈现无序的格局。康熙十八年（1679）后，浙西词派崛起，历康、雍、乾、嘉四朝，直至道光时期仍有相当的影响。其间亦有特立独行之士，但江浙词坛之主潮乃是浙西词风。

在这段时期，岭南词嬗变的总体趋势是多元化，岭南词风可谓多姿多彩。不过，有些岭南词人在创作上已经表现出对姜、张词的认同，开始了对其的初步接受。

在康熙年间，就现有文献来看，词风趋于姜、张一派的粤人唯有李继燕。李继燕（生卒年不详），字骏诒，号参里，东莞人。官江苏吴江县知县。有《榻花词稿》。林贻熊为《榻花词稿》所作批点谓"余惊叹以为白石、玉田复出"，这种风格在清初岭南词人中殊不多见。继燕词以山水纪游者为佳，格调清挺峭拔。如《踏莎行·避暑白牛湖》：

> 一径凌空，数峰悬峭。虬松偃卧枝相扫。崎危绝壁几人行。垂萝暗淡疏烟小。　　影落湖心，鱼游树杪。寒光一片收残照。夜深秋雨听龙吟，半厓石屋秋生早。

笔致劲峭，境界清幽，读后觉凉意满怀。

康熙后期到道光后期，岭南词人接受姜、张词风者先有何梦瑶（1693—1764），字赞调，南海人，出任广西岑溪县知县，后迁奉天辽阳州知府。词有《匊芳园诗余》。后有吴荣光（1773—1843），字伯荣，号荷屋，南海人，官至湖广总督，有《筠清馆诗余》，二人成就都不高。真正有一定造诣者是仪克中。

仪克中（1796—1837），字协一，号墨农，番禺（今广州市）人。曾任教学海堂，后入广东巡抚幕。有《剑光楼词》。仪氏《徵招》词序中说："高凉客馆雨中，戴金溪观察见过，论词以石帚、玉田为正宗，竹垞、樊榭为嗣响。"戴金溪即戴敦元（1768—1834），浙江开化人，有《沤尘诗余》。克中此词开篇即云"人生难得秋前雨,赏音更难同调",显是将戴敦元视为知己,他自己自然也是"以石帚、玉田为正宗"。时人评价其词时也常常拈出此点,如郭麐《剑光楼词序》即谓其词"入姜、张之门,腴而弥澹",吴兰修序亦认为仪克中词"大得石帚、玉田之妙"。如《南浦》词题云"用玉田生词韵赋之",是宗法张炎的作品:

夜市隔篷听,乍成眠、却又啼莺催晓。坠梦觅江浔,东风软、况是闲愁难扫。垂杨夹岸,断烟浮出青山小。目送流红何处去,魂醉王孙芳草。　心头无限江山,向声声橹里,等闲过了。新恨未分明,销凝候、蓦地旧愁都到。回眸望渺,而今燕语鸥盟悄。一片归云留不住,窗外夕阳多少。

"断烟浮出青山小"词笔细腻,末句点出归思,并以夕阳意象结束,亦有韵味。克中词造境又常常疏密相间,工笔细描中时出大写意之笔。比如《水龙吟·判春园纳凉》中"苍烟起处,隐约见、孤帆转"、《凤凰台上忆吹箫》中"万家树影冥冥"以及"中流灯火,一片春星"等语,都有清空淡远之意。

另外,此期吴兰修、陈其锟词之主调非清空一体,但也受有姜、张词的一定的影响。吴兰修(1789—1839),字石华,号荔村,嘉应(今梅州市)人。官高州府信宜县教谕。词集名《桐花阁词》。吴氏词之基调是婉丽清新,但也有幽深清峭之制,如《卜算子》:

绿剪一窗烟,夜漏如何许。碧月濛濛不到门,竹露听如雨。独自出篱根,树影拖鞋去。一点萤灯隔水青,蛩作秋僧语。

这是得姜、张神韵的作品。因此有人认为吴词宗法浙派。如吴嵩梁《桐花阁词序》云:"石华孝廉,则今之玉田生也。"徐世昌亦认为吴词

"宗白石、玉田，婉约轻灵，天然雅韵。"① 但需要说明的是，《桐花阁词》中此类作品实不多见，并不能代表其整体面貌。陈其锟（生卒年不详），字吾山，号棠溪，番禺（今广州市）人。有《月波楼琴言》。邓廷桢为其词集题词云其词"健举处乃直造白石"。

总体而言，此期岭南词人接受姜、张词者仅是寥寥数家，且陈其锟、吴兰修还只是略受其影响。这段时期，只是岭南词人接受姜、张词的前奏。

二 道光中期至光绪中期：接受高峰

从道光后期至光绪中期，岭南词人虽也有特立独行者，但更多的岭南词人却受到浙西词派的强烈影响，认同浙派的词学理念。对姜、张词的接受，也不再像以前那样是个别行为，而是群体现象，涌现一批这样的词人。

这一时期岭南词坛的代表人物先是越台词社词人群，② 代表人物陈澧、徐灏、许玉彬、陈良玉、沈世良都属浙派家数，这是一个词风趋于姜、张一路的词人群体。

越台词社中成就最高、影响最大者，当属陈澧。陈澧（1810—1882），字兰甫，号东塾，番禺（今广州市）人。曾官广东河源县训导，两月即告病归。为学海堂学长数十年。有词集《忆江南馆词》。陈澧《景石斋词略序》说自己"常常讽诵昔人所作，以寄清兴，竹垞词则尤熟诵者"，③ 竹垞即浙派开山人物朱彝尊，陈澧之词学宗尚十分清楚。潘飞声论陈澧词有"经师偏解作词谈，朱厉齐驱笔岂惭"④ 之语，虽有过誉之嫌，但将陈氏与朱彝尊以及厉鹗并提，显然也不是随意为之。对于姜、张，陈澧自颇为推重。他曾经手评《绝妙好词笺》及《白石集》，后人将

---

① 徐世昌：《晚晴簃诗汇》卷120，中华书局1990年版，第5164页。
② 参见范松义《清代岭南越台词社考论》，《暨南学报》2008年第3期。
③ （清）陈澧：《景石斋词略序》，载姚诗雅《景石斋词略》，清刊本。
④ 潘飞声：《论岭南词绝句》，载《说剑堂集》，清刊本。

评语汇为《白石词评》,由此不难看出其喜好。另外陈氏有《论词绝句》六首,其中一首论姜夔,云:"自琢新词白石仙,暗香疏影写清妍。无端忽触胡沙感,争怪经师作郑笺。"又有一首论张炎,云:"赵元谁似玉田生,爱取唐诗剪裁成。无限沧桑身世感,新词多半说渊明。"又有一首论吴文英词,颇有意味:"也解雕锼也自然,灯前雨外极缠绵。何因独赏《唐多令》,只为清疏似玉田。"他之所以欣赏梦窗之《唐多令》,是因为该词风格近于张炎。至于陈澧之创作,这里看其一首名作《百字令》,乃是咏写七里滩之词:

江流千里,是山痕寸寸,染成浓碧。两岸画眉声不断,催送蒲帆风急。叠石皴烟,明波蘸树,小李将军笔。飞来山雨,满船凉翠吹入。 便欲舣棹芦花,渔翁借我,一领闲蓑笠。不为鲈香兼酒美,只爱岚光呼吸。野水投竿,高台啸月,何代无狂客。晚来新霁,一星云外犹湿。⑥

词境开阔疏朗,也时有空灵之处。如"飞来"两句写清凉彻骨之触觉,但不直写,而说"凉翠吹入",仿佛山水之碧绿也随风涌入。凉为实感,翠为虚写,虚实相生。"一星云外"的画面,也显得高洁空明。此词颇能体现陈澧的审美倾向。

再看其他几位词人。徐灏(1810—1879),字子远,番禺(今广州市)人。有《擁云阁词》。徐灏词笔调清远,如《蝶恋花》一词写寂寞感颇为深切:

门掩深秋池馆静。银汉初斜,皓月当空正。绕地苔花三径冷。西风吹瘦双梧影。 一曲清商更漏永。横竹悲凉,似唤寒蛩醒。四壁吟来浑不定。遥遥独有篱根应。

陈良玉(1815—1882),字朗山,驻防广州汉军镶白旗人。官至直隶州知州。词有《虞苑东斋词钞》《梅窝词钞》。汪瑔《梅窝词钞序》说自己与陈良玉"交推朱垞,并及樊榭,为国朝巨手,谓瓣香所在,宜宗之",其词学渊源甚明。兹引其一首《台城路·春晚登越王台》:

年年拼却伤春眼,登临送春归去。近郭人家,倚山楼阁,一碧冥濛烟雨。闲愁几许。听彻晓啼鹃,怎留春住。软语东风,只今慵赋断肠句。　江乡寒食过了,怅此度携筇,风景非故。人事无憀,酒徒依旧,浣尽生衣尘土。荒凉辇路。问满目山川,霸图何处。开遍红棉,日斜飞乱絮。

许玉彬和沈世良词有相近处,都极为凄苦苍凉。许玉彬(?—1852后),字伯鬲,号青皋,番禺(今广州市)人。有《冬荣馆词》。试读《浪淘沙·西窗不寐,愁绪顿生,呵冻簌灯,遂成一解》:

湿雪压庐帘。盼断银蟾。纵横画帧与灯签。只有短檠和影坐,未许人兼。　夜定响廉纤。击柝声严。懒将迷迭鸭炉添。料得明朝寒更重,雀躲层檐。

大雪纷飞,词人却只有孤灯与影子相伴,其心境自然十分黯淡。末句预想明日"寒更重",更令人觉得寒意倍增。

沈世良(1823—1860),字伯眉。贡生。词集名《楞华室词》。冒广生曾谓沈氏词"继响《山中白云》",① 沈词缠绵蕴藉,曲折深婉,确与张词相近。试看《渡江云》:

城笳吹恨起,西风向晚,犹带别离声。揿帆烟浦外,断柳荒芦,

---

① 冒广生:《小三吾亭词话》,载唐圭璋《词话丛编》,中华书局1986年版,第4682页。

寂寞趁江程。帘钩落日，甚如今、也恋长亭。抛却了、淡黄庭院，鸦影暮零星。　　消凝。渔天市散，纤路沙移，正关河霜迥。还又是、寒欺酒薄，梦借茶醒。年来渐饱江湖味，唤沙鸥、闲说生平。新月上，嵩螺一抹浮青。

城笳、西风、傍晚、烟浦、断柳、荒芦，意象萧瑟而密集，浓墨渲染，氛围十分凄凉。末句写新月初上，山色一抹，余味悠长，甚有神韵。

除了越台词社诸词人，与沈世良同为"粤东三家"的汪瑔亦宗奉姜、张。汪、沈二人虽生年大致同时，但沈氏早卒，而汪瑔直至光绪中叶方辞世，

汪瑔（1828—1891），字玉泉。有《随山馆词》一卷、《续稿》一卷。汪瑔为陈良玉《梅窝词钞》所作序言中谓自己与陈氏"论词则交推朱垞，并及樊榭，为国朝巨手，谓瓣香所在，宜宗之"，已见前引，可知汪瑔于词崇奉浙西词派，于词自属清空一体。在《梅窝词钞序》中，汪氏还阐明了对"清空"的认识：

世之言词者，皆曰清空，彼亦知何者为清空乎？司空《诗品》曰："浓者必枯，浅者愈深。"此即清空之说也。必先有搓酥滴粉、缝云裁月之功，然后澄之而清，化之而空，乃不为剽浅，不为疏屑。

欲求"清空"，必须经过"搓酥滴粉、缝云裁月"的阶段，如此方是真"清空"，这实际上是由绚烂转为平淡的过程。这样的见解，可见汪氏对姜、张词风的深入思考。汪词小令清冷凄黯，长调清虚悠远。沈世良《随山馆词》题词有"气体超洁，邀月能语，遏云不流，其黄鹤楼中玉笛乎"之评，当指此类作品。《百字令·五月望夜，偕叶兰台、杜仲容季英登粤秀山看月》为最好的例子：

空山今古，问月明如许，百年能几。夜半犹来凌绝顶，吾辈清狂如是。城郭千家，楼台一片，都化空濛水。扶胥何处，海天风露无际。　　相与茗碗分曹，蕉衫袒右，顿忘人间世。好事肯同河朔饮，但谑浮瓜沉李。叠磴云生，荒台地古，忽忽生凉意。松阴鹤睡，试凭长笛吹起。

"城郭"三句写月色溶溶之状而以水喻之，一片空明之感。"海天风露无际"写遥望珠江之景，亦觉廖廓悠远。末句以长笛声作结，词笔也甚清灵。冒广生曾谓汪瑔词"色色皆似樊榭"，[①] 就汪词之主调而言，此言不虚。当然其中也有些俊丽之作，是以朱鉴成《随山馆词》题词指出汪词"兼有北宋之秦，南宋之姜"。

最后要提及桂文燿、姚诗雅、吕洪，三人名气不大，而词学理念与上述词人一致。桂文燿（1807—1854），字子淳，号星垣，南海人。官江苏淮扬海道。有《席月山房词》一卷。桂文燿词格调清俊，词境较为疏朗。吕洪（生卒年不详），字拔湖，鹤山人。官韶州府训导。与其侄吕鉴煌有合集《竹林词钞》。吕氏词凄清萧瑟，前人以为"清隽深婉，雅近玉田"。[②] 姚诗雅（生卒年不详），字仲鱼，番禺（今广州市）人。官河南孟县知县。有《景石斋词略》。陈澧《景石斋词略序》说自己"尤爱其小令，似朱竹垞"，指出了其词之风貌。

总体而言，这段时期是岭南词人接受姜、张词风的高峰期，与以前相比有两个特点需要注意：一是词人多。如上所云，从清初至道光前期，200年左右的时间，受姜、张影响的词人甚少。进入近代以来，短短50年左右，这股思潮蔚为大观，成为一时风气。二是词人成就高。近代以前，除了仪克中，岭南词坛接受姜、张词的作者成就都不高。吴兰修虽身为清词一名家，但其佳作多不是姜、张一体之词。而近代以来，广东词

---

①　冒广生：《小三吾亭词话》，载唐圭璋《词话丛编》，中华书局1986年版，第4683页。
②　潘飞声：《竹林词钞序》，载吕洪《竹林词钞》，清刊本。

坛的代表人物，创作上则大都属于姜、张一派。其他类型的词人，词作都不出色。应当说，服膺姜、张是此期岭南词的主流。

三 光绪后期至民国初年：接受余响

清末民初岭南词风再度发生变化，广东词坛更多地受到常州词派的影响。试读沈宗畸、梁鼎芬、曾习经、梁启超、潘之博、麦孟华、汪兆铨、许之衡、陈洵、易孺、杨铁夫这些名家之词，虽个体风格有别，但多别有寄托，含蕴深婉，不难看出常州词派之影响。他们的创作或宗清真，或宗梦窗，词学理念进行了更新。

但文学的发展从来都不是一元的，因此在对一个时期的文学进行考察的时候，我们既要把握基本态势，也要注意到其多元化的一面。常州词派本继浙西词派而起，因不满于浙派末流飘滑之弊端，遂以生涩矫之。但常派也不可能尽善尽美，有时过于强调生涩反流于晦涩难懂。常派兴起之后，世人多趋之，但不善学者反多得其弊。汪兆镛《白月词序》中即提出宗常派者"若仅袭皮毛，弥以驰逐，靡曼无累，其蔽与徒诩清空者等，抑又加甚焉"，对此有清醒的认识。因此学浙学常并不是关键，关键在于词中是否有真情、真意。此期岭南即有词人仍宗姜、张，当然这样的词人数量甚少。

汪兆镛（1861—1839），字伯序，号憬吾，番禺（今广州市）人。有《雨屋深灯词》。夏敬观曾谓汪兆镛词"致力姜、辛"，① 汪词近稼轩体的词作其实不多，若说其致力于"姜"则大体不差，沈泽棠《雨屋深灯词序》即谓汪词"导源姜、张，追踪朱、厉"。试看《忆旧游·登韶州九成台》：

隐林梢半角，危榭荒苔，踏碎凉烟。无限苍茫意，恰泠泠虚籁，飞到吟边。晚风暗吹双翼，秋影不堪怜。念津鼓敲寒，邮灯煮梦，

---

① 夏敬观：《忍古楼词话》，载唐圭璋《词话丛编》，中华书局1986年版，第4761页。

销损华年。　　留连。感今古,问法曲南薰,遗响谁传。剩平芜残照,添数丝衰柳,摇落山川。怅触天涯情绪,凄咽答幽蝉。休更计明宵,疏篷冻雨人独眠。

词作苦涩而不枯寂,"踏碎凉烟""晚风暗吹双翼,秋影不堪怜"等句运笔也很空灵。

李绮青(1859—1925),字汉父,归善(今惠州)人。有《听风听水词》《草间词》。由于和浙派重要词人张景祁交游,李氏受其影响颇大。在《听风听水词》自序中,李氏还特意记录了张景祁对当时词坛的评价:

近世词人务为艰深,谓即清真、梦窗,不知相去愈远。夫玉田,学清真者也,虽无周之意境,而清婉近之;草窗,学梦窗者也,虽无吴之奥丽,而雅密似之。所谓善学前人者也。

张氏对张炎、周密这两位浙派树为典型的词人是颇为推重的,由此也可见其绮青之学思想。另外清亡之后,李绮青亦以遗老自居,其《草间词》自序云:

辛亥以来,……因思词人如玉田、草窗、碧山、山村及筼房兄弟,皆生际承平,晚遭末季,牢愁山谷,无补于国,莫救于时,一以黍离之思,托之歌词,百世之下,犹想见其怀抱。

仍以张炎、周密、王沂孙等为典型。兹录其《木兰花慢·蝉》一首:

隐高林翠梢,问何事、独悲吟。正故苑风微,残柯雨洗,戢影槐阴。萧森。夕阳几度,怪轻鬓、都被晚霜侵。听到余音断续,石床愁拂孤琴。　　愔愔。汉曲难寻。瑶珥散,钿筝沉。恨树碧无情,叶疏难庇，易到秋深。幽襟。自耽露饮。怕铜仙、去后也寒喑。勾引凄凉未了，和愁更有清砧。

潘飞声（1858—1934），字兰史，番禺（今广州市）人。有《说剑堂词》。陶榘林为其词集作序云："玉田之疏，梦窗之密，柳永长亭之雨，髯苏大江之浪，包罗胸襟，奔赴腕底。"另外邱炜萲《论粤东词绝句序》中亦提到潘飞声词："余读其集，知由朱、厉、成、郭四先生以与苏、辛相见者。"两家所论都较切合实际。潘飞声词路子较宽，其中有清疏之作。如《醉花阴·花田渡口是当日送刘乐生处》：

芳草凄迷风色暮。冷落花田渡。回首七年前，一角斜阳，是我销魂处。　荒堤空剩垂杨树。飞尽溪头絮。流水最无情，不送春愁，送了春人去。

由此来看，在词坛主流崇奉周、吴的态势之下，岭南词人亦有受到姜、张影响者。不过需要指出的是他们的词风并不是一味"清空""骚雅"，其中也有不少别调，如李绮青即主要以其雄浑之作闻名，严格来说他们的作品并不是"纯粹"的姜、张风调。

四　余论

从上文的论述可以看出，从清初开始，岭南词人即有接受姜、张词者，至道光中期之后一度达到高峰，成为当时岭南词的主流。后岭南词人之审美理想有所转变，但也有少数词人仍然受到姜、张词的影响。根据岭南词人对姜、张词的接受历程，我们认为在清代姜、张词接受史的研究中有两方面的问题值得注意。

其一，地域问题。清词的研究格局并不均衡。由于清词的发展水平存在地域差异，如今研究清词者，十之八九将视野投向成就最高的江浙两地。这自然有其道理，但不能因此忽略其他地方之词学。其他地域虽整体成就不及江浙，但也有不少重要的词人。仅仅论及江浙，则对清词的认识实际上是不全面的。就本问题而言，这样的研究格局就难以对清词人对姜、张的接受有全面而细致的把握（当然这个遗憾不限于对姜、张的接受）。比如上面提到的岭南词人，虽然没有朱彝尊、厉鹗这样的巨匠，但有些在清词史上是较为重要的。比如吴兰修、陆以湉曾认为其词"清空婉约，情味俱胜，可称岭南词家巨擘"。① 再如陈澧、谭献谓其"填词朗诣，洋洋乎会于《风》、《雅》，乃使绮靡、奋厉两宗，废然知反"。② 朱祖谋《望江南·杂题我朝诸名家词集后》中论陈澧词亦云"若举经儒长短句，峭然高馆忆江南。绰有雅音涵"，后陈乃乾编《清名家词》，陈氏乃其中一家。再如沈世良、汪瑔、叶衍兰，时有"粤东三家"之称。其他如潘飞声、李绮青在晚清亦有声名。而这些词人，研究清词者甚少提及，研究姜、张接受史者自然也极少论及，这显然有待改进。

其二，时间问题。研究清人对姜、张词的接受，对浙派的考察是关键，但对于浙派的认识学界往往存在误区。一般认为，浙西词派至道光初年衰微，常州词派则开始盛行，清词从此为常派之天下。在研究近代词坛的发展时，重心也都在常州词派，极少论及浙派的情况。由此在讨论清人对姜、张的接受的时候，也往往特别注意道光以前浙西词派盛行时期的状况。对于近代以来则关注较少，即使有所论述，也往往只是略微论及常派等词人对姜、张词的解读与评价，或者说是只是关于姜、张词的阐释史，而对于姜、张词对于词体创作的影响，却极少予以关注。似乎姜、张的影响只是限于词学思想的层面，而与词的创作无涉。应当说，近代以来浙派的确式微，但它并未完全退出历史舞台，可以说直至清末都是与常派交错发展的，姜、张词风对于清词的发展也依然有相当的影响。就岭南词而言，姜、张词发生影响主要就在近代以后。如陈澧崇奉浙西词派，其创作时间主要在道光中期以后，且至少延续到咸、同年间，其他词人更有延续到光绪年间者。那么对浙派的认识还应该有更

---

① （清）陆以湉：《冷庐杂识》，中华书局1984年版，第68页。
② （清）谭献：《箧中词续》，《续修四库全书》本。

为宏阔的视野,对清人接受姜、张词的历程的考察,自然也不应忽视晚清。

顺便说明的是,本文只是以清代岭南词为例,来考察姜、张词的接受问题。其他清词中的边缘地域,如安徽、福建等地之词,自然也有许多相关的词学文献,有待我们去发掘、整理,这必将会促使姜、张以及其他宋代词人的接受史研究走向深入。

区域因素对谢榛文学活动的影响[*]

赵 旭[**]

内容提要：作为明代"后七子"文学团体的元老人物，谢榛因为生计艰难而多处漂泊，不同的区域因素对其文学活动有着重要的影响。谢榛生长在临清，这里的文化氛围和审美风气孕育了他的创作风格；四次入京，开拓了他的文化视野，结交了众多诗友，成就了他诗人的名声，奠定了他在文学史上的地位；对吴中审美风范的接受，与众多吴中文人的接触，丰富了谢榛诗歌的内容；与藩府的密切关系，则使谢榛在得到物质生活保障的基础上，有效地进行了诗教传播，并完善了自己的诗学体系。

关键词：区域；谢榛；临清；北京；吴中；藩府

谢榛是明代"后七子"的元老人物，历经弘治、正德、嘉靖、隆庆和万历五朝，诗作丰富，且构建了完善的诗学理论体系。他生在临清，成年后四次入京，结成"后七子"文学社团，同时又来往于河南、山西诸多藩府，晚年更是寄居在山西沈藩，传播诗教。区域因素对谢榛的文学活动有着重要影响，对此特点加以探究，有助于把握谢榛文学活动的

---

[*]［基金项目］2021年辽宁省社科规划基金项目"作为文论家的谢榛之交游与其文学活动研究"（L21BZW010）。

[**]［作者简介］赵旭（1975— ）男，沈阳大学文法学院教授，硕士生导师，研究方向为中国古代文学与文化。

特征。

一　富庶的临清，孕育了谢榛的诗歌风格

1499 年，谢榛生于山东临清。这里位于大运河沿岸，是明代重要的商埠。时任内阁大学士的李东阳曾有诗表现临清的繁华：

十里人家两岸分，层楼高栋入青云。官船贾舶纷纷过，击鼓鸣锣处处闻。

折岸惊流此地回，涛声日夜响春雷。城中烟火千家集，江上帆樯万斛来。

——《临清二绝》①

小说《金瓶梅》② 描述临清的富庶：

这临清闸上是个热闹繁华大马头去处，商贾往来之所，车辆辐辏之地，有三十二条花柳巷，七十二座管弦楼。（第九十二回）

临清马头上，有座晏公庙。那里鱼米之乡，舟船辐辏之地，钱粮极广，清幽潇洒。（第九十三回）

从正月头，陈敬济在临清马头上大酒楼开张，见一日也发卖三、五十两银子。……陈敬济在楼上，搭伏定绿阑干，看那楼下景致，好生热闹。有诗为证："风拂烟笼锦绣妆，太平时节日初长。能添壮士英雄胆，善解佳人愁闷肠。三尺晓垂杨柳岸，一竿斜插杏花旁。男儿未遂平生志，且乐高歌入梦乡。"（第九十八回）

这虽然是小说家言，却是当时人的视角，可作一段风俗史料来看。

---

① （明）李东阳：《怀麓堂集》，上海古籍出版社 1991 年版，第 963 页。
② （清）李渔：《新刻绣像批评金瓶梅》，载《李渔全集》（第八卷），浙江古籍出版社 1992 年版。

谢榛生长在富庶的临清，生计却很窘迫。他自幼眇右目，父母早亡，过早地感受到生活的艰辛，甚至到了老年还不得安定，其诗《过故居有感二首》（全集卷六）自注"故宅久属王氏"，且言"结茅何日定，西陇事耕耘"，"飘零三十春，下马问比邻"（《过故居留别王南村先生》全集卷二十一①），长期漂泊，连祖产旧居都失去了。艰苦的家庭生活与富庶的社会氛围形成了强烈反差，身体的残疾又不适合劳作，他唯有依靠自己的诗才谋生。临清富裕的物质生活，浓郁的商业气息，滋长了人们娱乐享受享乐之风，也在客观上鼓励了文人豪放的情怀，表现于诗文，则呈现为一种爽朗、明快的风格。和当时重娱乐的风气相适应，谢榛少年时善作乐府商调，且很受欢迎，"年十六，作商调乐府，临、德间少年皆歌之"②。谢榛很为自己这个本事骄傲，如王世贞所言："谢茂秦旧填乐府，颇以柳三变自居。"③ 一方面，诗才得到认可，让谢榛狂放不羁的性格得以彰显；另一方面，也促使谢榛不断磨炼诗才，表现出通俗、敏锐、快捷的特点。

如果谢榛安于现状，他也许只能居于一隅，过着小富则安的生活，但苏东皋的出现，让谢榛的诗才有了质的提升。据《诗家直说》第 299 则载：

> 予自正德甲戌，年甫十六，学作乐府商调，以写春怨……统录若干曲，请正于乡丈苏东皋，东皋曰："尔童年爱作艳曲，声口似诗，殆非词家本色。初养精华而别役心机，孤此一代风雅何邪？"因教之作诗。澹泊自如，而不坠厥志。迄今五十馀年，幡然一叟，惟诗是乐。动静有时，而神逸于内，不知为山林之小隐欤？为市朝之

---

① 李庆立：《谢榛全集校笺》，江苏古籍出版社 2003 年版。其中卷一至卷二十一为诗歌，卷二十二至二十六为诗话《诗家直说》，共四百五十则。本文引用谢榛作品均据此本，引用诗歌先标题目，后标全集卷数，引用诗话则标明《诗家直说》则数。

② （清）钱谦益：《列朝诗集小传》，上海古籍出版社 1983 年版，第 423 页。

③ （明）王世贞：《弇州山人四部稿》，台湾伟文图书出版社有限公司 1976 年版，第 6961 页。

大隐欤？苏丈，吾师也，不得见我今日，悲哉！

苏东皋是谢榛家乡的长者，十六岁的谢榛将自己的得意之作整理出来向其请教，很有些想获得夸赞的期待。但苏东皋毫不客气地批评他走错了方向，然后以"一代风雅"相勉励，并教他作诗。苏东皋的教诲，为谢榛指明了努力的方向，提升了诗才的层次。谢榛心悦诚服地接受，以师奉之。但谢榛并没有因为接受"风雅"之号召而放弃通俗文学的创作。因为生计所迫，谢榛作诗论诗的一个重要目的就是满足生存之需，所以，谢榛将"风雅"的立意与通俗的技法有机结合起来，形成了既能够迎合高雅又能够满足俗乐的左右逢源的创作风格，在其晚年，还能为穆王一夜作出《竹枝词》十四阕，甚至临终前还能为人赋寿章八十多首。

二 四四入北京城，成就了谢榛的诗人之名

年轻的谢榛已经表现出豪侠之风，"弱冠为侠齐鲁间"[①]，苏东皋以"一代风雅"相鼓励，客观上也激发了谢榛的进取意识。他从嘉靖六年（1527）到嘉靖三十三年（1554）四次入京，虽然没有在政治上获得用武之地，却结交了大批诗友，扩大了创作视野，丰富了诗歌内容，完善了诗学体系，奠定了在诗坛的地位。

嘉靖六年（1527），二十九岁的谢榛首次入北京去拜访杨一清。当时，杨一清担任内阁首辅，"才情敏给，汲引士类，海内争趋其门"[②]，谢榛赴京拜访，显然期待得到提携。其诗《怀杨邃庵阁老》（全集卷八）曰："忆昔杨元老，燕都识鲁生。扶筇还再拜，下榻见高情。"可知，杨一清曾予以他礼遇。不过，杨一清正受到排挤，并没有对谢榛有实质性的提携，但此次入京在客观上提高了知名度，对谢榛后来的文学活动颇具意义。1542 年，谢榛《春日饮卢沟桥酒家》（全集卷二十）"十五年前

---

① （明）王世贞：《弇州山人四部稿》，台湾伟文图书出版社有限公司 1976 年版，第 6961 页。

② （清）钱谦益：《列朝诗集小传》，上海古籍出版社 1983 年版，第 256—257 页。

过此桥，秋风客思正萧萧"，回忆的就是此次入京。

嘉靖二十一年（1542），已经有了一定名气的谢榛第二次入北京。此次入京，他寓居在权臣驸马都尉京山侯崔元家中。谢榛有诗《寄崔岱屏都尉》《夏夜大雨寄怀崔驸马懋仁》，能看出他和崔元有很好的交情。王世贞《谢生歌，七夕送脱履老人谢榛》中说：

> 忆初识尔崔都尉，何人不慑回天势。谑浪时存尔汝交，酒盏肯及县官事。
> 乃知豪杰无不可，婴儿世态狎乳虎。片语能令万象归，雄心直向千秋吐。①

也表现出谢榛与崔元的交谊，这有助于谢榛在北京的文学活动。同时，这次进京也让谢榛对复杂的社会生活有了更深的体悟，他在《醉歌行 嘉靖壬寅寓京崔太傅席上作》（全集卷二）中曰："富贵可能长满意，就中忧喜多参差"，"阅世独醒太索寞，请看北邙高下冢累累"，已经表现出隐逸避祸的倾向。豪侠之气与隐逸之气交融在谢榛的文学活动中。

嘉靖二十六年（1547），诗人卢楠因狂傲不羁的性格被诬入狱，谢榛激于义愤第三次入北京为其鸣冤。《诗家直说》第 317 则载：

> 浚人卢浮丘，豪俊士也。负才傲物，人多忌之。曾以诗忤蒋令，令枉以疑狱，几十五年不决。余爱其才，且悯其非罪，遂之都下，历于公卿间，暴白而出之。

在谢榛的奔走下，卢楠得以昭雪，谢榛也因此名声大振，"士大夫争

---

① （明）王世贞：《弇州山人四部稿》，台湾伟文图书出版社有限公司 1976 年版，第 1161 页。

愿识之，河朔少年家传说矣"①。经李先芳的介绍，谢榛与李攀龙和王世贞相识，"后七子"文学社团的三位中坚人物在北京聚首。嘉靖三十一年（1552），谢榛在北京与李攀龙等人结社，画《六子相》，定"六子"之名。这次进京，谢榛停留达五年之久，因为成名早、资格老，成为"后七子"团体早期的核心人物，如钱谦益所言：

  当七子结社之始，尚论有唐诸家，茫无适从，茂秦曰："选李、杜十四家之最者，熟读之以夺神气，歌咏之以求声调，玩味之以裒精华。得此三要，则造乎浑沦，不必塑谪仙而画少陵也。"诸人心师其言，厥后虽争摈茂秦，其称诗之指要，实自茂秦发之。②

他提出的"三要"理论为诸子所遵循，堪称"后七子"早期文学主张的立法者。而且因为李于鳞、王世贞等人的推赏，谢榛取得了更大的诗名，李攀龙亲自为之裁订《游燕集》，所谓"一出游燕篇，流俗忽复易"③（李攀龙《二子诗·谢茂秦》），其文学声誉也达到了新高度。对谢榛而言，长时间生活在北京这样一个政治、经济、文化的中心区域，尤其是嘉靖二十九年（1550）俺答包围北京的"庚戌之变"，谢榛正逢其时，社会形势促使他更加关注现实，在诗作中表达了对边患，特别是北部俺答和南部沿海倭寇的担心。对现实危局的忧虑，对苍生百姓的关心，还有对早年生活的反思，使他的诗风更具苍凉之感。同时，他对官场沉浮、仕途凶险也有了更深刻的认识，所以主动远离，全心投入诗歌创作和诗学理论的总结中。而"后七子"文学社团成员多为少壮派官员，探讨文学以"复古"相号召，以实现政治理想为目的，与单纯地探讨诗歌艺术的谢榛在价值观上存在着分歧。随着政治斗争的进一步激化，谢榛

---

  ① （明）王世贞：《弇州山人四部稿》，台湾伟文图书出版社有限公司1976年版，第3124页。
  ② （清）钱谦益：《列朝诗集小传》，上海古籍出版社1983年版，第424页。
  ③ （明）李攀龙：《沧溟先生集》，上海古籍出版1992年版，第92页。

与李攀龙等诗友产生了矛盾，逐渐淡出文坛中心。

嘉靖三十三年（1554）年初，谢榛第四次入北京。途经顺德，访李攀龙，且在入京途中遇到了李攀龙辖区之民，听其讲了所谓"其郡不法事"，这引起了谢榛的不平之心，在北京一次聚会上，就此事抨击李攀龙，引发了李攀龙拥护者的不满。据王世贞《魏顺甫传》载：

> （魏裳）所最庄事于鳞，亦以于鳞故推东郡谢生。一日，谢生恨于鳞，数其郡不法事。众默然，顺甫独前质曰："为先生见之耶？抑闻之人耶？"生遽曰："亦闻之人耳。"顺甫曰："于鳞之善先生，天下莫不闻。先生宜得之久。今以人言而遂信之，则不明；有所闻而不以告于鳞，则不忠；不以告于鳞而告之士大夫显者，则不厚。裳请改事矣。"遂拂衣去。谢生谮乃败。①

随后，李攀龙发表《戏为绝谢茂秦书》，矛盾激化。产生矛盾的原因，笔者认为一个重要契机正是当时激烈的政治斗争。当时，"后七子"和严嵩正处于斗争的关键时期，而谢榛的行为很容易让严嵩抓到打击李攀龙等人的机会，所以，诸子的反应才如此强烈。谢榛与李攀龙之争，对谢榛的文学活动影响很大，"元美诸子咸右于鳞，交口排谢榛，削其名于七子、五子之列"②。此后谢榛寄身藩府，与诸子的交往也疏远了。

三 吴中之风范，丰富了谢榛的诗作内容

所谓"吴中"，按罗宗强的观点：

> 狭义的吴中，指苏州府所属之长洲、吴县、吴江县、常熟县、昆山县、嘉定县和太仓州；晚明张国维《吴中水利全书》中的吴中，

---

① （明）王世贞：《弇州山人四部稿》，台湾伟文图书出版社有限公司1976年版，第3904—3905页。

② （清）钱谦益：《列朝诗集小传》，上海古籍出版社1983年版，第423页。

包括上述苏州府的六县一州,松江府的华亭、上海、青浦三县,常州府的武进、无锡、江阴、宜兴四县,镇江府的丹徒、丹阳、金坛三县。①

自唐以来,吴中就是经济繁盛地区,人口富庶,文化发达。富裕的经济和秀美的山水孕育了吴中文人的性情。他们能够崇守古道,安于清净,洁身自好,即使进入仕途,也能保持清正之节操,并具有浓郁的隐逸色彩,倾向于自然悠闲的审美情怀,将自身和自然山水融为一体,追求自身人格的独立和精神的自由,逐渐形成了与中原诗风不同的吴中风范。

明代诗坛,吴中诗人辈出,且形成了不同于中原的诗学取向。他们崇尚博学,师法广泛,尤其重视诗歌的艺术特质。同时,吴中诗人受到大环境的影响,也赞同复古,许多人还成为复古力量的中坚。如徐祯卿成为"前七子"骨干,此后还有成为"后七子"主力长期主持文坛的王世贞。但吴中文人在积极参与文学复古运动的同时,并没有失去个性。如徐祯卿,与李梦阳定交后,作品并未完全脱尽吴中本色,而是把吴中诗风中的情致与复古派标举的高格相结合,提出"因情立格",形成具有自己个性的艺术风貌;王世贞回到江南之后更是"把吴中诗学和外署(引者注:前后七子)诗学两套理论联结起来,弄成可以调合并立的事实"②。吴中诗风的价值正如郑振铎所言:

> 他们以抒写性情为第一义,每伤绮靡,亦时杂凡俗语,却处处见出他们的天真来。在群趋于虚伪的拟古运动之际而有他们的挺生其间,实在可算是沙漠中的绿洲。③

---

① 罗宗强:《弘治、嘉靖年间吴中士风的一个侧面》,《中国文化研究》2002年冬之卷。
② [韩]元钟礼:《明清时期吴中诗学论和外署诗学论的冲突与和谐》,载廖可斌主编《明代文学论集(2006)》,浙江大学出版社2007年版,第204页。
③ 郑振铎:《插图本中国文学史》,人民文学出版社1957年版,第823页。

吴中诗风既重视广泛的师法，又注重才情、趣味等诗歌本身的艺术特质，反对刻板剿袭。这对谢榛的文学活动有很大影响。谢榛被视为"后七子"复古运动的中坚成员，但他在诗中常常表现出对"吴调"的欣赏，可以说是主动接受吴中风范的诗人。谢榛交游广泛，他有许多吴中诗友，关系比较密切的就有皇甫汸、皇甫濂兄弟（长洲人），王世贞、王世懋兄弟（太仓人），袁福征（松江华亭人），黄省曾（吴县人），顾圣甫（吴县人），郑若庸（昆山人）等。这些吴中诗友有许多是颇具豪侠之气的布衣，在生活经历和审美取向上与谢榛有契合感，他们的才情也受到了谢榛的欣赏。此外，从《吴下洞庭两山诗伯每从予游，四十年来凋敝尽矣，率成短律，用志悲感》（全集卷九）中可以看出围绕着谢榛还形成了一个比较有规模的文人群体，其中吴人王少海和陆石虹还是谢榛承认的门人。虽然没有足够的资料证明有围绕谢榛出现过正式的吴中文人社团，但已足见谢榛的文学影响力了。经常性地酬唱应答，互相交流，使他们的文学观彼此渗透影响。在诗作中，谢榛多次提到吴调，并表示了赞赏：

> 气回吴调别，骨变楚骚寒。（《答锡山华明伯寄诗中及卢楠事二首》其一，全集卷六）
>
> 歌吟满座皆吴调，老病当筵自鲁生。（《夏日郑园陪佽皇甫子循别驾，同沈禹文参军、袁抑之给事、王元美比部、沈子文、刘朝宗进士赋此》，全集卷十五）
>
> 文章自出吴中格，不尽云霞耀日南。（《寄周木泾方伯》，全集卷二十）

在诗歌的师法上，谢榛虽然推崇杜甫，但从其本人创作实践上看，他的诗风更接近王维和孟浩然，如王世贞就称赞谢榛"布衣风格，从古未有,孟浩然亦当退舍"①。谢榛重视诗人的个性特点,师法取径也很宽,主张初盛唐十四家皆可为法,对宋及本朝的诗人也颇有好评。这些都可清楚地看到吴中诗风对谢榛的影响痕迹,对吴中风范的接受,也使谢榛的诗作更加丰富了。

四 借力于藩府,完善了谢榛的诗学体系

明初分封诸王,目的在于屏藩帝室,拱卫京师;国家安定后则采取了一系列措施,加强了对藩府的管理,同时,又对其有经济上的优待。客观上看,这些经济富有又喜爱结交文人的藩府宗室存在,能够给诸多文人提供稳定的生活空间和良好的交流平台,谢榛就是其中的受惠者。藩府对谢榛文学活动的影响主要体现在三个方面:

其一,生计得到保障。为了生存,谢榛奔走于多处藩府,最主要的是位于河南安阳的赵藩和山西长治的沈藩。从赵康王开始,谢榛与赵藩四代都有交往。1534 年,谢榛在赵康王的邀请下移家安阳。虽然生活还是困顿,如其诗中所言:"山妻只顾怜儿女,不顾秋风要典衣。"(《邺城秋雨》,全集卷二十一)但是,他寄寓赵藩还是获得了相对稳定的生活环境,能够潜心诗学,"学为诗,冥搜苦索,至彻日夜不寐。抵面见客,语伈伈若騃人,终席不知客所谓何。或偶触坚壁,跌足下坑堑,不觉也。以是诗益工"②。此记载不无夸张之处,但移家安阳后,他能够安心研究诗法这是事实。对此,谢榛多次在其诗作中表达感激之情:

  为客长依帝子门,邺中衣食长子孙。老妻亦解南山祝,今日焚香共感恩。(《赵王枕易殿下寿歌四首》其一,全集卷十九)

---

① (明)王世贞:《明诗评》卷一,载《谢榛全集校笺》,江苏古籍出版社 2003 年版,第 1374 页。

② (明)王兆云:《皇明词林人物考》卷九《谢茂秦》,载《谢榛全集校笺》,江苏古籍出版社 2003 年版,第 1375 页。

自信虞卿愿留赵，著书长许一身闲。(《赵王枕易殿下寿歌四首》其二，全集卷十九)

　　而沈藩则是谢榛晚年的栖身之地，特别是从隆庆到万历四年（1576），这是谢榛生活得最安稳的一段时光。他寄寓山西沈藩，与诸王孙宗室饮酒论诗，悠然度日，这对曾四处漂泊以求生存的谢榛来说的确是一种安慰。

　　其二，诗学得到提升。赵藩资助了许多与谢榛类似的文人，如郑若庸。这些文人得以在一起切磋交流，而且，赵康王也亲自参与其中，极大促进了谢榛等人更加努力地去研究诗法，以提高创作水平。在寄寓沈藩期间，谢榛则积极传播诗法，"沈府王、将军、中尉多工诗，繇榛启之也"①(《山西通志》卷一百四十七)。他在《诗家直说》中的多则记载，就是诸宗室和他论诗的记录，有些甚至可以当作课堂教学札记和教案来看待。

　　此外，谢榛长期奔走于诸藩之间，目睹了朝廷对藩府的猜忌和压制，无疑加重了他对人生难料、富贵无常的理解，使之更加主动地远离政治斗争，而全身心投入诗歌创作和诗学理论的整理中去，这对谢榛的诗学体系的完善来说倒不失为一件好事。

　　其三，著作得以刊行。赵康王积极鼓励文人著述，谢榛多受其惠，其《四溟旅人集》即为赵康王刊刻；之后赵穆王又刊刻和重修了《四溟山人全集》，为谢榛著述的流传出了大力气。正是由于赵康王及赵穆王的慷慨资助才使谢榛的绝大部分作品得以保存和流传。

　　在寄寓沈藩阶段，谢榛对自己的诗学加以总结，完成并刊刻了《诗家直说》，这部著作是他诗学体系最终构建完成的标志，给布衣诗人谢榛窘迫困顿的一生画上了令人欣慰的休止符。

---

① 《文渊阁四库全书》电子版，上海人民出版社、迪志文化出版有限公司1999年版。

总的来看，谢榛的一生，因生计窘迫而颠沛流离，这是他的不幸；但也因为这样的四处漂泊走过了很多区域，经历了很多事，遇到了很多人，开阔了视野，丰富了情怀，形成了诗风，完善了诗学，可谓得江山之助。在这个意义上，谢榛又是幸运的。

世界史视野中的肇庆文化交流*

黎保荣**

内容提要：在肇庆的历史长河中，外地人与本地人创造了文化交流的灿烂历史，使得肇庆在中国史甚至世界史上都占据一定的位置。而肇庆文化交流史中真正具有世界影响的，只有利玛窦和惠能。利玛窦等耶稣会士登陆中国大陆的第一站就是肇庆，并居留六年，他们得到了欧洲的关注，利玛窦去世几年后更是世界闻名，因此关注传教士们为什么选择肇庆，他们在肇庆做了什么文化交流，他们使得肇庆变成了什么等就显得尤为重要。而惠能则从肇庆到湖北黄梅求师问道，之后又由北向南，在成为禅宗六祖之后获得了岭南周边的名气，去世多年后名满全国，名扬海外。简言之，文化交流的"肇庆路径"，值得关注。

关键词：世界史视野；肇庆；文化交流；利玛窦；惠能

众所周知，肇庆地处西江流域，具有两千多年历史，是国家历史文化名城，是岭南文化的发祥地之一，是粤语的发祥地，也是中原文化与岭南文化最早的交会处，其作为明清两广总督府的时间是180多年，即从

---

* ［基金项目］广州市社科规划2020年度岭南文化研究专项课题"岭南文化与江南等多地文化的交流互动"（2020GZLN02）
** ［作者简介］黎保荣（1974— ）男，肇庆学院文学院教授，硕士生导师，研究方向为中国现当代文学。

明嘉靖四十三年（1564）至清乾隆十一年（1746）。只是这种说法在今日虽可谓实事求是，但也不够全面。肇庆虽然地处偏远，但是就其历史文化而言，却有着较为深厚的底蕴，而这应该归功于其文化的交流。在一定程度上，肇庆在中国史甚至世界史上都占据一定的位置，因为肇庆不只是肇庆的肇庆，它还是中国的肇庆与世界的肇庆。

一　西江及肇庆文化的流通性质

文化需要交流，中国文化与河流有着密切关系，就全国而言，中华民族的母亲河是黄河与长江，河流孕育、滋养了中华民族，成为中华民族文明的摇篮；就广东而言，广东的母亲河是珠江；而就肇庆而言，肇庆的母亲河则是西江。

西江自有肇庆历史以来就已存在。先秦时期肇庆属南越。秦始皇三十三年（前214），秦平定岭南，设"桂林、象、南海"三个郡。南海郡包括今粤东、粤北、粤中和粤西的一部分。今肇庆部分地域属桂林郡、南海郡。秦置四会县，辖区包括现四会、广宁、怀集等市县的全部或部分，隶南海郡。汉武帝平定南越国之后，在今高要、肇庆市区、高明和三水西部、云浮东部等地设置高要县。隋朝开皇九年（589）置端州；宋政和八年（1118）设肇庆府。从桂林郡、南海郡到肇庆府，再到今天的肇庆市，西江一直伴随左右，贯穿全境，滋润着肇庆的人与土地，肇庆的历史与文化。

根据有关资料显示，西江是珠江水系最大的干流（古称郁水、浪水和牂牁江），发源于云南省沾益县马雄山，分五个河段，上游称南盘江，至贵州省蔗年汇北盘江后称红水河，到广西石龙汇柳江后称黔江，到桂平汇郁江后称浔江，到梧州汇桂江后称西江。流经原肇庆境内的封开、郁南、德庆、云浮、高要、端州、鼎湖等县区。西江干流至三水县思贤滘全长2075千米，流域面积35.31万平方千米。主流在思贤滘口折向南流，经磨刀门水道珠海市企人石注入南海。西江干流至企人石2214千米。宋朝以后，由于河道淤塞及修堤导致一些古河道消失，并且形成现今西江的正干。西江水量丰富，在全国各大河流中仅次于长江。但是肇庆的河流又不只有西江水系，还有北江水系，就集水面积超过1000平方千米的一级支流而言，西江水系有贺江、罗定江、新兴江等3条，北江水系有绥江1条。全市集水面积100平方千米以上河流共有76条，其中属西江水系的50条，北江水系的24条，漠阳江水系的1条，谭江水系的1条。① 西江是华南地区最长的河流，为中国第三大河流，珠江水系中最长的河流，长度仅次于长江、黄河、黑龙江。航运量居中国第二位，仅次于长江。西江与东江、北江及珠江三角洲诸河合称珠江。②

正因西江源远流长，连通南北，故此肇庆文化与西江可谓息息相关。在肇庆文化交流的历史长河中，有不少从外地沿着珠江、西江顺流而下到达肇庆的历史人物。如唐代的李绅、李北海、荣睿、龙母，宋代的包拯、苏东坡、周敦颐、祖无择、李纲，明代的利玛窦、罗明坚、王泮、陈白沙、俞大猷、吴国伦、郭都贤、陈璘、屈大均，清朝全祖望、黎简、冯敏昌、陈恭尹，现代的孙中山、叶挺、郭沫若、唐弢、朱德、叶剑英。简言之，"肇庆是历史文化名城，地处交通要冲，仕宦、流寓、过境的名人、文学家代有其人，他们在肇庆写景状物、寓目遣怀，留下大批诗歌，其中不乏佳作，肇庆的诗歌园地也得以丰富多彩。端州入诗，始于唐代初年。唐代的宋之问、张九龄、李贺，宋代的梅尧臣、周敦颐、黄庭坚，元代的范梈，明代的陈献章、伦文叙，清代屈大均、朱彝尊，现代的郭沫若、齐白石、启功等先贤文豪，皆在肇庆留下精美的诗文"③。正因为诸多文人墨客顺流而下，通过西江到达肇庆，故此"在小说方面，其实以肇庆为背景的小说在中国小说史的早期便已出现。晋代干宝撰的《搜神记》中的志怪小说《鹄奔亭》，故事发生在高要县和广信（封开）县，女主人公是广信县妇女苏娥，时代背景是东汉。唐末文学家裴铏的传奇

---

① 参见肇庆市地方志编纂委员会编《肇庆市志》（上），广东人民出版社1999年版，第169—170页。
② 参见李巧《近代西江航运与梧州城市的发展（1897—1937年）》，硕士学位论文，广西师范大学，2016年，第5页。又见百度百科"西江"。
③ 黎保荣、杨芳：《关于肇庆文学与文学地理的对话》，《特区文学》2020年第4期。

文学作品《孙恪传》（又称《袁氏》），故事发端和结局在端州的峡山寺和羚羊峡。"①

当然，在肇庆发展的历史长河中，肇庆人从肇庆逆流而上而创造了文化交流史。如陈钦、陈元父子，是沟通南北文化交流的汉朝经学大家。唐代的六祖惠能、石头希迁禅师，是致力南北文化交流的禅宗大师，而且六祖惠能的禅宗由于影响较大，已经成为一种具有世界影响的宗教，从南北交流走向了中西或中外交流。唐代的岭南第一状元莫宣卿，也沟通了南北文化，他17岁考取状元后，被任为翰林书院修撰，后上书朝廷请求改委他在南方任职以奉养母亲，遂被改委为浙江台州别驾（刺史的副职）。清朝的彭泰来，鼎湖区广利镇龙头村人，自小聪颖过人，曾被当时著名文学家翁方纲称为粤东三才子之一。进入近现代，随着广东作为通商口岸的开放与便利，加之西江的航运能力增强，肇庆更是从南北文化交流走向了中外文化交流，例如陈焕章，致力于儒家与西方经济学研究，他是末代进士，是康有为的弟子，是中国第一批最早获得留美博士学位的人物（1911年获哥伦比亚大学哲学博士学位）；例如吴大猷是致力于中西文化交流的物理学大家，曾任北京大学、西南联大、美国多所大学教授，是诺贝尔奖得主杨振宁、李政道的老师；例如黎雄才，是致力于中日、中西文化交流，岭南画派宗师；例如邓文中，是致力于中西文化交流的世界桥梁专家，美国国家工程院院士、中国工程院外籍院士，获得多项国际大奖，2000年入选世界建筑工程界最具权威性的杂志《工程新闻报道》周刊所选出过去一百二十五年对建筑工程最有贡献的125位顶尖人物之一，其中仅有4位华裔入选。此外，肇庆出生的军政界历史人物也不算少，例如余汉谋，肇庆西门正街人，中国国民党高级将领，曾任国民党陆军总司令、陆军一级上将。

一言以蔽之，肇庆文化交流可以归纳为如下几种类型。一是宗教文化的交流，如六祖惠能、石头希迁等肇庆本土人士，也有利玛窦、龙

---

① 黎保荣、杨芳：《关于肇庆文学与文学地理的对话》，《特区文学》2020年第4期。

母、荣睿等外来者。二是学术文化的交流，如李绅、李北海、苏东坡、周敦颐、陈白沙、屈大均、全祖望、陈恭尹、郭沫若、唐弢等外来人，陈钦、陈元、莫宣卿、彭泰来、陈焕章、吴大猷、黎雄才、邓文中等本土人士。三是政治文化交流，肇庆在明清两代作为两广总督府所在地，起到的主要是一种政治文化交流的作用，其中知名人物有包公、孙中山、叶挺这样的外来者，也有陈一龙、苏廷魁、梁寒操、余汉谋、周其鉴这样的本土人士。如果说肇庆宗教文化交流是最具世界史价值的，尤其是利玛窦（耶稣会）与六祖惠能，那么学术文化交流与政治文化交流则是在中国史上具有一定价值的，其中吴大猷、邓文中、黎雄才等学人也有着一定的国际影响。而就肇庆历史文化名人的走向来说，如上所言，或者是外地人或外国人路过肇庆，留下南北或中外文化交流的踪迹；或者是本地人离开肇庆，去开拓自己的南北或中外文化交流路径。从历史来看，肇庆文化交流在汉朝、唐朝、宋朝、明朝、清朝、现代这几个时间段，都可谓代不乏人，但最繁盛的应该算唐朝、明朝和现代，那也由于肇庆在当时出了一些有影响力的文化名人，例如唐代的六祖惠能、石头希迁禅师，现代的陈焕章、吴大猷、黎雄才等，至于明代，不用说是由于被誉为中西文化交流第一人的利玛窦在肇庆六年的宗教和文化传播。

然而无论历史人物是顺流而下，还是逆流而上，要么是开辟西江航道，要么是利用了前人开拓的西江航道，使得西江航运热火朝天，为西江航运史添色加彩。尤其是罗明坚、利玛窦等从澳门坐船到肇庆，通过珠江、西江到达肇庆上清湾登陆（据高要市文史资料记载，由于要等待两广总督府的正式批准，利玛窦等来到肇庆后从西江的南岸登陆，暂居在今高要市南岸街道上清湾村，上清湾是一个紧靠西江的小村，村中现在依然幸存明代的码头），换言之罗明坚、利玛窦他们无意之中开辟了西江航运史的新篇章，而这条航线也成为中西文化交流的一条航线。

然而要论真正具有世界影响的，肇庆文化中也许只有利玛窦和惠能可担此角色。

二 世界史视野中的利玛窦

来自意大利的天主教耶稣会传教士利玛窦,被称为真正意义上的中西文化交流第一人,而他进入中国大陆传教的第一站就是肇庆,他从现今的肇庆市高要上清湾登陆,之后一住就是 6 年(在中国近 28 年)。正因为罗明坚、利玛窦等传教士的到来,其文化传播活动使得肇庆成为中国大陆中西文化交流的起点。在此意义上,肇庆也成了世界史的一个焦点或坐标。

但是,提及罗明坚、利玛窦等传教士在肇庆进行的文化传播与交流,我们则需要思考几个问题。为什么选择肇庆?他们在肇庆做了什么文化交流?他们使得肇庆变成了什么?

(一)

我们先来看第一个问题,耶稣会传教士或利玛窦他们为什么选择肇庆?

首先,耶稣会传教士有进入中国传教的强烈愿望。耶稣会沙勿略神父想在广州传教而未果,1552 年身死于上川岛。后来的范礼安神父在印度听说中国秩序井然、国富民安、地大物博,他相信这样一个勤劳智慧而又知书达理的民族,不会拒绝一些过着圣善生活的神父们进入他们的国家进行传教与文化交流,所以选出一些神父,让他们居住在澳门,学习中国的语言文字,伺机找到进入中国的门径,就是这样 1579 年 7 月罗明坚神父、1583 年 8 月初利玛窦神父陆续来到了澳门。① 值得注意的是,明朝时耶稣会传教士居留在葡萄牙人获得居留权的澳门,传教士通过疏通中国官员来获取澳门居留权,澳门与中国大陆的广东距离并不远。

---

① 参见[意]利玛窦《耶稣会与天主教进入中国史》,文铮译,[意]梅欧金校,商务印书馆 2014 年版,第 82—83 页。

其次，澳门的传教士1582年接到了两广总督的邀请。这要提到明朝时广东省的都堂，或称总督，是中国的高级官员之一，由于广东省地处边疆地区，远离北京，又有漫长的海岸线，所以长年内有土匪作乱，外有日本海盗侵扰，在此情况之下，广东的总督同时担任广西的非常总督，旨在能在必要时调动两省兵力，以求集结成一支人数更多、战斗力更强的军队，故此，当时的两广总督坐镇广东省距离广西最近的城市肇庆，而不像其他省的总督一样在本省的首府供职。① 那么，两广总督为什么邀请澳门的传教士呢？当时的两广总督叫陈瑞，因为此人非常狡诈，而且唯利是图，他得知澳门的主教和主管掌管着住在澳门的所有外国人，他希望从澳门捞些好处，所以下令让澳门的主教和主管到肇庆府衙去见他。鉴于不安全与不恰当，所以澳门方面派罗明坚神父代替主教前往，派检察官助理本涅拉代替主管前往，而罗明坚还奉范礼安神父之命，看看能否伺机留在肇庆。② 但这只是利玛窦的一面之词，实际上这是由于明万历八年（1580），住在澳门的葡萄牙人擅自选举首席法官，并在当地实施葡萄牙法律，1582年新任两广总督陈瑞奉命前往查办此事；澳门葡方派出与中国官员关系密切的司法官本涅拉和罗明坚为代表去与总督周旋，他们对陈瑞大加吹捧，又把随身带去的一批天鹅绒、水晶镜等价值超过1000金币的厚礼送给陈瑞，故此，陈瑞不再谴责澳门葡方的违法行径，并允许他们在澳门继续居留。③

再次，在第二次给两广总督陈瑞送礼的时候，罗明坚神父病倒而未成行，总督在收到检察官助理送来的礼物后，由于听说罗神父病愈之后会将自鸣钟送给他，故此吩咐书记官给澳门方面写了一封信，期待罗神父大病初愈后马上将这件珍宝送来，"对于澳门方面来讲，这封信就等于是一封总督下发的通关文书，批准修院的神父们进入中

---

① 参见［意］利玛窦《耶稣会与天主教进入中国史》，文铮译，［意］梅欧金校，商务印书馆2014年版，第87—88页。
② 参见［意］利玛窦《耶稣会与天主教进入中国史》，文铮译，［意］梅欧金校，商务印书馆2014年版，第88页。
③ 参见刘静《明代来华的西洋传教士》，《环球时报》2005年2月25日第23版。

国,并在那里修建教堂寓所。因此,在修院内外引起了很大的反响"①。当罗明坚病愈,便以送礼的机会,被总督安排居住在肇庆的天宁寺四五个月,并从总督的书记官那里获得通关文书,允许利玛窦神父来与他们作伴。只是不幸的是,总督陈瑞被革除职务,遣返原籍,但是总督陈瑞在自身难保之际,求继任的总督开恩,允许神父们留在城中,并给神父们一张盖有总督大印的公文,让广州海道批给神父们一个地方居住和修建教堂,新总督郭应聘到任后,发现未获答复就被发送回来的有关神父们的公文,派人向广州海道咨询调查,但最终未获海道批准,不得不返回澳门。②

最后,罗明坚等第二次到肇庆的时候,被当时丢了官的两广总督陈瑞遣送到广州,临行前神父们向这位总督的下属许诺,如果谁能够说服新总督让神父们回来,就可以得到一大笔奖赏,"这样,一个很穷的卫队长便以神父翻译的名义呈给新总督一封信,信上请求总督允许神父们在本城定居并在此修建住宅和教堂。总督把信转给了知府,这位知府名叫王泮,是浙江人,正是他下发了通关文书,并命那个总督的卫队长带着文书来到澳门"③。由于这种种原因,以及罗明坚、利玛窦等神父们仰慕中国国阜民安,希望在中国拥有一席之地,不受澳门的商人和凡俗干扰的言论,他们在 1583 年得到了知府王泮的热情接见,获得了在肇庆居住的权利,一住就是六年(1583—1589)。

(二)

那么,我们来看看罗明坚、利玛窦这些神父们在肇庆做了什么文化交流。

---

① 参见 [意] 利玛窦《耶稣会与天主教进入中国史》,文铮译,[意] 梅欧金校,商务印书馆 2014 年版,第 89 页。
② 参见 [意] 利玛窦《耶稣会与天主教进入中国史》,文铮译,[意] 梅欧金校,商务印书馆 2014 年版,第 89—93 页。
③ 参见 [意] 利玛窦《耶稣会与天主教进入中国史》,文铮译,[意] 梅欧金校,商务印书馆 2014 年版,第 94—95 页。

当时到过肇庆的耶稣会传教士有罗明坚、巴济范、利玛窦、卡普拉莱、孟三德、麦安东六位,而在肇庆帮助过利玛窦他们的中国人则有知府王泮(后来升任岭西道、湖广布政司参政)、新知府郑一麟、同知方应时、新岭西道黄时雨、南京礼部尚书之子瞿太素,利玛窦在肇庆认识的其他官员还有徐大仁、滕伯轮、郭青螺、蒋之秀、王玉沙。凭借着这些同事和官员的帮助,罗明坚、利玛窦他们在肇庆六年,做了不少中西文化交流的事情。利玛窦指出在肇庆时,"神父们在中国取得了很大的信任,随后天主教和大量关于我们西方国家的科学和宗教的书籍也得到广泛传播。……神父们还总把一些精通汉语的优秀读书人请到家中,夜以继日地向他们刻苦学习中国的语言文字,为此神父们还购买了大量中文书籍,不遗余力地研读"①。

现在有一种说法认为罗明坚在肇庆的贡献被遮蔽了,其实从利玛窦的《耶稣会与天主教进入中国史》、顾长声的《传教士与近代中国》、法国谢和耐的《中国和基督教》、英国崔瑞德、美国牟复礼编的《剑桥中国明代史》,以及《中国基督教史》等重要著作来看,它们都提到了罗明坚,并没有忽视他。当然,如果这种说法的意思是罗明坚在肇庆传教的贡献也不小,但学术界对此研究不够充分,对此,笔者并不否认。但是与利玛窦专心在肇庆6年不同的是,罗明坚1582年曾在肇庆短暂居留,1583—1588年在肇庆传教5年,1588年回国,终老故国。另外,罗明坚在肇庆五年期间,曾有大概一年半时间离开肇庆,换言之罗明坚在肇庆传教的时间只有大概三年半:第一次是1583年初冬罗明坚返回澳门,筹集建教堂的款项,直至1584年4月,方才携带巨款及珍奇礼物返回肇庆。第二次是罗明坚欲跟随进京述职的新肇庆知府郑一麟到北京传教,但郑氏顾虑政治风险,又碍于情面,遂邀请罗明坚前往他和王泮的家乡浙江绍兴传教。1585年10月罗明坚启程离开肇庆,11月罗明坚又在广州与麦安东神父为同伴,一起搭乘王泮之弟的商船从广州北上,1586年1月到

---

① 参见[意]利玛窦《耶稣会与天主教进入中国史》,文铮译,[意]梅欧金校,商务印书馆2014年版,第103页。

达绍兴，受到王泮亲友和绍兴地方官员的款待。数月后，王泮家人鉴于罗、麦传教活动影响日大，担心不利于王、郑的仕途，竟伪造广东来信催促罗、麦二位神父尽早返回，罗氏心有不甘，最后在郑的强令下不得不离开。其间，罗明坚还曾北上游历杭州，1586 年 7 月，罗、麦两位神父返回广东。① 第三次是 1587 年 1 月，罗明坚带领一名翻译离开肇庆，抵达广西桂林，本欲拜访桂王，却遭到桂林布政司的驱逐，在广西的传教活动无功而返。② 何况，在当时的条件下，没有现在的网络和电话，信件往返的时间很长，主要还是在肇庆的传教士在工作，在发挥作用。而且，罗明坚在肇庆时的工作，不少都是集体的结晶，很难说是罗明坚一个人做的。更何况，利玛窦不仅 1583—1589 年在肇庆传教，更在中国传教将近 28 年（1583—1610），其贡献是有目共睹的。我们不能因为要还原罗明坚的贡献，而否定利玛窦的贡献，具体的传教内容有如下两个方面：

一方面，他们传播天主教文化。在肇庆时，利玛窦等神父发展了一些信徒。如陈某某（教名若望），一个身患不治之症的穷人，一个福建秀才（教名保禄），"陆续有很多人归信了圣教，接受了洗礼"，"我们的天主教在这片土地上日益壮大起来，每逢那些庄严的节日，教堂就会被挤得满满当当，人们来此庆祝、望弥撒或学习教理。最近的一次洗礼仪式上，有十八人受洗，其中还有一些诚信的贵妇"③。后来在南京传教之时，更有从肇庆等地"开始的时候只有百余人信教，而现在教徒已愈两万"的传闻。④ 当然，他们也在肇庆崇禧塔附近修建了教堂或寓所仙花寺，"寓所里每天都挤满了各式各样的大人物，他们的轿子把门前的街道堵得

---

① 参见徐海松《明清之际欧洲传教士在杭州活动的历史真相》，载《杭州文史》（第 14 辑），杭州出版社 2018 年版。
② 参见刘志庆《广西天主教教区历史沿革考》，《中国天主教》2015 年第 1 期。
③ 参见［意］利玛窦《耶稣会与天主教进入中国史》，文铮译，［意］梅欧金校，商务印书馆 2014 年版，第 120—137 页。
④ 参见［意］利玛窦《耶稣会与天主教进入中国史》，文铮译，［意］梅欧金校，商务印书馆 2014 年版，第 438 页。

水泄不通，门前的河岸边也泊满了又大又漂亮的官船。……这个机会使神父们不仅在两省，而且在整个中国都扬了名"。① 除了建教堂、发展信徒，利玛窦他们在肇庆时期也带来了圣像、圣母像等天主教物件，他们还翻译了《天主十诫》《圣母经》《天主经》，又在一位家庭教师的帮助下，把《天主圣教实录》翻译整理为中文，罗明坚主创或翻译了《天主实录》《葡汉词典》。当他们离开肇庆之后，利玛窦著作或翻译了《天主实义》《交友论》《天主教要》《二十五言》《主的祈祷》《圣母赞歌》《教理问答书》等书籍，以儒家经典来解释天主教义，"说明西方传入的天主教和中国固有的儒家思想是相一致的，以此笼络中国的士大夫阶层和统治集团"。②

另一方面，他们传播西方科学文化。有学者指出利玛窦在洞悉中国传统文化与社会各阶层心态的基础上，采取了补儒抑佛反理教的策略，并且辅以西方的科学知识，来博取中国士大夫的好感，但是造成的结果是徐光启等教徒接受和信仰的并非单纯的天主教教义，而是包括科学技术在内的大杂烩。③

他们传播的西方科学文化包括彰显西方地理学的世界地图。肇庆的寓所大厅原来挂了一幅注有西方文字的世界地图，中国人不知为何物，于是知府王泮就令利玛窦把图上所有注释翻译为中文，利玛窦在罗马时，曾经随拉维奥神父学过几年舆地学，于是在一个文人朋友的帮助下，很快完成了比之前更大的《山海舆地全图》，还增加了一些中国的地名与说明。这是中国历史上第一幅世界地图，这幅地图为天主教在中国的传播打下了基础，因为原来中国人也曾制作过名为"天下总图"的世界地图，此图中中国居于中心地位，中国周边只标注了一些小国，这些国家的面积加在一起也没有中国的一个省那么大，换言之，这彰显了中国作为天

---

① [意] 利玛窦：《耶稣会与天主教进入中国史》，文铮译，[意] 梅欧金校，商务印书馆2014年版，第136页。
② 顾长声：《传教士与近代中国》，上海人民出版社1981年版，第6页。
③ 参见谭树林《导论》，载《马礼逊与中西文化交流》，中国美术学院出版社2004年版，第3页。

朝大国处于世界中心，世界其他国家都是蛮荒无知渺小的。当人们看到利玛窦制作注释的中文世界地图，才知道世界是如此之大，中国只是其中的一隅，从地图中的精确的经纬度、赤道、回归线、五大洲，以及标注中显示的世界各国的风俗习惯、各地地名，令中国人不得不相信这是真的。在此基础上，"在此后的许多年里，无论是在两京，还是在中国的其他省份，利神父都不断修改和完善这幅地图，一次又一次地重印，使它在中国广为流传，与它一起流传的还有神父们的声誉与欧洲学者的美名，因为他们掌握并绘制出了这样精美的地图。……这幅地图还有一个相当大的作用，即显示出神父们的国家离中国非常遥远，中间有大洋阻隔，这便打消了他们的顾虑——他们当初很担心我们的人会来侵占他们的领土，这也是神父们在此传教所遇到的最大的障碍。"①

根据利玛窦的《耶稣会与天主教进入中国史》，利玛窦他们在肇庆期间传播的西方科学文化，除了中国第一幅世界地图《山海舆地全图》，还包括西方的书籍（如地理和建筑类书籍）、三棱镜、白铁做的浑天仪、地球仪、日晷、自鸣钟，以及西方油画、西方乐器与音乐，他们还在仙花寺内辟出一室展览西文图书，算是建了中国第一所西文图书馆。这些科学器械主要是利玛窦做的，因为他在1586年的书信中写道"这些年我制作了一些地球仪，最近我还做了一个天球仪，这是都堂派人向我索要的，但他不会使用。我现在正在做着一些诸如此类的小事。如果不是这样，就没有人尊重我们和我们的圣教"②。利玛窦是格里高里历的主创者之一克拉维斯神父的爱徒，而地图、浑天仪、地球仪、日晷、几何学等，都与天文学、历算学有关，是他的拿手好戏。后来利玛窦被迫离开肇庆之后，继续传播的西方科学文化还有印行《世界概述》，传播记忆术、历算学、数学，尤其是几何学，利玛窦与徐光启等人合译的欧几里得《几何

---

① ［意］利玛窦：《耶稣会与天主教进入中国史》，文铮译，［意］梅欧金校，商务印书馆2014年版，第108—109页。
② ［意］利玛窦：《利玛窦书信集》，文铮译，［意］梅欧金校，商务印书馆2018年版，第65页。

原本》（前六卷），还与徐光启、李之藻等共同翻译了《同文算指》《测量法义》《圜容较义》等。客观来说，利玛窦将西方的几何学在中国进行传播与翻译，可谓中国数学史的一件翻天覆地的大事，因为该事件对中国原有的数学学习和研究的观念造成了非常有力的甚至震撼性的影响，改变了中国数学发展的方向。

在社会科学方面，离开肇庆后，利玛窦后来写了第一部中文著作《交友论》，假托当时中国皇帝与利玛窦的对话，阐述了欧洲对友谊问题的看法，汇集了欧洲哲人、圣贤和所有古代、现时作家的观点，包括文艺复兴时期人文主义大师关于友谊的许多格言。

如此种种的西方科学文化，开启了晚清士大夫学习西学的风气，也开启了真正意义上的西方文艺复兴文化在16—17世纪中国的传播，"第一个阶段是由利玛窦主导的三十年"。① 诸如此类的西方科学文化传播，取得了良好的效果，中国人"看过这些东西，又听神父们介绍了西方的科学，这要比他们的科学精深得多"，② "中国的文人和官员们之所以赏识利玛窦神父，其原因之一就是利神父通晓的西方科学是他们闻所未闻的。"③ 当然，传播西方科学文化只是利玛窦他们的一种手段，其最终目的是借此对中国人进行基督化教育，④ 神父们利用科学传播的机会，"开始介绍我们的圣教。虽然那些大官们不会马上信奉天主，但至少可以让他们对圣教的真理与神圣有一个深刻的认识，而这些东西又都能在他们与神父的接触中或从神父的品行中反映出来"⑤。这样的影响，导致跟利玛窦几度会面的大文豪李贽对他表示出仰慕之情，以及对于他到达中国

---

① 章可：《中国"人文主义"的概念史（1901—1932）》，复旦大学出版社2015年版，第40页。
② 参见［意］利玛窦《耶稣会与天主教进入中国史》，文铮译，［意］梅欧金校，商务印书馆2014年版，第136页。
③ 参见［意］利玛窦《耶稣会与天主教进入中国史》，文铮译，［意］梅欧金校，商务印书馆2014年版，第243页。
④ 参见［意］利玛窦《耶稣会与天主教进入中国史》，文铮译，［意］梅欧金校，商务印书馆2014年版，第164页。
⑤ 参见［意］利玛窦《耶稣会与天主教进入中国史》，文铮译，［意］梅欧金校，商务印书馆2014年版，第136页。

动机的某种困惑不解，认为利玛窦"欲以所学易吾周孔之学"。①

但是，与此同时，利玛窦还积极向西方传播中国文化，例如他首次将《四书》译为拉丁文，融入了西方文艺复兴末期的潮流；与郭居静神父一同编修了第一本中西文字典《平常问答词意》，首次尝试用拉丁字母为汉字注音。神父们表现出对儒家的尊重，以及对佛教的敌视，但对六祖惠能却表现出相当的尊重。② 神父们还能够入乡随俗，从原来的僧人打扮改变为文士打扮；学习中国的礼仪和语言文字，就拿利玛窦来说，他在1585年10月、11月的书信中分别说明他"已能在不用翻译的情况下与中国人讲话了""我已能讲一口流利的中国话，……我在阅读和书写方面也取得了同样的进步，虽然他们的文字成千上万。我自己已能读很多中国书籍"；③ 而在人际上，神父们也可谓交游广阔，结交了很多文人和官员。

（三）

接下来，我们思考第三个问题，即肇庆是什么？或者说他们使得肇庆变成了什么？

肇庆是第一次真正意义上的中西文化交流的出发点，也是世界史的一个坐标。由于地理大发现，16世纪西方商人和传教士不断东来，于是中国成了他们的目标，出于巧合或出于天意，肇庆成为被耶稣会士选择的城市。我们当然可以说耶稣会传教士们可以不选择肇庆，而选择从其他城市进入中国内陆传教，但是历史就是如此，不以人的意志为转移。两广总督陈瑞的贪婪却无意中开启了中西文化交流的新篇章，这正应了马克思所言的恶（如贪婪）也是推动历史发展的动力。当时小小一个肇庆，却令西方世界兴奋不已，"天主教进入中国的消息传到欧洲，传遍了

---

① ［法］谢和耐：《中国和基督教》，耿昇译，上海古籍出版社1991年版，第28—29页。
② 参见［意］利玛窦《耶稣会与天主教进入中国史》，文铮译，［意］梅欧金校，商务印书馆2014年版，第153页。
③ ［意］利玛窦：《利玛窦书信集》，文铮译，［意］梅欧金校，商务印书馆2018年版，第50—55页。

整个天主教世界，人们为此热烈庆贺，……教宗西斯克特五世在耶稣会内举行大型庆典"，为中国方兴未艾的传教事业向天主祈祷。① 而利玛窦去世后第五年（1615 年），他根据教务报告、记录和回忆写成的《耶稣会与天主教进入中国史》被耶稣会士金尼阁翻译为拉丁文，加以改编，并改题为《耶稣会进行基督教在中国的远征/自同会利玛窦神父的五卷本回忆录》出版，此书的出版在欧洲引起了强烈反响，出版十年内被再版了三次，又被转译为法文、德文、西班牙文、英文，只是将近 300 年后，利玛窦该书的意大利文原版才被耶稣会士文图里整理出版。② 自此以后，天主教或基督教的中国传播史的起点，就与肇庆密不可分，而真正意义的中西文化交流的出发点或起点，也与肇庆息息相关。利玛窦他们也是从肇庆出发，走向韶州、南昌、南京、北京，开辟了天主教中国传播或中西文化交流的新天地。就像法国著名汉学家谢和耐所认为得那样：利玛窦他们进入中国传教的 16 世纪才是中西"以彼此之间完全独立的方式发展起来的两大文明首次真正地开始互相交流"，这是由于在中国基督教历史著作中提及的唐代的 7—9 世纪的景教教团与元代北京 14 世纪初建立的天主教总主教教区，都不过是历史上的新奇，并无利玛窦他们那次交流那样的影响持久，即使是产生过某些影响的唐代景教，也始终是叙利亚血统的商贾们的宗教，并非纯正西方人的宗教。③

胡适指出第一次中西文化接触是在晚明，当时的耶稣会士深知如果被派往中国的分会不能表明并使得中国的士大夫相信欧洲文化的优越性先进性，传教就永远不会成功；第一批耶稣会士中最著名的是利玛窦，他是格里高里历的主创者之一克拉维斯神父的爱徒，利玛窦等耶稣会士不仅把西方的宗教，而且把 17 世纪欧洲最新的机械发明和科学知识输入了中国，尤其是北京时期四派科学家预测月食竞赛，耶稣会士的预测精

---

① 参见［意］利玛窦《耶稣会与天主教进入中国史》，文铮译，［意］梅欧金校，商务印书馆 2014 年版，第 119 页。
② 参见［意］利玛窦《耶稣会与天主教进入中国史》，文铮译，［意］梅欧金校，商务印书馆 2014 年版，译者前言第 3 页。
③ ［法］谢和耐：《中国和基督教》，耿昇译，上海古籍出版社 1991 年版，第 3 页。

确到秒，而其他三支本土派的预测却大打折扣，故此，明朝于1643年宣布以耶稣会士修订的历法作为明朝的历法，后来清朝也沿用之；科学的胜利极大地推动了基督教（天主教）在中国的传播，为它赢得了不少当时最富有才华、思想严谨的学者，使得徐光启等中国知识分子受到较大影响。① 这种震撼性的结果，其实早在1605年，利玛窦就以书信的方式向欧洲的神父表明，并预测到了这一结果："虽然我在这里没有占星术的书籍，但我还是用一些星历表和葡萄牙人的序列表，多次预测了日食和月食，比中国人预测的要准确得多。……如果这里能来一位我所说的那种数学家，我们便能把西方的运算表译成中文，这对我来说轻而易举，我们也可以接受修订中国历法的任务，这会给我们带来巨大的声誉，从而进一步打开中国传教工作的局面，我们在这里也将更加稳定、自由。"② 1583年即万历十一年，利玛窦在肇庆收了第一名信徒，1585年发展为20人，1589年发展到80人，换言之，利玛窦在肇庆六年的教徒发展结果只有80人，而到1610年利玛窦去世时，大概有2500人，包括"圣教三柱石"徐光启、李之藻、杨廷筠，他们是利玛窦在中国传教时期所训练出的第一代基督徒里最有成就的三个人；而40年后，至清顺治七年（1650），竟然发展为15万人，这应该是出于利玛窦当初的意料之外的。

这样的影响，在权威的《剑桥中国明代史》中是这样表达的：代表着天学的著作汇编，提供了另一个文化传统的知识，这个文化传统在地理上距离甚远，并且在先前未曾为中国人所知，它以其外族性和新奇性，被不少文人和官员崇拜，被普遍地宽容，在当时及随后的两个世纪中，抗议者及其著作在士子受众的评价方面，却没有天学的著作和支持者做得好，耶稣会士传播的许多新思想，尤其是有关天文学与其他技术知识，被吸收进士子的著作中，成为一种新型的，足以成为中国所传下来的学

---

① 参见耿云志编《胡适论争集》中卷，中国社会科学出版社1998年版，第1623页。
② ［意］利玛窦：《利玛窦书信集》，文铮译，［意］梅欧金校，商务印书馆2018年版，第249页。

说的另一个不同的选择。① 就这样，西方文化开始逐渐融入中国文化，影响至今。

三　六祖惠能及其世界性影响

六祖惠能与利玛窦不同，利玛窦等耶稣会士是从西方国家到东方的中国，然后又在中国从南到北，进行文化交流，他们在肇庆时就得到了欧洲或西方的关注，利玛窦去世几年后更是世界闻名。而惠能则是在中国从南到北，从广东肇庆到湖北黄梅求师问道，修禅参悟，之后又由北向南，在成为禅宗六祖之后才慢慢获得了岭南周边的名气，去世多年后才名满全国，8世纪之后，他的名声与禅道才逐渐传到国外。

根据《坛经》，惠能的经历是这样的。

> 惠能严父，本贯范阳，左降流于岭南，作新州百姓。此身不幸，父又早亡，老母孤遗，移来南海。艰辛贫乏，于市卖柴。时有一客买柴，使令送至客店。客收去，惠能得钱。却出门外，见一客诵经。惠能一闻经语，心即开悟。遂问："客诵何经？"客曰："《金刚经》。"复问："从何所来，持此经典？"客云："我从蕲州黄梅县东禅寺来。其寺是五祖忍大师在彼主化，门人一千有余。我到彼中礼拜，听受此经。大师常劝僧俗：但持《金刚经》，即自见性，直了成佛。"惠能闻说，宿昔有缘，乃蒙一客取银十两与惠能，令充老母衣粮，教便往黄梅参礼五祖。
>
> 惠能安置母毕，即便辞违，不经三十余日，便至黄梅，礼拜五祖。祖问曰："汝何方人，欲求何的？"惠能对曰："弟子是岭南新州百姓，远来礼师，惟求作佛，不求余物。"祖言："汝是岭南人，又是獦獠，若为堪作佛？"惠能曰："人虽有南北，佛性本无南北，獦獠身与和尚不同，佛性有何差别？"五祖更欲与语，且见徒众总在左

---

① 参见［英］崔瑞德、［美］牟复礼编《剑桥中国明代史》下卷，中国社会科学出版社2006年版，第809—810页。

右，乃令随众作务。惠能曰："惠能启和尚，弟子自心常生智慧，不离自性，即是福田。未审和尚教作何务？"祖云："这獦獠，根性大利！汝更勿言，著槽厂去。"惠能退至后院，有一行者，差惠能破柴、踏碓。经八月余。①

从上可知，其一，惠能是广东肇庆新州（今新兴）人。虽然说1994年新兴已经从肇庆划分出来，划归云浮市，但是文化不会因为行政区域的重新划分，就与原来城市的历史完全断绝关系。其二，惠能悟性很高，24岁听《金刚经》开悟而去湖北拜师，一开始就得到五祖赏识。其三，惠能任劳任怨，破柴、踏碓八个多月，且能在日常生活中不忘修行，做到了"家常日用即是道"。

惠能是南方人，但他一句"人虽有南北，佛性本无南北"，可见其慧根。但是从"惠能严父，本贯范阳，左降流于岭南，作新州百姓"，即惠能的父亲是贬官来看，惠能很可能并非如经书所云的目不识丁的文盲，至少是粗通文墨之人，否则他也不会念出"菩提本无树，明镜亦非台。本来无一物，何处惹尘埃"的佛偈，明心见性，顿悟即佛，这比神秀的"身是菩提树，心如明镜台。时时勤拂拭，勿使惹尘埃"更符合佛教的空境。经书如此记载，也许是强调惠能的惊为天人的慧根。总之禅宗五祖弘忍以"若悟大意，付汝衣法，为六代祖"，让众弟子作佛偈比赛，最终秘传惠能衣（袈裟）与法（佛法），并让惠能逃避神秀等人的追杀，"逢怀则止，遇会则藏"，② 藏匿于肇庆的怀集与四会的猎人队伍之间15年，惠能藏身怀集冷坑十年的小石洞，后来被名为六祖岩，③ 四会则自唐代开始建有六祖庵（今名六祖寺）④。换言之，惠能在肇庆至少39年。正因为

---

① 钟明译注：《金刚经·坛经》，山西古籍出版社1999年版，第59—61页。
② 钟明译注：《金刚经·坛经》，山西古籍出版社1999年版，第62—74页。
③ 参见怀集六祖岩，佛教导航网。参见黄耀辉、谭扬汉、徐维宁《广东怀集：六祖慧能隐身15年的修悟地》，中新社肇庆，中国新闻网 https://www.chinanews.com.cn/cul/2011/03-19/2917049.shtml，2011年3月18日。
④ 参见百度百科"六祖惠能寺"。

藏身于猎户、平民之间多年的经历，惠能才能放下高大上的佛学理论，直抵本心，"下下人有上上智"，不立文字，中得心源。15年的参禅修行之后，惠能结束了躲避的生活，到广州弘扬教义，在广州的法性寺，他以"不是风动，不是幡动，仁者心动"①的佛偈，继而展示五祖的衣钵，使得该寺的印宗法师对他顶礼膜拜，随后开启了他的六祖生涯。惠能后来更是到韶关南华寺传道，看似他离开了肇庆，但他也回新兴故乡老家省亲，相传他曾在路过肇庆市端州区城西的梅岗之时，曾于岗上植梅，以锡杖掘井，后来宋代的智远和尚为了纪念先师，遂于此建庵，名曰梅庵。

人有南北，佛性无南北，求佛者亦无南北，所以惠能的弟子也不分南北。根据《坛经》记载，惠能的知名弟子有广东韶州的法海、江西南昌的法达、安徽寿县的智通、江西贵溪的智常、广东佛山的志道、江西吉安的行思、陕西金州的怀让、浙江永嘉的玄觉、河北的智隍、四川（西蜀）的方辨、江西吉州的志诚、江西的志彻、湖北襄阳的神会、山西长治的法如，还有法珍。②也正因为惠能的弟子不分南北，来自五湖四海，所以也将惠能的佛法传至五湖四海，使得禅宗顿教开枝散叶，源远流长。

胡适认为禅宗六祖惠能当时仅仅是知名一方的一位区域性的和尚，当时的影响局限于广东北部韶州（今韶关）一带，他的顿教教义之所以能够北传，是因为他的弟子、菏泽宗的神会一个人把他宣扬起来的，神会为他拼命，冒着杀头的危险，不顾生死，多年被迫害，受流放，经过数十年的奋斗，因在安史之乱中有恩于朝廷而获得朝廷加惠，最终才把惠能南方禅宗的教义传入中原。③那么，神会怎样有恩于唐朝廷呢？这是因为安史之乱，政府财政非常拮据，士兵无饷可发，朝廷只好以发放佛道二教的"度牒"来筹集款项，每一度牒索款十万钱，这类似于国家公

---

① 钟明译注：《金刚经·坛经》，山西古籍出版社1999年版，第77页。
② 钟明译注：《金刚经·坛经》，山西古籍出版社1999年版，第135—184页。
③ 参见胡适口述，唐德刚整理、翻译《胡适口述自传》，安徽教育出版社2005年版，第229—230页。

债，朝廷借助神会这位德高望重而又能说会道的老和尚，在东都洛阳进行推销，神会的推销成绩甚佳，对戡乱战事的顺利进行起到很大的作用；在此基础上，神会死后多年，终于被朝廷追封为"禅宗七祖"，因此他的师傅惠能也被间接公认为正统的"禅宗六祖"，故此，神会是个大毁灭者，因为他推翻了北派禅宗，他也是个大奠基者，他奠立了南派禅宗。①

至于胡适所认为的《坛经》是神会的伪托，②印顺虽然否定了胡适的观点，但也认为神会门下（而非神会）的确对《坛经》有所补充，但并非造一部《坛经》，这是由于《坛经》不仅是惠能禅宗的教义，也是付法的信物，神会以五祖弘忍传衣给惠能来证明惠能是六祖，但神会自己却没有信袈裟，故此神会门下便在《坛经》中补充说明六祖惠能之后不再传衣（信袈裟），而以《坛经》传宗。③从《坛经》内容来看，这也许是对的，因为提及神会的"顿渐品第八"，虽然惠能批评了神会，但也实事求是地指出"祖师灭后，会（神会）如京洛，大弘曹溪顿教，著《显宗记》，盛行于世"。④

在南派禅宗逐渐成为禅宗正统之后，它取得了全国性的影响。而从唐代开始，禅宗先后传入越南、朝鲜，从宋代起禅宗大规模传入日本，最有影响的是临济宗和曹洞宗两家，12世纪的时候，禅宗在亚洲地区逐渐形成禅宗文化圈，至19世纪下半叶，禅宗传入东南亚的新加坡、印尼、马来西亚等国，至20世纪初，在日本禅宗人士的弘扬之下，禅宗逐渐被欧美所知，1950年代以后，西方掀起禅宗热，西方人认为禅宗能令心灵净化，1960年代，西方成立欧洲禅宗联盟。简言之，经过一千余年的传播，禅宗已经走向了世界。⑤

---

① 参见胡适口述，唐德刚整理、翻译《胡适口述自传》，安徽教育出版社2005年版，第230—231页。
② 参见胡适口述，唐德刚整理、翻译《胡适口述自传》，安徽教育出版社2005年版，第236页。
③ 参见耿云志编《胡适论争集》下卷，中国社会科学出版社1998年版，第2485—2486页。
④ 钟明译注：《金刚经·坛经》，山西古籍出版社1999年版，第176页。
⑤ 参见黄夏年《禅宗对中国和世界文化的影响》，《百科知识》1996年第4期。

对于肇庆文化，肇庆作家进行着挖掘性的写作，如钟道宇的利玛窦题材长篇小说《仙花寺》，何初树的长篇小说《六祖风幡录》，谢远谋等的戏剧《梅花六祖》，杨芳的散文集《守河者》。于此可见作者对肇庆文化的热爱，对其曾经的世界性影响的怀念。有学者指出"以内陆腹地的成都为例，李劼人、郭沫若等知识分子的个人趣味、思维特点就与京沪主流有异，形成了近现代嬗变的地方特色。这一'地方路径'值得剖析，它与风姿多彩的'上海路径''北平路径'一起，绘制出中国文学走向现代的丰富性。沿着这一方向，我们有望打开现代文学研究的新的可能"[①]。这对于文化交流的"肇庆路径"而言，可谓不谋而合，值得重视。

---

① 李怡：《成都与中国现代文学发生的地方路径问题》，《文学评论》2020年第4期。

区域文化与比较文学研究

主持人语

主持人：熊飞宇副研究员
主持人语：

比较文学同区域文化与文学，在研究方法与研究路径上，多有异曲同工和殊途同归之处。从社会发展和学科史的进程来看，比较文学的发展，大致经历了三个阶段，即欧洲范围内的"跨国别"研究，以西方为中心的"跨区域"和"跨学科"研究，以及全球多元化时代的"跨文明"研究；与之相应地，则是平行研究、影响研究与跨文化研究的交替迭兴和交互为用。然而无论是平行研究、关系研究抑或是变异研究，均内在地包含区域因素，并可从区域的视角加以考察。颜青一文，即是对上述问题所作的正本清源的思考与探讨。这些比较文学基本理论问题的厘清，无疑也会有裨于区域文化与文学在国别层面上的研究。

而比较文学的跨学科研究，则在本栏目第二篇文章中得到彰显。出生于立陶宛的法国哲学家伊曼努尔·列维纳斯，被广泛誉为带动战后西方思想发展的关键人物。通过广袤无边的跨学科探索，其影响早已跃出现象学领域，进而对西方传统的核心文本、运动与观念，发出富于当下性的哲学诘问，展开独到的重估与重塑。大体而言，列维纳斯通常是立足于主体的生存境遇，朝向他者，借助"疾风骤雨般的描写与类推"，实现超越（transcendence），获得无限（infinity）。而面容则是一种"无限的外在"，以其孤绝的意义和伦理的方式，创立语言并指示多元主义的存在。李明芮之文，通过追溯奥涅金的伦理脉络，对《叶甫盖尼·奥涅金》予以列维纳斯式的解读，完成奥涅金的重塑，洵为批判性实践的典型案例。论者突破学科的畛域与区隔，实现哲学理论与文学文本的融会贯通，在某种意义上，也正体现出区域文化与文学研究的一种开放性努力。

"如何生态地观看地方？"刘艺的论文，主要是从阿德里安·伊瓦科夫的生态电影哲学思想中去寻找答案。所谓"生态电影"的观念，实际上亦衍自生态文学和生态文学批评。文学生态批评自 20 世纪六七十年代发端以来，已先后形成两大主潮，即生态中心主义生态批评和环境公正生态批评；但直至 2004 年，斯考特·麦克唐纳（Scott MacDonald）在《建构生态电影》（*Toward an Eco-Cinema*）一文中，方正式提出"生态电影"的概念，宣告其走出传统文学研究的范畴，成为电影理论的一种全新范式。此后，电影生态批评渐成风气，而阿德里安·伊瓦科夫即是其中的代表性人物。阿德里安·伊瓦科夫，或译作艾德里安·伊瓦克伊夫，亦译作阿德里安·伊瓦克耶夫，是美国佛蒙特大学的环境思想与文化学教授。其《运动影像的生态学：电影，情动和自然》（2013）是首部"生态影像学"著作，具有里程碑意义。作者借鉴诸多东西方哲学和生态思想资源，得以建构起电影的三元模型，而贯穿全书的便是"过程—关联性"（process-relational）和"三分主义"（triadism）。通过这一模型，可以重新从生态的角度认识自我，认识世界。论文以长江三峡母题的生态电影为例，运用大量第一手资料，既回答了"如何生态地观看地方"，同时也为区域文化与文学的研究，提供了一个独特而新颖的视角。

比较文学几个重要问题新探*

颜 青**

内容提要：比较文学的研究领域、学科体系及其历史等问题的整理和梳理一直是比较复杂棘手的问题。讨论比较文学研究的组成部分和基本范畴，将有助于这些问题的处理。基于比较文学研究的基本范畴，对比较文学进行新的分类，在此基础上可建构起更加科学合理的学科体系。此外，比较文学中的"变异"问题，凸显了比较文学作为一种跨文化传播在当今世界的价值和意义。

关键词：比较文学；范畴；关系研究；平行研究；变异

比较文学发展至今可谓已经历了三次危机：对"比较"的质疑和攻击、传统法国学派实证影响研究的僵化、"泛文化"的趋向。在这些危机以及对这些危机的应对中，比较文学不同阶段、不同学派都对比较文学的定义、研究领域、研究方法等有不同的界定，显现出各自的特色。因此，尽管比较文学从诞生之初就不断地受到各种质疑，存在各种困惑，但它依旧不可遏制地按照人类社会发展的需求和规律发展着。无论何种局势，国家与国家之间都需要交流，文化的交流和碰撞不可避免，文学

---

* ［基金项目］重庆市社会科学规划项目"比较文学视阈下民族形象的跨文化传播研究"（2019WT17）。

** ［作者简介］颜青（1983— ）女，重庆师范大学文学院副教授，研究方向为比较文学与比较诗学。

的传播和交流也就不可避免，比较文学就不会消亡。随着时代的发展，比较文学有很多旧问题一直尚未厘清，又因新的发展产生了一些新问题，这使得比较文学研究领域、学科体系及其历史的整理和梳理等始终存在困难。基于这种复杂的情况，本文致力于将比较文学几个重要的基本问题和一些混杂不清的问题重新进行一次整理，使其学科体系变得更加清晰、分明，使"比较文学史"更加易于梳理，使比较文学的价值和意义更加彰显。

一 "比较文学研究"的组成部分

不论我们如何界定"比较文学"，当我们通常在谈论"比较文学研究"时，它事实上包含了两方面的内容：一是对象类研究，即对规范的学科研究对象的研究，包括对跨国的作家作品、文学理论、文学思潮等的研究；二是学科研究，即关于学科自身的研究。严格来说，学科研究的研究对象并非规范的学科研究对象。因此当我们在讨论规范的比较文学学科研究对象或内容时，并不包含对学科自身的研究。这就像我们在讨论一个机构的下属机构时，不应该再包括其自身，否则就存在逻辑问题了。但这并不是说对比较文学学科自身的研究就没有价值和意义。恰恰相反，笔者认为关于学科自身的研究（包括学科体系建构）是至关重要的，它不仅能为比较文学廓清、显明方向，更是为人类其他领域的发展，比如人类学、社会学、心理学、思想史等，提供丰富而强大的基础或数据库。

总而言之，非严格意义上的"比较文学研究"包括对象类研究和学科自身研究两方面。这两方面的界限比较明确，只要加以区分，就不会导致学科体系和比较文学史梳理的混乱。真正妨碍比较文学史的整理，或者让学科体系混乱不清的，是对象类研究的复杂情况，比如对此类研究成果的再研究算不算比较文学。

实际上，我们可以将对象类研究分为原生研究和次生研究两种。当然，学科研究从理论上来说也可分为原生研究和次生研究两种，但区分的意义较小。对象类的原生研究毫无疑问属于比较文学,比如格林兄弟对欧洲民间故事的整理和研究,勃兰兑斯对19世纪欧洲多国文学的研究等。次生研究,即对原生研究成果的研究。在进一步讨论次生研究之前,有一个问题需要明确,那就是比较文学的跨越性。关于比较文学跨越性问题的具体界定有很多,比如跨国、跨民族、跨语言、跨文化、跨学科等。由于民族的界定是复杂的,国别以内的跨民族的文学研究可以隶属于国别文学研究,而不同国家即便属于同一民族,使用同一种语言,但因为国家文化的不同,语言也会有诸多差异,比如韩国的语言和朝鲜的语言、英式英语和美式英语等。因此,为了让比较文学的研究对象和范围有更加清晰的界定和边界,笔者认为比较文学的跨越性主要就是跨国和跨学科两方面。那么按照这种界定,当次生研究是非跨国或跨学科的研究时,比如单纯对勃兰兑斯《十九世纪文学主流》的研究,不再牵涉跨国、跨学科的其他成果,则应当归属于国别研究;而如果是跨越式的研究,即涉及跨国、跨学科的其他成果,则应该归属于比较文学研究。

当我们区分了对象类研究和学科研究、原生研究和次生研究,就会发现比较文学史梳理的主要线索相对清晰了,而要把比较文学的学科体系整理清楚,仅仅是这两组区分还远远不够。要能够清楚地梳理学科体系,则还必须弄清比较文学研究的几个基本范畴。

二 比较文学研究的基本范畴

如前所述,规范的比较文学研究不包含对学科本身的研究,因此,学科体系的建构和梳理要整理的内容是针对之前的对象类研究而言的。谈论比较文学研究的基本范畴,也是针对这一类研究。在这类研究中,研究对象的基本形态、研究的性质、研究的范围可以说是最基本的几个范畴。关于这几个基本范畴,其实早已有大量研究成果,因此我们需要做的只是把它们作为规范的比较文学研究的基本范畴、作为学科体系建构的基本标准来整理清楚。

（一）研究的基本范围

研究的基本范围是指研究的对象是否跨越了文学学科的界限，即是否是跨学科研究。依据这一个标准，规范的比较文学研究可以分为本科研究和跨学科研究。

（二）研究的基本条件

研究的基本条件，是指要满足这一条件，才能归属于规范的比较文学研究。实际上这个问题在第一部分讨论次生研究时已经谈论到，即比较文学研究是一种跨越性的研究，这里的"跨越"，一是指跨国，二是指跨学科。这两个方面，满足其中之一即可。需要注意的是，跨学科研究不论是否是跨国的，都又可以分为有事实联系的和无事实联系的。这就涉及下一个关键性的问题，即比较文学研究对象的基本形态。

（三）研究对象的基本形态

所谓研究对象的基本形态，是指研究对象之间是否具有事实联系。此处的研究对象应具体到研究的问题，因为虽然有些作家、作品间是存在事实联系的，但研究者研究的问题未必关涉这种联系。依据这一标准，所有规范的比较文学研究，不管是否跨学科，都可以分为两类：有事实联系的和无事实联系的。有事实联系的，可称为"关系研究"；无事实联系的，可称为"平行研究"。

如果说之前的讨论，只是厘清已有的东西，但是从现在开始，为了能够建立清晰的学科体系，我们得开始改变或调整一些已有的观念和界定。

首先，关于"关系研究"。有事实联系的关系研究，实际上就是过去被法国学派划定为"比较文学"研究那个领域，通常被称为"实证性影响研究"，简称"影响研究"。不过，过去法国学派的很多研究，其重点或目的往往在于论证研究对象间具有联系这一事实，而并没有真正侧重于研究"影响"。再加之"影响"并不能覆盖传播关系中的所有问题，比如后面发展起来的"变异研究"。因此，直接用"关系研究"来统称这类对事实传播关系的研究，比"影响研究"更适宜。

其次，关于"平行研究"。无事实联系的平行研究是从比较文学发端就有的，在比较文学的第一次危机中被法国学派排除在"比较文学"之外，后来又被美国学派重新倡导。在大家熟知的雷马克对平行研究的界定中，就包含了无事实联系的跨国文学本科研究和跨学科研究。受这一界定的影响，我们通常都将跨学科研究归属在了平行研究中。然而，特别值得注意的是，跨学科研究的对象可能是有事实联系的，也可能是无事实联系的。因此，跨学科研究可能是关系研究，也可能是平行研究，这是过去我们较少关注的点。因此，笔者认为应改变过去通常将跨学科研究归为平行研究的做法，以纠正或避免对跨学科研究的误解和偏见——认为跨学科研究的对象之间都是无事实联系的。实际上，即便是很多时候被人们以为是相去甚远的自然学科和社会科学之间，也是存在密切的事实关联的。

（四）研究的基本性质

虽然比较文学的"比较"从来不是简单的异同比较，但不管是有事实联系的研究对象还是无事实联系的研究对象，具有相同、相似或相异的地方都是必然。那么，依据研究出发点或侧重点或落脚点在异同上的差异，规范的比较文学研究就其这方面的性质而言整体可以分为两类：对相同或相似元素的研究和对差异元素的研究。目前常见的四种比较文学可比性的提法：同源性、类同性、异质性、变异性，其中基于、侧重于、诉诸或显现同源性、类同性的研究，均属于对相同或相似元素的研究；而基于、侧重于、诉诸或显现异质性、变异性的研究，均属于对差异元素的研究。

（五）研究对象的数量

过去曾有以研究对象的数量来划分"比较文学"和"总体文学"的

情况：两个国家的比较文学研究属于"比较文学"，两个以上国家的比较文学研究属于"总体文学"。依据数量来划分确有不当、不科学之处，但也并非全无道理；完全抛弃"总体文学"，则没有必要，也不科学。笔者认为，当研究对象所涉国家达到一定数量和比例，且侧重于探寻共同的文学、审美规律等时，这就是我们通常所说的"总体文学"或"世界文学"① 研究，隶属于比较文学研究，因为它是跨越性的文学研究，无法归属于国别文学研究。在"比较文学"中提"总体文学"，是因为"总体文学"是其中具有特定目的的一类，研究对象的数量是达成目的的某种必要条件。"总体文学"研究是人类自发的渴望和诉求，是人类文明发展出现的一种客观事实，符合人类社会发展的客观规律，抛弃、摒弃、回避都不是科学、积极的态度。不过，真正的总体文学研究对研究者各方面的要求都很高，可谓比较文学研究中的高端研究，确实不宜勉强和冒进而使其流于浮浅和空泛。

三 比较文学的学科体系

当上述几个基本范畴讨论清楚后，我们就可以据此来重新整理比较文学的学科体系。过去比较文学的学科体系常常出现一些重叠、交错、混乱不清的情况，通常就是因为囿于已有的、固化的板块和思维。只要我们敢于突破已有的、固化的板块和思维，就离把学科体系整理得清晰而明确更近了一步。

过去，关系研究仅限于文学本科范围内，平行研究包括无事实联系的文学本科研究和跨学科研究；现在，跨学科研究根据其研究对象的具体形态特征——是否具有事实联系，而分别隶属于关系研究和平行研究。

类似的问题也同样存在于文学本科范围内的研究。比如，过去形象学归属于影响研究，但实际上对形象的比较文学研究，研究对象间有无事实联系都是存在的。因此关于形象问题的研究也可以依据其研究对象

---

① "世界文学"一般有三种含义：一是指世界各国各地的文学，二是指世界各国各地的文学经典和名著，三是指比较文学中的总体文学。

的具体形态特征——是否具有事实联系,而分别隶属于关系研究和平行研究。与此相似的还有主题学。

与形象学、主题学等情况看似相似却又不同的是类型学。早先类型学被界定为研究在世界文学的历史发展进程中,那些产生于不同时空、文化、民族、语言背景下的文学现象,彼此之间并无事实联系,或虽有所接触而并未构成其内在的动因,却往往存在着或明晰或隐微的共通处和契合点。换言之,类型学就是对文学本科范围内的无事实联系的不同国家文学形象、主题、技巧、思潮、流派等诸多方面的研究。这里存在的第一个问题是,从逻辑上讲,"类型"不应再与"形象""主题"等并列。第二个问题是,人们意识到似乎和形象学、主题学一样,关于类型的研究,研究对象也可能是具有事实联系的。因此,将类型学上升为某种统称,也分为关系研究和平行研究,似乎是可行的。不过笔者认为,将类型学依旧界定为一种平行研究更为妥当。因为类型的问题,如果研究是落脚在类型间的关系,那就是关系研究;只有落脚在无事实关系问题的研究,才可能是真正关于类型本身的研究。

综上所述,经过整理后比较文学的学科体系如下图:

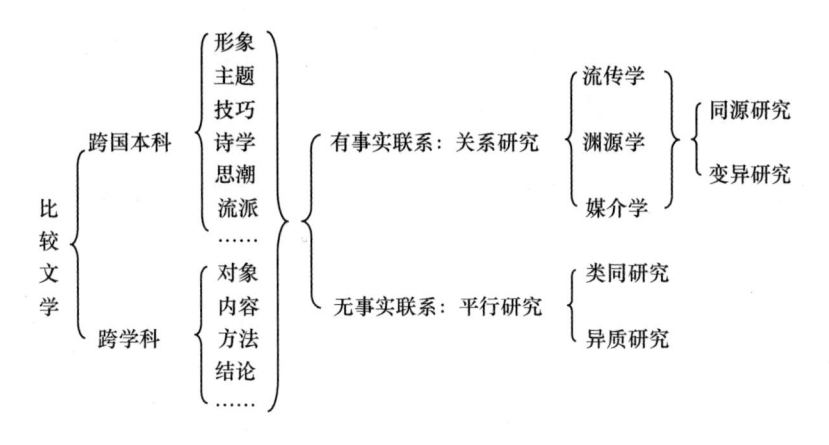

图1 比较文学学科体系图

如图所示,首先,比较文学分为跨国本科研究和跨学科研究两类。

其次，不管是跨国本科研究，还是跨学科研究，又都可以分为有事实联系的关系研究和无事实联系的平行研究。再次，由于关系研究的对象实际上是一个传播事实，因此，其研究依旧可以按照梵·第根依据传播过程中的关键元素——发送者、接收者、媒介建立的流传学、渊源学和媒介学来进行划分。最后，不管是关系研究还是平行研究，都包含对相同或相似元素的研究和对差异元素的研究。关系研究主要是同源研究和变异研究，平行研究主要是类同研究和异质研究。

四　关系研究中的变异研究

如前所述，关系研究主要是同源研究和变异研究。同源研究脉络比较清晰，无须赘述。变异研究则尚有一些混杂不清的地方需要厘清。关于变异，经常纠缠在一起的有比较文学中的翻译问题（译介学）、接受学、文化过滤和文学误读等，现在我们就来把它们之间的关系梳理清楚。

首先，对于文学的接受主要是通过"阅读"，或者说是广义的阅读，包括眼见和听闻，并且不限于语言文字符号。接受或阅读，必然涉及理解和解释。不管是否对理解和解释作更为细致的区分，可以确定的是不管理解还是解释，都是以接受者的先见、前见等为基础。正如接受学派所认为的：文学的本质在于作者、文本和读者三者的动态关联和相互交融；读者对文本的阅读，总是受到"接受屏幕"的制约而产生"期待视野"；文学史实际上就是"效果史"，也是"接受史"。

其次，正是由于所有的接受，所有的阅读，都会经过文化过滤，因此都会产生"误读"，发生变异。变异可能发生在很多方面：意象、文体、形象、主题等。不同程度或规模的变异也可能导致各种结果，比如"经典化"和"他国化"。

最后，翻译在文学的跨文化传播中是尤为关键的环节，它是一种特殊又重要的阅读，因此特别值得关注。大量的变异是在翻译过程中，即不同民族或国家的语言的转换中产生的。雅各布森曾把翻译分为语内翻译、语际翻译、符际翻译，我们通常所说的翻译是指语际翻译。正是因为语际翻译必然是不同民族或国家语言间的转换或变更,所以,语言的变异是必然。我们常常将翻译过程中经由文化过滤产生的误读而导致的语言的变异称为"创造性叛逆"。而所有语言层面的变异,通常都会具体到文本、文体、意象、形象、风格等问题。

由此,综上所述,接受学可视作研究变异的一种方法、立场或基础;文化过滤是变异的关键原因及发生过程,作用于或包含于所有的接受;误读实际上就是一种变异;翻译是重要而特殊的阅读或接受,通常会产生很多变异。变异既是接受的过程,也是接受的结果。简言之,跨国的文学传播,接受就是文化过滤,就有变异,就有误读。具体如下图:

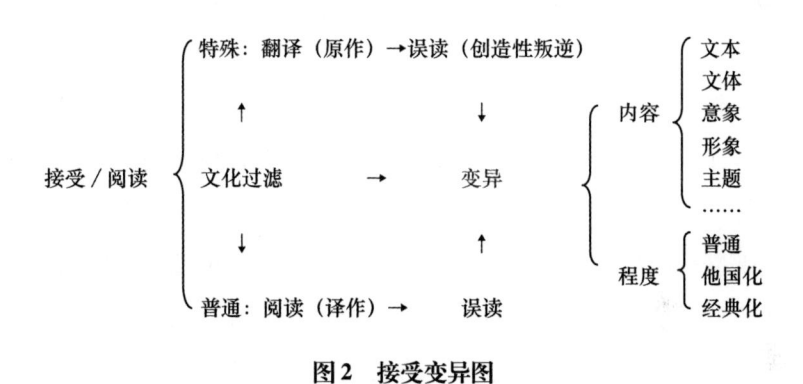

```
                 ┌ 特殊:翻译(原作)→误读(创造性叛逆)    ┌ 文本
                 │        ↑              ↓              │ 文体
                 │                              ┌ 内容 ┤ 意象
接受/阅读 ┤        文化过滤     →     变异        │     │ 形象
                 │                              │     │ 主题
                 │        ↓              ↑      │     └ ……
                 │                              │      ┌ 普通
                 │                              └ 程度┤ 他国化
                 └ 普通:阅读(译作)→     误读           └ 经典化
```

图 2　接受变异图

五　比较文学研究中的"变异"——比较文学作为一种跨文化传播

如前所述,比较文学研究可以分为原生研究和次生研究,不论哪种,都是一种推动或加强国际文学和文化交流传播的行为。而在传播中,尤其是跨文化传播中,变异的发生总是在所难免。

纵观国际文学交流史就会发现,在传播初期,理解的误差或者变异通常十分明显,有些甚至离谱。随着了解的推进和深入,接受者的理解和把握才慢慢变得准确起来。不过,即便如此,由于文化的差异、文化过滤的作用,接受者的研究视角、方法等时常与本土的研究者有所不同。

这使得他们总能从不同的角度对来自异国的文学进行新的阐释，产生新的信息，新的价值。因此，比较文学研究作为一种传播，同其他传播一样，也会发生"变异"。当然，背离事实的消极的变异，是学术研究应该杜绝的；而创新的积极的变异，则正是比较文学传播价值和意义的一种显现。它使各国文学、文化在传播中不仅被看见、被理解，并且被挖掘出更多面相，焕发出新的价值和生命力；也使传播、交流的参与者得以共享资源和信息，建立起情感、事实等层面的关系，甚至是形成某种共同体。在原始初期，通过联想促进认知，就是智人能够更好地生存、发展的重要原因；而建立更为完整和广阔的叙事，形成联系更加紧密、体量更加庞大、力量更加强大的团体，也始终是人类社会和文明进步、发展的重要因素。毫无疑问，比较文学所做的正是有利于此的事。

在比较文学研究中，研究者实际上是传播的发送者，其研究成果的接受者可能是本国读者、部分被研究对象、全部被研究对象、除开本国和被研究对象国的其他国家读者，也可能是其中的几种或全部，由此而形成情况复杂的次生传播。换言之，比较文学研究可能使研究对象与研究者本土形成传播；可能使研究对象与异于它们自身和研究者的文化区域形成传播；可能使研究对象间形成首次或再次传播；可能使研究者与异于研究对象和自身的文化区域形成传播。

作为发送者的研究者身上所附着的本土文化和他国文化的因子通过释码融入研究者的意图中，研究者又通过编码将这些意图承载在自己的研究中，研究成果通过不同的信道和媒介被不同国家的读者接受，读者对研究成果进行理解，形成自己的看法，并对研究者所属国或研究对象所属国度形成或强或弱的反馈，对其社会或文化形成反作用。整个传播过程包括发送者的释码与编码、信息的传递、接受者的解码和反馈等几个环节。

首先是释码阶段，即研究者对本土文化和他国文化进行释码。在这个环节中，研究者作为本土文化和他国文化的接受者，对本土文化和他国文化的接受都可能会发生变异。变异发生的原因可能源于社会环境，如生长环境的发展、开放程度；时代背景，如是否处于重大社会变革时期；知识构成，如基础常识有无错漏；个体特征，如生理特征所决定的性格、思维方式等，这些因素的影响是隐性的，常常不被研究者所察觉。

其次是编码阶段，即研究者生成研究成果的阶段，研究者同样会受到文化传统、社会环境、时代背景、知识构成、个体特征等因素的影响。只不过在这个环节中，这些因素的影响可能是隐性的，也可能是显性的。换言之，有些"变异"是研究者有意为之。

再次是信息传递的阶段，即成果发表、流传的环节。信道或媒介的不同、是否经历语言翻译、传播路径的不同等因素都会影响传播。在这个环节中，作为信源的发送者和作为信宿的接收者如果没有直接接触，那么媒介、信道、反馈等基本因素，以及时空环境、心理因素、文化背景和信息质量等隐含因素可能就会导致更大的变异。虽然变异或误读能衍生出新信息，但也可能引发误会或冲突，妨碍有效交流。从学术研究的角度来看，严谨、求真，也是研究者应有的态度。因此，信息的准确度依旧是研究传播中的一个目标。

复次是读者进行阅读理解的解码阶段。正如研究者的释码阶段，读者的解码阶段也会受到文化传统、社会环境、时代背景、知识构成、个体特征等因素的影响。这些影响常常也是隐性的，不被接受者所察觉。

最后在读者进行表达或反馈的阶段，正如研究者的编码阶段，这些因素的影响就有可能是显性的，即读者有意识的选择。

了解比较文学作为传播过程的各个环节，可以帮助我们更好地杜绝消极变异的发生，促进比较文学传播价值和意义的显现。在关系研究中，由于研究对象中的变异和研究中的变异同时存在，所以后者常常被忽略，研究的传播价值和意义容易被遮蔽；而在平行研究中，因为不存在研究对象中的变异，因此研究中的变异便凸显出来，研究的传播价值和意义尤为明显。换言之，平行研究比关系研究通常更能显现比较文学的传播价值和意义。

关于比较文学、平行研究等的讨论和争议已经持续了上百年，单就从传播和文化传播的角度来看，它们就具有不可抹灭的价值和意义。在全球化的今天，传播是人们彼此关怀、共享世界的方式，是人们意义和情感的构成；也是人们的一种生存坐标即确证自我的方式；更是社会调节的方式和社会运行的保障。比较文学作为一种文学或文化传播，尤其是当研究者从无意识走向自觉时，它的传播价值和意义是显而易见的。它既有利于推进"总体文学"的理想，又有利于在现实层面加强不同国家和文明间的文化交流，促进理解，消除误解和矛盾，从文化的层面促进不同国家和文明间互惠共赢的可持续发展，实现人类对于自身和社会发展的合理期待。

奥涅金的重塑:《叶甫盖尼·奥涅金》的列维纳斯式解读

李明芮[*]

内容提要:以往对《叶甫盖尼·奥涅金》中奥涅金人生轨迹的探讨,主要围绕社会历史背景展开,而法国哲学家列维纳斯的思想对这一问题提供了独特的分析视角。通过追溯奥涅金的伦理脉络——主体的实显、轻视他者、凝视他者之脸,可以发现,奥涅金从自我封闭、忽视他者的多余人主体,承认了对他者达吉雅娜存有的爱意,显示自我在意识上开始发现、回应他者的存在,最终完成了主体的重塑。

关键词:奥涅金;列维纳斯;主体;他者

《叶甫盖尼·奥涅金》(Евгений Онегин,1831)是俄国作家普希金(Александр Сергеевич Пушкин,1799—1837)的代表作,这部诗体长篇小说生动地描写了19世纪初圣彼得堡贵族阶层、青年人乃至农民的日常生活与精神状态。作品中的人物在与时代的激烈碰撞中,生发出鲜明的性格特质,也为这一时期的文学增添了一抹亮丽的色彩。面对当时俄罗斯社会的现状,赫尔岑曾在《论俄国革命思想的发展》(O развитии революционных идей,1850)一文中表示,彼得一世发起的改革将俄罗

---

[*] [作者简介] 李明芮(1996—),女,四川大学比较文学与世界文学博士研究生,研究方向为中外文化与文学。

斯人分为两个部分：一是代表古老俄国的农民与地主；二是努力学习西方文化的贵族。① 而在《叶甫盖尼·奥涅金》第八章的一种异稿中，作者普希金却对同名主人公做了以下描述："有人远在他们之外，像多余的东西茕茕孑立……"② 由此可见，奥涅金"非此非彼"，反倒与第三种"多余人"（Лишнийчеловек）牢牢捆绑，这一特殊形象让诸多学者讨论激烈。在传统的学术视域中，这种人群的生活状态一般被描述成这样：以奥涅金为代表的贵族青年既反对沙皇政府的专制统治，也拒绝上流社会附庸风雅的习气，他们既远离一切政治活动，也脱离人民群众，把自己禁锢在狭小的圈子里，整天无所事事，毫无目的地生活，精神上极度空虚。③ 同时认为，"'多余人'的产生，实际上是外来文化撞击古老俄国的结果。外来文化第一批接收者是青年贵族，他们无法停息被撞击后的震荡，而且，即便震荡停息，心灵已不可能复原，于是他们就在两种文化之间，找不到一个固定的位置，不知道如何行事"④。在前人的研究中，作品中的其他人物也具有鲜明的时代气息。好友连斯基被视作天真热情、富于幻想，却无力承受现实打击的贵族知识分子，作品中的村民则是在沙皇的专制统治下麻木不仁、因循守旧的庸人。女主人公达吉雅娜似乎是那个震荡无序、幻想感情却又无尽迷茫时代中少有的例外，她被称为"俄罗斯的灵魂"："她曾受过当时贵族知识分子迷恋的时髦的西欧感伤主义和浪漫主义文学的影响。但是，阅读这些文学作品并没有使她离开祖国的土壤，因为来自人民、来自乡村、来自田野的大自然的影响要强烈得多。"⑤ 由此可见，达吉雅娜体现了斯拉夫民族的性格特质，她纯朴、忠贞，坚守始终不渝的道德准则。在作品中，奥涅金同以上三者的交往

---

① 参见［俄］亚·伊·赫尔岑《论俄国革命思想的发展》，载［俄］霍米亚科夫、赫尔岑等《俄国思想的华章》，肖德强、孙芳译，人民出版社2013年版，第48页。
② 刘亚丁：《19世纪俄国文学史纲》，四川大学出版社1989年版，第83页。
③ 参见［俄］谢·弗洛林斯基、蓝泰凯《〈叶甫盖尼·奥涅金〉的构想与创作研究》，《贵阳学院学报》（哲学社会科学版）2019年第5期。
④ 刘亚丁：《19世纪俄国文学史纲》，四川大学出版社1989年版，第84页。
⑤ ［俄］谢·弗洛林斯基、蓝泰凯：《〈叶甫盖尼·奥涅金〉的构想与创作研究》，《贵阳学院学报》（哲学社会科学版）2019年第5期。

都面临着矛盾与错位，前人也将其原因放置在当时俄罗斯面临的社会历史背景中加以讨论。

在法国哲学家列维纳斯（Emmanuel Lévinas）看来，以普希金为代表的俄罗斯作家有着一种"形而上学的焦虑"。① 从这一角度出发，奥涅金与其他人物的关系或许有着更为普遍、深刻的哲学指向性。如果说，传统西方哲学将主体（sujet）与他者（autre）放置在以同一性为主导的场域中，抹杀了他者的特殊性，最终导致了至高无上的僵化主体；那么，列维纳斯则通过对主体的生存境遇与他者关系的重新探讨，在对传统的同一性哲学的反思中，强调了他者的优先性（priorité）及主体对他者的回应（réponse）与责任（responsabilité）。从这一理论视野与框架出发，可以发现，奥涅金是从存在之重压下逃离的主体。他的"多余"不仅仅是特殊时代的产物，也具有一种"形而上"的普遍性。它既是主体性的显现，也会随着主体性的膨胀越发强烈；这样自负、孤独的主体甚至想要同化他者，对他者造成损害。然而，达吉雅娜外在于这种主体性，她是女性、爱欲、面容乃至言语的化身，是无法被奥涅金同化的绝对他者。她的异质性给奥涅金开启了一个出口，使他开始走上本真的生存之路。

一 主体的实显：对存在的逃离

存在问题是哲学的基本问题，这一问题与人的生存境遇息息相关。列维纳斯在追溯主体的生成中，发掘了作为"一般的存在"（être en général）对存在者的压迫。这样一来，存在者从这种存在中逃离就显得尤为必要。《叶甫盖尼·奥涅金》中的同名主人公便面临着存在带给他的种种困境，他力图逃离存在对他的压迫，找到真正"属我"的存在，实现自身的主体性。

奥涅金出生在19世纪初俄国的一个没落的贵族家庭，他的父亲依靠借债维系奢靡的生活，不仅经常举办家庭舞会，还聘请法国人管理奥涅

---

① ［美］克莱因伯格：《存在的一代：海德格尔哲学在法国1927—1961》，陈颖译，新星出版社2010年版，第27页。

金的饮食起居、文化教育。长大后的奥涅金在吃穿住行方面都颇为讲究。他的家中摆满了精美的工艺品,"桌上摆设着青铜器和瓷瓶,琥珀烟斗是皇堡出产"。① 法国南部的彗星酒、带血的烤牛排、斯特拉斯堡肉饼以及林堡的奶酪是餐桌上的必备。他也经常身着华丽的服饰,乘坐豪华的马车出席各种社交场合,奔走在街头巷尾,堂皇的剧场、盛大的舞会、隆重的生日宴会都少不了他的身影。与此同时,奥涅金深谙贵族风尚,不仅会跳马祖卡舞,鞠躬的姿态也极为优雅。更重要的是,他还有广博的知识,习得法语、拉丁语,对历史、经济等领域也有所涉猎,"过去时代的奇闻趣事,从罗姆勒开始直到当今,他全都记得,说来如数家珍……阅读亚当·斯密却颇有心得,俨然是个经济学家,莫测高深"。② 也正是这些贵族礼仪、知识储备让他在社交中得心应手,恰到好处地吸引着他人的目光。正如小说叙述者评价的那样:"他拥有一种幸运的才干,善于侃侃而谈,从容不迫、不疼不痒地说天道地,也会以专门家的博学神气在重大的争论中保持沉默,也会用突然发出的警句火花把女士们嫣然的笑意激发。"③ 但是,这样酣畅淋漓、纵情宴饮的生活是否能让我们的男主人公感到对生命的满足呢?

奥涅金看似无拘无束,实则随时随地感受着存在对他的重压。列维纳斯认为,存在是一种无人称的、匿名的"实存"(exsistence)。其中的实存者(existant)都复归于虚无,只有"有"(il ya)这一事实,"就像一个所有东西都沉没了的地方,就像一种空气的稠密,就像一种空无的满盈或沉默的窸窣"④。彼得堡上流社会表面上觥筹交错、灯红酒绿,但如果对身处其中的奥涅金进行深究,不难发现,他同普通的贵族一样,沉浸在浮华虚无之中,他们在精神层面上没有任何区别,不具备作为人之主体性,只有存在这一事实。久而久之,奥涅金的精神状态产生了一

---

① [俄] 普希金:《叶甫盖尼·奥涅金》,智量译,人民文学出版社2004年版,第21页。
② [俄] 普希金:《叶甫盖尼·奥涅金》,智量译,人民文学出版社2004年版,第11页。
③ [俄] 普希金:《叶甫盖尼·奥涅金》,智量译,人民文学出版社2004年版,第10页。
④ [法] 埃马纽埃尔·列维纳斯:《从存在到存在者》,吴蕙仪译,江苏教育出版社2006年版,第15页。

定变化，这一变化主要围绕"厌倦"（la lassitude）、"懒惰"（la paresse）、"疲惫"（la fatigue）展开。经历了日复一日的喧嚣后，奥涅金"厌倦"了这样的生活。进入剧场的他并没有观众对戏剧的期待，反倒漫不经心，十分冷漠，无论是芭蕾舞还是狄德罗都让他感到乏味。贵族公子哥们钟爱的斗殴、佩剑、铅弹，他也不再喜欢。友情、爱情只让他心烦。表面上看，"厌倦"针对的是喧嚣且乏味的环境，但事实上，它指向的是存在本身。"厌倦"中的存在是一个"必须如此"（il faut）的命令，它时刻提醒你存在的义务。想要远离它必然是徒劳的，受困其中的奥涅金即便"厌倦"一切，对生活完全冷淡，也无法尝试自杀，而是必须在"厌倦"中存在着。在经历了"厌倦"后，奥涅金到达了"懒惰"。在列维纳斯看来，"懒惰"并不简单指向无所事事，而是与行为联系在一起，意味着"开始的不可能"抑或"对开始的完成"。对一切感到厌倦的奥涅金选择待在家里，"他想写点儿东西——只是不懈的劳动他感到难挨；他笔下一个字也写不出来"。① 写作的行动还没有开始便已经停止。最终，他迎来了比"懒惰"更进一步的"疲惫"，而"疲惫"又常常与"努力"（l'effort）相连。此时的他痛感心中的空白，想要努力去做点什么改变现状。他前往伯父所在的乡村料理后事，"努力"改变曾经的生活状态，决定在乡村定居。但即便生活在乡下，他也同样烦闷，毕竟"努力正是从疲惫中一冲而出，最终又回落到疲惫中"②。与"努力"相对应的只能是永恒的疲累与劳苦。

　　处于存在之中的奥涅金无可逃遁，只能被迫承担着无休无止的压迫。如何中止这种状态，逃离存在？

　　事实上，以上所分析的三种情绪状态已然为存在者的出离铺设了道路，正是它们让存在者与存在开始区隔。奥涅金自打出生起便沿袭着父辈以及周围贵族们的生活方式，从未思考过自我（le moi）为何物。而经

---

　　① ［俄］普希金：《叶甫盖尼·奥涅金》，智量译，人民文学出版社2004年版，第33页。
　　② ［法］埃马纽埃尔·列维纳斯：《从存在到存在者》，吴蕙仪译，江苏教育出版社2006年版，第23页。

过三种情绪的层层渲染，他终于意识到，自己与周围的人截然不同，剧场里的观众俗不可耐，上流社会的美人也随时变心。这种不同让他深感自己的"多余"，他甚至患上了一种忧郁病。即便是在没有舞会、剧院，自然风光优美动人的乡下，这种病依旧如影随形。需要指出的是，这种"多余感"，这种忧郁病不简单是一种心理状态。存在者正是在与这一系列情绪的拉锯战中，产生了关于自身的意识（la conscience），开始注意到外在于自身（le soi）的存在。至此，奥涅金不再像过去那样浑浑噩噩，终日奔波于各大社交场合，同其他贵族青年一起恣意享乐，沉溺于混沌与虚无之中。他改变了自己的生活方式，逐渐认识到自己的独特性，开始有意识的与自己所处的环境，以及相交往的人有所区隔，使得存在者从原本无人称的存在中得以"实显"（hypostase），从而摆脱了存在之掌控，获得了"我的"（ma）存在。

二 主体的膨胀：对他者的轻视

通过"实显"，存在者摆脱了匿名之存在的掌控，在某种程度上建构了自身的主体性。问题是，他是否获得了真正的自由？事实上，拥有自我意识的奥涅金总是"专注于"（s'occuper）自身，也正是这种自我对自身的时刻关切建立了主体的同一性。但麻烦再一次出现，这既让他自己被束缚在这种同一性之中，又忽视、压迫他者的存在，备受孤独的折磨。

众所周知，人生活在世界上，必定会与其他存在者打交道。建立起主体性的奥涅金在同他人交往的过程中，却始终奉行这样的法则："把一切人全当做零看，能够算作壹的只有我们自己"①；他也是以这样的眼光看待周遭世界中的其他人，他们只围绕他们自己的生活打转，被琐碎的生活本身或所谓的自身所淹没。在他眼中，伯父的生活单调乏味，和女管家吵架，打苍蝇，对窗出神便是他的日常。地主拉林一家同样是庸碌地生活着。妻子沉浸于繁忙的家务中，遗忘了曾经的爱人，也搁置了自

---

① ［俄］普希金：《叶甫盖尼·奥涅金》，智量译，人民文学出版社2004年版，第58页。

己钟爱的感伤主义诗歌。拉林本人整天无所事事，除了吃饭睡觉，便是和邻居闲聊，或许"习惯了，于是也就变得满意。老天爷把习惯赐给我们，让它来给幸福做个替身"①。其他的村民们也是如此，谈论的永远是牛圈、下雨、亚麻等话题。他们迷失在喧闹嘈杂中，从来没有精神上的追求。因此，奥涅金也发出了如下感叹："饶了我吧！难道你不觉得难受，每天的黄昏都消磨在那里……问题是，十分无聊，我的朋友。"② 当村民们登门拜访时，他拒绝同他们交谈，选择从后面溜之大吉。如果说，村民们是沉沦于日常事物的庸人；那么奥涅金自身不仅是来自彼得堡上流社会的贵族青年，还是一个自我意识鲜明的主体。在他看来，一旦与这些庸人接触，便意味着自我个性的磨灭以及自身价值的陨落，自己与普通的村民之间再无任何区别，成为一种无差别的平整。

可是，面对与村民们截然不同，闪耀着浪漫主义光辉的诗人连斯基时，奥涅金的态度其实并没有太大区别。表面上看，两人在文化上深受西欧思想的影响，形影不离，保持着亲密的友谊，实际上，连斯基只是他无聊生活的调剂品。每当连斯基吐露心声、畅所欲言时，奥涅金的心中总是充满了戏谑与冷言冷语："我何必愚蠢地妨碍他享受这片刻之间的欢乐，没有我他也会有清醒的一天。"③ 在他看来，连斯基是幼稚的，他终有一天会变得和自己一样，更好地专注自身，绝不再对外界抱有不切实际的幻想。交往过程中，他逐渐注意到连斯基对爱情的沉溺，而他自己早已经不相信爱情，"他找寻女人时并不觉甜蜜，抛弃她们时也毫不可惜"④。在聆听朋友的爱情故事时，他一方面神色庄重，内心泛起一丝涟漪，开始回想起曾经的青春岁月，陷入不安与忧虑中；另一方面想到的却是同化连斯基，将他者连斯基身上所具有的他异性纳入自己的掌控中，从而清除他者所带来的纷乱思绪。随着两人的交情越来越深，奥涅金想

---

① ［俄］普希金：《叶甫盖尼·奥涅金》，智量译，人民文学出版社2004年版，第69页。
② ［俄］普希金：《叶甫盖尼·奥涅金》，智量译，人民文学出版社2004年版，第79页。
③ ［俄］普希金：《叶甫盖尼·奥涅金》，智量译，人民文学出版社2004年版，第59页。
④ ［俄］普希金：《叶甫盖尼·奥涅金》，智量译，人民文学出版社2004年版，第115页。

要同化连斯基的意识也变得越发迫切。因此，他在舞会上故意调戏连斯基的女友奥尔加，企图以此戏弄连斯基，激发他的愤怒，从而让他丧失对爱情的向往。看着被气走的连斯基，他的心中既得意又畅快，他更是毫不犹豫地答应决斗，全然不顾及曾经的友情："曾几何时，他们一同谈理想，谈事业，共度闲暇，共进晚餐？他们曾经是一对好友，而今怒目相视，如世代冤仇，仿佛一场难以理解的噩梦，他们彼此在不声不响中，冷酷地为对方准备着死……"① 最终，奥涅金如愿地杀死了他者，进一步巩固了自己至高无上的主体性。

在列维纳斯的理论视域中，奥涅金与村民、连斯基之间体现了一种"肩并肩"（côte-à-côte）的集体性关系。"肩并肩"意味着将他人视为一个"他—我"（alter-ego），他人不具有自身的独立性，而是永远处于与我的某种相互关系中，主体性贯穿于人际交往的始末。将自我置于中心的奥涅金忽视他者身上的他异性，总是以自己的标准评判、规训他者。面对过着普通生活的村民，饱读诗书的贵族青年奥涅金选择的是忽视；面对富于幻想，天真浪漫的连斯基，对外界不抱有希望的奥涅金选择的是同化与消灭。由此，"'我'就成了一个坚不可摧的起点，一切行为和思想都出自于'我'，但它们的变化再多，数量再大，都无法对它产生影响"②。在此基础上，主体与他者之间的一切差异都被视为一种非本质的、应该被驱逐的"个性"。他者仅仅是一种供主体所认识、所占有、所主宰的对象，是被主体吸纳进整体中，加以内在化和同一化的对象。正是这种想要征服他者，统一他者的理念，使得主体性大行其道，这便导致了奥涅金同村民们邻里关系的失和，以及同连斯基友谊的破裂。至此，奥涅金彻底处于同一的"孤独"（la solitude）之中，它让奥涅金一方面享受着英雄气概、骄傲、主权，但另一方面，又将自己禁锢在有限的生存之中，丧失了生命的丰富性与可能性。

---

① ［俄］普希金：《叶甫盖尼·奥涅金》，智量译，人民文学出版社 2004 年版，第 191 页。
② ［法］埃马纽埃尔·列维纳斯：《从存在到存在者》，吴蕙仪译，江苏教育出版社 2006 年版，第 106 页。

三 主体的重塑：来自他者的救赎

深陷"至上主体"囹圄中的奥涅金如何能真正走出这种狭隘的主体性？在列维纳斯看来，唯有与他者建立起本真关系才能走出实显带来的孤独。绝对他者不是"任何形式的另一个自我本身（un autre moi-même）"①，而是不可认识、不可领会、不可言说的。在《叶甫盖尼·奥涅金》中，达吉雅娜便是集爱欲、女性、面容、言语于一体的绝对他者。如果说爱欲（Eros）关系是主体与他者之关系的绝妙表现，那么在这样的关系中，男性是主体的代表，女性则是完完全全的他者，他完全不同于我，具有绝对的异质性，两者之间有着不可逾越的鸿沟。因此，在这样一种非对称性的关系中，并不具有一个统一且固定的标准将主体与他者相连，这就迫使主体必须正视他者，从而形成"面对面"（vis-à-vis/face-à-face）的关系。

达吉雅娜在奥涅金的眼中首先以"面容"（visage/face）的形式显现。两人的面容关系的发生，就意味着奥涅金走出主体性，趋向超越（au-delà）的开始。在列维纳斯看来，面容是他者身体中最具表达功能的一部分，"它直接的暴露，不设防。脸的皮肤是最赤裸的（nu）、最贫乏的（dénué）"②。一方面，它在主体生存的世界中显现，既不需要通过参照某个系统，也不是某种认识的对象，而是完完全全凭借自身而存在；另一方面，它揭示了他者的存在，以及他者的绝对他性。通过它，主体得以尝试溢出（débordé）总体性的边界，与他者相遇，窥探他者的外在性。由此可见，面容是某种无法把握的东西，借助面容，人得以摆脱自我的支配和控制，开始真正意义上的生存。

第一次相遇时，奥涅金便对达吉雅娜留下了深刻的印象。在他看来，

---

① ［法］伊曼努尔·列维纳斯：《时间与他者》，王嘉军译，长江文艺出版社 2020 年版，第 62 页。

② ［法］伊曼努尔·列维纳斯：《伦理与无限：与菲利普·尼莫的对话》，王士盛译，南京大学出版社 2020 年版，第 49 页。

达吉雅娜的面容比奥尔加富有生气与韵味。与此同时，奥涅金所具有的西欧、贵族气质也深深地吸引着这位涉世未深的乡村少女。于是，怀着满腔的真诚与热情，这位纯洁的少女敞开了心扉，给奥涅金写了一封情书。这封情意绵绵的情书也让奥涅金的心中掀起了一丝波澜，回想起达吉雅娜的面容："少女梦幻的言语搅乱了他的心，他心头好像有一窝蜜蜂；他想起可爱的达吉雅娜，那忧郁的容颜、苍白的面颊；这时，他的整个心灵沉没于甜美，无邪的梦境。"① 但终归是主体性占了上风，他推开了他者的临近，选择用言语压制他者，他残忍地告诉达吉雅娜："我，不管怎样地和您相爱，一旦生厌，会立即把您丢开；您会哭泣：然而您的泪水再多也绝不能够打动我的心，却只能激怒它、惹它恼恨。"② 在列维纳斯的理论视域下，这样的言语是一种"所说"（dit），主要强调信息的传递，与意义的理解。它具有工具性与独断性，总是在主体的使用下，完成对世界的勾勒。其中所蕴含的内容都是"我思"，是想要吞噬他者的暴力言语。

拒绝达吉雅娜后，奥涅金表面上如隐士一般生活，似乎丝毫不受影响，但是对他者的在意却无法被压制。在宴会上，他始终注意着达吉雅娜的神情，也开始有情感上的波动。最初见到她昏倒，他心中充满了厌烦。但当她向自己表达感谢时，奥涅金又忍不住凝视他者之脸："这位女郎那憔悴的容颜，还有她困窘、倦怠的神情顿时勾起了他的怜悯。"③ 这种神情作为一种"无声的言语"，是达吉雅娜之脸在被噤声的情况下，以表情发出言语，在呼唤，在哀求，在向奥涅金的自我交流，从而唤醒其爱欲与责任感。由此可见，达吉雅娜这张脸具有双重特征。一方面，它脆弱不堪，流露出如此无助的神情，向奥涅金发出乞求，希望他做出回答；另一方面，这张他者之脸有着至高无上的权威，命令其正视、回应

---

① ［俄］普希金：《叶甫盖尼·奥涅金》，智量译，人民文学出版社2004年版，第115—116页。
② ［俄］普希金：《叶甫盖尼·奥涅金》，智量译，人民文学出版社2004年版，第118页。
③ ［俄］普希金：《叶甫盖尼·奥涅金》，智量译，人民文学出版社2004年版，第166页。

它。面对达吉雅娜这张软弱无力却颇具道德权威性的他者之脸,奥涅金的心理开始产生一系列的转折和剧变,"他对她默默地鞠一个躬;然而,不知为什么,他的眼中显出奇特的温柔来。是什么道理,难道他内心真有所触动,抑或逢场作戏,将风情卖弄?是情不自禁,还是出于善意?"①

此后,在决斗中杀掉好友的奥涅金开始漫无目的的浪迹天涯。当他重返彼得堡时,达吉雅娜已成为上流社会的贵妇人,她举止优雅,从容不迫,"没有突然间脸色发红或变白……也没有把嘴唇轻轻咬一咬,甚至连眉眼也没抬一抬"②。奥涅金辗转反侧,内心几番斗争挣扎之后开始觉醒。在面对达吉亚娜之面容的多次显现后,奥涅金终于不再忽视、同化他者,而是转变了自我与他者的关系与地位,在内心深处不仅把他者置于高于"我"、先于"我"的位置,还赋予他者以神圣性。由此,曾经那个胆小羞涩的乡村少女蜕变为不可侵犯的女神。她的面容更是召唤着奥涅金走出自我的封闭,品尝爱欲之"禁果"。此时的他终于意识到自己如同孩子般地"爱"上了达吉雅娜。在列维纳斯看来,"爱"既不是自我对他者的占有,也不是柏拉图式的雌雄同体的斗争与融合,亦不是一种认知(savoir)、理解(saisir),而是与他性,与神秘性相遇的突发事件。这一事件使得奥涅金不再专注于自己的世界,不再是孤身一人,反倒开始直面与他者的关系。

于是,陷入爱情的奥涅金不顾理智的责难,像影子一样追逐着达吉雅娜,每天都到她家做客。达吉雅娜却对他毫不在意,只是坦然地同他寒暄,有时甚至对他视而不见。他向达吉雅娜写了一封信进一步表达自己的心声,以求得同他者能有进一步的沟通:"但愿有一天您可能知道,爱的渴求怎样可怕地折磨人,它像火一般在我的心头燃烧——要时刻用

---

① [俄]普希金:《叶甫盖尼·奥涅金》,智量译,人民文学出版社2004年版,第167页。
② [俄]普希金:《叶甫盖尼·奥涅金》,智量译,人民文学出版社2004年版,第253页。

理性压抑住血的激奋；我希望能够抱住您的膝头，痛哭一场，俯在您的脚下，倾吐我的怨诉、表白、恳求……"① 与第一次表达拒绝的"所说"相比，这次的言语是一种诚恳的"言说"（dire）。如果说"所说"体现的是主体的能动性和对他者的占有性，那么，"言说"则是更为本质的言语，它所体现的是主体彻底的被动性以及向他者敞开的维度。它不是主体对自身的宣泄与喋喋不休，而是被他者召唤、指派出场，并发出"我在此"的回应，从而向他者展现出一个共同的世界。与此同时，奥涅金向达吉雅娜的脚边俯去，抛弃了原来高高在上的凝视角度，他者达吉雅娜也向奥涅金慷慨陈词，奥涅金由狂妄的主体转为接纳、聆听他者之"言说"的主体，坠入到言语的"质询"（interpellation）中："我爱您（何必用假话掩饰？）可是我现在已经被嫁给别人；我将要一辈子对他忠贞。"② 正是他者的"言说"进一步展开了主体与他者的关系，让主体回到最原始、最本真的生命体验中，改变了主体的生存境遇："叶甫盖尼呆立不动，仿佛被一声霹雳惊倒。此时此刻，在他的心中，正掀起怎样万感交集的风暴！"③

在达吉雅娜拒绝奥涅金后，叙述者不再向我们交代奥涅金之后的命运，这一开放性结局也给后世的读者们留下了无限的想象。曾有人表示，奥涅金加入了十二月党人的行列。如果这一说法属实，那么我们可以猜想，正是在达吉雅娜的感召下，奥涅金彻底放弃了主体的权威、占有。他既不是被存在所压迫的匿名实存者，也不是将存在纳为己有的孤独主体，他的多余感随之消散，主体性转化为对他人责任性，再到对社会的责任性，奥涅金也找到了人生的意义，获得了最为本真的生存。

列维纳斯提出的他者思想，其核心在于通过关注他者，尊重他性，回应他者的需求，解放被自身束缚的自我，倡导一种回应他者，为他者承担责任的伦理观。普希金的《叶甫盖尼·奥涅金》之所以能屹立于世

---

① ［俄］普希金：《叶甫盖尼·奥涅金》，智量译，人民文学出版社2004年版，第264页。
② ［俄］普希金：《叶甫盖尼·奥涅金》，智量译，人民文学出版社2004年版，第275页。
③ ［俄］普希金：《叶甫盖尼·奥涅金》，智量译，人民文学出版社2004年版，第275页。

界文学之林，不仅是因为这部作品是"俄罗斯生活的百科全书"，塑造了鲜明的人物形象，反映了当时广阔的社会风貌，还因为奥涅金身上体现的是自笛卡儿（René Descartes）提出"我思故我在"（Je pense, donc je suis.）以来便面临的主体性困境。通过记录奥涅金从被存在所累，被自身所困，忽视他者，打压他者再到正视他者，重视他者，最后回应他者，为他人存在（être-pour-autrui）的人生轨迹，既反映了作品对自我与他者关系的思考，也鲜明地演绎了列维纳斯他者思想的文学图景。

如何生态地观看地方？
——论阿德里安·伊瓦希夫的哲学思想到中国生态电影

刘 艺*

内容提要： 生态电影的文本通常包含现代性世界如何剥离自然世界而诞生的过程，然而生态电影的影像，作为依赖于现代性视觉技术而产出的文本，通常与其想要传达的内在生态思想有所龃龉。问题在于，在现代性视觉技术的观看模式下，生态电影作为一种文本类型，如何构造一个生态视角的位置和知识，又如何诠释在观看影像世界时，发生在情感经验层面的影响？以长江三峡母题的生态电影为例，伊瓦希夫的生态电影哲学把生态电影当作一个可能世界的制作，试图回答生态电影如何在地理形态，生命形态和人类形态这三重维度上，构筑一个情动的生态影像世界。生态电影以动态的、关系性的、具身于其中的形式，邀请观察者参与到生态电影的影像生产之中。

关键词： 生态电影；生态哲学；长江三峡影像；视觉文化

当我们观看生态电影时，我们会被一种特定的体验所吸引，这种体验与影像世界（Filmic World）的制作和生产有关，包括熟悉之物的再现

---

* [作者简介] 刘艺，湖北宜昌人，华东师范大学思勉人文高等研究院文艺学博士研究生，研究方向为后人类主义思想、媒介考古学和游戏文化理论。

方式，以及影像世界与我们所在的现实世界之间时空距离被凸显的过程。最终，这种电影体验（Cinematic Experience）会改变我们对现实世界的认知。美国文化理论家和生态哲学家阿德里安·伊瓦希夫（Adrian Ivakhiv）于2013年出版的《运动影像的生态学：电影，情动和自然》（*Ecologies of the Moving Image: Cinema, Affect, Nature*, 2013），就是一本从电影体验维度切入生态电影的哲学思想和电影生态哲学的著作。该书标题中的三个关键词：电影、情动和自然，即是通往理解伊瓦希夫如何打开生态电影感知经验的三条路径。

伊瓦希夫的生态电影理论是对怀特海的过程本体论，皮尔斯的符号学和加塔利的三重生态学哲学思想的融会和再阐发。首先，怀特海的过程本体论思想是其理论基础，因而他把生态电影从制作到观看的整体性过程，理解为一个关系性过程。这个被伊瓦希夫称为关系性过程（Process-relational）的解释模型，"它是一个理解世界和电影的模型，主要不是由物体、物质、结构或表征组成，而是由关系过程、相遇或事件组成"[①]，每一维度都与其他理解的环节发生联系，并相互实现。其次，伊瓦希夫对皮尔斯符号学的发展，是将影像世界生产意义过程的重点落脚于影像如何调解主体感知经验的具体实现。伊瓦希夫将象似（Icon）、索引（Index）和象征（Symbol）重新命名为奇观（Spectacle）、叙事（Narrative）和符号（Sign），以主张意义意味着过程。这种从语言符号转换到影像表意系统的分析模式，把电影体验的过程作为可能世界的形态划定，以动态的、关系的、嵌入的形式来感知和思考生态电影世界的过程。电影是视觉的时序媒介和听觉的时序媒介共同构成的影像世界，伊瓦希夫认为，"每个这样的世界都是由一组意义和情感的维度或参数构成的——观众的认知和情感反应、我们的思想和感受都参与其中并启动"[②]。这里包含着

[①] Ivakhiv, Adrian J. *Ecologies of the Moving Image: Cinema, Affect, Nature.* Environmental Humanities. Waterloo, Ontario: Wilfrid Laurier Univ. Press, 2013; p. 12.

[②] Ivakhiv, Adrian J. *Ecologies of the Moving Image: Cinema, Affect, Nature.* Environmental Humanities. Waterloo, Ontario: Wilfrid Laurier Univ. Press, 2013, p. 6.

一个侧重点的转换,与致力于在文本与叙事中找到二元对立的结构分析和后结构理论不同,伊瓦希夫的生态电影理论更依赖于"电影世界的结构和关系维度或轴心(Axes)"①。具体而言,当地方作为一个特定的现实世界被表现在影像之中,我们之所以感知到这个地方的时空,是通过这个地方在自行呈现的过程中与我们对这一地方的认知和情感不断相互建构、影响和渗透的过程。容纳这一情感经验过程发生的空间,则被伊瓦希夫划分为:电影世界的地理形态(Geomorphic)、生命形态(Biomorphic/Animamorphic)和人类形态(Anthorpomorphic)。那么,这三者之间在影像世界中的关系是怎样的呢?伊瓦希夫指出,这三重维度所涉及的边界形成和协商的形式,重组了我们体验电影世界如何生成的过程。地理形态更偏向于客体世界,涉及世界被给予的方式;而人类形态则类比于主体世界,涉及将世界呈现为行动和创造力的代理或能力。② 在地理形态和人类形态之中,主体—客体之间所构成的,就是影像世界创造的行动发生的场域,即是生命形态不断涌现之处。最后,伊瓦希夫还借用了加塔利的三重生态学,将生态理解为社会的生态、精神的生态和感知的生态,他将三者具体放置于在观看生态电影之后如何行动,如何理解一部生态电影进入市场之后的生命历程,并反思如何最终拥有一种生态的目光重新进入现实世界。在这个意义上,他重建了一种面对现实世界生态灾难的实践伦理哲学。

本文通过对阿德里安·伊瓦希夫生态电影哲学思想的阐释,以长江三峡母题的生态电影为例,具体分析如何将影像中的观看当作一个感知生态世界的过程。笔者认为,伊瓦希夫的生态电影哲学思想之中的对情感经验的聚焦,在一定程度上,模糊了中国生态电影对现代性观看技术的掌握而带来的深层生态意涵的呈现。现代性的感知经验始终是在一种

---

① Ivakhiv, Adrian J. *Ecologies of the Moving Image*: *Cinema*, *Affect*, *Nature*. Environmental Humanities. Waterloo, Ontario: Wilfrid Laurier Univ. Press, 2013, p. 7.

② Ivakhiv, Adrian J. *Ecologies of the Moving Image*: *Cinema*, *Affect*, *Nature*. Environmental Humanities. Waterloo, Ontario: Wilfrid Laurier Univ. Press, 2013, p. 10.

被技术调解的状态下而发生的，且与生态电影想要提供一个感知经验丰富交流的场域的初衷，并不矛盾。以长江三峡为母题的中国生态电影，重塑了地理维度、人类形态维度和生物维度的景观，以记录特定时代的人类生存和生态环境的现代性变迁。如何处理表意之中的技术对情感经验构造，与观看视角的情感认知之间的关系，仍旧是中国生态电影需要持续探索的命题。但正如伊瓦希夫所认为的，"当我们看电影时，我们会被吸引到某种体验中，一种将我们与电影世界联系起来的体验。反过来，看电影的体验改变了我们对电影以外世界的体验，无论多么微小"[①]。

一 长江三峡生态电影的地理形态

地方的观看与书写依赖视角的知识和位置，然而这一观看不仅可以通过实地探访，还能通过影像等更为便利的媒介，得以进入"地方的世界"。地理场所为我们提供了在这个世界采取行动和感知的背景，其中既包括现实生活中的地点，也包括我们在电影世界中熟悉的地理景观。我们感知和表现周围地理环境的方式，反映了我们如何将存在意义的观点，施加于自然本身的存在状态。

伊瓦希夫所说的生态电影世界感知经验中的地理形态（Geomorphic），是指电影如何呈现影像世界中的自然。视觉技术使我们与电影的地貌维度的关系复杂化，不仅为观察者预留了"吸引力的位置"[②]，还进一步借用对生态叙事的复杂理解，取代了旧的以物质奇观为导向的感知方式。在感知生态电影世界的地理形态的经验中，之所以能够解构与重塑影像世界的整体性，是因为在电影世界和现实世界之间，感知经验的发生过程，承担着调解的中介作用，不断擦除着感知世界与现实世界之间明显的分界。电影理论家薇薇安·索布切克（Vivian Sobchack）认为，比起其

[①] Ivakhiv, Adrian J. *Ecologies of the Moving Image*: *Cinema*, *Affect*, *Nature*. Environmental Humanities. Waterloo, Ontario: Wilfrid Laurier Univ. Press, 2013, p. 12.

[②] Gunning, Tom. "The Cinema of Attraction [s]: Early Film, Its Spectator and the Avant-Garde." In The Cinema of Attractions Reloaded, edited by Wanda Strauven, pp. 381–388. Amsterdam University Press, 2006. http://www.jstor.org/stable/j.ctt46n09s.27.

他任何人类用以交流的媒介来说,"运动影像使自己感性地、合理地表现为通过经验的表达。电影是一种使自己被看见的视觉行为,一种使自己被听见的听觉行为,一种使自己被反身性地感受和理解的身体和反身性运动的行为"[1]。因此,我们在生态电影中首先遭遇的是现实世界的像似符码,是一个给予的可供我们在此驻留、行动和反思的情境。

伊瓦希夫简要地从影响情感经验的结果上,定义了两种不同的呈现影像世界地理形态的主题化方式。第一种模式"旨在产生这种光滑质感的那些东西,一种理所当然的东西,在人们普遍确信事情是应该的……提供娱乐、分散注意力和愉悦";而第二种模式则呈现出"一种暗流涌动的干扰、麻烦,甚至可能是语无伦次,却没有提供调和干扰感的最终解决方案"。[2] 无论影像中的风景是遥远的还是熟悉的,在从出发点到终点中,可以展开无数地理形态的可能性。电影世界中的景观被电影制作者有意或无意地以碎片化的方式呈现,以唤起我们过去与自然联系的真实体验。摄像机的目光获得了人类中心主义立场的描述主权,其移动的轨迹,形成体验的观察之旅。在这个过程中,生态电影时刻提醒着观察者与已成为废墟景观之间的距离,以建构相互联系的深层情感。

在这层意义上,对长江三峡地区的影像的捕捉,可以说是对消失景观的补救。电影景观的呈现既从线性的观察视角暗示了地理形态的体验过程是伴随着文明的进步和现代化发展的;同时电影之眼的纵轴挖掘,也表明了在这层地质之下,还存在着被掩埋的一个无法抵达的昨日世界。沿河出发的生态电影提供了无数影像策略来描述地理形态的展开,对河流源头的探索也意味着人们对其文明和神话的探索,弗朗西斯·福特·科波拉导演的《现代启示录》(1979)就是其中最具代表性的作品。这也意味着,我们可以通过电影世界中河流的流动性,来深入理解这一地理

---

[1] Sobchack, Vivian Carol. *The Address of the Eye: A Phenomenology of Film Experience*, Princeton, N. J: Princeton University Press, 1992, pp. 3 – 4.

[2] Ivakhiv, Adrian J. *Ecologies of the Moving Image: Cinema, Affect, Nature*. Environmental Humanities. Waterloo, Ontario: Wilfrid Laurier Univ. Press, 2013, p. 76.

形态，在电影体验中构建一种新的训练地理形态感知的方式。

以电影《长江图》（2016）为例，杨超导演描述了沿着长江上游，一个修习道教的女主角和一个拥有船只的男主角互相追逐的故事。事实上，他们肉身嵌入其中的地理位置属于不同的时空，相遇总是发生在移动的河流环境所烘托的超现实主义氛围中。影片以长江沿岸的巨大景观，作为这一场追逐的潜在而沉默的观察者。与相对薄弱的叙事线相比，我们不再急切地关注旅程的目的地，而是不可避免地沉浸在沿江景观不断变换的呈现之中。不断浮出水面的冷色调长镜头，暗示了男主角控制方向的局限性。河流和船都变得不受控制，岸边的女主角在整个叙事中也是如此。最后，男主角被围困在河中央，只能凝视着岸上的女主角走入他所无法抵达的大山深处。这种景观的渐进式转变与人物命运的循环展开是不一致的。影片中一本重要的诗集暗示了旅程的路线和他们的命运，最后被撕毁的诗集终于让她从无尽的循环中挣脱。

皮尔斯符号学中的第一性（Firstness），在伊瓦希夫的理论中对应的是指我们在电影世界的地理形态中遇到的奇观（Spectacle）。伊瓦希夫虽然注重对电影世界中的感知，但在对这一感知经验的呈现中忽略了感知的技术自身也是不断发展的。电影媒介的物质性本身也强调了景观的呈现，《长江图》致力于呈现作为电影媒介的物质性层面，指向元电影的景观呈现。从影像的物质性的表层来看，最重要的是灯光、黑色和中间的阴影。媒介理论家肖恩·库比特（Sean Cubitt）认为，"对光的控制，以及通过视觉技术对其进行的调解，很重要，因为它改变了感知、认识以及与彼此和世界的关系的构成基础"[①]。当我们看到载着女主人公的船在夜晚的河面上漫游，探照灯打在两岸的山河上，此时的灯光慢慢揭示了连续的地貌景观，黑暗中的光源，正象征着人类对神秘的大自然进行探索的理性之光。同时，也揭示一个物质性的电影装置在地理形态上的重建。

---

① Cubitt, Sean. *The Practice of Light: A Genealogy of Visual Technologies from Prints to Pixels*. Leonardo Book Series. Cambridge, Massachusetts: The MIT Press, 2014, p. 3.

与结构松散的位于第二性的叙事（Narrative）相比，《长江图》的地理形态的奇观占据了电影的大部分画面。哲学家斯坦利·卡维尔（Stanley Cavell）在《看见的世界》中，将电影中拍摄的物体解释为"被照亮的、有光芒的自我表现的事物"。投影在屏幕上的物体本质上是反思的，它们作为自我反思而出现，反思它们的物理起源，它们的存在指向是它们的缺席，它们在另一个地方的位置。①《长江图》中的人物徒劳地将自己的意志施加于自然，比如以笔触在地面留下巨大的诗篇，用以划定人类相对自然的优越位置，但最终却只能发现自然如何躲避他们强加力量的痕迹。《长江图》的摄像机在空间中横向滑动以捕捉景观的全景，或者跟随人类的横向活动而移动，以达到影片中特定的观赏性视觉效果。此外，摄影机的视线一直聚焦在人物视线的对面，或者模糊了他们的界限，以创造出一个观察者和被观察者的共在情境。

长江和三峡大坝的生态电影的地理形态，作为人物行动的前景，以捕捉失落世界和自我指涉的影像策略重新训练了我们的生态感知。当我们在观看影像世界的沿江景观时，随着摄影机的移动，我们也重新认识到电影媒介如何与地理形态相互联系。

二 从人类学电影到生态纪录片中的人类形态

人的行为，扮演代理人的角色，以及涉及将世界呈现为行动和创造力的代理或能力，都属于电影体验世界的主观部分。当我们想在电影中表达两种不同文化之间的交流或视角转换时，这种表现方式往往被认为是人类学电影（Ethnographic Film）的一种尝试。视觉人类学家卡尔·海德（Karl Heider）定义了民族志电影的三个基本属性：第一个要求是基于当地和科学研究的长期性；第二个是关注具体的观察行为和文化规范之间的必要关系；最后一个是对民族志电影的整个过

---

① Cavell, Stanley. *The World Viewed: Reflections on the Ontology of Film*. Enl. ed. Cambridge: Harvard University Press, 1979, p. xvi.

程的整体态度。① 在伊瓦希夫看来,"人类形态"指的是"关于电影在社会领域、在个人和社会界定的群体和类别之间分配这些可能性"的概念。② 电影世界中的人类形态也与加塔利所定义的"社会生态学"(Social Ecology)相对应,即"社会生态学将不得不致力于在社会的每个层面上重建人类关系"③。这里关键的问题,正如我们思考地理形态对感知经验的影响一样,长江三峡生态电影中的人类形态是如何呈现的?这个人类形态的世界有什么特点?最重要的问题是,作为一种可能世界的存在形态,人类将在其中展开怎样的行动,又将以何种方式重塑我们对社会的认知,调整我们与社会的关系?

生态电影理论家鲁晓鹏认为,"中国生态电影的社会作用主要体现在以下两个方面:提高生态意识和产生生态行动"④。但伊瓦希夫认为,强调人类行动的中心地位只会突出人类中心主义思想,而强调影像中人类形态的世界只是万千形态中的一种可能性的想法,有助于理解社会生态的整体性,理解不同规模的人类群体如何进行情感和行动的实践。纪录片理论家大卫·麦克杜格尔(David MacDougall)也提出了纪录片中的两种反身性用于分析准人类学电影:"'外部的反身性'(External Reflexivity),这一概念提出了一个参考框架,在这个框架内我们可以接触到作品。外在反身性也成为新的标准,成为科学真理的新的(和真实的)参考点,取代了作品本身;另一方面,'深层的反身性'"(Deep Reflexivity),"把它所展示的东西放在内部,创造一个足够复杂的与主体的接触,它可以很好地抵御多种解读,包括主体本身"⑤。要言之,这二者之间的区别是,究竟是以给出的影像叙事的文本自身意涵,还是以影像世界之中观察者

---

① Heider, Karl G. *Ethnographic Film*. Rev. ed. Austin: University of Texas Press, 2006, pp. 4 - 6.
② Ivakhiv, Adrian J. *Ecologies of the Moving Image: Cinema, Affect, Nature*. Environmental Humanities. Waterloo, Ontario: Wilfrid Laurier Univ. Press, 2013, p. 143.
③ Guattari, Félix. *The Three Ecologies*. London; New York: Continuum, 2005, p. 49.
④ Lu, Sheldon H., and Haomin Gong, eds. *Ecology and Chinese-Language Cinema: Reimagining a Field*. Abingdon, Oxon; New York, NY: Routledge, 2020, p. 16.
⑤ MacDougall, David, and Lucien Castaing-Taylor. *Transcultural Cinema*. Princeton, N.J: Princeton University Press, 1998, p. 88.

的自我呈现于文本之中的位置,来衡量这一影像世界之中人类形态对我们情感经验造成影响的强度。不过,这两种反身性的模式提供了一种转变,从强调人类学意味上的观察,到强调生态纪录片(Environmental Documentary)本身的社会反思。深度反思性模式并不只是把人类学电影看作是对地方性知识和异域景观的描述,而是认为含有跨文化信息的电影在某种程度上都属于生态纪录片的范畴,因为都促进了不同群体对自身所处世界的反思。因此,相较于人类学电影,生态纪录片承担更多揭示电影经验中人类形态的深层本质的责任。

一个重要的"深层反身性"的例子是在贾樟柯的《三峡好人》(2006)中,这个影像世界的人类形态反映了,不同的人群在一些极端的生存境遇条件下如何谋生的方式。工地上不断拆除废弃房屋的工人沉默地劳作;穿着绿色衣服女孩问女主角沈红是否需要一个保姆,沈红只是走开了,没有给她任何许可或拒绝,留下三峡的远景填补画面的空隙,让我们注意到这样一个地方如何悄然地发生着变化。在德勒兹(Deleuze)的"时间—影像"(Time-Image)概念中,"电影的运动不是以主人公的行动为中心,而是集中在对时间的直接体验上,集中在多种因果关系上,集中在反思的可能性上,集中在对事物状况的评论上,集中在对日常活动的因果逻辑的解放或喘息上"[①]。沈红意识到自己无法为失去的婚姻找到答案,于是在三峡大坝的背景下与丈夫缓慢共舞,将自己从情感的桎梏中释放出来。

章明《巫山雨云》(1995)中的女主角公程青是一位单身母亲,尽管为孩子和自己的未来,她设法寻求第二次婚姻,但还是面临着老板的骚扰。男主角麦强因为长期单调的工作,照顾河边的灯塔,遭受了肉体和精神生活的双重异化。整个电影围绕麦强和陈青发生关系之后被老板诬告,以及最终被释放的叙事而展开。电影评论家尼克·卡尔蒂斯(Nick Kaldis)认为,这部电影中的关键矛盾在于,影片将冲突的欲望

---

① Deleuze, Gilles. *Cinema*. Minneapolis: University of Minnesota, 1986, p. 98.

问题和长江三峡的现代化进程并列在一起,"影片中几乎所有的事件都产生于,国家发展和个人欲望行为之间的这种总体结构关系"①。正是镜头远景深处缓慢修建的大坝,不断影响着当地居民的社会心理生态,并表现在男女主角的欲望的缺乏或满足的行动上。《巫山雨云》探讨生态和环境的破坏对个体心理的影响,成为展现社会生态的一种不可或缺的方式。

深层反身性模式能够对应和融入生态电影这一类型,不仅是通过影像中的人们如何谋生,如何处理自我与他者的关系来呈现,还表现在人们如何应对地理形态的变迁。纪录片导演李一凡和严雨的《洪水之前》(2005)忠实地记录了2002年为确保三峡水库首次成功蓄水,老县城奉节搬迁的整个过程。它的叙事中包含一个开客栈的老志愿者即将失去眼前的生计;一个民间教会为了搬迁所带来的收益而逐渐淡化信仰的过程;以及一群三峡移民部门的工作人员在贫困居民面前,发现双方很难达成共识等段落。作为一个观察者和记录者,李一凡导演在呈现影像世界中的人类形态时,选择了矛盾最为集中的拆迁阶段的过程展现,讲述了拒绝配合搬迁的居民和像祥哥一样试图寻求公平待遇却四处碰壁的人所采取的行动。人造的建筑和居住的房屋被拆毁,在人类为了生存而奔走的间隙中,零散地穿插着一些爆破场景,暗示着在这一冷静的观察之眼下人们对大地不断重复的摧毁与重建。对于《洪水之前》这样的生态纪录片,它所表现的是个体如何被现代性的进程所卷入和淹没的关系性过程,而我们在其中看到的是社会发生重大变化时的人类形态的存在形式的纪录。

在有关长江三峡大坝的中国生态电影中,有最典型的现代化景观和最根本的社会结构的变迁的呈现。运动影像在一个关系过程中捕捉到这

---

① Kaldis, Nick, "Submerged Ecology and Depth Psychology in Wushan yunyu: Aesthetic Insight into National Development", in Sheldon H. Lu, and Jiayan Mi (eds), Chinese Ecocinema: In the Age of Environmental Challenge (Hong Kong, 2009; online edn, Hong Kong Scholarship Online, 14 Sept. 2011), https://doi.org/10.5790/hongkong/9789622090866.003.0004, accessed 12 Apr. 2023.

种转变,并为我们提供了一个范围,即我们作为影像世界的观看者,如何理解影像世界的当下与过去之间人类形态的差异和存续。所有这些生态纪录片,以它们自身的方式,提供了反身性的思考或评论,即便它们有时不会直接描述这种差异,它们在影像世界中也提供了各种人类形态生存维度的可能性,以供我们进一步感知和理解。

三 "生命形态":作为交流之域的中国生态电影

在深入探讨中国生态电影类型的具体划分时,生态电影理论家朱翘玮(Kiu-wai Chu)提出了中国生态电影的三种模式,分别是深度生态电影(Deep Ecology Film)、环保主义电影(Environmentalist Film)和感知训练生态电影(Perception-Training Eco-Film)。他强调生态电影的研究应该以跨学科的方式发展,并与不同的领域进行对话,以面对现实世界中频繁发生的生态灾难。正如他所总结的,"通过整合电影表达的三种模式,实现生态哲学、生态政治和生态观念目标的多元追求,生态电影才可能有效地促进生态意识,从而促进更有效的环境合作治理"[①]。如果将他对中国生态电影的划分,与加塔利有关社会生态、精神生态和环境生态的三重生态思想对应起来,可以发现,关于长江三峡大坝的生态电影属于最后一种纯粹训练感知的生态电影模式。

虽然前述例子很少能捕捉到中国生态电影中的生命形态,但在此仍然可以找到一个关键的形象:鱼。河流和鱼之间的关系也是整体生态中人们生存环境的隐喻。在《长江图》中,第一个场景中捕获的黑鱼象征着船长死去的父亲的灵魂。白鱼或船运的货物中珍惜的非法货物在最后被释放,代表女主角的灵魂被卷入时间的循环中。白鱼和黑鱼都遵循着陷入困境,然后逃离人类控制的道路。鱼的生命形态代表了人们在三峡大坝建设的影响下无意识的存在。在生态电影中发现生命形态维度的不

[①] Chu, Kiu-Wai. "Screening Environmental Challenges in China: Three Modes of Ecocinema", *Journal of Chinese Governance 2*, No. 4, October 2, 2017, pp. 437 – 459. https://doi.org/10.1080/23812346.2017.1382039.

可辨别的情况，意味着"命名人类和非人类之间、有生命和无生命之间的可见和不可见的力量，是为了感知一个经常被忽视的关系网络"①。《洪水之前》中，所有被送到市场的鱼都翻滚着肚皮死去，暗示着逐渐缩小的生活空间也同样使当地居民迫于生计而苟延残喘。在《巫山雨云》中，两位主人公都遇到了在红桶里选鱼吃的情形，他们用刀子猛击鱼的头部，使其头晕目眩，然后他们茫然地盯着前景，也如遭当头棒喝，承受着巨大的欲望压抑的人们就如同脆弱的鱼等待着环境被选择或宰杀。

假使中国生态电影只探索到这个程度，它就只是对电影世界中呈现的景观、社会和生存处境进行分析，只是在感知经验的层面完成了伊瓦希夫所谓的三重生态意味的交织。更进一步的关注在于，我们不仅要考察生态电影中建构影像世界和调解感知经验的过程，还要对电影作为一种文化产品的广义生态进行探索。假设我们只从文本分析的美学维度来理解中国生态电影如何推动了生态电影的发展，我们将失去一个重要的环节：中国生态电影作为"第三世界电影"（Third World Films）在世界电影体系中流通的潜力。

因此，在谈论中国生态电影时，将其联系到中国"新纪录片运动"的成就及其特征是无可争议的。传播学理论家吕新雨认为，"虽然新纪录片运动电影的内容是多样的，但它们倾向于关注边缘化的主题……因此，新纪录片运动的力量是揭示新的，而且往往是痛苦的现实形式"②。

中国生态电影代表了他们对生态环境的整体性理解，其中的纪录片反映一种自下而上揭示和处理社会问题的方式。这些影片不可避免地反映着导演们对当时社会生态的批判，以及他们试图用电影媒介来表达对生态事件进行理解和艺术诠释的过程。

---

① Gómez-Barris, Macarena. *The Extractive Zone: Social Ecologies and Decolonial Perspectives*. Dissident Acts. Durham London: Duke University Press, 2017, p. 2.
② Chris Berry, Xinyu Lu, and Lisa Rofel, *The New Chinese Documentary Film Movement* (Hong Kong University Press, 2010), https://doi.org/10.5790/hongkong/9789888028528.001.0001, p. 15.

除了考虑本土的社会生态环境，中国的生态电影在全球电影市场上也有一个属于自身的位置。这些生态电影在某种程度上，可以说是"第三世界电影"。加布里尔（Teshome Gabriel）在研究第三世界电影时比较了两个因素，西方和第三世界之间的观看情况和感知模式系统。正如加布里尔总结的那样，第三世界电影与其他电影的区别在于"缓慢、悠闲的节奏接近观众的时间感和生活节奏"，以及"长时间的广角镜头占多数，处理观众的社区感和人们如何融入自然"。[1] 当我们思考第三世界电影的具体电影美学策略时，可以毫无疑问地说，第三世界电影美学更有效地利用了沉默，更频繁地使用了对观众的直接对话。此外，它还改变视角，以强调社会的动态，其中叙事话语权力的分配与现代社会之中的情况截然不同。当这些电影被纳入全球市场的竞争中时，这些特点可以被看作是代表性的优点。加布里埃尔还指出，"第三世界的电影体验受到其社会行动的要求的推动，并以该行动的策略为背景和标志。因此，我们需要开始研究一个新的理论和分析矩阵，这些矩阵不受现有批判理论的支配，这些理论声称普遍原则的具体应用"[2]。中国生态电影包含了第三世界电影的关键性的特质，拥有对过去的变化进行批判性思考的潜力，并唤起对未来行动的实践伦理反思。

越来越多的电影选择小众、独立的方式参与国际展映，在其体系内与主流电影保持一定距离，并保留自身的特色。同时，越来越多的电影倾向于投资于小成本和独立制作。中国生态电影中一个众所周知的现象是，一些导演倾向于认同国际主流的价值选择标准，试图先在国际上拍摄特定的题材为自身"镀金"，再回到自己的故乡来完成商业转型，这种所谓的东方的热情有其现实的一面，但更多地凸显其弊端，反映其对

---

[1] Teshome H. Gabriel, "Towards a Critical Theory of Third World Films", *Critical Interventions* 5, No.1, January 2011, pp.187 – 203, https://doi.org/10.1080/19301944.2011.10781409, p.192.

[2] Teshome H. Gabriel, "Towards a Critical Theory of Third World Films", *Critical Interventions* 5, No.1, January 2011, pp.187 – 203, https://doi.org/10.1080/19301944.2011.10781409, p.195.

生态电影的伦理实践维度缺乏思考。我们应该强调的是，以电影世界中的生命形态的表达作为中国生态电影思想传递的方式，作为不同生态认知或价值的平等对话得以实现交流的场域。所有相互关联的关系性过程，都可以通过电影这个媒介，实现一个真实而理性的交流领域，这是中国生态电影能够通过影像世界中的生命形态来传达的最为重要的讯息。

结　语

生态影像世界的建构，在符号学理论上被理解为我们获取意义的过程，这一过程涉及我们的情感经验如何被影像世界呈现自身的方式所影响，而这些生态电影的实验性实践，让我们在体验的世界中回到当下，重建与真实世界的联系。

当我们进入电影世界的三个不同维度时，生态电影可以被视为一种重新训练感知经验的方式。以长江三峡为母题的中国生态电影，在塑造感知经验的过程中，以捕捉失落世界和对电影装置的物质性的表现等现代性的影像策略重新训练了我们的地貌感知；影像世界中人类形态的自我呈现，提出了对东方与西方、当下与过去之间差异性的两种反思性模式的关注；生命形态中人类与鱼生存环境的同构，不仅唤起对前两种情感经验形态的反思，还引发了关于中国生态电影如何自我定位于世界电影体系之中的思考。正如伊瓦希夫所说，"一个整体的生态批评不仅要密切分析电影中的表象，还要分析电影本身的讲述——它的话语和叙事结构，它与更大世界的文本间关系，它扩展或改变对更大世界的认知的能力，以及电影及其技术和文化装置在更大世界的实际背景和效果"[1]。中国生态电影不仅将其文本内容的分析渗透到文化和社会话语中，还在发展生态批评的尝试中取得了多层次的突破，从而引起了世界对第三世界电影的生态实践的瞩目。

---

[1] Ivakhiv, A. "Green Film Criticism and Its Futures". *Interdisciplinary Studies in Literature and Environment* 15, No. 2, July 1, 2008, pp. 1 – 28. https：//doi. org/10. 1093/isle/15. 2. 1.

当我们真正体验到与万物相连的媒介技术的发达，我们可以推知一个自然的世界正在感知经验的过程中逐渐消隐。也许，在一个技术图像的时代，我们还需要借助现代性的观察技术，反过来参与和弥补感知经验的缺损，生态电影因而或许会是一个新的起点。

书　评

会通合数的史性建构
——评李光荣《西南联大艺术历程》

朱天一[*]

近30年来，西南联大一直是人文学科领域研究的热点，相关著作和专论层出不穷，其中既包括新锐学者以新的阐释框架切入，在前人基础上的推进与反思，也有资深专家终日乾乾，历久不渝而不断超越自身，为学日新的深入研究工作，李光荣教授就是后者中的佼佼者。他在完成了《民国文学观念：西南联大文学例论》《西南联大与中国校园文学》《西南联大文学社团研究》等在学界曾引起很大反响的著作基础上，仍孜孜不倦地耕耘于此，屡有超越性的洞见，给西南联大研究及中国现代文学、史学研究界带来富有价值的学术成果。

新近出版的《西南联大艺术历程》（以下简称《历程》）是李光荣教授历时十六年，静心思辨考索方付梓的学术著作。因西南联大的艺术研究难度很大，相关专著和论文数量极少，从行文间的辗转踟蹰、考辩引证间的小心思索，均能看出作者筚路蓝缕之艰辛。毫不夸张地说，这部著作的一砖一瓦均是作者精心收集、打磨、锤炼、结构而成的。正是这样在史料方面有着"独立准备"的扎实研究，从根本上不断切实推动西南联大研究向更深、更广的天地跃进。

---

[*] [作者简介] 朱天一（1994— ），广州大学师资博士后，助理研究员，主要研究方向为中国现代文学。

一 "工具性"与"学术性"的统合

《历程》的问世,有着填补学术史上一页空白的重要意义。以往对西南联大及民国教育制度方面和文学文本的研究可谓汗牛充栋,而由艺术切入历史的考察维度却远未充分,这一学术研究侧重点的偏失,也极易造成人们认识上的遮蔽。"艺术永远是支配人类的观念的表现,是人类历史的表现"①,在这个意义上,对西南联大艺术史的研究绝不仅仅是一种单向度的研究,从艺术切入历史,大有思想史考掘的问题意识。《历程》从艺术教育、戏剧、音乐、美术、舞蹈五个方面进行扎实全面的史料梳理和问题思索。研究紧扣包括西南联大话剧团、国民剧社、剧艺社等数十个学生团体,在"学校鼓励,骨干带动,社团实施,导师指导"等多个方面的促动性因素下的艺术实践,还原一个异彩纷呈,多维立体的西南联大师生互动的历史现场②。丰赡的资料性决定了《历程》今后将是相关研究不能绕开的工具书。

《历程》的研究方法和述学模式均有属意创新之处。论著兼顾"工具性"与"学术性",同时还注重对不同层次读者设身处地的普及性。在宏观的西南联大艺术编年体式基础上,细部又以词条形式呈现艺术团体、活动、重要事件为索引的"词典体"和"关键词"性质,再辅以划分不同"艺术门类"的史料归纳,由此形成共时与历时相结合的立体感。笔者也深深感受到其"会通合数"的文体特征。全书整体采取先总后分的述学模式,建立在高度通透的对于西南联大教育多个门类的把握之上,再对联大时期多种艺术模式的教学和师生活动进行史料梳理、历史评价和歧疑辨析。这需要克服诸多跨学科层面,不同知识介质之间转换的困难,更是资料和思路上对多种学科的"会通合数"。

由此可见,作者旨在建立一种跨学科意义上,打通不同研究领域史

---

① 曹意强:《艺术与历史:哈斯克尔的史学成就和西方艺术史的发展》,中国美术学院出版社2001年版,第86页。
② 参见李光荣《西南联大艺术历程》,中华书局2022年版,第20—22页。

料脉络的追求,构成一种全面、系统的人文史学研究法式。李光荣的研究明显借鉴了思想史中对于群体中行为背后"一般知识"进行归纳把握的研究方法,注重"常识"的世界和对生活现场中个人记忆形成过程的还原①。在文学、史学、艺术、教育、思想、社会、传媒等多个领域纵横捭阖,材料的"打通感"和思想的"无滞性"息息相关。这项研究更像是"六经皆史"意义上对相关领域史料范围的拓展,其思路类似于章学诚考察思想问题;而"未尝离事而言理"的追求,与古人"六艺之所以然,则可以知六经之所以然"的思路相契合;作者着力构建的是艺术实践与历史事实互为印证的史叙模式②。

具体观之,可以发现校园艺术活动本身即是西南联大美育思想行之于群体的具体呈现,较之文学文本,是另一种"美育"史料的存在方式,对于原有的西南联大校史乃至1940年代民国文化史研究,又起到极为重要的补充作用。从方法创新和史料范围的拓展而言,《历程》无疑也有具有学术史上的开拓性。

二 多学科知识理路与言说面向的统合

《历程》的研究对象具有高度综合性,李光荣在梳理联大艺术史料的同时,也同时呈现联大制度史、教育史、文学史等多个方面的历史面影。

作者从教育史的角度出发,指出:"美育的贯彻"自民国肇始就是新教育家们至为关注的问题。而这一期待逐渐在后来的民国大学中得到践行。在梅贻琦"明明德"为核心的教育思想中,"一切教育手段都是为塑造人格服务",美育也以"人格形成"为根本目的,这就使得西南联大的"教育思想"与"艺术观"之间形成了同契性③。而"普及化"和"生活化"的追求,更能保证艺术教育的贯彻效率。美育观念又得到"教授治

---

① 参见葛兆光《思想史研究课堂讲录——在思想史的周围》增订版二编,生活·读书·新知三联书2019年版,第100页。
② 参见余志民《中西哲学略述(修订版)》,宗教文化出版社2020年版,第92页。
③ 参见李光荣《西南联大艺术历程》,中华书局2022年版,第37—38页。

校"制度的保障，在"美育"与"做人"、"美"与"善"之间达到主客之间施受的统一。联大时期梅贻琦曾谈道"办学不但要重视德智体育，而且也要重视美育"。当时的美育勾连起纷繁复杂的各种思想、文化界面，是一个十分重要，而前人研究远未充分的问题场域①。

以往对梅贻琦教育思想的研究中，不少研究者注意到梅看重"通才"教育的培养，而叙述中却更强调社会对接的"务期实用"这一目的论导向，讨论的是具体学科中教育思想的渗透。李光荣的研究则独辟蹊径，无论是此前的《西南联大社团研究》还是《西南联大艺术历程》，李光荣都着重发掘"课堂时间之外"，学生闲暇时光中兴趣为主的自我发展时间。更突出了以往不受关注的教育过程（尤其是非授课教学活动）本身如何渗透教育者的思想，再着力对原本教育史中有所剪裁的历史现场的复杂性进行全面还原②。关注的是人格塑造的长期目标、普及美育的方向和生活化的根本方式，如何共同构成西南联大的独特的艺术教育。这项研究的意义不仅在于"地方文化谱系"的历史发现，还为今天的文化、教育事业提供了重要的在集体与个人、制度与创造、美与善之间的典范性样本。

阅读《历程》，读者沉浸其中，可以更切身地体会到联大艺术教育"生活化"和"普及化"的一面。所有艺术形式既有着导师的专业指导，也蕴含着参与其中的学生在校园生活中鲜活、复杂的个人体验。校内艺术活动也具有很强的开放性，在与"文协"共同组织活动、奉献式社会公演等方面都呈现极强的社会参与性，在经世致用的教育检验、改造国民素质、促进地方文化事业等方面有着突出的历史贡献，而这些恰恰是以往研究中涉及高校与大众之隔膜问题，所下结论轻率之处。

质言之，此书对以往粗泛讨论民国时期校园内外观念传递问题，判断知识阶级与普罗大众观念隔阂的通论式研究，起到了纠偏补弊的效果，成为对当时社会传媒与大众思想史等多个认识维度的重要补充。

---

① 参见张清常《张清常文集》第五卷，北京语言大学出版社 2006 年版，第 247—248 页。
② 参见高奇《中国高等教育思想史》，人民教育出版社 2001 年版，第 320—321 页。

三 "求全"与"求真"同进的史性价值

另一个值得注意的是对史料整理之外，作者深厚的史实考辨功力。如关于长期以来（因即时性史料与回忆录中的抵牾造成的）校歌作者为谁的考证、联大公演剧目先后的考证、回忆录材料中对多次劳军演出的具体安排的讹错正误等，均表明，在史料发掘陈述的同时，作者也有意识地进行着辨伪工作，有着为后来研究者进入此领域扫清材料障碍的努力。读这部著作，读者感到的轻松，恰恰反映了作者的不轻松，李光荣那种面对诸多史料兼顾"求全"与"求真"的认真态度是很容易感受到的，行文如扛鼎前行，其中付出的汗水自不必说，那种对重要历史问题、磅礴知识储备、思路条理与论述策略等各个方面的调和兼顾、举重若轻，都是多年研究积累、锤炼而成的硬功夫。

综合来看，李光荣的这部著作，充分梳理了西南联大"戏剧、音乐、美术、舞蹈"等各科艺术的面貌和发展历史，涉及多个重要校园社团、代表作品和代表作家，对西南联大艺术的成就、贡献、特点、规律、地位、影响等均作出了评价。除了艺术本体意义上的西南联大，还对传播、观众接受等范畴进行了深入的研究，探究艺术实绩与艺术教育、艺术传播的多向互动，着力于总结西南联大多个艺术门类及对应教育的历史经验，填补了中国艺术史和教育史上相关研究的空白。研究中，既避免了以往研究中梳理研究对象时主题先行造成的"本质主义的陷阱"，又避免落入大事年表式线性索引结纂学术阐述的窠臼[①]，真正做到了共时现场与历时影响的妥善统合。这部著作既为普通读者提供了感受西南联大时期校园艺术魅力的开放场域，又为专业的研究者提供了系统完备，严谨扎实的史料基础，更以非凡的跨学科视野和对不同研究领域的法度择取，为今后的西南联大研究提供了种种方向，种种可能。

与钱理群先生此前对李光荣治学的评价一样，《历程》是延续"以考

[①] 参见邓招华《西南联大诗人群史料钩沉汇校及文学年表长编》，人民出版社2022年版，第5—6页。

证为基础的治学传统",研究"尊重基本事实"的"老实人做老实学问"的扎实著作①。笔者认为,这部新著是一部体大虑周、会通合数,着眼全面,具有多学科贯通性和知识体系全面性的著作,今后也必定成为西南联大研究,乃至民国教育、文学、艺术、思想史等多个研究领域内无法绕开的重要参考论著,还是常读常新,为研究者提供持久帮助的"登山杖"。

---

① 参见钱理群《老实人做老实学问》,《中国现代文学研究丛刊》2009 年第 2 期。